본 교재의 강의는 TV와 모바일, EBS 중학사이트(mid.ebs.co.kr)에서 무료로 제공됩니다.

발행일 2021. 9. 25. **2쇄 인쇄일** 2023. 10. 6.
신고번호 제2017-000193호 **펴낸곳** 한국교육방송공사 경기도 고양시 일산동구 한류월드로 281
기획 및 개발 송아롬 이원구 이재우 최영호
표지디자인 ㈜무닉 **편집** 더 모스트 **인쇄** 팩컴코리아㈜
인쇄 과정 중 잘못된 교재는 구입하신 곳에서 교환하여 드립니다.

수학 ㅁr스터

교재의 난이도 및 활용 안내

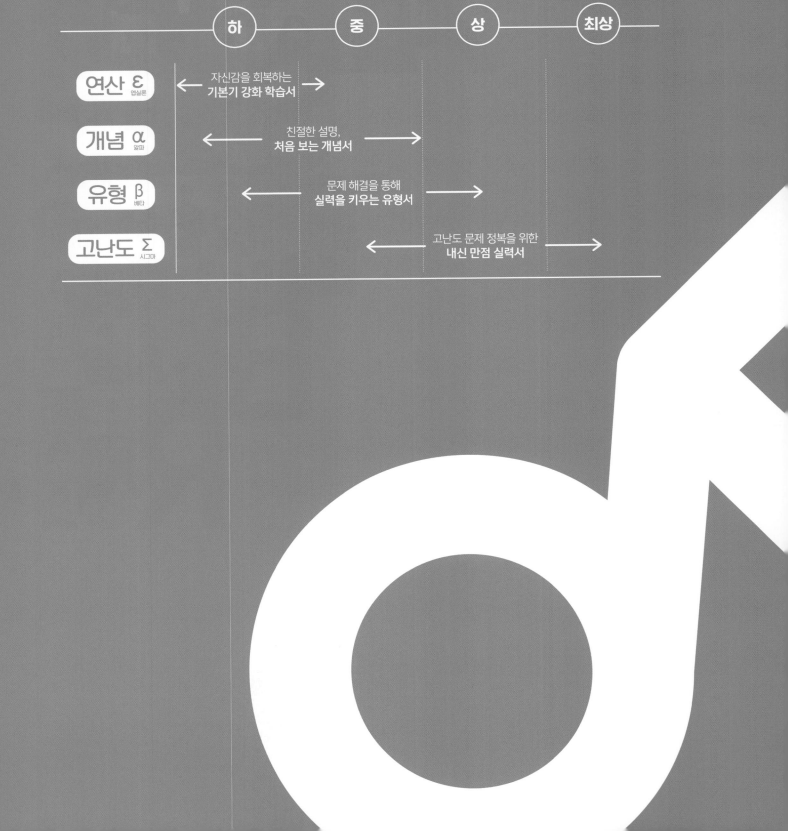

	하	중	상	최상
연산 ε 엡실론	← 자신감을 회복하는 **기본기 강화 학습서** →			
개념 α 알파	← 친절한 설명, **처음 보는 개념서** →			
유형 β 베타		← 문제 해결을 통해 **실력을 키우는 유형서** →		
고난도 Σ 시그마			← 고난도 문제 정복을 위한 **내신 만점 실력서** →	

수학 마스터

중학 수학의 첫 유형 학습

유형 β 베타

중학 수학 3·1

교재 내용 문의	교재 내용 문의는 EBS 중학사이트 (mid.ebs.co.kr)의 교재 Q&A 서비스를 활용하시기 바랍니다.	교재 정오표 공지	발행 이후 발견된 정오 사항을 EBS 중학사이트 정오표 코너에서 알려 드립니다. **교재학습자료 → 교재 → 교재 정오표**	교재 정정 신청	공지된 정오 내용 외에 발견된 정오 사항이 있다면 EBS 중학사이트를 통해 알려 주세요. **교재학습자료 → 교재 → 교재 선택 → 교재 Q&A**

수학 마스터

중학 수학의 첫 유형 학습

유형 β 베타

중학 수학 3·1

Structure / 이 책의 구성과 특징

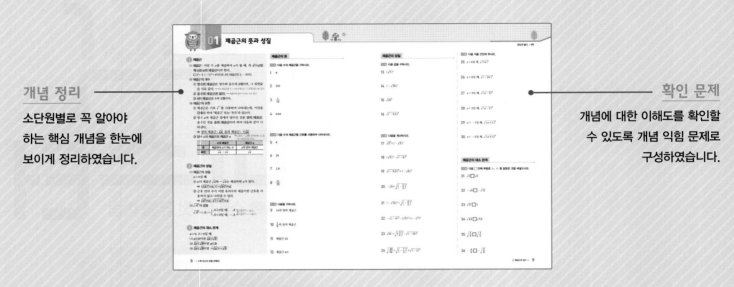

개념 정리

소단원별로 꼭 알아야
하는 핵심 개념을 한눈에
보이게 정리하였습니다.

확인 문제

개념에 대한 이해도를 확인할
수 있도록 개념 익힘 문제로
구성하였습니다.

★소단원 개념 정리와 확인 문제

소단원별 한눈에 보이는 개념 정리와 개념 확인 문제

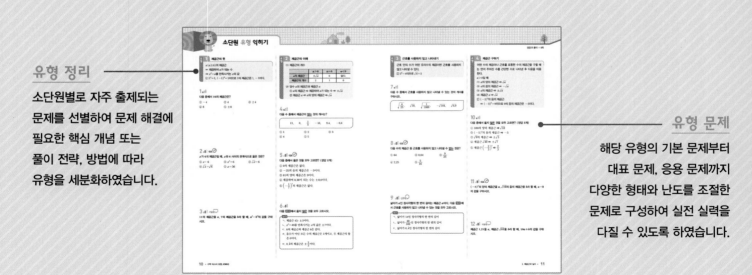

유형 정리

소단원별로 자주 출제되는
문제를 선별하여 문제 해결에
필요한 핵심 개념 또는
풀이 전략, 방법에 따라
유형을 세분화하였습니다.

유형 문제

해당 유형의 기본 문제부터
대표 문제, 응용 문제까지
다양한 형태와 난도를 조절한
문제로 구성하여 실전 실력을
다질 수 있도록 하였습니다.

★소단원 유형 익히기

소단원별 교과서와 기출 문제로 구성한 개념별, 문제 형태별 유형 문제

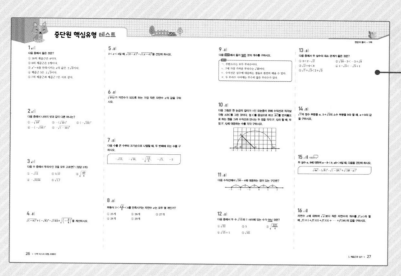

★중단원 핵심유형 테스트

핵심유형 문제

중단원별로 중요 유형을
한 번 더 학습하고 정리할 수
있도록 단원 테스트 형태로
제시하여 학교 시험을 완벽하게
대비할 수 있도록 하였습니다.

중요 유형의 반복 학습과 이해 정도를 파악할 수 있는 테스트

정답과 풀이

★빠른 정답

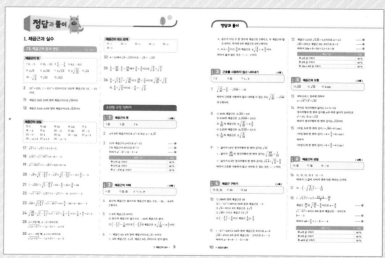

★정답과 풀이

자세하고 친절한 풀이

Contents / 이 책의 차례

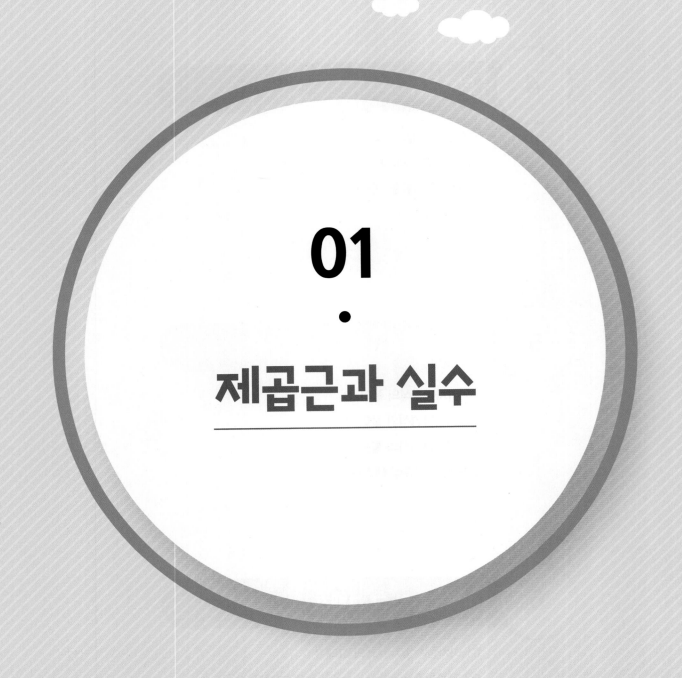

01

제곱근과 실수

01 제곱근의 뜻과 성질

1 제곱근

(1) **제곱근**: 어떤 수 x를 제곱하여 a가 될 때, 즉 $x^2=a$일 때 x를 a의 제곱근이라 한다.

예 $2^2=4$, $(-2)^2=4$이므로 4의 제곱근은 2, −2이다.

(2) 제곱근의 개수

① 양수의 제곱근은 양수와 음수의 2개이며, 그 절댓값은 서로 같다. — 4의 제곱근은 2, −2의 2개이고, 그 절댓값은 2로 같다.

② 음수의 제곱근은 없다. — 제곱하여 음수가 되는 수는 없다.

③ 0의 제곱근은 0의 1개이다.

(3) 제곱근의 표현

① 제곱근은 기호 $\sqrt{}$ 를 사용하여 나타내는데, 이것을 **근호**라 하며 '제곱근' 또는 '루트'라 읽는다.

② 양수 a의 제곱근 중에서 양수인 것을 양의 제곱근, 음수인 것을 음의 제곱근이라 하며 다음과 같이 나타낸다.

➡ 양의 제곱근: $\sqrt{a}$, 음의 제곱근: $-\sqrt{a}$

③ 양수 a의 제곱근과 제곱근 a — $\sqrt{a}$와 $-\sqrt{a}$를 한꺼번에 $\pm\sqrt{a}$로 나타내기도 한다.

	a의 제곱근	제곱근 a
뜻	제곱하여 a가 되는 수	a의 양의 제곱근
표현	$\sqrt{a}$, $-\sqrt{a}$	$\sqrt{a}$

2 제곱근의 성질

(1) 제곱근의 성질

$a>0$일 때

① a의 제곱근 $\sqrt{a}$와 $-\sqrt{a}$는 제곱하면 a가 된다.

➡ $(\sqrt{a})^2=a$, $(-\sqrt{a})^2=a$

② 근호 안의 수가 어떤 유리수의 제곱이면 근호를 사용하지 않고 나타낼 수 있다.

➡ $\sqrt{a^2}=a$, $\sqrt{(-a)^2}=a$

(2) $\sqrt{A^2}$의 성질

$$\sqrt{A^2}=|A|=\begin{cases} A \ge 0 일 때, & A \\ A < 0 일 때, & -A \end{cases}$$

$\sqrt{(양수)^2}=(양수)$
$\sqrt{(음수)^2}=-(음수)$

3 제곱근의 대소 관계

$a>0$, $b>0$일 때

(1) $a<b$이면 $\sqrt{a}<\sqrt{b}$

(2) $\sqrt{a}<\sqrt{b}$이면 $a<b$

(3) $\sqrt{a}<\sqrt{b}$이면 $-\sqrt{a}>-\sqrt{b}$

제곱근의 뜻

■ 다음 수의 제곱근을 구하시오.

1 9

2 225

3 $\dfrac{1}{16}$

4 0.04

■ 다음 수의 제곱근을 근호를 사용하여 나타내시오.

5 8

6 24

7 1.9

8 $\dfrac{11}{15}$

■ 다음을 구하시오.

9 14의 양의 제곱근

10 $\dfrac{1}{6}$의 음의 제곱근

11 제곱근 23

12 제곱근 0.5

제곱근의 성질

다음 값을 구하시오.

13 $(\sqrt{7})^2$

14 $(-\sqrt{10})^2$

15 $\sqrt{21^2}$

16 $\sqrt{(-3.5)^2}$

다음을 계산하시오.

17 $\sqrt{2^2}+(-\sqrt{3})^2$

18 $(\sqrt{5})^2-\sqrt{(-6)^2}$

19 $\sqrt{(-0.5)^2}\times(-\sqrt{8})^2$

20 $-\sqrt{9}\times\sqrt{\left(-\dfrac{2}{3}\right)^2}$

21 $(-\sqrt{12})^2\div\sqrt{\left(-\dfrac{6}{5}\right)^2}$

22 $-\sqrt{(-6)^2}-(\sqrt{2})^2+(-\sqrt{7})^2$

23 $\sqrt{16}\times\sqrt{\left(\dfrac{3}{4}\right)^2}-\sqrt{(-10)^2}$

24 $\sqrt{\dfrac{49}{64}}\div\sqrt{\left(-\dfrac{7}{4}\right)^2}\times\sqrt{(-2)^2}$

다음 식을 간단히 하시오.

25 $x>0$일 때, $\sqrt{(7x)^2}$

26 $x<0$일 때, $\sqrt{(-2x)^2}$

27 $x>3$일 때, $\sqrt{(x-3)^2}$

28 $x<2$일 때, $\sqrt{(x-2)^2}$

29 $x>-1$일 때, $\sqrt{(x+1)^2}$

30 $x<-5$일 때, $\sqrt{(x+5)^2}$

제곱근의 대소 관계

다음 □ 안에 부등호 >, < 중 알맞은 것을 써넣으시오.

31 $\sqrt{5}\ \square\ \sqrt{6}$

32 $-\sqrt{8}\ \square\ -\sqrt{12}$

33 $\sqrt{27}\ \square\ 5$

34 $\sqrt{4.8}\ \square\ \sqrt{3.6}$

35 $\sqrt{\dfrac{5}{6}}\ \square\ \sqrt{\dfrac{3}{5}}$

36 $-\dfrac{4}{9}\ \square\ -\sqrt{\dfrac{2}{9}}$

소단원 유형 익히기

유형 **1** **제곱근의 뜻**

> $a(a \geq 0)$의 제곱근
> ➡ 제곱하여 a가 되는 수
> ➡ $x^2 = a$를 만족시키는 x의 값
> 예 $1^2 = 1$, $(-1)^2 = 1$이므로 1의 제곱근은 1, -1이다.

1. ▄▍

다음 중에서 16의 제곱근은?

① -4 ② 4 ③ ± 4
④ 8 ⑤ ± 8

2. ▄▍ 대표

x가 6의 제곱근일 때, x와 6 사이의 관계식으로 옳은 것은?

① $x = 6$ ② $x^2 = 6$ ③ $\sqrt{x} = 6$
④ $\sqrt{x} = \sqrt{6}$ ⑤ $x = 36$

3. ▄▍ 서술형

11의 제곱근을 a, 7의 제곱근을 b라 할 때, $a^2 - b^2$의 값을 구하시오.

유형 **2** **제곱근의 이해**

(1) 제곱근의 개수

	$a > 0$	$a = 0$	$a < 0$
a의 제곱근	$\pm\sqrt{a}$	0	없다.
제곱근의 개수	2	1	0

(2) 양수 a의 제곱근과 제곱근 a
① a의 제곱근 ➡ 제곱하여 a가 되는 수 ➡ $\pm\sqrt{a}$
② 제곱근 a ➡ a의 양의 제곱근 ➡ $\sqrt{a}$

4. ▄▍

다음 수 중에서 제곱근이 없는 것의 개수는?

> $13,$ $0,$ $\dfrac{1}{5}$ $-16,$ $9.4,$ -0.8

① 1   ② 2   ③ 3
④ 4   ⑤ 5

5. ▄▍ 대표

다음 중에서 옳은 것을 모두 고르면? (정답 2개)

① 0의 제곱근은 없다.
② -25의 음의 제곱근은 -5이다.
③ 81의 양의 제곱근은 9이다.
④ 제곱하여 0.36이 되는 수는 ± 0.6이다.
⑤ $\left(-\dfrac{1}{7}\right)^2$의 제곱근은 없다.

6. ▄▍

다음 보기 에서 옳지 않은 것을 모두 고르시오.

> 보기
> ㄱ. 제곱근 4는 ± 2이다.
> ㄴ. $x^2 = 49$를 만족시키는 x의 값은 ± 7이다.
> ㄷ. 8의 제곱근과 제곱근 8은 같다.
> ㄹ. 음수가 아닌 모든 수의 제곱근은 2개이고, 두 제곱근의 합은 0이다.
> ㅁ. $0.\dot{4}$의 제곱근은 $\pm\dfrac{2}{3}$이다.

유형 3 근호를 사용하지 않고 나타내기

근호 안의 수가 어떤 유리수의 제곱이면 근호를 사용하지 않고 나타낼 수 있다.

예 $2^2=4$이므로 $\sqrt{4}=2$

7. ▫▫

다음 수 중에서 근호를 사용하지 않고 나타낼 수 있는 것의 개수를 구하시오.

$$\sqrt{\frac{4}{25}}, \quad \sqrt{18}, \quad \sqrt{\frac{1}{1000}}, \quad -\sqrt{144}, \quad \sqrt{0.9}$$

8. ▫▫ 대표

다음 수의 제곱근 중 근호를 사용하지 않고 나타낼 수 <u>없는</u> 것은?

① 64 　　② 0.04 　　③ $\dfrac{9}{25}$

④ 2.25 　　⑤ $\dfrac{5}{16}$

9. ▫▫ 신유형

넓이가 a인 정사각형의 한 변의 길이는 제곱근 a이다. 다음 보기 에서 근호를 사용하지 않고 나타낼 수 있는 것을 모두 고르시오.

보기
　ㄱ. 넓이가 14인 정사각형의 한 변의 길이
　ㄴ. 넓이가 $\dfrac{49}{169}$인 정사각형의 한 변의 길이
　ㄷ. 넓이가 $0.\dot{4}$인 정사각형의 한 변의 길이

유형 4 제곱근 구하기

어떤 수의 제곱이나 근호를 포함한 수의 제곱근을 구할 때는 먼저 주어진 수를 간단한 수로 나타낸 후 다음을 이용한다.

$a>0$일 때
(1) a의 양의 제곱근 ➡ $\sqrt{a}$
(2) a의 음의 제곱근 ➡ $-\sqrt{a}$
(3) a의 제곱근 ➡ $\pm\sqrt{a}$
(4) 제곱근 a ➡ $\sqrt{a}$

예 $(-3)^2$의 음의 제곱근
　➡ $(-3)^2=9$이므로 9의 음의 제곱근은 -3이다.

10. ▫▫

다음 중에서 옳지 <u>않은</u> 것을 모두 고르면? (정답 2개)

① 100의 양의 제곱근 ➡ $\sqrt{10}$
② $(-5)^2$의 음의 제곱근 ➡ -5
③ $\sqrt{9}$의 제곱근 ➡ $\pm\sqrt{3}$
④ 제곱근 $\sqrt{49}$ ➡ $\pm\sqrt{7}$
⑤ 제곱근 $\left(-\dfrac{2}{3}\right)^2$ ➡ $\dfrac{2}{3}$

11. ▫▫ 대표

$(-8)^2$의 양의 제곱근을 a, $\sqrt{16}$의 음의 제곱근을 b라 할 때, $a-b$의 값을 구하시오.

12. ▫▫ 서술형

제곱근 1.21을 a, 제곱근 $\sqrt{81}$을 b라 할 때, $10a+b$의 값을 구하시오.

유형 5 제곱근과 도형

(1) 직각삼각형에서 세 변의 길이 사이의 관계

$\Rightarrow c^2 = a^2 + b^2$이므로
$c = \sqrt{a^2 + b^2}$

(2) 정사각형에서 한 변의 길이와 넓이 사이의 관계

넓이 S

$\Rightarrow x^2 = S$이므로
$x = \sqrt{S}$

---

13 ▪▮▮ 대표

오른쪽 직각삼각형에서 x의 값을 구하시오.

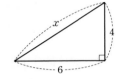

---

14 ▪▮▮

오른쪽 직사각형과 넓이가 같은 정사각형의 한 변의 길이를 구하시오.

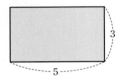

---

15 ▪▮▮ 신유형

오른쪽 그림과 같이 정사각형 모양의 타일 A, B, C가 겹치지 않게 이어 붙어 있다. 타일 A, B, C가 다음 조건을 모두 만족시킬 때, 타일 C의 한 변의 길이를 구하시오.

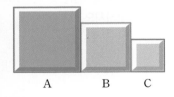

A   B   C

(가) 타일 A의 넓이는 64 cm²이다.

(나) 타일 B의 한 변의 길이는 타일 A의 한 변의 길이의 $\dfrac{3}{4}$배이다.

(다) 타일 C의 한 변의 길이는 타일 B의 한 변의 길이의 $\dfrac{2}{3}$배이다.

유형 6 제곱근의 성질

$a > 0$일 때

(1) $(\sqrt{a})^2 = a$, $(-\sqrt{a})^2 = a$

(2) $\sqrt{a^2} = a$, $\sqrt{(-a)^2} = a$

---

16 ▪▮▮

다음 중에서 그 값이 나머지 넷과 다른 하나는?

① $(\sqrt{2})^2$ ② $\sqrt{(-2)^2}$ ③ $(-\sqrt{2})^2$

④ $-\sqrt{(-2)^2}$ ⑤ $\sqrt{2^2}$

---

17 ▪▮▮ 대표

다음 중에서 옳지 <u>않은</u> 것은?

① $(\sqrt{7})^2 = 7$ ② $(-\sqrt{10})^2 = 10$

③ $-\sqrt{0.5^2} = -0.5$ ④ $-\sqrt{\left(-\dfrac{3}{8}\right)^2} = -\dfrac{3}{8}$

⑤ $-\left(-\sqrt{\dfrac{2}{11}}\right)^2 = \dfrac{2}{11}$

---

18 ▪▮▮ 서술형

제곱근 $(-\sqrt{1.\dot{7}})^2$을 a, $\sqrt{(-9)^2}$의 음의 제곱근을 b라 할 때, ab의 값을 구하시오.

유형 7 제곱근의 성질을 이용한 계산

제곱근을 포함한 식을 계산할 때는 제곱근의 성질을 이용하여 근호를 사용하지 않고 나타낸 후 계산한다.

예 $\sqrt{3^2}-(-\sqrt{7})^2=3-7=-4$

19.

$\sqrt{169}-\sqrt{(-7)^2}\times(-\sqrt{3})^2$을 계산하면?

① -11 ② -8 ③ -5

④ -2 ⑤ -1

20. 대표

다음 중에서 옳지 <u>않은</u> 것을 모두 고르면? (정답 2개)

① $\sqrt{144}+\sqrt{(-6)^2}=18$

② $(-\sqrt{5})^2-\sqrt{7^2}=-2$

③ $(-\sqrt{8^2})\times\sqrt{\dfrac{1}{16}}=-\dfrac{1}{2}$

④ $\left(-\sqrt{\dfrac{3}{5}}\right)^2\div\sqrt{\left(-\dfrac{1}{5}\right)^2}=3$

⑤ $\sqrt{0.36}\times\sqrt{(-10)^2}-(-\sqrt{4})^2=10$

21. 서술형

$A=\sqrt{625}\times\sqrt{\left(-\dfrac{2}{5}\right)^2}$, $B=\sqrt{100}\times(-\sqrt{1.8})^2\div\sqrt{3^2}$일 때, $A-B$의 값을 구하시오.

유형 8 $\sqrt{A^2}$의 성질

$\sqrt{A^2}=|A|=\begin{cases} A\geq0 \text{일 때,} & A \;-\; \sqrt{(양수)^2}=(양수) \\ A<0 \text{일 때,} & -A \;-\; \sqrt{(음수)^2}=-(음수) \end{cases}$

22.

$a>0$일 때, $-\sqrt{49a^2}$을 간단히 하면?

① $-7a^2$ ② $-49a$ ③ $-7a$

④ $7a$ ⑤ $7a^2$

23. 대표

$a<0$일 때, 다음 중에서 옳은 것은?

① $\sqrt{a^2}=a$ ② $\sqrt{(-a)^2}=a$

③ $-\sqrt{a^2}=-a$ ④ $\sqrt{(-3a)^2}=-3a$

⑤ $-\sqrt{9a^2}=9a$

24.

$a>0$일 때, 다음 수 중에서 가장 작은 수를 구하시오.

$$\sqrt{(-4a)^2}, \quad -\sqrt{81a^2}, \quad -\sqrt{\left(-\dfrac{2}{3}a\right)^2}, \quad \sqrt{\dfrac{1}{16}a^2}$$

유형 9 $\sqrt{A^2}$ 꼴을 포함한 식 간단히 하기

$\sqrt{A^2}$ 꼴을 포함한 식을 간단히 할 때는 먼저 A의 부호를 조사한 후 다음을 이용한다.
(1) $A>0$일 때, $\sqrt{A^2}=A$
(2) $A<0$일 때, $\sqrt{A^2}=-A$

25 ▂▃▅
$a>0$일 때, $\sqrt{(-3a)^2}-\sqrt{(2a)^2}$을 간단히 하면?
① $-5a$ ② $-a$ ③ a
④ $3a$ ⑤ $5a$

26 ▂▃▅ 대표
$a<0,\ b>0$일 때, $\sqrt{(-6a)^2}-\sqrt{a^2}+\sqrt{25b^2}$을 간단히 하면?
① $-7a-5b$ ② $-5a-5b$ ③ $-7a+5b$
④ $-5a+5b$ ⑤ $7a+5b$

27 ▂▃▅ 서술형
$a-b>0,\ ab<0$일 때, $\sqrt{a^2b^2}-\sqrt{(-8a)^2}\times\sqrt{\dfrac{49}{4}b^2}$을 간단히 하시오.

유형 10 $\sqrt{(A-B)^2}$ 꼴을 포함한 식 간단히 하기

$\sqrt{(A-B)^2}$ 꼴을 포함한 식을 간단히 할 때는 먼저 $A-B$의 부호를 조사한 후 다음을 이용한다.
(1) $A-B>0$일 때, $\sqrt{(A-B)^2}=A-B$
(2) $A-B<0$일 때, $\sqrt{(A-B)^2}=-(A-B)$

28 ▂▃▅ 대표
$-1<a<4$일 때, $\sqrt{(a+1)^2}-\sqrt{(a-4)^2}$을 간단히 하면?
① -5 ② -3 ③ 5
④ $2a-5$ ⑤ $2a-3$

29 ▂▃▅
$a<7$일 때, $\sqrt{(a-7)^2}+\sqrt{(7-a)^2}$을 간단히 하면?
① $-2a-14$ ② $-2a$ ③ $-2a+14$
④ $2a$ ⑤ $2a+14$

30 ▂▃▅
$0<a<1$일 때, $\sqrt{\left(a-\dfrac{1}{a}\right)^2}-\sqrt{\left(a+\dfrac{1}{a}\right)^2}$을 간단히 하시오.

유형 11 $\sqrt{Ax}$ 가 자연수가 될 조건

① Ax가 (자연수)^2 꼴이어야 한다.

② Ax를 소인수분해하였을 때 모든 소인수의 지수가 짝수이어야 한다.

예 $\sqrt{2 \times 3^2 \times x}$ 가 자연수가 되려면 $2 \times 3^2 \times x$의 모든 소인수의 지수가 짝수이어야 하므로 x는 $2 \times$ (자연수)^2 꼴이어야 한다.

따라서 $x = 2, 2 \times 2^2 (=8), 2 \times 3^2 (=18), \cdots$

31 대표

$\sqrt{24x}$ 가 자연수가 되도록 하는 가장 작은 자연수 x의 값을 구하시오.

32

$\sqrt{50x}$ 가 자연수가 되도록 하는 가장 작은 두 자리의 자연수 x의 값은?

① 10   ② 12   ③ 16

④ 18   ⑤ 20

33

100 이하인 자연수 x에 대하여 $\sqrt{28x}$ 가 자연수가 되도록 하는 자연수 x의 개수를 구하시오.

유형 12 $\sqrt{\dfrac{A}{x}}$ 가 자연수가 될 조건

① $\dfrac{A}{x}$ 가 (자연수)^2 꼴이어야 한다.

② $\dfrac{A}{x}$ 를 소인수분해하였을 때 모든 소인수의 지수가 짝수이어야 한다.

③ A의 소인수 중 지수가 홀수인 소인수가 약분되도록 x의 값을 정한다.

예 $\sqrt{\dfrac{2^2 \times 3}{x}}$ 이 자연수가 되려면 $\dfrac{2^2 \times 3}{x}$ 의 모든 소인수의 지수가 짝수이어야 하므로 x는 $3 \times$ (자연수)^2 꼴이고 $2^2 \times 3$의 약수이어야 한다.

따라서 $x = 3, 3 \times 2^2 = 12$

34 대표

$\sqrt{\dfrac{18}{x}}$ 이 자연수가 되도록 하는 가장 작은 자연수 x의 값은?

① 2   ② 3   ③ 4

④ 8   ⑤ 10

35 서술형

$\sqrt{\dfrac{300}{x}}$ 이 자연수가 되도록 하는 가장 작은 두 자리의 자연수 x의 값을 구하시오.

36

자연수 x, y에 대하여 $\sqrt{\dfrac{96}{x}} = y$라 할 때, 가장 큰 y의 값을 구하시오.

유형 13 $\sqrt{A+x}$, $\sqrt{A-x}$가 자연수가 될 조건

(1) $\sqrt{A+x}$가 자연수가 되려면 $A+x$는 A보다 큰 (자연수)^2 꼴이어야 한다.

예 $\sqrt{10+x}$가 자연수

➡ $10+x=16, 25, 36, \cdots$

➡ $x=6, 15, 26, \cdots$

(2) $\sqrt{A-x}$가 자연수가 되려면 $A-x$는 A보다 작은 (자연수)^2 꼴이어야 한다.

예 $\sqrt{10-x}$가 자연수

➡ $10-x=9, 4, 1$

➡ $x=1, 6, 9$

37 대표

$\sqrt{13+x}$가 자연수가 되도록 하는 가장 작은 자연수 x의 값을 구하시오.

38 서술형

$\sqrt{41-x}$가 가장 큰 자연수가 되도록 하는 자연수 x의 값을 구하시오.

39

$\sqrt{27-x}$가 자연수가 되도록 하는 자연수 x의 값 중 가장 큰 수를 a, 가장 작은 수를 b라 할 때, $a-b$의 값은?

① 7   ② 9   ③ 16

④ 21   ⑤ 24

유형 14 제곱근의 대소 관계

$a>0$, $b>0$일 때

(1) $a<b$이면 $\sqrt{a}<\sqrt{b}$

(2) $\sqrt{a}<\sqrt{b}$이면 $a<b$

(3) $\sqrt{a}<\sqrt{b}$이면 $-\sqrt{a}>-\sqrt{b}$

(4) a와 $\sqrt{b}$의 대소 비교

방법 1 $a=\sqrt{a^2}$이므로 $\sqrt{a^2}$과 $\sqrt{b}$의 대소를 비교한다.

방법 2 두 수를 제곱하면 a^2, b이므로 a^2과 b의 대소를 비교한다.

40 대표

다음 중에서 대소 관계가 옳지 <u>않은</u> 것은?

① $\sqrt{26}>\sqrt{24}$ ② $-\sqrt{3}>-\sqrt{7}$

③ $\sqrt{\dfrac{1}{3}}<\sqrt{\dfrac{2}{5}}$ ④ $-\sqrt{2}>-2$

⑤ $-\sqrt{\dfrac{3}{7}}>-\dfrac{1}{6}$

41

다음 수를 큰 수부터 크기순으로 나열할 때, 네 번째에 오는 수를 구하시오.

$$-\sqrt{15}, \quad -3, \quad -\sqrt{\dfrac{11}{3}}, \quad -\sqrt{8}, \quad -\sqrt{10}$$

42 신유형

$x>1$인 경우와 $0<x<1$인 경우로 나누어 아래 수들의 대소를 비교하려고 한다. 다음 물음에 답하시오.

$$\sqrt{x}, \quad \dfrac{1}{x}, \quad x, \quad \sqrt{\dfrac{1}{x}}$$

(1) $x>1$일 때, 작은 수부터 차례로 나열하시오.

(2) $0<x<1$일 때, 작은 수부터 차례로 나열하시오.

15 **제곱근을 포함한 부등식**

$a>0$, $b>0$, $c>0$일 때
(1) $a<\sqrt{b}<c \Rightarrow a^2<(\sqrt{b})^2<c^2$
$\Rightarrow a^2<b<c^2$
(2) $\sqrt{a}<b<\sqrt{c} \Rightarrow (\sqrt{a})^2<b^2<(\sqrt{c})^2$
$\Rightarrow a<b^2<c$
예 $1<\sqrt{x}<2$를 만족시키는 자연수 x의 값 구하기
$1<\sqrt{x}<2$에서 $1^2<(\sqrt{x})^2<2^2$, 즉 $1<x<4$
따라서 부등식을 만족시키는 자연수 x의 값은 2, 3이다.

43 .ıl

$\sqrt{6x}<5$를 만족시키는 자연수 x의 값 중 가장 큰 수를 구하시오.

44 .ıl 대표

$3<\sqrt{2x}<5$를 만족시키는 자연수 x의 개수는?

① 5   ② 6   ③ 7
④ 8   ⑤ 9

45 .ıl 서술형

$\sqrt{14}<x<\sqrt{58}$을 만족시키는 모든 자연수 x의 값의 합을 구하시오.

 16 **$\sqrt{x}$ 이하의 자연수 구하기**

$\sqrt{x}$ 이하의 자연수를 구할 때는 x에 가장 가까운 제곱수 2개를 찾아 $\sqrt{x}$의 값의 범위를 구한다.
예 $\sqrt{5}$ 이하의 자연수 구하기
$\sqrt{2^2}<\sqrt{5}<\sqrt{3^2}$에서 $2<\sqrt{5}<3$
따라서 $\sqrt{5}$ 이하의 자연수는 1, 2이다.

46 .ıl 대표⟳

자연수 x에 대하여 $\sqrt{x}$ 이하의 자연수의 개수를 $N(x)$라 할 때, $N(20)+N(50)$의 값은?

① 8   ② 9   ③ 10
④ 11   ⑤ 12

47 .ıl

자연수 x에 대하여 $\sqrt{x}$ 이하의 자연수 중 가장 큰 수를 $M(x)$라 할 때, $M(80)-M(46)$의 값을 구하시오.

48 .ıl

자연수 x에 대하여 $\sqrt{x}$ 이하의 자연수의 개수를 $f(x)$라 할 때, $f(1)+f(2)+f(3)+ \cdots +f(10)$의 값은?

① 16   ② 17   ③ 18
④ 19   ⑤ 20

02 무리수와 실수

1 무리수와 실수

(1) **무리수** : 유리수가 아닌 수, 즉 소수로 나타낼 때 순환소수가 아닌 무한소수

(2) 실수
① **실수** : 유리수와 무리수를 통틀어 실수라 한다.
② 실수의 분류

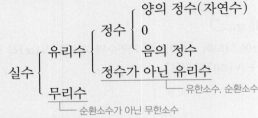

2 실수의 대소 관계

(1) **무리수를 수직선 위에 나타내기**
직각삼각형의 빗변의 길이를 이용하면 무리수를 수직선 위에 나타낼 수 있다.

예 $\sqrt{2}$와 $-\sqrt{2}$를 수직선 위에 나타내면 오른쪽 그림과 같다.

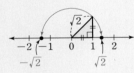

(2) **실수와 수직선**
① 모든 실수는 각각 수직선 위의 한 점에 대응하고, 수직선 위의 한 점에는 한 실수가 대응한다.
② 수직선은 유리수와 무리수, 즉 실수에 대응하는 점들로 완전히 메울 수 있다.
③ 서로 다른 두 실수 사이에는 무수히 많은 실수가 있다.

(3) **실수의 대소 관계**
① 수직선 위에서 오른쪽에 있는 수가 왼쪽에 있는 수보다 크다.
(양수)>0, (음수)<0, (양수)>(음수)
② 양수끼리는 절댓값이 큰 수가 더 크고, 음수끼리는 절댓값이 큰 수가 더 작다.
③ 두 실수의 대소는 다음 세 방법 중 하나를 이용하여 비교한다.

방법1 두 수의 차를 이용한다.
방법2 부등식의 성질을 이용한다.
방법3 제곱근의 값을 이용한다.

(4) **무리수의 정수 부분과 소수 부분**
무리수는 정수 부분과 소수 부분으로 나눌 수 있다.

➡ $\sqrt{a}$가 무리수이고 n이 정수일 때,

$$n<\sqrt{a}<n+1$$이면 $$\begin{cases} \sqrt{a}의\ 정수\ 부분: n \\ \sqrt{a}의\ 소수\ 부분: \sqrt{a}-n \end{cases}$$

무리수와 실수

다음 수가 유리수이면 '유', 무리수이면 '무'를 ( ) 안에 써 넣으시오.

1 $0.5\dot{4}$ ( )

2 $\sqrt{16}$ ( )

3 $\sqrt{\dfrac{1}{7}}$ ( )

4 $-\sqrt{37}$ ( )

5 $2+\sqrt{5}$ ( )

아래 수 중에서 다음에 해당하는 것을 모두 고르시오.

$$-\sqrt{1.5},\quad \sqrt{4},\quad 1.06\dot{7},\quad \frac{3}{11},\quad -\sqrt{37}$$

6 정수

7 유리수

8 무리수

9 실수

실수의 대소 관계

▶ 다음 그림은 한 눈금의 길이가 1인 모눈종이 위에 수직선과 직각삼각형 ABC를 그린 것이다. $\overline{AC}=\overline{AP}$일 때, 다음을 구하시오.

10

(1) $\overline{AC}$의 길이
(2) 점 P에 대응하는 수

11

(1) $\overline{AC}$의 길이
(2) 점 P에 대응하는 수

▶ 다음 설명 중 옳은 것은 ○표, 옳지 않은 것은 ×표를 ( ) 안에 써넣으시오.

12 수직선은 유리수에 대응하는 점들로 완전히 메울 수 있다.
( )

13 $-\sqrt{5}$와 $-\sqrt{6}$ 사이에는 무수히 많은 무리수가 있다.
( )

14 수직선 위에서 $\sqrt{\dfrac{2}{9}}$는 원점의 오른쪽에 있는 한 점에 대응한다.
( )

▶ 다음 □ 안에 부등호 >, < 중 알맞은 것을 써넣으시오.

15 $7-\sqrt{5}$ □ 3

16 10 □ $13-\sqrt{10}$

17 $\sqrt{6}+\sqrt{15}$ □ $\sqrt{8}+\sqrt{15}$

18 $8-\sqrt{7}$ □ $\sqrt{60}-\sqrt{7}$

▶ 다음 무리수의 정수 부분과 소수 부분을 각각 구하시오.

19 $\sqrt{8}$
정수 부분: _____ , 소수 부분: _____

20 $\sqrt{23}$
정수 부분: _____ , 소수 부분: _____

21 $\sqrt{44}$
정수 부분: _____ , 소수 부분: _____

22 $\sqrt{57}$
정수 부분: _____ , 소수 부분: _____

23 $\sqrt{85}$
정수 부분: _____ , 소수 부분: _____

소단원 유형 익히기

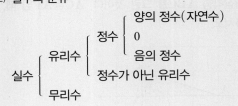

유형 17 유리수와 무리수의 구별

(1) 유리수: $\dfrac{(정수)}{(0이\ 아닌\ 정수)}$ 꼴로 나타낼 수 있는 수

(2) 무리수: 유리수가 아닌 수, 즉 소수로 나타낼 때 순환소수가 아닌 무한소수

1 대표

다음 중에서 무리수가 <u>아닌</u> 것을 모두 고르면? (정답 2개)

① $\sqrt{0.8}$　　② $\sqrt{\dfrac{1}{3}}$　　③ $1.2\dot{3}$

④ $-\sqrt{2}$　　⑤ $\sqrt{9}$

2 서술형

다음 보기 의 정사각형 중에서 한 변의 길이를 소수로 나타낼 때, 순환소수가 아닌 무한소수가 되는 것을 모두 고르시오.

> **보기**
> ㄱ. 넓이가 6인 정사각형
> ㄴ. 넓이가 49인 정사각형
> ㄷ. 넓이가 $\dfrac{81}{25}$인 정사각형
> ㄹ. 넓이가 14.4인 정사각형

3

다음 수 중에서 그 제곱근이 유리수가 <u>아닌</u> 것은 모두 몇 개인지 구하시오.

$$\sqrt{121}, \quad \sqrt{16}, \quad \frac{1}{36}, \quad \sqrt{100}, \quad \sqrt{2.25}$$

유형 18 실수의 이해

(1) 유리수와 무리수를 통틀어 실수라 한다.

(2) 실수의 분류

실수 ⎧ 유리수 ⎧ 정수 ⎧ 양의 정수(자연수)
　　　⎨　　　　⎨　　　⎨ 0
　　　⎩ 무리수　⎩　　　⎩ 음의 정수
　　　　　　　　　　정수가 아닌 유리수

4 대표

다음 중에서 옳지 <u>않은</u> 것을 모두 고르면? (정답 2개)

① 실수는 유리수와 무리수로 이루어져 있다.

② 무리수는 모두 무한소수이다.

③ 무한소수는 모두 무리수이다.

④ 유리수는 분수 $\dfrac{a}{b}$ (a, b는 정수, $b\neq0$) 꼴로 나타낼 수 있다.

⑤ 실수 중에는 유리수이면서 동시에 무리수인 수가 있다.

5

다음 중에서 유리수가 아닌 실수를 모두 고르면? (정답 2개)

① -5π　　② $\sqrt{16.9}$　　③ $-\sqrt{5.\dot{4}}$

④ -1　　⑤ $-\sqrt{\dfrac{144}{25}}$

6

다음 중에서 $\sqrt{6}$에 대한 설명으로 옳지 <u>않은</u> 것은?

① 무리수이다.

② 6의 양의 제곱근이다.

③ 제곱하면 유리수이다.

④ 기약분수로 나타낼 수 있다.

⑤ 순환하지 않는 무한소수로 나타낼 수 있다.

7 .ıl

다음 보기 에서 아래 ☐ 안의 수에 해당하는 것을 모두 고르시오.

실수 { 유리수 { 정수
정수가 아닌 유리수 }
☐ }

보기

ㄱ. $-\sqrt{\dfrac{25}{16}}$ ㄴ. 제곱근 12

ㄷ. $\sqrt{0.0\dot{1}}$ ㄹ. 2.89의 음의 제곱근

8 .ıl

다음 수에 대한 설명으로 옳은 것은?

$$0, \quad -\frac{1}{4}, \quad \sqrt{2.1}, \quad \sqrt{36}, \quad -\sqrt{\frac{6}{7}}, \quad 3.\dot{0}\dot{7}$$

① 자연수는 없다.
② 정수는 1개이다.
③ 정수가 아닌 유리수는 3개이다.
④ 무리수는 3개이다.
⑤ $\dfrac{(정수)}{(0이\ 아닌\ 정수)}$ 꼴로 나타낼 수 있는 수는 4개이다.

9 .ıl

다음 보기 에서 옳은 것을 모두 고르시오.

보기

ㄱ. 양수의 제곱근은 모두 무리수이다.
ㄴ. 무리수를 제곱하면 유리수이다.
ㄷ. 유리수가 아닌 실수는 무리수이다.
ㄹ. 0은 유리수도 아니고 무리수도 아니다.

유형 19 **무리수를 수직선 위에 나타내기**

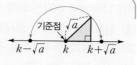

기준점을 중심으로 하고 직각삼각형의 빗변의 길이($\sqrt{a}$)를 반지름으로 하는 원을 그려 수직선과 만나는 점의 좌표를 구한다.
(1) 직각삼각형의 빗변의 길이
 ➡ 피타고라스 정리를 이용하여 구한다.
(2) 기준점의 좌표가 k일 때
 ① 기준점의 오른쪽에 있는 점의 좌표 ➡ $k+\sqrt{a}$
 ② 기준점의 왼쪽에 있는 점의 좌표 ➡ $k-\sqrt{a}$

10 .ıl 대표

오른쪽 그림은 한 눈금의 길이가 1인 모눈종이 위에 수직선과 직각삼각형 ABC를 그린 것이다. $\overline{AC}=\overline{PC}$일 때, 점 P에 대응하는 수를 구하시오.

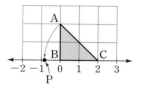

11 .ıl 서술형

오른쪽 그림은 한 눈금의 길이가 1인 모눈종이 위에 수직선과 정사각형 ABCD를 그린 것이다. $\overline{AB}=\overline{AP}$일 때, 점 P에 대응하는 수를 구하시오.

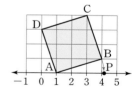

12 .ıl

오른쪽 그림은 한 눈금의 길이가 1인 모눈종이 위에 수직선과 정사각형 ABCD를 그린 것이다. 점 A를 중심으로 하고 $\overline{AB}$를 반지름으로 하는 원을 그렸을 때, 다음 중에서 옳지 않은 것은?

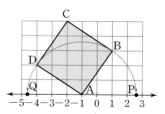

① $\overline{AB}=\sqrt{13}$
② $\overline{AP}=\sqrt{13}$
③ $\overline{AQ}=\sqrt{13}$
④ P($-1+\sqrt{13}$)
⑤ Q($-4-\sqrt{13}$)

13 .ıl

다음 그림에서 수직선 위에 있는 세 사각형은 모두 한 변의 길이가 1인 정사각형이다. 각 정사각형의 대각선을 반지름으로 하는 원을 그려 수직선과 만나는 점을 각각 A, B, C, D, E라 할 때, $2-\sqrt{2}$에 대응하는 점을 구하시오.

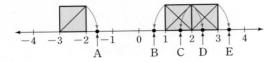

14 .ıl

다음 그림에서 모눈 한 칸은 한 변의 길이가 1인 정사각형이다. 점 P를 중심으로 하고 $\overline{PQ}$를 반지름으로 하는 원을 그려 수직선과 만나는 점을 각각 A, B라 하자. 점 A에 대응하는 수가 $4-\sqrt{17}$일 때, 점 B에 대응하는 수를 구하시오.

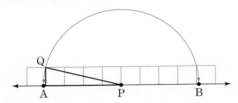

15 .ıl 서술형💬

다음 그림에서 모눈 한 칸은 한 변의 길이가 1인 정사각형이다. $1+\sqrt{5}$, $1-\sqrt{5}$에 대응하는 점을 수직선 위에 나타내고, 그 방법을 설명하시오.

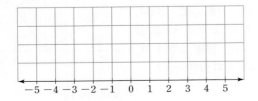

유형 20 실수와 수직선

(1) 모든 실수는 각각 수직선 위의 한 점에 대응한다.
(2) 수직선은 유리수와 무리수, 즉 실수에 대응하는 점들로 완전히 메울 수 있다.
(3) 서로 다른 두 실수 사이에는 무수히 많은 실수가 있다.

16 .ıl

다음 중에서 옳은 것은?

① $\dfrac{2}{5}$와 $\dfrac{5}{6}$ 사이에는 무리수가 없다.

② 수직선은 정수와 무리수에 대응하는 점들로 완전히 메울 수 있다.

③ 수직선에서 $\sqrt{11}$은 원점의 왼쪽에 있는 한 점에 대응한다.

④ 서로 다른 두 무리수 사이에는 정수가 없다.

⑤ 모든 실수는 각각 수직선 위의 한 점에 대응한다.

17 .ıl 대표 🔄

다음 중에서 옳지 <u>않은</u> 것을 모두 고르면? (정답 2개)

① $\sqrt{5}$와 $\sqrt{6}$ 사이에는 정수가 없다.

② $\sqrt{7}$과 $\sqrt{8}$ 사이에는 무수히 많은 무리수가 있다.

③ 서로 다른 두 유리수 사이에는 유리수만 있다.

④ 수직선에서 $\sqrt{2}-1$은 원점의 오른쪽에 있는 한 점에 대응한다.

⑤ 수직선은 유리수에 대응하는 점들로 완전히 메울 수 있다.

18 .ıl

다음 보기에서 옳은 것을 모두 고르시오.

보기
ㄱ. π는 수직선 위의 한 점에 대응한다.
ㄴ. 3에 가장 가까운 무리수는 $\sqrt{8}$이다.
ㄷ. -2와 $\sqrt{7}$ 사이에는 무수히 많은 유리수와 무리수가 있다.
ㄹ. 어떤 서로 다른 두 실수는 수직선 위의 같은 점에 대응한다.

유형 21 수직선에서 무리수에 대응하는 점 찾기

예 수직선에서 $\sqrt{7}$에 대응하는 점 찾기

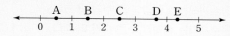

① 7에 가까운 (자연수)^2 꼴인 수를 찾아 $\sqrt{7}$이 속하는 범위 구하기

$2^2=4$, $3^2=9$이므로 $4<7<9$ ➡ $2<\sqrt{7}<3$

② 수직선에서 $\sqrt{7}$에 대응하는 점 찾기

$\sqrt{7}$은 2와 3 사이에 있는 수이므로 수직선에서 $\sqrt{7}$에 대응하는 점은 C이다.

19

다음 수직선 위의 점 A~E 중에서 $\sqrt{28}$에 대응하는 점은?

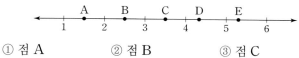

① 점 A ② 점 B ③ 점 C
④ 점 D ⑤ 점 E

20 대표

다음 수직선 위의 점 A~E 중에서 $3+\sqrt{10}$에 대응하는 점을 구하시오.

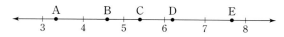

21

다음 수직선에서 $\sqrt{21}-2$에 대응하는 점이 있는 구간은?

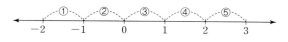

22

다음 수직선 위의 점 A~E 중에서 $-\sqrt{15}$에 대응하는 점을 구하시오.

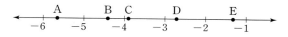

23 신유형

다음 그림과 같이 반지름의 길이가 2인 원이 수직선 위에서 점 A(1)에 접하고 있다. 원을 수직선을 따라 시계 방향으로 두 바퀴 굴려 점 A가 다시 수직선에 접하는 점을 B라 하자. 점 B에 대응하는 수를 구하시오.

24

다음 수직선에서 두 수 $5-\sqrt{3}$, $-1+\sqrt{8}$에 대응하는 점이 있는 구간을 차례로 구하시오.

25 서술형

다음 수직선 위의 네 점 A, B, C, D는 각각 네 수 $\sqrt{33}$, $4-\sqrt{2}$, $1+\sqrt{5}$, $\sqrt{29}-5$ 중 하나에 대응한다. 두 점 B, D에 대응하는 수를 각각 구하시오.

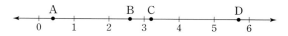

유형 22 두 실수 사이의 수

(1) $\sqrt{x}$가 두 자연수 a, b 사이에 있는 수, 즉 $a<\sqrt{x}<b$인 지 알아보려면 $\sqrt{a^2}<\sqrt{x}<\sqrt{b^2}$인지 확인한다.

(2) x가 두 무리수 $\sqrt{a}$, $\sqrt{b}$ 사이에 있는 수, 즉 $\sqrt{a}<x<\sqrt{b}$ 인지 알아보려면 $\sqrt{a}<\sqrt{x^2}<\sqrt{b}$인지 확인한다.

26 ․ɪɪ 대표

다음 중에서 두 수 4와 6 사이에 있는 수가 <u>아닌</u> 것은?

① $\sqrt{17}$ ② $\sqrt{19}$ ③ $\sqrt{26}$

④ $\sqrt{33}$ ⑤ $\sqrt{41}$

27 ․ɪɪ

다음 수 중에서 $\sqrt{7}$과 $\sqrt{30}$ 사이에 있는 수는 모두 몇 개인가?

$$\sqrt{17}, \quad (\sqrt{2})^2, \quad 6, \quad \sqrt{\frac{5}{2}}, \quad \sqrt{(-3)^2}$$

① 1개   ② 2개   ③ 3개

④ 4개   ⑤ 5개

28 ․ɪɪ

$\sqrt{x}$의 값이 3과 5 사이에 있도록 하는 자연수 x의 개수를 구하시오.

유형 23 실수의 대소 관계

(1) (양수)>0, (음수)<0, (양수)>(음수)

(2) 양수끼리는 절댓값이 큰 수가 더 크다.

(3) 음수끼리는 절댓값이 큰 수가 더 작다.

(4) 두 실수 a, b에 대하여
   ① $a-b>0$이면 $a>b$
   ② $a-b=0$이면 $a=b$
   ③ $a-b<0$이면 $a<b$

29 ․ɪɪ 대표

다음 중에서 두 실수의 대소 관계가 옳지 <u>않은</u> 것은?

① $-\sqrt{5}<0$ ② $\sqrt{6}>-3$

③ $-\sqrt{11}>-\sqrt{14}$ ④ $\sqrt{17}>4$

⑤ $-\sqrt{\dfrac{1}{3}}<-1$

30 ․ɪɪ

다음 두 실수의 대소를 비교하시오.

(1) $4-\sqrt{7}$, 2

(2) $-8+\sqrt{10}$, $-8+\sqrt{13}$

31 ․ɪɪ 서술형

다음 수직선 위의 네 점 A, B, C, D는 각각 아래 수와 대응한다. 각 점에 대응하는 수를 말하고, 대소를 비교하여 부등호를 사용하여 나타내시오.

$$\sqrt{12}, \qquad 4-\sqrt{3}, \qquad -\sqrt{7}, \qquad \sqrt{2}-3$$

32 ⬛

다음 □ 안에 들어갈 부등호의 방향이 나머지 넷과 다른 하나는?

① $1+\sqrt{3}$ □ $1+\sqrt{5}$　　② $3-\sqrt{3}$ □ $3-\sqrt{2}$

③ $6-\sqrt{5}$ □ $\sqrt{37}-\sqrt{5}$　　④ -5 □ $2-\sqrt{45}$

⑤ $5-\sqrt{7}$ □ 2

33 ⬛

다음 수 중에서 가장 큰 수를 a, 가장 작은 수를 b라 할 때, a^2b의 값을 구하시오.

$$-\sqrt{12}, \quad -\frac{1}{4}, \quad \sqrt{1.8}, \quad \sqrt{\frac{5}{2}}, \quad -4$$

34 ⬛

다음 중에서 수직선 위에 나타낼 때, 가장 오른쪽에 위치하는 것은?

① $\sqrt{8}-2$　　② $3-\sqrt{11}$　　③ $\sqrt{5}-2$

④ $-2+\sqrt{3}$　　⑤ $\sqrt{10}-4$

35 ⬛

다음 세 수의 대소 관계를 부등호를 사용하여 나타내면?

$$a=\sqrt{6}+1, \quad b=\sqrt{6}-3, \quad c=4$$

① $a<b<c$　　② $a<c<b$

③ $b<a<c$　　④ $b<c<a$

⑤ $c<b<a$

유형 24 무리수의 정수 부분과 소수 부분

$\sqrt{a}$가 무리수이고 n이 정수일 때,

$n<\sqrt{a}<n+1$ ➡ $\begin{cases} \sqrt{a}\text{의 정수 부분: } n \\ \sqrt{a}\text{의 소수 부분: } \sqrt{a}-n \end{cases}$

예 $1<\sqrt{2}<2$이므로 $\sqrt{2}$의 정수 부분은 1, 소수 부분은 $\sqrt{2}-1$이다.

36 ⬛

$\sqrt{69}$의 정수 부분을 a라 할 때, $2a-5$의 값은?

① 9　　② 10　　③ 11

④ 12　　⑤ 13

37 ⬛ 대표 ◯

$6-\sqrt{6}$의 정수 부분을 a, 소수 부분을 b라 할 때, $a-b$의 값을 구하시오.

38 ⬛ 서술형 ▭

$2+\sqrt{2}$의 정수 부분을 a, $1-\sqrt{3}$의 소수 부분을 b라 할 때, $b-a$의 값을 구하시오.

중단원 핵심유형 테스트

1. 📶

다음 중에서 옳은 것은?

① 16의 제곱근은 4이다.

② 0의 제곱근은 2개이다.

③ $x^2=6$을 만족시키는 x의 값은 $\pm\sqrt{6}$이다.

④ 제곱근 3은 $\pm\sqrt{3}$이다.

⑤ 7의 제곱근과 제곱근 7은 서로 같다.

2. 📶

다음 중에서 나머지 넷과 값이 다른 하나는?

① $-\sqrt{10^2}$ ② $-(\sqrt{10})^2$ ③ $(-\sqrt{10})^2$

④ $-(-\sqrt{10})^2$ ⑤ $-\sqrt{(-10)^2}$

3. 📶

다음 수 중에서 무리수인 것을 모두 고르면? (정답 2개)

① $-\sqrt{11}$ ② $3.\dot{1}\dot{7}$ ③ $\sqrt{\dfrac{49}{4}}$

④ $-\sqrt{0.64}$ ⑤ $\sqrt{2.7}$

4. 📶

$\sqrt{(-8)^2}+(-\sqrt{6})^2-\sqrt{144}\times\sqrt{\left(-\dfrac{3}{4}\right)^2}$을 계산하시오.

5. 📶

$2<x<4$일 때, $\sqrt{(2-x)^2}-\sqrt{(x-4)^2}$을 간단히 하시오.

6. 📶

$\sqrt{48x}$가 자연수가 되도록 하는 가장 작은 자연수 x의 값을 구하시오.

7. 📶

다음 수를 큰 수부터 크기순으로 나열할 때, 두 번째에 오는 수를 구하시오.

$$-\sqrt{13}, \quad -\sqrt{18}, \quad -\sqrt{\dfrac{12}{5}}, \quad -\sqrt{5}, \quad -2$$

8. 📶

부등식 $3<\dfrac{\sqrt{x}}{2}<4$를 만족시키는 자연수 x는 모두 몇 개인가?

① 25개 ② 26개 ③ 27개

④ 28개 ⑤ 29개

9

다음 보기 에서 옳지 않은 것의 개수를 구하시오.

보기
ㄱ. 무한소수는 모두 무리수이다.
ㄴ. 7에 가장 가까운 무리수는 $\sqrt{48}$이다.
ㄷ. 수직선은 실수에 대응하는 점들로 완전히 메울 수 있다.
ㄹ. 두 무리수 사이에는 무수히 많은 무리수가 있다.

10

다음 그림은 한 눈금의 길이가 1인 모눈종이 위에 수직선과 직각삼각형 ABC를 그린 것이다. 점 C를 중심으로 하고 $\overline{AC}$를 반지름으로 하는 원을 그려 수직선과 만나는 두 점을 각각 P, Q라 할 때, 두 점 P, Q에 대응하는 수를 각각 구하시오.

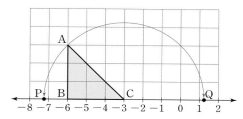

11

다음 수직선에서 $\sqrt{30}-4$에 대응하는 점이 있는 구간은?

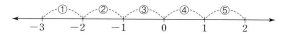

12

다음 중에서 두 수 $\sqrt{15}$와 7 사이에 있는 수가 아닌 것은?

① $\sqrt{22}$ ② 5   ③ $\sqrt{\dfrac{225}{4}}$
④ $\sqrt{15}+1$ ⑤ $\sqrt{45}$

13

다음 중에서 두 실수의 대소 관계가 옳은 것은?

① $3 < 2-\sqrt{2}$ ② $\sqrt{10}-3 < -3+\sqrt{8}$
③ $\sqrt{2}+6 < 8$ ④ $1-\sqrt{3} < -\sqrt{5}+1$
⑤ $\sqrt{7}+\sqrt{3} < 2+\sqrt{3}$

14

$\sqrt{7}$의 정수 부분을 a, $5+\sqrt{5}$의 소수 부분을 b라 할 때, $a+b$의 값을 구하시오.

15 서술형

두 실수 a, b에 대하여 $a-b<0$, $ab<0$일 때, 다음을 간단히 하시오.

$$\sqrt{4a^2}-(\sqrt{b})^2-\sqrt{(-2b)^2}+\sqrt{(3b-a)^2}$$

16

자연수 x에 대하여 $\sqrt{x}$보다 작은 자연수의 개수를 $f(x)$라 할 때, $f(11)+f(12)+f(13)+\cdots+f(30)$의 값을 구하시오.

02.

근호를 포함한

식의 계산

01 근호를 포함한 식의 계산 (1)

1 제곱근의 곱셈과 나눗셈

(1) 제곱근의 곱셈: $a>0$, $b>0$이고 m, n이 유리수일 때
① $\sqrt{a}\times\sqrt{b}=\sqrt{a}\sqrt{b}=\sqrt{ab}$ ─ 근호 밖의 수끼리,
② $m\sqrt{a}\times n\sqrt{b}=mn\sqrt{ab}$ ─ 근호 안의 수끼리 곱한다.

(2) 제곱근의 나눗셈: $a>0$, $b>0$이고 m, n $(n\neq0)$이 유리수일 때
① $\sqrt{a}\div\sqrt{b}=\dfrac{\sqrt{a}}{\sqrt{b}}=\sqrt{\dfrac{a}{b}}$ ─ 근호 밖의 수끼리,
② $m\sqrt{a}\div n\sqrt{b}=\dfrac{m}{n}\sqrt{\dfrac{a}{b}}$ ─ 근호 안의 수끼리 나눈다.

2 근호가 있는 식의 변형

$a>0$, $b>0$일 때
(1) $\sqrt{a^2b}=\sqrt{a^2}\sqrt{b}=a\sqrt{b}$, $\sqrt{\dfrac{b}{a^2}}=\dfrac{\sqrt{b}}{\sqrt{a^2}}=\dfrac{\sqrt{b}}{a}$
(2) $a\sqrt{b}=\sqrt{a^2}\sqrt{b}=\sqrt{a^2b}$, $\dfrac{\sqrt{b}}{a}=\dfrac{\sqrt{b}}{\sqrt{a^2}}=\sqrt{\dfrac{b}{a^2}}$

3 분모의 유리화

분모에 근호가 있을 때, 분모, 분자에 0이 아닌 수를 곱하여 분모를 유리수로 고치는 것을 **분모의 유리화**라 한다.
(1) $\dfrac{a}{\sqrt{b}}=\dfrac{a\times\sqrt{b}}{\sqrt{b}\times\sqrt{b}}=\dfrac{a\sqrt{b}}{b}$ (단, $b>0$)
(2) $\dfrac{\sqrt{a}}{\sqrt{b}}=\dfrac{\sqrt{a}\times\sqrt{b}}{\sqrt{b}\times\sqrt{b}}=\dfrac{\sqrt{ab}}{b}$ (단, $a>0$, $b>0$)
(3) $\dfrac{a}{c\sqrt{b}}=\dfrac{a\times\sqrt{b}}{c\sqrt{b}\times\sqrt{b}}=\dfrac{a\sqrt{b}}{bc}$ (단, $b>0$, $c\neq0$)

4 제곱근표

(1) 제곱근표: 1.00부터 99.9까지의 수의 양의 제곱근의 값을 반올림하여 소수점 아래 셋째 자리까지 나타낸 표
(2) 제곱근표 읽는 방법: 처음 두 자리 수의 가로줄과 끝자리 수의 세로줄이 만나는 곳에 적힌 수를 읽는다.
(3) 제곱근표에 없는 수의 제곱근의 값
① 100보다 큰 수의 제곱근의 값
➡ $\sqrt{100a}=10\sqrt{a}$, $\sqrt{10000a}=100\sqrt{a}$, $\cdots$ 꼴로 고친 후 구한다.
② 0보다 크고 1보다 작은 수의 제곱근의 값
➡ $\sqrt{\dfrac{a}{100}}=\dfrac{\sqrt{a}}{10}$, $\sqrt{\dfrac{a}{10000}}=\dfrac{\sqrt{a}}{100}$, $\cdots$ 꼴로 고친 후 구한다.

제곱근의 곱셈과 나눗셈

▶ 다음을 계산하시오.

1 $\sqrt{5}\times\sqrt{6}$

2 $\sqrt{15}\times\sqrt{\dfrac{2}{9}}$

3 $2\sqrt{3}\times4\sqrt{11}$

4 $3\sqrt{28}\times\sqrt{\dfrac{7}{4}}$

5 $\sqrt{3}\times\sqrt{2}\times\sqrt{\dfrac{5}{6}}$

6 $-3\sqrt{5}\times4\sqrt{10}\times(-\sqrt{2})$

7 $\dfrac{\sqrt{3}}{\sqrt{21}}$

8 $(-\sqrt{8})\div\sqrt{12}$

9 $15\sqrt{6}\div5\sqrt{3}$

10 $\sqrt{5}\div\dfrac{1}{\sqrt{11}}$

11 $12\sqrt{27}\div(-3\sqrt{3})$

12 $\sqrt{30}\div\sqrt{5}\div\dfrac{1}{\sqrt{6}}$

근호가 있는 식의 변형

🏷 다음 수를 $a\sqrt{b}$ 꼴로 나타내시오. (단, b는 가장 작은 자연수)

13 $\sqrt{32}$

14 $\sqrt{40}$

15 $-\sqrt{99}$

16 $\sqrt{\dfrac{10}{49}}$

17 $-\sqrt{\dfrac{27}{121}}$

18 $\sqrt{0.08}=\sqrt{\dfrac{\square}{25}}=\dfrac{\sqrt{\square}}{5}$

🏷 다음 수를 $\sqrt{a}$ 또는 $-\sqrt{a}$ 꼴로 나타내시오.

19 $2\sqrt{11}$

20 $-3\sqrt{5}$

21 $\dfrac{\sqrt{7}}{4}$

22 $-\dfrac{\sqrt{6}}{3}$

23 $\dfrac{3\sqrt{3}}{8}$

24 $-\dfrac{2\sqrt{2}}{7}$

분모의 유리화

🏷 다음 수의 분모를 유리화하시오.

25 $\dfrac{6}{\sqrt{7}}$

26 $\dfrac{\sqrt{10}}{\sqrt{11}}$

27 $\dfrac{2}{3\sqrt{2}}$

28 $-\dfrac{\sqrt{5}}{5\sqrt{6}}$

29 $\dfrac{4\sqrt{2}}{\sqrt{45}}$

제곱근표

🏷 오른쪽 제곱근표를 이용하여 다음 제곱근의 값을 구하시오.

수	2	3	4
8.6	2.936	2.938	2.939
8.7	2.953	2.955	2.956
8.8	2.970	2.972	2.973

30 $\sqrt{8.63}$

31 $\sqrt{8.84}$

🏷 $\sqrt{1.1}=1.049$, $\sqrt{11}=3.317$일 때, 다음 제곱근의 값을 구하시오.

32 $\sqrt{110}$

33 $\sqrt{1100}$

34 $\sqrt{0.11}$

35 $\sqrt{0.0011}$

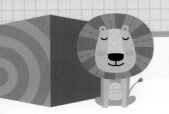 

유형 1 제곱근의 곱셈

근호 밖의 수끼리, 근호 안의 수끼리 곱한다.
즉, $a>0$, $b>0$이고 m, n이 유리수일 때

(1) $\sqrt{a} \times \sqrt{b} = \sqrt{a}\sqrt{b} = \sqrt{ab}$

(2) $m\sqrt{a} \times n\sqrt{b} = mn\sqrt{ab}$

유형 2 제곱근의 나눗셈

근호 밖의 수끼리, 근호 안의 수끼리 나눈다.
즉, $a>0$, $b>0$이고 m, n $(n \neq 0)$이 유리수일 때

(1) $\sqrt{a} \div \sqrt{b} = \dfrac{\sqrt{a}}{\sqrt{b}} = \sqrt{\dfrac{a}{b}}$

(2) $m\sqrt{a} \div n\sqrt{b} = \dfrac{m}{n}\sqrt{\dfrac{a}{b}}$

1. 대표

다음 중에서 옳지 않은 것은?

① $\sqrt{6} \times \sqrt{7} = \sqrt{42}$

② $\sqrt{32} \times \sqrt{2} = 8$

③ $2\sqrt{3} \times 3\sqrt{5} = 6\sqrt{15}$

④ $5\sqrt{\dfrac{21}{5}} \times 4\sqrt{\dfrac{10}{7}} = 20\sqrt{6}$

⑤ $8\sqrt{\dfrac{11}{18}} \times 2\sqrt{\dfrac{9}{22}} = 4$

2. 서술형

$3\sqrt{3} \times 5\sqrt{7} = a\sqrt{21}$, $-2\sqrt{5} \times 4\sqrt{6} = b\sqrt{30}$일 때, 유리수 a, b에 대하여 $a+b$의 값을 구하시오.

3.

다음을 계산하면?

$$6\sqrt{\dfrac{7}{30}} \times \sqrt{\dfrac{15}{28}} \times \left(-\dfrac{2\sqrt{2}}{3}\right)$$

① -6　　② -4　　③ -2

④ 2　　⑤ 4

4. 대표

다음 중에서 옳지 않은 것을 모두 고르면? (정답 2개)

① $\sqrt{12} \div \sqrt{6} = \sqrt{2}$

② $\sqrt{28} \div \sqrt{7} = 2$

③ $8\sqrt{10} \div 2\sqrt{5} = 4\sqrt{2}$

④ $\sqrt{42} \div \dfrac{1}{\sqrt{6}} = \sqrt{7}$

⑤ $\dfrac{\sqrt{15}}{9} \div \dfrac{\sqrt{3}}{6} = \dfrac{3\sqrt{5}}{2}$

5. 신유형

$x = \sqrt{5}$일 때, $3x$는 $\dfrac{1}{x}$의 몇 배인가?

① $\sqrt{3}$배　　② $\sqrt{5}$배　　③ 5배

④ $\sqrt{15}$배　　⑤ 15배

6.

$6\sqrt{5} \div 3\sqrt{10} \div \dfrac{1}{5\sqrt{a}} = 10\sqrt{2}$일 때, 유리수 a의 값은?

① 2　　② 3　　③ 4

④ 5　　⑤ 6

유형 **3** 근호가 있는 식의 변형; $\sqrt{a^2 b}$

$a>0$, $b>0$일 때

(1) 근호 안의 수가 제곱인 인수를 가지면 근호 밖으로 꺼낼 수 있다.
➡ $\sqrt{a^2 b}=\sqrt{a^2}\sqrt{b}=a\sqrt{b}$
예 $\sqrt{8}=\sqrt{2^2\times 2}=2\sqrt{2}$

(2) 근호 밖의 양수는 제곱하여 근호 안으로 넣을 수 있다.
➡ $a\sqrt{b}=\sqrt{a^2}\sqrt{b}=\sqrt{a^2 b}$
예 $2\sqrt{3}=\sqrt{2^2\times 3}=\sqrt{12}$

7.

$\sqrt{72}=a\sqrt{2}$, $\sqrt{75}=b\sqrt{3}$일 때, 유리수 a, b의 값은?

① $a=3$, $b=7$ ② $a=6$, $b=6$

③ $a=6$, $b=5$ ④ $a=6$, $b=7$

⑤ $a=7$, $b=6$

8. 대표

다음 중에서 옳지 <u>않은</u> 것은?

① $\sqrt{18}=3\sqrt{2}$ ② $\sqrt{44}=2\sqrt{11}$

③ $2\sqrt{5}=\sqrt{20}$ ④ $-3\sqrt{7}=-\sqrt{63}$

⑤ $-6\sqrt{3}=\sqrt{108}$

9. 서술형

$3\sqrt{5}=\sqrt{a}$, $-\sqrt{135}=-3\sqrt{b}$일 때, 유리수 a, b에 대하여 $\sqrt{\dfrac{a}{b}}$의 값을 구하시오.

유형 **4** 근호가 있는 식의 변형; $\sqrt{\dfrac{b}{a^2}}$

$a>0$, $b>0$일 때

(1) $\sqrt{\dfrac{b}{a^2}}=\dfrac{\sqrt{b}}{\sqrt{a^2}}=\dfrac{\sqrt{b}}{a}$
예 $\sqrt{\dfrac{2}{9}}=\sqrt{\dfrac{2}{3^2}}=\dfrac{\sqrt{2}}{\sqrt{3^2}}=\dfrac{\sqrt{2}}{3}$

(2) $\dfrac{\sqrt{b}}{a}=\dfrac{\sqrt{b}}{\sqrt{a^2}}=\sqrt{\dfrac{b}{a^2}}$
예 $\dfrac{\sqrt{3}}{2}=\dfrac{\sqrt{3}}{\sqrt{2^2}}=\sqrt{\dfrac{3}{2^2}}=\sqrt{\dfrac{3}{4}}$

참고 근호 안의 소수는 분수로 고친 후 같은 방법으로 변형한다.

10.

$\sqrt{0.28}=a\sqrt{7}$일 때, 유리수 a의 값은?

① $\dfrac{1}{100}$ ② $\dfrac{1}{10}$ ③ $\dfrac{1}{5}$

④ $\dfrac{2}{5}$ ⑤ $\dfrac{4}{5}$

11. 대표

$\dfrac{\sqrt{6}}{3}=\sqrt{a}$, $\sqrt{\dfrac{63}{25}}=b\sqrt{7}$일 때, 유리수 a, b에 대하여 $5ab$의 값을 구하시오.

12.

다음 보기 에서 옳지 <u>않은</u> 것을 모두 고르시오.

보기

ㄱ. $\sqrt{\dfrac{5}{16}}=\dfrac{\sqrt{5}}{4}$ ㄴ. $-\sqrt{\dfrac{12}{98}}=-\dfrac{\sqrt{3}}{7}$

ㄷ. $\sqrt{\dfrac{6}{75}}=\dfrac{\sqrt{2}}{5}$ ㄹ. $-\sqrt{0.4}=-\dfrac{\sqrt{10}}{4}$

유형 5

유형 5 문자를 사용한 제곱근의 표현

① 근호 안의 수를 소인수분해한다.
② 근호 안에 제곱인 인수가 있으면 근호 밖으로 꺼낸다.
③ 주어진 문자를 사용하여 나타낸다.
예 $\sqrt{2}=a$, $\sqrt{3}=b$일 때, $\sqrt{6}$을 a, b를 사용하여 나타내면
$\sqrt{6}=\sqrt{2\times3}=\sqrt{2}\times\sqrt{3}=ab$

13 .ıl

$\sqrt{3}=x$라 할 때, $\sqrt{27}$을 x를 사용하여 나타내면?

① x ② $\sqrt{2}x$ ③ $\sqrt{3}x$

④ $2x$ ⑤ $3x$

14 .ıl 대표

$\sqrt{2}=a$, $\sqrt{5}=b$일 때, $\sqrt{160}$을 a, b를 사용하여 나타내면?

① $2ab$ ② $4ab$ ③ $10ab$

④ $4a^2b$ ⑤ $10ab^2$

15 .ıl

$\sqrt{6}=a$, $\sqrt{7}=b$라 할 때, $\sqrt{0.24}+\sqrt{0.63}$을 a, b를 사용하여 나타내시오.

유형 6 분모의 유리화

분모, 분자에 분모에 있는 제곱근을 각각 곱하여 분모를 유리화한다.

(1) $\dfrac{a}{\sqrt{b}}=\dfrac{a\times\sqrt{b}}{\sqrt{b}\times\sqrt{b}}=\dfrac{a\sqrt{b}}{b}$ (단, $b>0$)

(2) $\dfrac{\sqrt{a}}{\sqrt{b}}=\dfrac{\sqrt{a}\times\sqrt{b}}{\sqrt{b}\times\sqrt{b}}=\dfrac{\sqrt{ab}}{b}$ (단, $a>0$, $b>0$)

(3) $\dfrac{a}{c\sqrt{b}}=\dfrac{a\times\sqrt{b}}{c\sqrt{b}\times\sqrt{b}}=\dfrac{a\sqrt{b}}{bc}$ (단, $b>0$, $c\neq0$)

참고 분모의 근호 안에 제곱인 인수가 있으면 근호 밖으로 꺼낸 후 유리화한다.

16 .ıl

$\dfrac{8}{\sqrt{2}}$의 분모를 유리화하면?

① $\sqrt{2}$ ② $2\sqrt{2}$ ③ 4

④ $4\sqrt{2}$ ⑤ $8\sqrt{2}$

17 .ıl 대표

다음 중에서 분모를 유리화한 것으로 옳지 <u>않은</u> 것을 모두 고르면?

(정답 2개)

① $\dfrac{5}{\sqrt{5}}=\dfrac{\sqrt{5}}{5}$ ② $\dfrac{\sqrt{2}}{\sqrt{12}}=\dfrac{\sqrt{6}}{6}$

③ $\dfrac{\sqrt{3}}{2\sqrt{10}}=\dfrac{\sqrt{30}}{20}$ ④ $\dfrac{5\sqrt{6}}{\sqrt{125}}=\dfrac{\sqrt{30}}{5}$

⑤ $\dfrac{\sqrt{50}}{\sqrt{48}}=\dfrac{5\sqrt{15}}{12}$

18 .ıl 서술형

$\dfrac{2\sqrt{2}}{\sqrt{5}}=a\sqrt{10}$, $\dfrac{6}{\sqrt{60}}=b\sqrt{15}$일 때, 유리수 a, b에 대하여 $a+b$의 값을 구하시오.

유형 7 근호를 포함한 곱셈과 나눗셈의 혼합 계산

① 근호 안에 제곱인 인수가 있으면 근호 밖으로 꺼낸다.
② 분모가 근호를 포함한 무리수이면 분모를 유리화한다.
③ 나눗셈은 역수의 곱셈으로 고친 후 앞에서부터 차례로 계산한다.

19 대표

$\dfrac{2\sqrt{2}}{3} \times \sqrt{\dfrac{15}{8}} \div \dfrac{\sqrt{3}}{2}$ 을 계산하면?

① $\dfrac{\sqrt{5}}{6}$ ② $\dfrac{\sqrt{5}}{3}$ ③ $\dfrac{\sqrt{5}}{2}$

④ $\dfrac{2\sqrt{5}}{3}$ ⑤ $\dfrac{5\sqrt{5}}{6}$

20

다음 중 옳은 것은?

① $\sqrt{40} \times \sqrt{5} \div 2\sqrt{2} = 10$
② $\sqrt{200} \div \sqrt{75} \times 2\sqrt{6} = 4$
③ $\dfrac{2}{\sqrt{3}} \div \sqrt{6} \times \sqrt{2} = \dfrac{3}{2}$
④ $\dfrac{\sqrt{8}}{\sqrt{15}} \div \sqrt{\dfrac{5}{3}} \times \dfrac{1}{2\sqrt{6}} = \dfrac{\sqrt{3}}{15}$
⑤ $\dfrac{\sqrt{54}}{3\sqrt{2}} \times \dfrac{2\sqrt{6}}{3} \div \sqrt{\dfrac{2}{15}} = \dfrac{2\sqrt{10}}{9}$

21 서술형

A, B가 다음과 같을 때, AB의 값을 구하시오.

$$A = \dfrac{3}{\sqrt{12}} \div (-\sqrt{30}) \times 2\sqrt{20}$$
$$B = \sqrt{\dfrac{3}{8}} \times \sqrt{32} \div \dfrac{2}{\sqrt{6}}$$

유형 8 근호를 포함한 곱셈과 나눗셈의 도형에의 활용

변 또는 모서리의 길이가 근호를 포함한 수인 도형의 넓이와 부피는 공식을 이용하여 식을 세워서 푼다.

(1) (직사각형의 넓이) = (가로의 길이) × (세로의 길이)
(2) (삼각형의 넓이) = $\dfrac{1}{2}$ × (밑변의 길이) × (높이)
(3) (직육면체의 부피)
= (밑면의 가로의 길이) × (밑면의 세로의 길이) × (높이)

22 대표

오른쪽 삼각형의 넓이는?

① $\sqrt{14}$ ② $2\sqrt{7}$
③ $2\sqrt{14}$ ④ $4\sqrt{7}$
⑤ $4\sqrt{14}$

23 신유형

오른쪽 그림과 같이 직사각형 ABCD에서 변 BC, DC를 각각 한 변으로 하는 정사각형 BEFC, DCGH를 그렸더니 그 넓이가 각각 108 cm², 20 cm²이었다. 이때 직사각형 ABCD의 넓이를 구하시오.

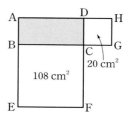

24

오른쪽 그림과 같은 직육면체의 부피가 $30\sqrt{5}$일 때, x의 값은?

① $\sqrt{2}$ ② $\dfrac{5\sqrt{2}}{2}$
③ $\dfrac{5\sqrt{2}}{3}$ ④ $\dfrac{5\sqrt{2}}{6}$
⑤ $\dfrac{6\sqrt{2}}{5}$

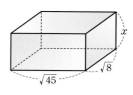

유형 9 제곱근표에 있는 수의 제곱근의 값

(1) 1.00부터 99.9까지의 수의 양의 제곱근의 값은 제곱근 표를 이용하여 구한다.

(2) 제곱근표에서 처음 두 자리 수의 가로줄과 끝자리 수의 세로줄이 만나는 곳에 적힌 수를 읽는다.

예 오른쪽 제곱근표에서
$\sqrt{1.56}$의 값은 1.5의 가로줄과 6의 세로줄이 만나는 곳에 적힌 수인 1.249이다.

수	5	6	7
1.4	1.204	1.208	1.212
1.5	1.245	1.249	1.253
1.6	1.285	1.288	1.292

25

아래 제곱근표를 이용하여 다음 제곱근의 값을 구하시오.

수	6	7	8	9
94	9.726	9.731	9.737	9.742
95	9.778	9.783	9.788	9.793
96	9.829	9.834	9.839	9.844

(1) $\sqrt{94.7}$

(2) $\sqrt{96.9}$

26 대표

다음 제곱근표에서 $\sqrt{4.8}=a$, $\sqrt{4.72}=b$일 때, $a+b$의 값은?

수	0	1	2	3
4.6	2.145	2.147	2.149	2.152
4.7	2.168	2.170	2.173	2.175
4.8	2.191	2.193	2.195	2.198

① 4.341   ② 4.344   ③ 4.346

④ 4.364   ⑤ 4.366

27 서술형

다음 제곱근표에서 $\sqrt{73.4}=a$, $\sqrt{b}=8.462$일 때, $1000a-10b$의 값을 구하시오.

수	3	4	5	6
71	8.444	8.450	8.456	8.462
72	8.503	8.509	8.515	8.521
73	8.562	8.567	8.573	8.579

유형 10 제곱근표에 없는 수의 제곱근의 값

$\sqrt{a^2b}=a\sqrt{b}$를 이용하여 근호 안의 수를 제곱근표에 있는 수로 바꾸어 구한다.

(1) 100보다 큰 수의 제곱근의 값
➡ $\sqrt{100a}=10\sqrt{a}$, $\sqrt{10000a}=100\sqrt{a}$, ⋯ 꼴로 고친 후 구한다.
예 $\sqrt{235}=\sqrt{100\times2.35}=10\sqrt{2.35}$

(2) 0보다 크고 1보다 작은 수의 제곱근의 값
➡ $\sqrt{\dfrac{a}{100}}=\dfrac{\sqrt{a}}{10}$, $\sqrt{\dfrac{a}{10000}}=\dfrac{\sqrt{a}}{100}$, ⋯ 꼴로 고친 후 구한다.
예 $\sqrt{0.13}=\sqrt{\dfrac{13}{100}}=\dfrac{\sqrt{13}}{10}$

28

다음 제곱근표를 이용하여 $\sqrt{4120}$의 값을 구하시오.

수	0	1	2	3
40	6.325	6.332	6.340	6.348
41	6.403	6.411	6.419	6.427
42	6.481	6.488	6.496	6.504

29 대표

$\sqrt{3}=1.732$, $\sqrt{30}=5.477$일 때, 다음 중에서 옳은 것은?

① $\sqrt{300}=54.77$ ② $\sqrt{3000}=173.2$

③ $\sqrt{0.3}=0.1732$ ④ $\sqrt{0.03}=0.01732$

⑤ $\sqrt{0.003}=0.05477$

30

다음 중에서 $\sqrt{5}=2.236$임을 이용하여 그 값을 구할 수 있는 것을 모두 고르면? (정답 2개)

① $\sqrt{500}$ ② $\sqrt{50}$ ③ $\sqrt{0.5}$

④ $\sqrt{0.05}$ ⑤ $\sqrt{0.005}$

02 근호를 포함한 식의 계산 (2)

1 제곱근의 덧셈과 뺄셈

l, m, n이 유리수이고 $a > 0$일 때
(1) $m\sqrt{a} + n\sqrt{a} = (m+n)\sqrt{a}$
(2) $m\sqrt{a} - n\sqrt{a} = (m-n)\sqrt{a}$
(3) $m\sqrt{a} + n\sqrt{a} - l\sqrt{a} = (m+n-l)\sqrt{a}$

└ 근호 안의 수가 같은 것 끼리 모아서 계산한다.

예 ① $2\sqrt{3} + \sqrt{3} = (2+1)\sqrt{3} = 3\sqrt{3}$
② $3\sqrt{2} - \sqrt{2} = (3-1)\sqrt{2} = 2\sqrt{2}$
③ $4\sqrt{3} + 2\sqrt{3} - 3\sqrt{3} = (4+2-3)\sqrt{3} = 3\sqrt{3}$

참고 ① 근호 안의 수가 다르면 더 이상 간단히 할 수 없다.
➡ $\sqrt{3} + \sqrt{5} \neq \sqrt{3+5}$, $\sqrt{5} - \sqrt{2} \neq \sqrt{5-2}$
② 근호 안에 제곱인 인수가 있으면 $\sqrt{a^2 b} = a\sqrt{b}$를 이용하여 근호 안을 가장 작은 자연수로 만든 후 계산한다.
예 $\sqrt{12} + \sqrt{27} = 2\sqrt{3} + 3\sqrt{3} = (2+3)\sqrt{3} = 5\sqrt{3}$

2 근호를 포함한 식의 분배법칙

$a > 0$, $b > 0$, $c > 0$일 때
(1) 괄호가 있는 제곱근의 계산

① $\begin{cases} \sqrt{a}(\sqrt{b} + \sqrt{c}) = \sqrt{ab} + \sqrt{ac} \\ \sqrt{a}(\sqrt{b} - \sqrt{c}) = \sqrt{ab} - \sqrt{ac} \end{cases}$

② $\begin{cases} (\sqrt{a} + \sqrt{b})\sqrt{c} = \sqrt{ac} + \sqrt{bc} \\ (\sqrt{a} - \sqrt{b})\sqrt{c} = \sqrt{ac} - \sqrt{bc} \end{cases}$

예 ① $\sqrt{3}(\sqrt{2} + \sqrt{5}) = \sqrt{3}\sqrt{2} + \sqrt{3}\sqrt{5} = \sqrt{6} + \sqrt{15}$
② $(\sqrt{2} - \sqrt{5})\sqrt{5} = \sqrt{2}\sqrt{5} - \sqrt{5}\sqrt{5} = \sqrt{10} - 5$

(2) $\dfrac{\sqrt{a} + \sqrt{b}}{\sqrt{c}}$ 꼴은 분배법칙을 이용하여 분모를 유리화한다.

➡ $\dfrac{\sqrt{a} + \sqrt{b}}{\sqrt{c}} = \dfrac{(\sqrt{a} + \sqrt{b}) \times \sqrt{c}}{\sqrt{c} \times \sqrt{c}} = \dfrac{\sqrt{ac} + \sqrt{bc}}{c}$

예 $\dfrac{\sqrt{3} - \sqrt{2}}{\sqrt{5}} = \dfrac{(\sqrt{3} - \sqrt{2}) \times \sqrt{5}}{\sqrt{5} \times \sqrt{5}} = \dfrac{\sqrt{15} - \sqrt{10}}{5}$

3 근호를 포함한 식의 혼합 계산

① 괄호가 있으면 분배법칙을 이용하여 괄호를 푼다.
② 근호 안에 제곱인 인수가 있으면 근호 밖으로 꺼낸다.
③ 분모에 근호를 포함한 무리수가 있으면 분모를 유리화한다.
④ 제곱근의 곱셈, 나눗셈을 먼저 계산한 후 덧셈, 뺄셈을 계산한다.

제곱근의 덧셈과 뺄셈

다음을 계산하시오.

1 $6\sqrt{2} + 5\sqrt{2}$

2 $9\sqrt{5} - 4\sqrt{5}$

3 $\dfrac{3\sqrt{3}}{4} - \dfrac{\sqrt{3}}{6}$

4 $5\sqrt{6} + 3\sqrt{6} - 4\sqrt{6}$

5 $\dfrac{\sqrt{6}}{2} - \dfrac{3\sqrt{6}}{8} + \dfrac{\sqrt{6}}{12}$

6 $6\sqrt{11} - 4\sqrt{5} - 3\sqrt{11} + 7\sqrt{5}$

7 $\sqrt{24} + 3\sqrt{6} = \square\sqrt{6} + 3\sqrt{6} = \square\sqrt{6}$

8 $\sqrt{125} - 3\sqrt{5}$

9 $\sqrt{200} - \sqrt{32}$

10 $\sqrt{50} + \sqrt{18} - \sqrt{72}$

11 $8\sqrt{7} - \sqrt{3} - \sqrt{63} + \sqrt{27}$

12 $\sqrt{150} + 11\sqrt{5} - 2\sqrt{6} - \sqrt{20}$

13 $\sqrt{32}+\dfrac{4}{\sqrt{2}}=\boxed{}\sqrt{2}+\boxed{}\sqrt{2}=\boxed{}\sqrt{2}$

14 $6\sqrt{5}-\dfrac{15}{\sqrt{5}}$

15 $\dfrac{2\sqrt{2}}{3}-\dfrac{\sqrt{3}}{\sqrt{6}}$

16 $\sqrt{28}+\dfrac{4}{\sqrt{7}}-\sqrt{63}$

17 $\dfrac{5}{\sqrt{75}}+\dfrac{1}{\sqrt{12}}-\dfrac{\sqrt{3}}{4}$

근호를 포함한 식의 분배법칙

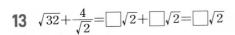 다음을 계산하시오.

18 $\sqrt{5}(\sqrt{6}+\sqrt{2})$

19 $\sqrt{3}(\sqrt{10}-\sqrt{7})$

20 $2\sqrt{2}(\sqrt{5}+3\sqrt{6})$

21 $(\sqrt{11}+\sqrt{3})\sqrt{2}$

22 $(\sqrt{8}-\sqrt{12})\sqrt{3}$

23 $(2\sqrt{5}+\sqrt{24})\sqrt{6}$

다음 수의 분모를 유리화하시오.

24 $\dfrac{\sqrt{6}+\sqrt{2}}{\sqrt{3}}$

25 $\dfrac{1-\sqrt{2}}{\sqrt{5}}$

26 $\dfrac{\sqrt{5}-\sqrt{6}}{\sqrt{10}}$

27 $\dfrac{2+\sqrt{18}}{3\sqrt{6}}$

28 $\dfrac{\sqrt{128}-4}{\sqrt{12}}$

근호를 포함한 식의 혼합 계산

다음을 계산하시오.

29 $\sqrt{5}\times\sqrt{10}+2\sqrt{2}$

30 $10\sqrt{6}\div5\sqrt{3}-\sqrt{32}$

31 $\sqrt{3}(\sqrt{2}+4\sqrt{3})-9\sqrt{6}$

32 $\sqrt{6}(3-\sqrt{2})-(\sqrt{6}-4\sqrt{3})\div\sqrt{2}$

33 $\dfrac{1}{\sqrt{10}}(\sqrt{10}-10)+\sqrt{5}\left(1-\dfrac{1}{\sqrt{5}}\right)$

34 $\dfrac{4}{\sqrt{6}}-\sqrt{2}(1-\sqrt{3})+\dfrac{3}{\sqrt{2}}$

유형 11 제곱근의 덧셈과 뺄셈 (1)

l, m, n이 유리수이고 $a > 0$일 때
(1) $m\sqrt{a} + n\sqrt{a} = (m+n)\sqrt{a}$
(2) $m\sqrt{a} - n\sqrt{a} = (m-n)\sqrt{a}$
(3) $m\sqrt{a} + n\sqrt{a} - l\sqrt{a} = (m+n-l)\sqrt{a}$

1. 대표

다음 중에서 옳은 것은?

① $\sqrt{11} + \sqrt{5} = 4$
② $3\sqrt{5} + 4\sqrt{5} = 7\sqrt{10}$
③ $\sqrt{13} - 7\sqrt{13} = -6\sqrt{13}$
④ $7\sqrt{6} - 2\sqrt{3} = 5\sqrt{3}$
⑤ $5\sqrt{7} - 3\sqrt{2} + 4\sqrt{7} = 8\sqrt{7}$

2.

$5\sqrt{2} - 3\sqrt{11} - 3\sqrt{2} + 8\sqrt{11}$을 계산하시오.

3.

$\dfrac{5\sqrt{2}}{6} + \dfrac{\sqrt{7}}{3} - \dfrac{3\sqrt{2}}{2} - \dfrac{\sqrt{7}}{4} = a\sqrt{2} + b\sqrt{7}$일 때, 유리수 a, b에 대하여 $b-a$의 값은?

① $\dfrac{5}{12}$
② $\dfrac{1}{2}$
③ $\dfrac{7}{12}$
④ $\dfrac{2}{3}$
⑤ $\dfrac{3}{4}$

4. 서술형

A, B가 다음과 같을 때, AB의 값을 구하시오.

$$A = 6\sqrt{3} + 5\sqrt{3} - 2\sqrt{3}$$
$$B = \dfrac{2\sqrt{7}}{3} - 4\sqrt{7} + 2\sqrt{7}$$

유형 12 제곱근의 덧셈과 뺄셈 (2)

① 근호 안에 제곱인 인수가 있으면 근호 밖으로 꺼낸다.
② 분모에 근호를 포함한 무리수가 있으면 분모를 유리화한다.
③ 근호 안의 수가 같은 것끼리 모아서 계산한다.

예 $\sqrt{8} + \dfrac{2}{\sqrt{2}} = 2\sqrt{2} + \sqrt{2} = (2+1)\sqrt{2} = 3\sqrt{2}$

5. 신유형

다음 윤아의 계산 과정에서 틀린 부분을 찾아 바르게 고치시오.

윤아

$\sqrt{18} - \sqrt{2} = \sqrt{18-2} = \sqrt{16} = 4$

6. 대표

$3\sqrt{32} - 3\sqrt{2} + \sqrt{50} = a\sqrt{2}$일 때, 유리수 a의 값은?

① 12
② 13
③ 14
④ 15
⑤ 16

7. ▪▫▫

$x=2\sqrt{5}$이고 x의 역수를 y라 할 때, $x+y$의 값을 구하시오.

8. ▪▪▫

$\sqrt{24}-\dfrac{\sqrt{48}}{2}+\sqrt{96}-\dfrac{3\sqrt{2}}{\sqrt{6}}$ 를 계산하면?

① $-6\sqrt{6}-3\sqrt{3}$ ② $-6\sqrt{3}-3\sqrt{6}$

③ $-6\sqrt{6}+3\sqrt{3}$ ④ $6\sqrt{6}-3\sqrt{3}$

⑤ $6\sqrt{6}+3\sqrt{3}$

9. ▪▫▫ 서술형

$\dfrac{2}{\sqrt{3}}+\dfrac{3}{\sqrt{5}}-\dfrac{5}{\sqrt{12}}-\dfrac{6}{\sqrt{45}}=a\sqrt{3}+b\sqrt{5}$일 때, 유리수 a, b에 대하여 $a+b$의 값을 구하시오.

10. ▪▪▫

$a=\sqrt{8}$, $b=\sqrt{3}$일 때, $\dfrac{b}{a}+\dfrac{a}{b}$의 값은?

① $\dfrac{\sqrt{6}}{4}$ ② $\dfrac{\sqrt{6}}{3}$ ③ $\dfrac{5\sqrt{6}}{12}$

④ $\dfrac{3\sqrt{6}}{4}$ ⑤ $\dfrac{11\sqrt{6}}{12}$

유형 13   분배법칙을 이용한 제곱근의 덧셈과 뺄셈

(1) 분배법칙을 이용하여 괄호를 푼 후 계산한다.

(2) $a>0$, $b>0$, $c>0$일 때

   ① $\sqrt{a}(\sqrt{b}+\sqrt{c})=\sqrt{ab}+\sqrt{ac}$

   ② $(\sqrt{a}+\sqrt{b})\sqrt{c}=\sqrt{ac}+\sqrt{bc}$

11. ▪▪▫

$\sqrt{2}(\sqrt{18}+\sqrt{6})-4\sqrt{3}$을 계산하면?

① $-3\sqrt{3}$ ② $-2\sqrt{3}$ ③ $3-2\sqrt{3}$

④ $6-3\sqrt{3}$ ⑤ $6-2\sqrt{3}$

12. ▪▪▫ 대표

$4\sqrt{5}(2-\sqrt{27})-\sqrt{3}(\sqrt{45}+\sqrt{60})=a\sqrt{5}+b\sqrt{15}$일 때, 유리수 a, b에 대하여 ab의 값은?

① -30 ② -18 ③ -15

④ 15 ⑤ 30

13. ▪▫▫

$A=\sqrt{12}+\sqrt{6}$, $B=\sqrt{12}-\sqrt{6}$일 때, $\sqrt{3}A-\sqrt{6}B$의 값을 구하시오.

유형 14 $\dfrac{\sqrt{a}+\sqrt{b}}{\sqrt{c}}$ 꼴의 분모의 유리화

분배법칙을 이용하여 분모를 유리화한다.

➡ $a>0$, $b>0$, $c>0$일 때

$$\dfrac{\sqrt{a}+\sqrt{b}}{\sqrt{c}}=\dfrac{(\sqrt{a}+\sqrt{b})\times\sqrt{c}}{\sqrt{c}\times\sqrt{c}}=\dfrac{\sqrt{ac}+\sqrt{bc}}{c}$$

예 $\dfrac{\sqrt{2}+\sqrt{5}}{\sqrt{7}}=\dfrac{(\sqrt{2}+\sqrt{5})\times\sqrt{7}}{\sqrt{7}\times\sqrt{7}}=\dfrac{\sqrt{14}+\sqrt{35}}{7}$

14 대표

$\dfrac{2+\sqrt{48}}{\sqrt{20}}=a\sqrt{5}+b\sqrt{15}$일 때, 유리수 a, b의 값은?

① $a=\dfrac{1}{5}$, $b=\dfrac{1}{5}$ ② $a=\dfrac{1}{5}$, $b=\dfrac{2}{5}$

③ $a=\dfrac{2}{5}$, $b=\dfrac{1}{5}$ ④ $a=\dfrac{2}{5}$, $b=\dfrac{2}{5}$

⑤ $a=\dfrac{2}{5}$, $b=\dfrac{3}{5}$

15

$\dfrac{3-\sqrt{3}}{\sqrt{6}}+2\sqrt{2}-\sqrt{24}$를 계산하면?

① $-\dfrac{3\sqrt{6}}{2}-\dfrac{3\sqrt{2}}{2}$ ② $-\dfrac{3\sqrt{6}}{2}+\dfrac{3\sqrt{2}}{2}$

③ $-\dfrac{3\sqrt{3}}{2}+\dfrac{3\sqrt{2}}{2}$ ④ $\dfrac{3\sqrt{3}}{2}-\dfrac{3\sqrt{2}}{2}$

⑤ $\dfrac{3\sqrt{6}}{2}-\dfrac{3\sqrt{2}}{2}$

16 서술형

$\dfrac{\sqrt{30}-\sqrt{40}}{\sqrt{5}}+\dfrac{3+\sqrt{12}}{\sqrt{2}}$ 를 계산하시오.

유형 15 근호를 포함한 식의 혼합 계산

① 괄호가 있으면 분배법칙을 이용하여 괄호를 푼다.
② 근호 안에 제곱인 인수가 있으면 근호 밖으로 꺼낸다.
③ 분모에 근호를 포함한 무리수가 있으면 분모를 유리화한다.
④ 제곱근의 곱셈, 나눗셈을 먼저 계산한 후 덧셈, 뺄셈을 계산한다.

17 대표

$\dfrac{8}{\sqrt{2}}-(3\sqrt{3}-4\sqrt{2})\div\dfrac{1}{\sqrt{6}}$을 계산하면?

① $-8\sqrt{2}-5\sqrt{3}$ ② $-5\sqrt{2}-8\sqrt{3}$

③ $-8\sqrt{2}+5\sqrt{3}$ ④ $-5\sqrt{2}+8\sqrt{3}$

⑤ $5\sqrt{2}+8\sqrt{3}$

18

$\dfrac{\sqrt{18}}{6}+\dfrac{1}{\sqrt{3}}\left(\dfrac{\sqrt{6}}{2}-\sqrt{96}\right)-3\sqrt{2}=a\sqrt{2}$일 때, 유리수 a의 값은?

① -8 ② -6 ③ -4

④ 6 ⑤ 8

19

$2\sqrt{5}\left(\dfrac{1}{\sqrt{10}}-\sqrt{5}\right)+(\sqrt{48}-\sqrt{6})\div\sqrt{3}$을 계산하시오.

20 ▫▪▪

$\sqrt{48}+5\sqrt{3}(\sqrt{2}-3)+\dfrac{6\sqrt{2}}{\sqrt{3}}=a\sqrt{3}+b\sqrt{6}$일 때, 유리수 a, b에 대하여 $a+b$의 값을 구하시오.

21 ▫▪▪

$x=\sqrt{2}$, $y=\sqrt{3}$일 때, $\dfrac{x+y}{x}-y(x-y)$의 값은?

① $3-\dfrac{\sqrt{6}}{2}$ 　　② $3-\sqrt{6}$ 　　③ $4-\dfrac{\sqrt{6}}{2}$

④ $4-\sqrt{6}$ 　　⑤ $4-\dfrac{3\sqrt{6}}{2}$

유형 16 제곱근의 계산 결과가 유리수가 될 조건

a, b가 유리수이고 $\sqrt{m}$이 무리수일 때, $a+b\sqrt{m}$이 유리수가 되려면 $b=0$이어야 한다.

예 $3+(1-a)\sqrt{3}$ (a는 유리수)이 유리수가 되려면
$1-a=0$이어야 하므로 $a=1$

22 ▫▪▪

$12\sqrt{3}+3a-5-4a\sqrt{3}$이 유리수가 되도록 하는 유리수 a의 값은?

① $\dfrac{5}{3}$ 　　② 2 　　③ $\dfrac{8}{3}$

④ 3 　　⑤ 4

---

23 ▪▪▪ 대표 ↻

$\sqrt{5}(2\sqrt{5}-6)-a(3-\sqrt{5})$가 유리수가 되도록 하는 유리수 a의 값을 구하시오.

24 ▫▪▪ 서술형 ▭

$\dfrac{\sqrt{12}-6\sqrt{2}}{\sqrt{3}}-\sqrt{8}(a\sqrt{3}-\sqrt{2})$가 유리수가 되도록 하는 유리수 a의 값을 구하시오.

유형 17 무리수의 정수 부분과 소수 부분

(1) (무리수)=(정수 부분)+(소수 부분)
(2) $\sqrt{a}$가 무리수이고 n이 정수일 때, $n<\sqrt{a}<n+1$이면
　① $\sqrt{a}$의 정수 부분 ➡ n
　② $\sqrt{a}$의 소수 부분 ➡ $\sqrt{a}-n$
예 $1<\sqrt{3}<2$이므로 $\sqrt{3}$의 정수 부분은 1, 소수 부분은 $\sqrt{3}-1$이다.

25 ▪▪▪ 대표 ↻

$\sqrt{2}$의 소수 부분을 a, $\sqrt{8}$의 소수 부분을 b라 할 때, $a+b$의 값은?

① $\sqrt{2}-1$ 　　② $2\sqrt{2}-3$ 　　③ $2\sqrt{2}-2$

④ $3\sqrt{2}-2$ 　　⑤ $3\sqrt{2}-3$

26 .ıl

$\sqrt{12}$의 정수 부분을 a, 소수 부분을 b라 할 때, $\dfrac{b}{\sqrt{a}}$의 값은?

① $-1-2\sqrt{3}$ ② $-1-\sqrt{3}$ ③ $1-\sqrt{3}$
④ $2-\sqrt{3}$ ⑤ $2+\sqrt{3}$

27 .ıl 서술형

$\sqrt{24}$의 정수 부분을 a, $4+\sqrt{5}$의 소수 부분을 b라 할 때, $a+\sqrt{5}b$의 값을 구하시오.

28 .ıl

$\sqrt{45}-1$의 소수 부분을 a, $\sqrt{80}+2$의 소수 부분을 b라 할 때, $b-a$의 값은?

① $-\sqrt{5}-1$ ② $-\sqrt{5}-2$ ③ $\sqrt{5}-1$
④ $\sqrt{5}-2$ ⑤ $\sqrt{5}+1$

29 .ıl

$3\sqrt{2}$의 소수 부분을 a, $\sqrt{54}$의 소수 부분을 b라 할 때, $\sqrt{3}a-b$의 값을 구하시오.

유형 18 근호를 포함한 식의 계산의 도형에의 활용

도형의 둘레의 길이, 넓이, 부피 구하는 공식을 이용하여 식을 세우고 제곱근의 성질과 분모의 유리화를 이용하여 계산한다.

30 .ıl

오른쪽 그림과 같은 직사각형의 넓이를 구하시오.

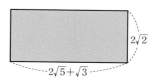

31 .ıl

오른쪽 그림과 같은 삼각형의 넓이가 $\sqrt{384}-2\sqrt{3}$일 때, x의 값을 구하시오

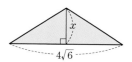

32 .ıl 대표

오른쪽 그림과 같은 사다리꼴의 넓이는?

① $28+8\sqrt{5}$ ② $28+9\sqrt{5}$
③ $30+8\sqrt{5}$ ④ $30+9\sqrt{5}$
⑤ $32+9\sqrt{5}$

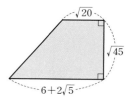

33 서술형

오른쪽 그림과 같은 직육면체의 부피가 $12+4\sqrt{3}$일 때, x의 값을 구하시오.

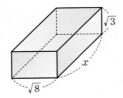

34

다음 그림과 같이 넓이가 각각 6 cm², 24 cm², 96 cm²인 정사각형 모양의 타일 P, Q, R를 이어 붙였을 때, 물음에 답하시오.

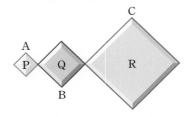

(1) 세 정사각형 P, Q, R의 한 변의 길이를 각각 구하시오.
(2) $\overline{AB}+\overline{BC}$의 길이를 구하시오.

35 신유형

다음 그림과 같이 가로의 길이가 $5\sqrt{5}$ m, 세로의 길이가 $4\sqrt{2}$ m인 직사각형 모양의 밭을 네 부분으로 나누어 각각 배추, 무, 당근, 양파를 심었다. 당근을 심은 부분이 넓이가 5 m²인 정사각형 모양일 때, 물음에 답하시오.

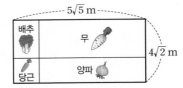

(1) 당근을 심은 정사각형 모양의 밭의 한 변의 길이를 구하시오.
(2) 무를 심은 직사각형 모양의 밭의 가로와 세로의 길이를 각각 구하시오.
(3) 무를 심은 직사각형 모양의 밭의 넓이를 구하시오.

유형 19 수직선 위에 나타낸 무리수의 계산

① 피타고라스 정리를 이용하여 직각삼각형의 빗변의 길이 또는 정사각형의 대각선의 길이 또는 정사각형의 한 변의 길이를 구한다.
② 기준점과 방향을 이용하여 수직선 위의 점에 대응하는 수를 구한다.
③ 근호를 포함한 식을 계산한다.

예 오른쪽 그림에서 두 점 P, Q에 대응하는 수가 각각 x, y일 때,

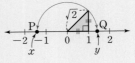

$x=-\sqrt{2}$, $y=\sqrt{2}$이므로
$x-y=-\sqrt{2}-\sqrt{2}=-2\sqrt{2}$

36 대표

오른쪽 그림에서 모눈 한 칸은 한 변의 길이가 1인 정사각형이다. $\overline{AB}=\overline{AP}$, $\overline{AD}=\overline{AQ}$가 되는 수직선 위의 두 점을 각각 P, Q라 할 때, $\overline{PQ}$의 길이를 구하시오.

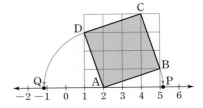

37 서술형

오른쪽 그림에서 작은 사각형은 모두 한 변의 길이가 1인 정사각형이다. 점 A를 중심으로 하고 $\overline{AB}$를 반지름으로 하는 원이 수직선과 만나는 두 점을 각각 P, Q라 하고, 두 점 P, Q에 대응하는 수를 각각 a, b라 할 때, $3a-2b$의 값을 구하시오.

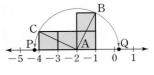

38

다음 그림은 한 변의 길이가 각각 2, 3인 두 정사각형을 수직선 위에 그린 것이다. 수직선 위에 $\overline{AB}=\overline{AQ}$, $\overline{CD}=\overline{CP}$가 되는 두 점 P, Q를 정할 때, $\overline{PQ}$의 길이를 구하시오.

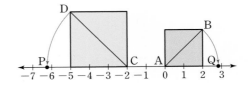

유형 20 실수의 대소 관계

두 실수 a, b의 대소를 비교하려면 $a-b$의 부호를 확인
한다.
(1) $a-b>0$이면 $a>b$
(2) $a-b=0$이면 $a=b$
(3) $a-b<0$이면 $a<b$

39 대표

두 실수 $6\sqrt{3}-\sqrt{18}$과 $2\sqrt{2}+\sqrt{12}$의 대소를 비교하시오.

40

다음 보기에서 두 실수의 대소 관계가 옳은 것을 모두 고르시오.

보기
ㄱ. $2\sqrt{5}-7<1-3\sqrt{5}$
ㄴ. $2\sqrt{6}+\sqrt{3}<3\sqrt{6}-2\sqrt{3}$
ㄷ. $\sqrt{40}-\sqrt{11}<4\sqrt{11}-\sqrt{90}$

41

다음 ☐ 안에 들어갈 부등호의 방향이 나머지 넷과 다른 하나는?
① $3\sqrt{5}+1$ ☐ $4\sqrt{3}+1$
② $3-\sqrt{5}$ ☐ $1+\sqrt{5}$
③ $6\sqrt{2}-3\sqrt{3}$ ☐ $3\sqrt{2}+\sqrt{3}$
④ $\sqrt{63}-2\sqrt{3}$ ☐ $\sqrt{27}+\sqrt{7}$
⑤ $2+\sqrt{54}$ ☐ $4\sqrt{6}-1$

유형 21 세 실수의 대소 관계

(1) 세 실수의 대소를 비교할 때는 두 수씩 짝 지어 비교한다.
(2) 세 실수 a, b, c에 대하여
 $a<b$이고 $b<c$이면 $a<b<c$

42 대표

다음 세 수의 대소 관계를 부등호를 사용하여 나타내면?

$$a=\sqrt{2}+2\sqrt{5}, \qquad b=4\sqrt{2}, \qquad c=\sqrt{5}+2\sqrt{2}$$

① $a<b<c$ ② $a<c<b$ ③ $b<a<c$
④ $b<c<a$ ⑤ $c<b<a$

43

다음 세 수 중에서 가장 큰 수를 구하시오.

$$2\sqrt{6}-3, \qquad 2\sqrt{3}-3, \qquad 5-\sqrt{6}$$

44

다음 세 수를 수직선 위에 나타낼 때, 가장 왼쪽에 위치하는 수를 구
하시오.

$$5-\sqrt{3}, \qquad \sqrt{27}-4, \qquad \sqrt{3}+1$$

중단원 핵심유형 테스트

1.

다음 중에서 계산 결과가 가장 작은 것은?

① $\sqrt{2} \times \sqrt{7}$ ② $\sqrt{20} \div \sqrt{5}$

③ $2\sqrt{6} \div \sqrt{3}$ ④ $\sqrt{5} \div \dfrac{1}{\sqrt{5}}$

⑤ $3\sqrt{\dfrac{7}{10}} \times 2\sqrt{\dfrac{5}{14}}$

2.

$\dfrac{\sqrt{7}}{2\sqrt{3}}$의 분모를 유리화하면 $\dfrac{\sqrt{a}}{6}$일 때, 유리수 a의 값을 구하시오.

3.

오른쪽 그림과 같이 가로의 길이가 $6\sqrt{3}$, 세로의 길이가 $3\sqrt{6}$인 직사각형의 넓이를 구하시오.

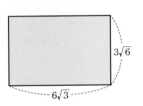

$3\sqrt{6}$

$6\sqrt{3}$

4.

$\sqrt{0.24} = a\sqrt{6}$일 때, 유리수 a의 값은?

① $\dfrac{1}{6}$ ② $\dfrac{1}{5}$ ③ $\dfrac{1}{3}$

④ $\dfrac{2}{5}$ ⑤ $\dfrac{1}{2}$

5.

$a = \sqrt{2}$, $b = \sqrt{5}$일 때, $\sqrt{200}$을 a, b를 사용하여 나타내면?

① ab ② ab^2 ③ $a^2 b^3$

④ $a^2 b$ ⑤ $a^3 b^2$

6.

$\dfrac{3}{\sqrt{15}} \times 2\sqrt{5} \div \dfrac{8}{\sqrt{2}} = \dfrac{n}{m}\sqrt{6}$일 때, $m+n$의 값을 구하시오.

(단, m, n은 서로소인 자연수)

7.

$\sqrt{3.67} = 1.916$, $\sqrt{36.7} = 6.058$일 때, $\sqrt{3670} = a$, $\sqrt{0.0367} = b$라 하자. 이때 a, b의 값을 각각 구하시오.

8.

$7\sqrt{3} + 4\sqrt{5} - \sqrt{12} - \sqrt{45} = a\sqrt{3} + b\sqrt{5}$일 때, 유리수 a, b에 대하여 $a+b$의 값은?

① 3   ② 4   ③ 5

④ 6   ⑤ 7

9 ⑴

$A=3\sqrt{7}+\sqrt{3}$, $B=3\sqrt{3}+2\sqrt{7}$일 때, $\sqrt{7}A-\sqrt{3}B$의 값을 구하시오.

10 ⑴

다음 중에서 옳지 <u>않은</u> 것은?

① $\sqrt{5}\times\sqrt{8}+4\sqrt{5}\div\sqrt{2}=4\sqrt{10}$

② $\sqrt{2}(\sqrt{32}-\sqrt{18})=2$

③ $\dfrac{4-6\sqrt{15}}{\sqrt{12}}=\dfrac{2\sqrt{3}-9\sqrt{5}}{3}$

④ $2\sqrt{3}\left(\sqrt{2}-\dfrac{1}{\sqrt{2}}\right)-\sqrt{18}\div\dfrac{1}{\sqrt{3}}=-2\sqrt{6}$

⑤ $\sqrt{21}\div\dfrac{\sqrt{7}}{2}-\dfrac{4-2\sqrt{2}}{\sqrt{3}}+\sqrt{24}=\dfrac{2\sqrt{3}+4\sqrt{6}}{3}$

11 ⑴

$\sqrt{5}(2-\sqrt{5})-\dfrac{a(\sqrt{5}-2)}{2\sqrt{5}}$ 가 유리수가 되도록 하는 유리수 a의 값을 구하시오.

12 ⑴

$\sqrt{75}$의 소수 부분을 a, $2+\sqrt{3}$의 소수 부분을 b라 할 때, $a-b$의 값은?

① $4\sqrt{3}-7$　　　② $4\sqrt{3}-5$　　　③ $2\sqrt{3}-7$

④ $2\sqrt{3}-5$　　　⑤ $\sqrt{3}-7$

13 ⑴

다음 중에서 두 실수의 대소 관계가 옳은 것은?

① $3-5\sqrt{2}>2-3\sqrt{2}$　　　② $\sqrt{10}+1<\sqrt{40}-3$

③ $\sqrt{3}+4<2\sqrt{3}+1$　　　④ $1-\sqrt{5}>2\sqrt{5}-2$

⑤ $5\sqrt{7}-\sqrt{6}>2\sqrt{7}+2\sqrt{6}$

14 ⑴ 서술형

$a>0$, $b>0$이고 $ab=9$일 때, $a\sqrt{\dfrac{18b}{a}}+b\sqrt{\dfrac{2a}{b}}$의 값을 구하시오.

15 ⑴

오른쪽 그림은 두 정사각형 A, B를 겹치지 않게 이어 붙여 만든 도형이다. 정사각형 B의 넓이가 $18\ \text{cm}^2$이고, 정사각형 A의 넓이는 B의 넓이의 3배일 때, 다음 물음에 답하시오.

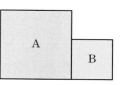

⑴ 두 정사각형 A, B의 한 변의 길이를 각각 구하시오.

⑵ 도형의 둘레의 길이를 구하시오.

16 ⑴

다음 그림과 같이 한 눈금의 길이가 1인 모눈종이 위에 수직선과 두 직각삼각형 ABC, DEF를 그리고 $\overline{\text{AC}}=\overline{\text{PC}}$, $\overline{\text{DE}}=\overline{\text{EQ}}$가 되도록 수직선 위에 두 점 P, Q를 정하였다. 이때 $\overline{\text{PQ}}$의 길이를 구하시오.

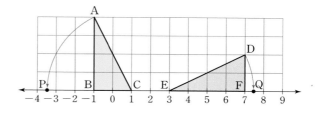

03.

다항식의 곱셈

01 곱셈 공식

1 다항식의 곱셈

(다항식)×(다항식)은 다음과 같은 순서로 계산한다.
① 분배법칙을 이용하여 전개한다.
② 동류항이 있으면 동류항끼리 모아서 계산한다.

$$(a+b)(c+d)=\underset{①}{ac}+\underset{②}{ad}+\underset{③}{bc}+\underset{④}{bd}$$

예 $(a+1)(b-3)=a\times b+a\times(-3)+1\times b+1\times(-3)$
$\qquad\qquad\quad =ab-3a+b-3$

2 곱셈 공식

(1) $(a+b)^2=a^2+2ab+b^2$ — 합의 제곱
$\quad (a-b)^2=a^2-2ab+b^2$ — 차의 제곱

(2) $(a+b)(a-b)=a^2-b^2$ — 합과 차의 곱
$\quad$ 예 $(a+1)(a-1)=a^2-1^2=a^2-1$

(3) $(x+a)(x+b)=x^2+\underset{합}{(a+b)}x+\underset{곱}{ab}$
$\quad$ 예 $(x+2)(x-1)=x^2+\{2+(-1)\}x+2\times(-1)$
$\qquad\qquad\qquad\quad =x^2+x-2$

(4) $(ax+b)(cx+d)=acx^2+(ad+bc)x+bd$
$\quad$ 예 $(2x+1)(3x-2)$
$\qquad =(2\times3)x^2+\{2\times(-2)+1\times3\}x+1\times(-2)$
$\qquad =6x^2-x-2$

참고 도형의 넓이로 알아보는 곱셈 공식

(1)

$(a+b)^2$
$=a^2+ab+ab+b^2$
$=a^2+2ab+b^2$

$(a-b)^2$
$=a^2-2b(a-b)-b^2$
$=a^2-2ab+b^2$

(2)
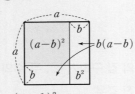

$(a+b)(a-b)=a^2-b^2$

(3)
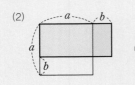

$(x+a)(x+b)$
$=x^2+ax+bx+ab$
$=x^2+(a+b)x+ab$

(4)
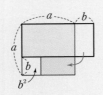

$(ax+b)(cx+d)$
$=acx^2+adx+bcx+bd$
$=acx^2+(ad+bc)x+bd$

다항식의 곱셈

▶ 다음 식을 전개하시오.

1 $(a+2)(b+4)$

2 $(a+3)(a-1)$

3 $(4x-y)(5x+2y)$

4 $(2x-3y)(x+3y-2)$

5 $(a+b-2)(a-b-1)$

곱셈 공식

▶ 다음 식을 전개하시오.

6 $(x+2)^2$

7 $(a+4)^2$

8 $\left(x+\dfrac{1}{3}\right)^2$

9 $(2a+3)^2$

10 $(5x+6y)^2$

11 $(-x-7)^2$

12 $(x-3)^2$

13 $(a-5)^2$

14 $\left(x-\dfrac{2}{7}\right)^2$

15 $(3a-4)^2$

16 $(2x-9y)^2$

17 $(-3x+8)^2$

18 $(x+4)(x-4)$

19 $(a-5)(a+5)$

20 $\left(x+\dfrac{3}{4}\right)\left(x-\dfrac{3}{4}\right)$

21 $(2a-3)(2a+3)$

22 $\left(\dfrac{1}{2}x+\dfrac{1}{4}\right)\left(\dfrac{1}{2}x-\dfrac{1}{4}\right)$

23 $(-5x+4y)(-5x-4y)$

24 $(a+3)(a+4)$

25 $(x+1)(x-6)$

26 $(a-2)(a-7)$

27 $(x+5y)(x-4y)$

28 $\left(x+\dfrac{1}{2}\right)\left(x-\dfrac{1}{5}\right)$

29 $\left(x-\dfrac{1}{6}y\right)\left(x-\dfrac{1}{3}y\right)$

30 $(3a+2)(2a+5)$

31 $(4x-1)(5x+6)$

32 $(7a-3)(3a-4)$

33 $(2a-3b)(4a-7b)$

34 $(-3x+7y)(6x-5y)$

35 $\left(2x+\dfrac{1}{3}y\right)\left(9x-\dfrac{1}{2}y\right)$

소단원 유형 익히기

유형 1 (다항식)×(다항식)의 계산

① 분배법칙을 이용하여 전개한다.
② 동류항이 있으면 동류항끼리 모아서 계산한다.

$$(a+b)(c+d)=\underset{①}{ac}+\underset{②}{ad}+\underset{③}{bc}+\underset{④}{bd}$$

유형 2 (다항식)×(다항식)의 전개식에서 계수 구하기

(다항식)×(다항식)을 전개한 식에서 어떤 항의 계수를 구할 때는 그 항이 나오는 부분만 전개하여 구하면 간편하다.
예 $(x-2)(3x+1)$을 전개한 식에서 x의 계수 구하기
x항이 나오는 부분만 전개하면
$$x\times1+(-2)\times3x=x-6x=-5x$$
따라서 x의 계수는 -5이다.

1 대표

$(a+4b)(8a-b)$를 전개하면?

① $8a^2-31ab-8b^2$
② $8a^2-31ab+4b^2$
③ $8a^2+31ab-4b^2$
④ $8a^2+31ab+4b^2$
⑤ $8a^2+31ab+8b^2$

2

$(2x+a)(3x-4)=6x^2+bx-8$일 때, 상수 a, b에 대하여 $a+b$의 값은?

① -4
② -2
③ 0
④ 2
⑤ 4

3

다음을 계산하시오.

$$(a+2b-1)(a-3)+(2a-5)(4b-1)$$

4 대표

$(x+5y)(2y-3x)$를 전개하였을 때, xy의 계수는?

① -15
② -13
③ 7
④ 13
⑤ 15

5

$(x-4y+2)(x-ay-3)$을 전개한 식에서 y의 계수가 6일 때, 상수 a의 값을 구하시오.

6 서술형

$(x-3)(ax+4y+6)$을 전개한 식에서 x의 계수와 상수항이 같을 때, 상수 a의 값을 구하시오.

유형 3 곱셈 공식 (1); 합, 차의 제곱

(1) $(a+b)^2=a^2+2ab+b^2$

제곱 ── 제곱 ── 곱의 2배

예 $(x+1)^2=x^2+2\times x\times1+1^2=x^2+2x+1$

(2) $(a-b)^2=a^2-2ab+b^2$

제곱 ── 제곱 ── 곱의 2배

예 $(x-1)^2=x^2-2\times x\times1+1^2=x^2-2x+1$

주의 $(a+b)^2\neq a^2+b^2$, $(a-b)^2\neq a^2-b^2$임에 주의한다.

유형 4 곱셈 공식 (2); 합과 차의 곱

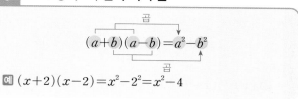

$(a+b)(a-b)=a^2-b^2$

예 $(x+2)(x-2)=x^2-2^2=x^2-4$

7 신유형

다음은 윤호가 $(x-6)^2$을 전개한 것이다. 틀린 부분을 찾아 바르게 고치시오.

윤호

$(x-6)^2=(x-6)(x-6)$
$=x^2-12x-36$

8 대표

다음 중에서 옳지 <u>않은</u> 것은?

① $(x+5)^2=x^2+10x+25$
② $\left(x-\dfrac{1}{2}\right)^2=x^2-x+\dfrac{1}{4}$
③ $(-x-3)^2=x^2+6x+9$
④ $(4x+1)^2=16x^2+8x+1$
⑤ $\left(-2x+\dfrac{2}{3}y\right)^2=4x^2-\dfrac{4}{3}xy+\dfrac{4}{9}y^2$

9 서술형

$(2x+5)^2-(3x-4)^2$을 계산하면 ax^2+bx+c일 때, 상수 a, b, c에 대하여 $a+b-c$의 값을 구하시오.

10 대표

다음 중에서 옳은 것은?

① $(a+6)(6-a)=a^2-36$
② $(3x+1)(3x-1)=3x^2-1$
③ $(a+2b)(a-2b)=a^2-4b$
④ $(-7x+6)(7x+6)=-49x^2+36$
⑤ $\left(\dfrac{1}{4}x-\dfrac{2}{5}y\right)^2=\dfrac{1}{16}x^2-\dfrac{2}{25}y^2$

11

$(-2x+3)(-2x-3)$을 전개했을 때, x^2의 계수와 상수항의 합은?

① -10 ② -6 ③ -5
④ 5 ⑤ 6

12

$(x+1)(x-1)(x^2+1)=x^a-b$일 때, 자연수 a, b에 대하여 $a-b$의 값을 구하시오.

유형 5 곱셈 공식 (3); 일차항의 계수가 1인 두 일차식의 곱

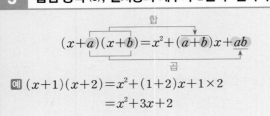

$$(x+a)(x+b)=x^2+(a+b)x+ab$$

예 $(x+1)(x+2)=x^2+(1+2)x+1\times 2$
$$=x^2+3x+2$$

13 📊 대표 🔄

$\left(x+\dfrac{1}{2}\right)\left(x-\dfrac{3}{4}\right)$을 전개하면 x^2+ax+b일 때, 상수 a, b에 대하여 $a-b$의 값은?

① $-\dfrac{3}{8}$ ② $-\dfrac{1}{4}$ ③ $-\dfrac{1}{8}$

④ $\dfrac{1}{8}$ ⑤ $\dfrac{1}{4}$

14 📊

다음 식을 전개하였을 때, x의 계수가 가장 큰 것은?

① $(x+2)(x-5)$ ② $(x-1)(x-6)$

③ $(x-7)(x+4)$ ④ $(x+8)(x-3)$

⑤ $(x+6)(x-10)$

15 📊

$(x+3)(x-2)$에서 3을 a로 잘못 보고 전개하였더니 x^2+5x+b가 되었다. 상수 a, b에 대하여 $a+b$의 값을 구하시오.

유형 6 곱셈 공식 (4); 일차항의 계수가 1이 아닌 두 일차식의 곱

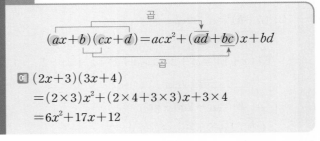

$$(ax+b)(cx+d)=acx^2+(ad+bc)x+bd$$

예 $(2x+3)(3x+4)$
$$=(2\times 3)x^2+(2\times 4+3\times 3)x+3\times 4$$
$$=6x^2+17x+12$$

16 📊

$\left(6a+\dfrac{1}{4}b\right)\left(-8a+\dfrac{1}{2}b\right)$를 전개하시오.

17 📊 대표 🔄

$(2x-a)(3x+7)$을 전개한 식이 $6x^2-bx+14$일 때, 상수 a, b에 대하여 $a-b$의 값은?

① -22 ② -18 ③ 16

④ 18 ⑤ 22

18 📊 서술형 💬

$(4x+5)(ax+b)$를 전개한 식에서 상수항은 -10이고, x의 계수는 상수항보다 3만큼 작다. 이때 x^2의 계수를 구하시오.

(단, a, b는 상수)

유형 7 곱셈 공식; 종합

(1) $(a+b)^2=a^2+2ab+b^2$, $(a-b)^2=a^2-2ab+b^2$
(2) $(a+b)(a-b)=a^2-b^2$
(3) $(x+a)(x+b)=x^2+(a+b)x+ab$
(4) $(ax+b)(cx+d)=acx^2+(ad+bc)x+bd$

19 대표

다음 중에서 옳은 것을 모두 고르면? (정답 2개)

① $(x-y)^2=x^2-2xy+y^2$
② $(-a-1)^2=a^2-2a+1$
③ $(2a+b)(2a-b)=4a^2+b^2$
④ $(x+3)(x-5)=x^2-2x-15$
⑤ $(-5x-1)(2x+1)=-10x^2-3x-1$

20 서술형

$(3x+1)(2x-3)-3(x+2)(x-2)=ax^2+bx+c$일 때, 상수 a, b, c에 대하여 $a-b-c$의 값을 구하시오.

21 신유형

다음 은지와 태민이의 대화를 읽고, 은지의 여행가방의 비밀번호를 구하시오.

> 은지: 내 여행가방의 비밀번호는 $\boxed{a}\,\boxed{b}\,\boxed{c}\,\boxed{d}$ 네 개의 숫자로 이루어져 있어. 내 비밀번호를 알아맞혀 봐.
> 태민: 힌트를 줘야 알지.
> 은지: $(x+a)^2=x^2+bx+9$이고,
> $(x+c)(x-3)=x^2+dx-15$야. 이때 a는 양수야.

유형 8 곱셈 공식과 도형의 넓이

변의 길이 또는 모서리의 길이를 문자로 나타내고 도형의 넓이를 구하는 식을 세운 후 곱셈 공식을 이용하여 전개한다.

(1) (직사각형의 넓이) = (가로의 길이) × (세로의 길이)
(2) (직육면체의 겉넓이) = 2 × (밑넓이) + (옆넓이)

22 대표

오른쪽 그림과 같이 한 변의 길이가 $7a$인 정사각형에서 가로의 길이를 $2b$만큼 늘이고, 세로의 길이를 $2b$만큼 줄인 직사각형의 넓이를 전개한 식으로 나타내시오.

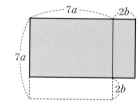

23

다음 그림과 같이 가로, 세로의 길이가 각각 $(2a+5)$ m, $(4b+3)$ m인 직사각형 모양의 꽃밭이 있다. 이 꽃밭에 폭이 1 m로 일정한 길이 있을 때, 길을 제외한 꽃밭의 넓이를 전개한 식으로 나타내시오.

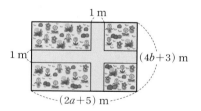

24

오른쪽 그림과 같이 밑면의 가로의 길이가 $3a+b$, 세로의 길이가 $2a+b$이고, 높이가 $a+b$인 직육면체 모양의 상자가 있다. 다음을 구하시오.

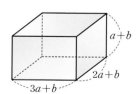

(1) 직육면체의 밑넓이
(2) 직육면체의 옆넓이
(3) 직육면체의 겉넓이

02 곱셈 공식의 활용

① 곱셈 공식을 이용한 수의 계산

(1) 수의 제곱의 계산

$(a+b)^2=a^2+2ab+b^2$ 또는

$(a-b)^2=a^2-2ab+b^2$을 이용하여 계산한다.

(2) 두 수의 곱의 계산

$(a+b)(a-b)=a^2-b^2$ 또는

$(x+a)(x+b)=x^2+(a+b)x+ab$를 이용하여 계산한다.

② 곱셈 공식을 이용한 근호를 포함한 식의 계산

곱셈 공식을 이용하여 전개한 후 근호 안의 수가 같은 것끼리 계산한다.

예 $(1+\sqrt{2})^2=1^2+2\times1\times\sqrt{2}+(\sqrt{2})^2=1+2\sqrt{2}+2=3+2\sqrt{2}$

③ 곱셈 공식을 이용한 분모의 유리화

분모가 두 수의 합 또는 차로 되어 있는 무리수일 때, 곱셈 공식 $(a+b)(a-b)=a^2-b^2$을 이용하여 분모를 유리화한다.

➡ $a>0$, $b>0$이고 a, b는 유리수, c는 실수일 때

$$\frac{c}{\sqrt{a}+\sqrt{b}}=\frac{c(\sqrt{a}-\sqrt{b})}{(\sqrt{a}+\sqrt{b})(\sqrt{a}-\sqrt{b})}=\frac{c(\sqrt{a}-\sqrt{b})}{a-b}$$

(단, $a\neq b$)

예 $\dfrac{1}{\sqrt{3}+\sqrt{2}}=\dfrac{\sqrt{3}-\sqrt{2}}{(\sqrt{3}+\sqrt{2})(\sqrt{3}-\sqrt{2})}=\dfrac{\sqrt{3}-\sqrt{2}}{(\sqrt{3})^2-(\sqrt{2})^2}=\sqrt{3}-\sqrt{2}$

④ $x=a\pm\sqrt{b}$ 꼴이 주어진 경우 식의 값 구하기

방법1 주어진 조건을 변형하여 식의 값을 구한다.

$$x=a+\sqrt{b} \;\Rightarrow\; x-a=\sqrt{b} \;\Rightarrow\; (x-a)^2=b$$

예 $x=-1+\sqrt{2}$일 때, x^2+2x의 값 구하기

$x+1=\sqrt{2}$이므로 양변을 제곱하면 $x^2+2x+1=2$

따라서 $x^2+2x=1$

방법2 주어진 조건을 식에 대입하여 식의 값을 구한다.

⑤ 곱셈 공식의 변형

(1) $(a+b)^2=a^2+2ab+b^2 \Rightarrow a^2+b^2=(a+b)^2-2ab$

(2) $(a-b)^2=a^2-2ab+b^2 \Rightarrow a^2+b^2=(a-b)^2+2ab$

(3) $(a+b)^2=(a-b)^2+4ab$ —— $(a-b)^2+4ab$

(4) $(a-b)^2=(a+b)^2-4ab$ 　$=a^2-2ab+b^2+4ab$
　$=a^2+2ab+b^2=(a+b)^2$

곱셈 공식을 이용한 수의 계산

▶ 곱셈 공식을 이용하여 다음을 계산하시오.

1 106^2

2 95^2

3 47^2

4 205×195

5 5.6×4.4

6 101×104

곱셈 공식을 이용한 근호를 포함한 식의 계산

▶ 곱셈 공식을 이용하여 다음을 계산하시오.

7 $(1+\sqrt{3})^2$

8 $(3\sqrt{3}+2)^2$

9 $(\sqrt{5}-\sqrt{2})^2$

10 $(\sqrt{6}+2)(\sqrt{6}-2)$

11 $(2\sqrt{5}-1)(3\sqrt{5}+4)$

곱셈 공식을 이용한 분모의 유리화

○ 다음 수의 분모를 유리화하시오.

12 $\dfrac{1}{1+\sqrt{3}}$

13 $\dfrac{\sqrt{2}}{3-\sqrt{7}}$

14 $\dfrac{9}{\sqrt{6}+\sqrt{3}}$

15 $\dfrac{\sqrt{5}}{\sqrt{3}-\sqrt{2}}$

16 $\dfrac{\sqrt{10}+\sqrt{5}}{\sqrt{10}-\sqrt{5}}$

$x=a\pm\sqrt{b}$ 꼴이 주어진 경우 식의 값 구하기

○ 다음 식의 값을 구하시오

17 $x=2+\sqrt{2}$일 때, x^2-4x의 값

18 $x=-1-\sqrt{5}$일 때, x^2+2x의 값

19 $x=3+\sqrt{11}$일 때, x^2-6x+7의 값

○ $x=\dfrac{2}{\sqrt{2}+1}$일 때, 다음 물음에 답하시오.

20 x의 분모를 유리화하시오.

21 x^2+4x의 값을 구하시오.

곱셈 공식의 변형

○ $x+y=4$, $xy=-1$일 때, 다음 식의 값을 구하시오.

22 x^2+y^2

23 $(x-y)^2$

○ $x-y=3$, $xy=-2$일 때, 다음 식의 값을 구하시오.

24 x^2+y^2

25 $(x+y)^2$

○ 다음 식의 값을 구하시오.

26 $x+y=-5$, $x^2+y^2=13$일 때, xy의 값

27 $a+b=-4$, $a^2+b^2=10$일 때, ab의 값

28 $x-y=6$, $x^2+y^2=22$일 때, xy의 값

29 $a-b=-8$, $a^2+b^2=38$일 때, ab의 값

○ $x+y=-2$, $xy=-3$일 때, 다음 식의 값을 구하시오.

30 x^2+y^2

31 $\dfrac{y}{x}+\dfrac{x}{y}$

유형 9 곱셈 공식을 이용한 수의 계산

(1) 수의 제곱의 계산

$(a+b)^2=a^2+2ab+b^2$ 또는 $(a-b)^2=a^2-2ab+b^2$
을 이용하여 계산한다.

(2) 두 수의 곱의 계산

$(a+b)(a-b)=a^2-b^2$ 또는
$(x+a)(x+b)=x^2+(a+b)x+ab$를 이용하여 계산
한다.

1.

다음 중에서 84×76을 계산할 때, 가장 편리한 곱셈 공식은?

① $(a+b)^2=a^2+2ab+b^2$

② $(a-b)^2=a^2-2ab+b^2$

③ $(a+b)(a-b)=a^2-b^2$

④ $(x+a)(x+b)=x^2+(a+b)x+ab$

⑤ $(ax+b)(cx+d)=acx^2+(ad+bc)x+bd$

2. 대표

곱셈 공식을 이용하여 다음을 계산하시오.

$$1998 \times 2004 + 9$$

3.

곱셈 공식을 이용하여 $\dfrac{405^2-25}{400}$ 를 계산하면?

① 405　　　② 410　　　③ 415

④ 420　　　⑤ 425

유형 10 곱셈 공식을 이용한 근호를 포함한 식의 계산

제곱근을 문자로 생각하고 곱셈 공식을 이용하여 전개한 후
근호 안의 수가 같은 것끼리 계산한다.

예 $(\sqrt{3}+1)^2=(\sqrt{3})^2+2\times\sqrt{3}\times1+1^2$
$\qquad\qquad =3+2\sqrt{3}+1=4+2\sqrt{3}$

4. 대표

$(\sqrt{3}+2)(3\sqrt{3}-5)$를 계산하면?

① $-2\sqrt{3}-1$　　② $-\sqrt{3}-1$　　③ $\sqrt{3}-1$

④ $2\sqrt{3}-1$　　　⑤ $2\sqrt{3}+1$

5. 서술형

$(\sqrt{6}-\sqrt{2})^2=a+b\sqrt{3}$일 때, 유리수 a, b에 대하여 $a-b$의 값을
구하시오.

6.

오른쪽 그림과 같이 가로의 길이가
$\sqrt{7}+5$, 세로의 길이가 $\sqrt{7}+2$인 직
사각형의 넓이는?

① $15+6\sqrt{7}$　　② $17+6\sqrt{7}$

③ $15+7\sqrt{7}$　　④ $17+7\sqrt{7}$

⑤ $19+7\sqrt{7}$

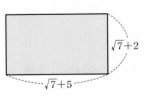

7. 📶

$(2\sqrt{3}+1)(2\sqrt{3}-1)-(\sqrt{5}-\sqrt{3})^2$을 계산하면?

① $-3+\sqrt{15}$ ② $-3+2\sqrt{15}$ ③ $1+2\sqrt{15}$

④ $3+\sqrt{15}$ ⑤ $3+2\sqrt{15}$

8. 📶

$(a-3\sqrt{6})(4+2\sqrt{6})$이 유리수가 되도록 하는 유리수 a의 값을 구하시오.

유형 11 곱셈 공식을 이용한 분모의 유리화

분모가 두 수의 합 또는 차로 되어 있는 무리수일 때, 곱셈 공식 $(a+b)(a-b)=a^2-b^2$을 이용하여 분모를 유리화한다.

➡ $a>0$, $b>0$이고 a, b는 유리수, c는 실수일 때

$$\frac{c}{\sqrt{a}+\sqrt{b}}=\frac{c(\sqrt{a}-\sqrt{b})}{(\sqrt{a}+\sqrt{b})(\sqrt{a}-\sqrt{b})}=\frac{c(\sqrt{a}-\sqrt{b})}{a-b}$$

(단, $a \neq b$)

9. 📶 대표

$\dfrac{3}{4+\sqrt{15}}$의 분모를 유리화하면?

① $-12-3\sqrt{15}$ ② $-6-3\sqrt{15}$ ③ $3-3\sqrt{15}$

④ $6-3\sqrt{15}$ ⑤ $12-3\sqrt{15}$

10. 📶 서술형

$\dfrac{3+2\sqrt{2}}{3-2\sqrt{2}}=a+b\sqrt{2}$일 때, 유리수 a, b에 대하여 $a-b$의 값을 구하시오.

11. 📶

$\dfrac{2-\sqrt{3}}{2+\sqrt{3}}-\dfrac{2+\sqrt{3}}{2-\sqrt{3}}$을 계산하시오.

12. 📶

$x=\dfrac{\sqrt{6}+\sqrt{5}}{\sqrt{6}-\sqrt{5}}$일 때, $x-\dfrac{1}{x}$의 값은?

① $\sqrt{30}$ ② $2\sqrt{30}$ ③ $3\sqrt{30}$

④ $4\sqrt{30}$ ⑤ $5\sqrt{30}$

13. 📶

다음을 계산하시오.

$$\frac{1}{\sqrt{2}+1}+\frac{1}{\sqrt{3}+\sqrt{2}}+\frac{1}{2+\sqrt{3}}$$

유형 **12** 식의 값 구하기 (1); $x=a\pm\sqrt{b}$ 꼴

주어진 조건을 변형하여 식의 값을 구한다.

$x=a+\sqrt{b}$ $\xrightarrow[\text{좌변으로 이항}]{\text{유리수를}}$ $x-a=\sqrt{b}$

$\xrightarrow[\text{제곱}]{\text{양변을}}$ $(x-a)^2=b$

예 $x=1+\sqrt{2}$일 때, x^2-2x의 값 구하기

$x=1+\sqrt{2}$에서 $x-1=\sqrt{2}$

양변을 제곱하면 $x^2-2x+1=2$

따라서 $x^2-2x=2-1=1$

14 대표

$x=2+\sqrt{5}$일 때, x^2-4x의 값은?

① -2　　　② -1　　　③ 0

④ 1　　　⑤ 2

15

$x=-3+2\sqrt{2}$일 때, $x^2+6x+10$의 값을 구하시오.

16 서술형

$x=\dfrac{2}{\sqrt{6}+2}$일 때, x^2+4x의 값을 구하시오.

17

$x=(\sqrt{3}+1)(3\sqrt{3}-4)$일 때, $x^2-10x+20$의 값은?

① -3　　　② -2　　　③ 2

④ 3　　　⑤ 4

18 신유형

$5\sqrt{2}$의 소수 부분을 x라 할 때, $x^2+14x+3$의 값을 구하시오.

유형 **13** 식의 값 구하기 (2); 두 수의 합 또는 차와 곱이 주어진 경우

(1) $a+b$, ab가 주어질 때
➡ $a^2+b^2=(a+b)^2-2ab$ 또는
$(a-b)^2=(a+b)^2-4ab$ 이용

(2) $a-b$, ab가 주어질 때
➡ $a^2+b^2=(a-b)^2+2ab$ 또는
$(a+b)^2=(a-b)^2+4ab$ 이용

19 대표

$x+y=1$, $xy=-5$일 때, x^2+y^2의 값은?

① 9　　　② 10　　　③ 11

④ 12　　　⑤ 13

20 ◧

$x-y=3$, $xy=4$일 때, x^2+y^2의 값을 구하시오.

21 ◧

$x+y=7$, $xy=-2$일 때, $(x-y)^2$의 값은?

① 55   ② 56   ③ 57

④ 58   ⑤ 59

22 ◧ 서술형💬

$x-y=6$, $xy=-3$일 때, $\dfrac{y}{x}+\dfrac{x}{y}$의 값을 구하시오.

23 ◧ 신유형↻

오른쪽 그림과 같이 한 변의 길이가 각각 x, y인 두 정사각형이 있다. 두 정사각형의 둘레의 길이의 합은 36이고, 넓이의 합은 45일 때, 다음 물음에 답하시오.

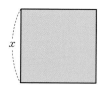

(1) 두 정사각형의 둘레의 길이의 합이 36임을 등식으로 나타내시오.

(2) 두 정사각형의 넓이의 합이 45임을 등식으로 나타내시오.

(3) 두 정사각형의 둘레의 길이의 곱을 구하시오.

유형 14   식의 값 구하기 ⑶; 두 수가 주어진 경우

① 분모가 무리수이면 분모를 유리화한다.

② 곱셈 공식을 이용하여 주어진 식을 변형한다.

③ ②의 식에 주어진 두 수의 합(차)과 곱을 구하여 대입한다.

예 $x=\sqrt{2}+1$, $y=\sqrt{2}-1$일 때, x^2+y^2의 값 구하기

$x^2+y^2=(x+y)^2-2xy$이고

$x+y=(\sqrt{2}+1)+(\sqrt{2}-1)=2\sqrt{2}$,

$xy=(\sqrt{2}+1)(\sqrt{2}-1)=2-1=1$이므로

$x^2+y^2=(x+y)^2-2xy=(2\sqrt{2})^2-2\times1=6$

24 ◧ 대표🔄

$x=2-\sqrt{2}$, $y=2+\sqrt{2}$일 때, x^2+y^2의 값은?

① 12   ② 13   ③ 14

④ 15   ⑤ 16

25 ◧

$x=\dfrac{4}{3+\sqrt{5}}$, $y=\dfrac{4}{3-\sqrt{5}}$일 때, 다음 물음에 답하시오.

(1) x, y의 분모를 각각 유리화하시오.

(2) x^2+y^2의 값을 구하시오.

26 ◧

$x=\sqrt{7}-\sqrt{3}$, $y=\sqrt{7}+\sqrt{3}$일 때, $\dfrac{y}{x}+\dfrac{x}{y}$의 값은?

① 2   ② 3   ③ 4

④ 5   ⑤ 6

1.

$(a+4)(a+b-7)$을 전개하면?

① $a^2+ab-11a-4b-28$

② $a^2+ab-7a-4b-28$

③ $a^2+ab+7a-4b-28$

④ $a^2+ab-3a+4b-28$

⑤ $a^2+ab+3a+4b-28$

2.

$(3x+5y+9)(3y-11)$을 전개한 식에서 y의 계수를 구하시오.

3.

$(-2\sqrt{5}-\sqrt{2})(-2\sqrt{5}+\sqrt{2})$를 계산하면?

① 14   ② 16   ③ 18

④ 20   ⑤ 22

4.

$(ax+6)^2+(x-3)^2$을 전개한 식에서 x의 계수가 -2일 때, 상수 a의 값을 구하시오.

5.

$(x+9)(x-a)$를 전개하면 $x^2+bx-27$일 때, 상수 a, b에 대하여 $a-b$의 값을 구하시오.

6.

$(x-8)(3x-2)$를 전개한 식에서 상수항을 a, $(7x-3y)(-5x+2y)$를 전개한 식에서 xy의 계수를 b라 할 때, $b-a$의 값은?

① 11   ② 12   ③ 13

④ 14   ⑤ 15

7.

다음 보기 에서 전개하였을 때, x의 계수가 나머지 셋과 다른 하나를 고르시오.

보기

ㄱ. $(x+2)^2$ ㄴ. $(x+7)(x-3)$

ㄷ. $(2x-1)(6x+5)$ ㄹ. $(4x+3)(5x-4)$

8.

$(4x-y)^2-(x+2y)(x-2y)$를 계산하면 $ax^2+bxy+cy^2$일 때, 상수 a, b, c에 대하여 $a+b-c$의 값을 구하시오.

9 ▪▫▫ 서술형

오른쪽 그림과 같이 한 변의 길이가 a m인 정사각형 모양의 땅에 폭이 2 m로 일정한 길을 내었을 때, 길을 제외한 땅의 넓이를 전개한 식으로 나타내시오.

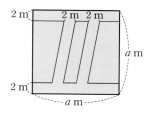

10 ▪▪▫

다음 수 중에서 곱셈 공식 $(a+b)(a-b)=a^2-b^2$을 이용하여 계산하면 편리한 것을 모두 고르면? (정답 2개)

① 491^2 ② 83×81 ③ 604^2

④ 5.2×4.8 ⑤ 195×205

11 ▪▪▫

$\dfrac{2a}{3-\sqrt{5}}+\sqrt{20}$이 유리수가 되도록 하는 유리수 a의 값은?

① -4 ② -2 ③ 2

④ 4 ⑤ 6

12 ▪▪▫

$x+y=-7$, $xy=5$일 때, $(x-y)^2$의 값을 구하시오.

13 ▪▫▫

$x=3+\sqrt{10}$, $y=3-\sqrt{10}$일 때, x^2+y^2의 값을 구하시오.

14 ▪▫▫

다음 지우와 민주의 대화를 읽고, 상수 a, b, c, d에 대하여 $a+b-c-d$의 값을 구하시오.

> 지우: $(3x-7)(2x+5)$에서 7을 a로 잘못 보고 전개하였더니 $6x^2+9x+b$가 되었어.
>
> 민주: 난 $(x+4)(x-3)$에서 4를 c로 잘못 보고 전개하였더니 $x^2+dx+18$이 되었어.

15 ▪▪▫

오른쪽 그림과 같이 가로의 길이가 $2a$, 세로의 길이가 b $(a<b<2a)$인 직사각형 모양의 색종이 ABCD를 $\overline{\text{AF}}$, $\overline{\text{FG}}$를 접는 선으로 하여 접었을 때, 다음 물음에 답하시오.

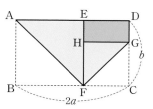

(1) $\overline{\text{ED}}$, $\overline{\text{DG}}$의 길이를 각각 a, b를 사용한 식으로 나타내시오.

(2) 사각형 EHGD의 넓이를 a, b를 사용한 식으로 나타내시오.

16 ▪▪▫

$x=\dfrac{\sqrt{7}-3}{\sqrt{7}+3}$일 때, $x^2+16x+50$의 값은?

① -49 ② -35 ③ -21

④ 35 ⑤ 49

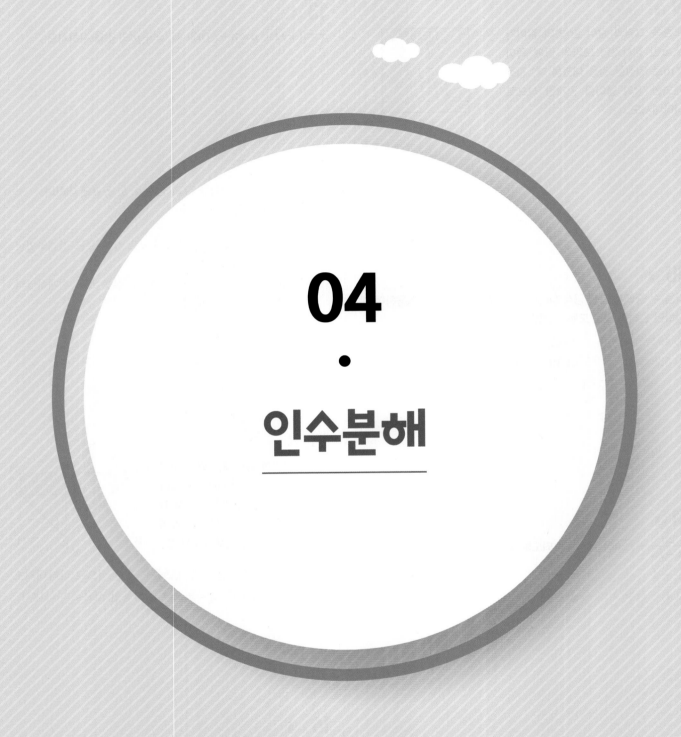

04
.
인수분해

01 인수분해의 뜻과 공식

1 인수분해의 뜻

(1) **인수** : 하나의 다항식을 두 개 이상의 다항식의 곱으로 나타낼 때, 각각의 식을 처음 다항식의 인수라 한다.

(2) **인수분해** : 하나의 다항식을 두 개 이상의 인수의 곱으로 나타내는 것을 그 다항식을 인수분해한다고 한다.

예 $x^2+3x+2 \xrightarrow[\text{전개}]{\text{인수분해}} \underbrace{(x+1)}_{\text{인수}}\underbrace{(x+2)}_{\text{인수}}$

(3) **공통인 인수를 이용한 인수분해**

다항식의 각 항에 공통인 인수가 있을 때에는 분배법칙을 이용하여 공통인 인수로 묶어 내어 인수분해한다.

➡ $ma+mb=m(a+b)$

예 $2a^2b-6ab=2ab\times a-2ab\times 3=2ab(a-3)$

참고 공통인 인수를 찾을 때에는 수에서는 최대공약수를, 문자에서는 차수가 가장 낮은 것을 찾는다.

2 완전제곱식

(1) **완전제곱식** : 다항식의 제곱으로 된 식 또는 이 식에 상수를 곱한 식

예 $(x-2)^2, 3(2a-1)^2, -2(x-2y)^2$

(2) x^2+ax+b가 완전제곱식이 될 조건 ➡ $b=\left(\dfrac{a}{2}\right)^2$

예 x^2+4x+b가 완전제곱식이 되려면 $b=\left(\dfrac{4}{2}\right)^2=4$

3 인수분해 공식

(1) $a^2+2ab+b^2=(a+b)^2$, $a^2-2ab+b^2=(a-b)^2$

예 $x^2+2x+1=x^2+2\times x\times 1+1^2=(x+1)^2$
$x^2-4x+4=x^2-2\times x\times 2+2^2=(x-2)^2$

(2) $a^2-b^2=(a+b)(a-b)$

예 $x^2-4=x^2-2^2=(x+2)(x-2)$

(3) $x^2+(a+b)x+ab=(x+a)(x+b)$

예 x^2-x-2에서 곱이 상수항 -2가 되는 두 정수 중 합이 x의 계수 -1이 되는 두 정수는 $1, -2$이므로
$x^2-x-2=(x+1)(x-2)$

(4) $acx^2+(ad+bc)x+bd=(ax+b)(cx+d)$

예 $2x^2-3x-2$에서 곱이 x^2의 계수 2가 되는 두 정수 1, 2와 곱이 상수항 -2가 되는 두 정수 -2, 1을 오른쪽과 같이 나열하면

$$
\begin{array}{ccc}
1 & \diagdown & -2 \longrightarrow -4 \\
2 & \diagup & 1 \longrightarrow \underline{1}(+ \\
& & -3
\end{array}
$$

$1\times 1+2\times(-2)=-3$이므로
$2x^2-3x-2=(x-2)(2x+1)$

인수와 인수분해

◯ 다음 식은 어떤 다항식을 인수분해한 것인지 구하시오.

1 $2a(x+2y)$

2 $(x-5)^2$

3 $(2a+1)(a+6)$

◯ 다음 식의 인수를 보기 에서 모두 고르시오.

4 $x^2(x-3)$

보기
ㄱ. x ㄴ. $x+3$
ㄷ. x^2-3 ㄹ. $x(x-3)$

5 $(a-4)(2a+1)$

보기
ㄱ. $a-4$ ㄴ. $2a-1$
ㄷ. $2a+1$ ㄹ. $(a-4)(2a+1)$

공통인 인수를 이용한 인수분해

◯ 다음 식을 공통인 인수를 이용하여 인수분해하시오.

6 $2ax-3ay$

7 x^2y+3xy

8 $3a^2-6ab-9a$

9 $x(a-3)-y(a-3)$

완전제곱식

다음 식이 완전제곱식이 되도록 □ 안에 알맞은 양수를 써넣으시오.

10 $x^2 - 4x + \boxed{}$

11 $a^2 + 10a + \boxed{}$

12 $x^2 + \dfrac{1}{4}x + \boxed{}$

13 $\dfrac{1}{4}a^2 - 2ab + \boxed{}b^2$

14 $x^2 - 12xy + \boxed{}y^2$

다음 식이 완전제곱식이 되도록 □ 안에 알맞은 양수를 써넣으시오.

15 $x^2 + \boxed{}x + 9$

16 $a^2 - \boxed{}a + \dfrac{1}{9}$

17 $x^2 - \boxed{}x + 36$

18 $25a^2 - \boxed{}ab + b^2$

19 $x^2 + \boxed{}xy + 4y^2$

인수분해 공식; $a^2 \pm 2ab + b^2$

다음 식을 인수분해하시오.

20 $a^2 - 20a + 100 = a^2 - 2 \times a \times \boxed{} + \boxed{}^2$
$\qquad\qquad\qquad = (a - \boxed{})^2$

21 $x^2 - \dfrac{1}{2}x + \dfrac{1}{16}$

22 $9a^2 + 24a + 16$

23 $4x^2 - 36x + 81$

24 $\dfrac{1}{9}a^2 + \dfrac{10}{3}ab + 25b^2$

25 $36x^2 + 12xy + y^2$

26 $2x^2 - x + \dfrac{1}{8} = 2\left(x^2 - \dfrac{1}{2}x + \dfrac{1}{16}\right)$
$\qquad\qquad\quad = 2\left\{x^2 - 2 \times x \times \boxed{} + \left(\boxed{}\right)^2\right\}$
$\qquad\qquad\quad = 2\left(x - \boxed{}\right)^2$

27 $5a^2 + 10a + 5$

28 $3x^2 - 24xy + 48y^2$

인수분해 공식; $a^2 - b^2$

다음 식을 인수분해하시오.

29 $a^2 - \dfrac{1}{9}$

30 $4x^2 - 25y^2$

31 $-a^2 + 64b^2$

32 $3x^2 - 12 = \square(x^2 - \square) = \square(x + \square)(x - \square)$

33 $18a^2 - 8b^2$

인수분해 공식; $x^2 + (a+b)x + ab$

다음 식을 인수분해하시오.

34 $x^2 + 7x - 30$

35 $a^2 - 5a - 24$

36 $x^2 - 14xy + 45y^2$

37 $3a^2 + 18a + 24 = \square(a^2 + 6a + \square)$
$= \square(a + 2)(a + \square)$

38 $2x^2 - 6xy - 20y^2$

인수분해 공식; $acx^2 + (ad+bc)x + bd$

다음 식을 인수분해하시오.

39 $3a^2 - 2a - 21$

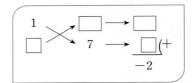

40 $3x^2 + 2x - 16$

41 $4a^2 + 33a + 35$

42 $8x^2 - 2xy - 15y^2$

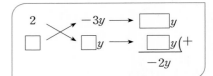

43 $9a^2 + 50ab - 24b^2$

44 $7x^2 + 31xy - 20y^2$

45 $8a^2 - 16a - 10 = 2(4a^2 - \square a - 5)$
$= 2(\square a + 1)(2a - \square)$

46 $45x^2 + 12x - 9$

47 $40a^2 + 38ab + 6b^2$

48 $12ax^2 - 50axy + 28ay^2$

소단원 유형 익히기

정답과 풀이 ★ 36쪽

유형 1 공통인 인수를 이용한 인수분해

공통인 인수를 찾아 분배법칙을 이용하여 공통인 인수로 묶어 낸다.

➡ $ma+mb=\underset{\text{공통인 인수}}{m}(a+b)$

1

다음 중에서 $2a^2b+ab^2$의 인수인 것을 모두 고르면? (정답 2개)

① a^2 ② b ③ $2a-b$

④ $2a+b$ ⑤ ab^2

2 대표

다음 중에서 $4x^2y+8xy^2-12xy$의 인수가 아닌 것은?

① x ② y ③ x^2

④ xy ⑤ $xy(x+2y-3)$

3

$x(a-b)+y(b-a)$를 인수분해하면?

① $(a-b)(x+y)$ ② $(a-b)(x-y)$

③ $(a+b)(x+y)$ ④ $(a+b)(x-y)$

⑤ $(b-a)(x+y)$

유형 2 완전제곱식이 될 조건

$x^2+ax+b\,(b>0)$가 완전제곱식이 될 조건

① $b=\left(\dfrac{a}{2}\right)^2$, 즉 $(\text{상수항})=\left\{\dfrac{(x\text{의 계수})}{2}\right\}^2$

② $a=\pm2\sqrt{b}$, 즉 $(x\text{의 계수})=\pm2\sqrt{(\text{상수항})}$

4 대표

다음 식이 완전제곱식이 될 때, □ 안에 알맞은 양수 중 가장 큰 수는?

① $x^2+x+\square$ ② $\dfrac{1}{4}a^2+\square a+4$

③ $4x^2+\square x+1$ ④ $9a^2+6a+\square$

⑤ $\dfrac{1}{9}x^2+\dfrac{1}{3}x+\square$

5 신유형

정현이는 다음과 같이 다항식이 적힌 두 장의 카드를 가지고 있는데 물컵을 엎질러 한 다항식은 상수항이, 다른 다항식은 x의 계수가 지워져 보이지 않는다.

$x^2+\dfrac{1}{2}x+$		$x^2+\quad x+36$

두 다항식이 모두 완전제곱식이고 지워진 두 다항식의 상수항과 x의 계수를 각각 a, b라 할 때, 양수 a, b에 대하여 ab의 값을 구하시오.

6 서술형

$9x^2+(5k-1)x+16$이 완전제곱식이 되기 위한 상수 k의 값을 모두 구하시오.

유형 **3** 인수분해 공식; $a^2 \pm 2ab + b^2$

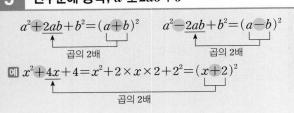

$$a^2 + 2ab + b^2 = (a+b)^2 \qquad a^2 - 2ab + b^2 = (a-b)^2$$
곱의 2배   곱의 2배

예 $x^2 + 4x + 4 = x^2 + 2 \times x \times 2 + 2^2 = (x+2)^2$
곱의 2배

유형 **4** 근호 안이 완전제곱식인 경우

근호 안의 식을 완전제곱식으로 인수분해한 후 다음을 이용하여 근호를 없앤다.

➡ $\sqrt{a^2} = |a| = \begin{cases} a & (a \geq 0) \\ -a & (a < 0) \end{cases}$

예 $x \geq 2$이면 $x - 2 \geq 0$이므로
$$\sqrt{x^2 - 4x + 4} = \sqrt{(x-2)^2} = x - 2$$

7.📶
$4x^2 - 32x + 64 = (ax + b)^2$일 때, 상수 a, b에 대하여 $a - b$의 값은?

① -6 ② -2 ③ 2

④ 6 ⑤ 10

10.📶
$a > -1$일 때, $\sqrt{a^2 + 2a + 1}$을 간단히 하시오.

8.📶 대표
다음 중에서 $\dfrac{1}{16}x^2 - 3x + 36$의 인수인 것은?

① $\dfrac{1}{16}x - 6$ ② $\dfrac{1}{16}x + 6$ ③ $\dfrac{1}{4}x - 6$

④ $\dfrac{1}{4}x + 6$ ⑤ $\dfrac{1}{2}x - 6$

11.📶 대표
$-3 < x < 3$일 때, $\sqrt{x^2 + 6x + 9} - \sqrt{x^2 - 6x + 9}$를 간단히 하면?

① -6 ② 0 ③ 6

④ $-2x$ ⑤ $2x$

9.📶 서술형💬
$ax^2 + 28x + b = (7x + c)^2$일 때, 상수 a, b, c에 대하여 $a + b - c$의 값을 구하시오.

12.📶
$a > 0$, $b < 0$일 때, $\sqrt{a^2} + \sqrt{b^2} + \sqrt{a^2 - 2ab + b^2}$을 간단히 하면?

① $-2a - 2b$ ② $-2a$ ③ $-2b$

④ $2a - 2b$ ⑤ $2a$

유형 5 인수분해 공식; $a^2 - b^2$

$$\underbrace{a^2 - b^2}_{\text{제곱의 차}} = (a+b)(a-b)$$
$$\quad\quad\quad\underbrace{(a+b)}_{\text{합}}\underbrace{(a-b)}_{\text{차}}$$

예 $x^2 - 9 = x^2 - 3^2 = (x+3)(x-3)$

13 .ıl

$4x^2 - 49 = (Ax + B)(Ax - B)$일 때, 자연수 A, B에 대하여 $B - A$의 값을 구하시오.

14 .ıl 대표 🔄

$28x^2 - 7$을 인수분해하면 $a(bx+1)(cx-1)$일 때, 자연수 a, b, c에 대하여 $a + b + c$의 값은?

① 7   ② 8   ③ 9
④ 10   ⑤ 11

15 .ıl

다음 중에서 $a^4 - 1$의 인수가 <u>아닌</u> 것은?

① $a + 1$ ② $a - 1$ ③ $a^2 + 1$
④ $a^2 - 1$ ⑤ $a^4 + 1$

유형 6 인수분해 공식; $x^2 + (a+b)x + ab$

$$x^2 + (a+b)x + ab = (x+a)(x+b)$$

두 수의 곱

두 수의 합

16 .ıl

$a^2 - 12a - 45$를 인수분해하시오.

17 .ıl 대표 🔄

$x^2 + ax - 52 = (x+4)(x+b)$일 때, 상수 a, b에 대하여 $a + b$의 값은?

① -22 ② -4 ③ 0
④ 4   ⑤ 22

18 .ıl 신유형 🔄

다음 연수와 민지의 대화를 읽고 연수의 핸드폰 비밀번호를 구하시오.

> 연수: 내 핸드폰 비밀번호는 $\boxed{a}\,\boxed{b}\,\boxed{c}\,\boxed{d}$의 네 자리의 숫자로 이루어져 있어. 뭔지 맞혀 봐.
> 민지: 그래? 생일인가? 힌트를 줘 봐.
> 연수: $4x^2 - a$를 인수분해하면 $(2x+3)(2x-b)$이고, $x^2 - cx - 63$을 인수분해하면 $(x+d)(x-9)$야.

인수분해 공식; $acx^2+(ad+bc)x+bd$

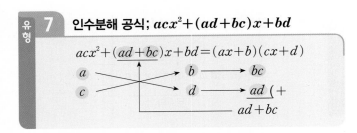

$$acx^2+\underline{(ad+bc)}x+bd=(ax+b)(cx+d)$$

19 ▐▌ 대표 ◯

$6x^2+25x+25=(2x+a)(bx+c)$일 때, 상수 a, b, c에 대하여 $a-b+c$의 값은?

① -7 　② -4 　③ 0

④ 4 　⑤ 7

20 ▐▌ 서술형 💬

$(2x+1)(5x-3)+1$이 x의 계수가 자연수인 두 일차식의 곱으로 인수분해될 때, 이 두 일차식의 합을 구하시오.

21 ▐▌

다음 중에서 인수분해한 것이 옳지 않은 것은?

① $x^2+8x+16=(x+4)^2$

② $9a^2-36=(3a+6)(3a-6)$

③ $x^2-7x-18=(x+2)(x-9)$

④ $3a^2-14a+15=(a-3)(3a-5)$

⑤ $4x^2-8x-12=4(x+1)(x-3)$

유형 8 인수가 주어진 이차식에서 미지수의 값 구하기

일차식 $px+q$가 이차식 ax^2+bx+c의 인수이다.

➡ 이차식 ax^2+bx+c가 일차식 $px+q$로 나누어떨어진다.

➡ $ax^2+bx+c=(px+q)(\blacksquare x+\blacktriangle)$

[예] $x-2$가 x^2+ax-6의 인수일 때

➡ $x^2+ax-6=(x-2)(x+b)$

$\qquad =x^2+(b-2)x-2b$

$-6=-2b$에서 $b=3$

$a=b-2$에서 $a=1$

22 ▐▌ 대표 ◯

x^2-8x+a가 $x-4$를 인수로 가질 때, 상수 a의 값은?

① -16 　② -4 　③ 2

④ 4 　⑤ 16

23 ▐▌

$4x^2-ax-9$가 $x-3$으로 나누어떨어질 때, 상수 a의 값을 구하시오.

24 ▐▌

두 다항식 $2x^2+ax-15$, x^2-6x+b의 공통인 인수가 $x+5$일 때, $a-b$의 값은? (단, a, b는 상수)

① 56 　② 58 　③ 60

④ 62 　⑤ 64

유형 9 계수 또는 상수항을 잘못 보고 인수분해한 경우

잘못 본 수를 제외한 나머지 값은 바르게 본 것임을 이용한다.

① x의 계수를 잘못 본 경우
   ➡ 상수항은 바르게 보았다.
② 상수항을 잘못 본 경우
   ➡ x의 계수는 바르게 보았다.

25 대표

x^2의 계수가 1인 어떤 이차식을 인수분해하는데, 영진이는 x의 계수를 잘못 보아 $(x+3)(x-10)$으로 인수분해하였고, 현진이는 상수항을 잘못 보아 $(x+4)(x-5)$로 인수분해하였다. 처음의 이차식을 바르게 인수분해한 것은?

① $(x-4)(x+5)$ ② $(x-5)(x+6)$
③ $(x+4)(x-5)$ ④ $(x+5)(x-6)$
⑤ $(x+4)(x+5)$

26

x^2+ax+b를 인수분해하는데, 민정이는 a를 잘못 보아 $(x-7)(x-9)$로 인수분해하였고, 정수는 b를 잘못 보아 $(x-4)(x-20)$으로 인수분해하였다. x^2+ax+b를 바르게 인수분해하면? (단, a, b는 상수)

① $(x-3)(x+21)$ ② $(x-7)(x+10)$
③ $(x+3)(x-21)$ ④ $(x+7)(x-10)$
⑤ $(x-3)(x-21)$

27 서술형

x^2의 계수가 3인 어떤 이차식을 인수분해하는데, 경진이는 상수항을 잘못 보아 $(3x+1)(x+3)$으로 인수분해하였고, 정민이는 x의 계수를 잘못 보아 $(3x+8)(x+1)$로 인수분해하였다. 처음의 이차식을 바르게 인수분해하시오.

유형 10 도형을 이용한 인수분해 공식

오른쪽에 주어진 모든 직사각형을 겹치지 않게 이어 붙여 새로운 정사각형을 만들 때, 새로운 정사각형의 한 변의 길이를 구해 보자.

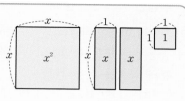

➡ 주어진 4개의 직사각형의 넓이의 합은
$$x^2+2x+1=(x+1)^2 \quad \cdots\cdots \text{㉠}$$
이때 새로운 정사각형의 넓이는 ㉠과 같으므로 새로운 정사각형의 한 변의 길이는 $x+1$이다.

28 대표

다음 그림의 모든 직사각형을 겹치지 않게 이어 붙여 만든 새로운 직사각형의 둘레의 길이는?

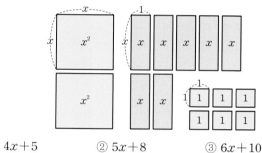

① $4x+5$ ② $5x+8$ ③ $6x+10$
④ $4x+8$ ⑤ $5x+10$

29

다음 그림과 같이 한 변의 길이가 a인 정사각형 모양의 종이에서 한 변의 길이가 b인 정사각형을 잘라 낸 후, ㉮, ㉯의 두 조각으로 잘라 직사각형을 만들었다. 이 그림으로 설명할 수 있는 인수분해 공식은 무엇인지 말하시오.

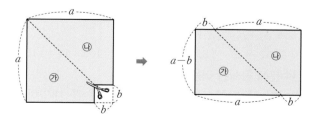

02 인수분해의 활용

1 복잡한 식의 인수분해

(1) 치환을 이용한 다항식의 인수분해

공통부분 또는 복잡한 식을 한 문자로 치환한 후 인수분해 공식을 이용한다.

예 $(2x-1)^2+4(2x-1)+4$에서 $2x-1=A$로 놓으면

$(2x-1)^2+4(2x-1)+4$
$=A^2+4A+4$
$=(A+2)^2$ ┐ 치환하여 인수분해한 다음에는
$=\{(2x-1)+2\}^2$ ┘ 원래의 식을 대입한다.
$=(2x+1)^2$

(2) 항이 4개인 다항식의 인수분해

① 공통인 인수가 생기도록 두 항씩 나눈 후 인수분해한다.

예 $ab-b-a+1=b(a-1)-(a-1)=(a-1)(b-1)$

② 완전제곱식으로 나타낼 수 있는 세 항을 찾아 A^2-B^2 꼴로 변형한 후 인수분해한다.

예 $x^2-y^2-2x+1=(x^2-2x+1)-y^2$
$=(x-1)^2-y^2$
$=\{(x-1)+y\}\{(x-1)-y\}$
$=(x+y-1)(x-y-1)$

2 인수분해 공식의 활용

(1) 인수분해 공식을 이용한 수의 계산

인수분해 공식을 이용할 수 있도록 수의 모양을 바꾸어 계산한다.

① 공통인 인수로 묶어 계산한다.
➡ $ma+mb=m(a+b)$
예 $17\times27+17\times73=17(27+73)=17\times100=1700$

② 완전제곱식을 이용하여 계산한다.
➡ $a^2+2ab+b^2=(a+b)^2$,
$a^2-2ab+b^2=(a-b)^2$
예 $29^2+58+1=29^2+2\times29\times1+1^2=(29+1)^2$
$=30^2=900$

③ 제곱의 차를 이용하여 계산한다.
➡ $a^2-b^2=(a+b)(a-b)$
예 $57^2-43^2=(57+43)(57-43)=100\times14=1400$

(2) 인수분해 공식을 이용한 식의 값

주어진 식을 인수분해한 후 문자에 수를 대입하여 계산한다.

예 $x=21$일 때, x^2-2x+1의 값을 구해 보자.
➡ $x^2-2x+1=(x-1)^2=(21-1)^2=20^2=400$

복잡한 식의 인수분해

🏷 다음 식을 인수분해하시오.

1 $4(x+2)^2+4(x+2)+1$ ┐ $x+2=A$로 놓는다.
$=4A^2+4A+1$ ← 인수분해한다.
$=(2A+\boxed{})^2$ ← A 대신 $x+2$를 대입하여 정리한다.
$=(\boxed{})^2$

2 $(a+2b)^2-25$

3 $6(x+4)^2-17(x+4)+12$

4 $(4a-1)^2-(a+3)^2$

5 $3(3x+2)^2-(3x+2)(x-1)-2(x-1)^2$

6 $(2a-1)^2-5(2a-1)(a+5)-14(a+5)^2$

🏷 다음 식을 인수분해하시오.

7 $xy-3x-y+3=\boxed{}(y-3)-(y-3)$
$=(\boxed{})(y-3)$

8 $ax-bx-a+b$

9 $4x^2-4xy+x-y$

10 $9a^2 - b^2 - 6a + 1 = (\boxed{}) - b^2$
$= (\boxed{})^2 - b^2$
$= (\boxed{})(3a - b - 1)$

11 $x^2 - 25y^2 - 10y - 1$

12 $16a^2 - 9b^2 + 8a + 1$

13 $25x^2 - 4y^2 + 4y - 1$

인수분해 공식을 이용한 수의 계산

🏷️ 인수분해 공식을 이용하여 다음을 계산하시오.

14 $33 \times 45 + 33 \times 55 = 33(45 + \boxed{})$
$= 33 \times \boxed{} = \boxed{}$

15 $27 \times 93 - 27 \times 83$

16 $27^2 + 2 \times 27 \times 23 + 23^2 = (27 + \boxed{})^2$
$= \boxed{}^2 = \boxed{}$

17 $67^2 - 2 \times 67 \times 7 + 7^2$

18 $87^2 - 13^2 = (\boxed{} + 13)(\boxed{} - 13)$
$= \boxed{} \times 74 = \boxed{}$

19 $7.5^2 - 2.5^2$

20 $\dfrac{33^2 + 2 \times 33 \times 47 + 47^2}{47^2 - 33^2}$

21 $\sqrt{65^2 + 2 \times 65 \times 35 + 35^2}$

22 $\sqrt{68^2 - 32^2}$

인수분해 공식을 이용한 식의 값

🏷️ 인수분해 공식을 이용하여 다음을 구하시오.

23 $x = 91$일 때, $x^2 + 18x + 81$의 값

24 $a = 981$일 때, $a^2 + 18a - 19$의 값

25 $x = 3 + \sqrt{11}$일 때, $x^2 - 6x + 9$의 값

26 $a = 3.7$, $b = 1.3$일 때, $a^2 + 2ab + b^2$의 값

27 $x = \dfrac{7}{3}$, $y = \dfrac{2}{3}$일 때, $x^2 - y^2$의 값

28 $a = \sqrt{5} - 5$, $b = \sqrt{5} + 5$일 때, $a^2 - b^2$의 값

유형 **11** 치환을 이용한 인수분해; 한 문자로 치환

주어진 식에 공통부분 또는 복잡한 식이 있으면 한 문자로 치환하여 인수분해한 후 원래의 식을 대입하여 정리한다.

예 $(x-3)^2-(x-3)-2$ ┐ $x-3=A$로 놓는다.
$=A^2-A-2$ ┤ 인수분해한다.
$=(A+1)(A-2)$ ┤ A 대신 $x-3$을 대입하여 정리한다.
$=(x-2)(x-5)$ ┘

1. ▁▂▃
$(2x-5)^2+(2x-5)-6$을 인수분해하시오.

2. ▁▂▃
$(x-3)^2-3(x-3)-10=(x+a)(x+b)$일 때, 상수 a, b에 대하여 $a+b$의 값은?

① -10 ② -9 ③ -8
④ -7 ⑤ -6

3. ▁▂▃ 대표 ◯
$(x-2y)(x-2y-3)-4$를 인수분해하면?

① $(x-2y)(x-2y-1)$
② $(x-2y-4)(x-2y-1)$
③ $(x-2y-4)(x-2y+1)$
④ $(x-2y+4)(x-2y-1)$
⑤ $(x-2y+4)(x-2y+1)$

4. ▁▂▃
다음 보기 에서 $2(2x^2+1)^2-7(2x^2+1)+3$의 인수인 것을 모두 고르시오.

보기
ㄱ. $x-1$ ㄴ. $x+1$ ㄷ. $2x-1$
ㄹ. $2x+1$ ㅁ. x^2-1 ㅂ. $4x^2+1$

유형 **12** 치환을 이용한 인수분해; 두 문자로 치환

주어진 식에 공통부분 또는 복잡한 식이 여러 개 있으면 각각을 서로 다른 문자로 치환하여 인수분해한 후 원래의 식을 대입하여 정리한다.

예 $(x+y)^2-(x-1)^2$ ┐ $x+y=A$, $x-1=B$로 놓는다.
$=A^2-B^2$ ┤ 인수분해한다.
$=(A+B)(A-B)$ ┤ A 대신 $x+y$, B 대신 $x-1$을 대입하여 정리한다.
$=(2x+y-1)(y+1)$ ┘

5. ▁▂▃ 대표 ◯
$(3x+4)^2-(2x-3)^2=(ax+1)(x+b)$일 때, 상수 a, b에 대하여 $a-b$의 값은?

① -2 ② -1 ③ 0
④ 1 ⑤ 2

6. ▁▂▃ 서술형 💬
$(x-1)^2-(1-x)(y-2)-2(y-2)^2$이
$(x+ay-5)(x-y+b)$로 인수분해될 때, 상수 a, b에 대하여 $a+b$의 값을 구하시오.

유형 17 인수분해 공식을 이용한 식의 값 구하기 (1)

주어진 식을 인수분해한 후 문자에 수를 대입하여 계산한다.

예 $x=\sqrt{3}-1$일 때, x^2+2x+1의 값은

$$x^2+2x+1=(x+1)^2=\{(\sqrt{3}-1)+1\}^2$$
$$=(\sqrt{3})^2=3$$

19

$a=\sqrt{5}-2$일 때, $(a+4)^2-4(a+4)+4$의 값은?

① 1 ② 2 ③ 3
④ 4 ⑤ 5

20 대표

$x=\dfrac{1}{2-\sqrt{3}}$, $y=\dfrac{1}{2+\sqrt{3}}$일 때, $x^2+2xy+y^2$의 값은?

① 10 ② 12 ③ 14
④ 16 ⑤ 18

21

$\sqrt{7}$의 소수 부분을 a, $2\sqrt{2}$의 정수 부분을 b라 할 때, $\dfrac{a^2-b^2+4a+4b}{a+b}$의 값은?

① 2 ② $\sqrt{5}$ ③ $\sqrt{6}$
④ $\sqrt{7}$ ⑤ $2\sqrt{2}$

유형 18 인수분해 공식을 이용한 식의 값 구하기 (2)

예 $x+y=4$, $xy=3$일 때, x^2y+xy^2+x+y의 값은

$$x^2y+xy^2+x+y=xy(x+y)+(x+y)$$
$$=(xy+1)(x+y)$$
$$=(3+1)\times 4=16$$

22

$x+y=5$, $x-y=\sqrt{2}$일 때, x^2-y^2의 값은?

① $\sqrt{2}$ ② $2\sqrt{2}$ ③ $3\sqrt{2}$
④ $4\sqrt{2}$ ⑤ $5\sqrt{2}$

23 대표

$a+b=4$, $a-b=1$일 때, $a^2-b^2+4a-4b$의 값은?

① 5 ② 6 ③ 7
④ 8 ⑤ 9

24 서술형

$a+b=7$, $a^2-b^2-12a+36=20$일 때, $a-b$의 값을 구하시오.

중단원 핵심유형 테스트

1.
다음 중에서 다항식 x^3+2x의 인수가 <u>아닌</u> 것을 모두 고르면?

(정답 2개)

① x ② x^2 ③ x^2+2
④ x^3 ⑤ x^3+2x

2.
다음 **보기**에서 완전제곱식으로 인수분해할 수 있는 다항식을 모두 고른 것은?

보기
ㄱ. x^2-4x+6 ㄴ. $a^2+8a+16$
ㄷ. $x^2+12xy+36y^2$ ㄹ. $a^2-10ab+100b^2$

① ㄱ, ㄴ ② ㄱ, ㄷ ③ ㄴ, ㄷ
④ ㄴ, ㄹ ⑤ ㄷ, ㄹ

3.
다음 중에서 $\sqrt{58^2-42^2}$을 계산하는 데 가장 알맞은 인수분해 공식은?

① $a^2+2ab+b^2=(a+b)^2$
② $a^2-2ab+b^2=(a-b)^2$
③ $a^2-b^2=(a+b)(a-b)$
④ $x^2+(a+b)x+ab=(x+a)(x+b)$
⑤ $acx^2+(ad+bc)x+bd=(ax+b)(cx+d)$

4.
$x-2$가 다항식 $2x^2+ax-10$의 인수일 때, 상수 a의 값은?

① 1 ② 2 ③ 3
④ 4 ⑤ 5

5.
다음 식이 모두 완전제곱식으로 인수분해될 때, □ 안에 알맞은 양수 중 가장 작은 것은?

① $\frac{1}{4}x^2+\square x+4$ ② $x^2+\square x+49$
③ $\square x^2+x+\frac{1}{4}$ ④ $x^2+x+\square$
⑤ $4x^2+x+\square$

6.
$-1<a<4$일 때, $\sqrt{a^2+2a+1}-\sqrt{a^2-8a+16}$을 간단히 하시오.

7.
다항식 $6x^2-11x-35$가 x의 계수가 자연수인 두 일차식의 곱으로 인수분해될 때, 이 두 일차식의 합은?

① $5x-1$ ② $5x-2$ ③ $5x-3$
④ $5x-4$ ⑤ $5x-5$

8.
다음 중에서 인수분해한 것이 옳지 <u>않은</u> 것은?

① $4a^2-9=(2a+3)(2a-3)$
② $\frac{1}{4}x^2+6x+36=\left(\frac{1}{2}x+6\right)^2$
③ $x^2-6x-27=(x+3)(x-9)$
④ $8x^2-14x+6=(4x-3)(2x-1)$
⑤ $(x-y)(x-y-2)-8=(x-y+2)(x-y-4)$

9 .il

오른쪽 그림과 같이 넓이가
$12x^2+31x+20$인 직사각형의 세로
의 길이가 $3x+4$일 때, 가로의 길이
는?

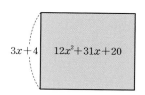

$3x+4$ | $12x^2+31x+20$

① $2x+5$ ② $3x+4$ ③ $4x+3$

④ $3x+5$ ⑤ $4x+5$

10 .il

$(2x+3)(x-5)+20$을 인수분해하면?

① $(x-1)(2x-5)$ ② $(2x-1)(x-5)$

③ $(x+1)(2x-5)$ ④ $(2x+1)(x-5)$

⑤ $(x-1)(2x+5)$

11 .il

다음 두 다항식의 일차 이상의 공통인 인수를 구하시오.

$$x^2-5x-6, \qquad 2x^2-9x-18$$

12 .il

a^2-9b^2-4a+4가 a의 계수가 1인 두 일차식의 곱으로 인수분해
될 때, 이 두 일차식의 합은?

① $2a-2$ ② $2a-4$ ③ $2a-4b$

④ $2a-6b$ ⑤ $2a-6b-4$

13 .il 서술형💬

x^2의 계수가 3인 이차식을 인수분해하는데, 현미는 상수항을 잘못
보아 $(x-2)(3x-10)$으로 인수분해하였고, 경수는 x의 계수를
잘못 보아 $(x-1)(3x-5)$로 인수분해하였다. 처음의 이차식을
바르게 인수분해하시오.

14 .il

인수분해 공식을 이용하여 $\sqrt{9.1^2+2\times 9.1\times 0.9+0.9^2}$의 값을 구
하면?

① 8   ② 9   ③ 10

④ 11   ⑤ 12

15 .il

다음 등식을 만족시키는 자연수 a, b에 대하여 $a-b$의 값을 구하
시오.

$$x(x+a)+81=(x+b)^2$$

16 .il

x에 대한 이차식 $x^2+ax+54$가 $(x+p)(x+q)$로 인수분해될
때, 다음 중 상수 a의 값이 될 수 없는 것은? (단, p, q는 자연수)

① 15   ② 21   ③ 29

④ 45   ⑤ 55

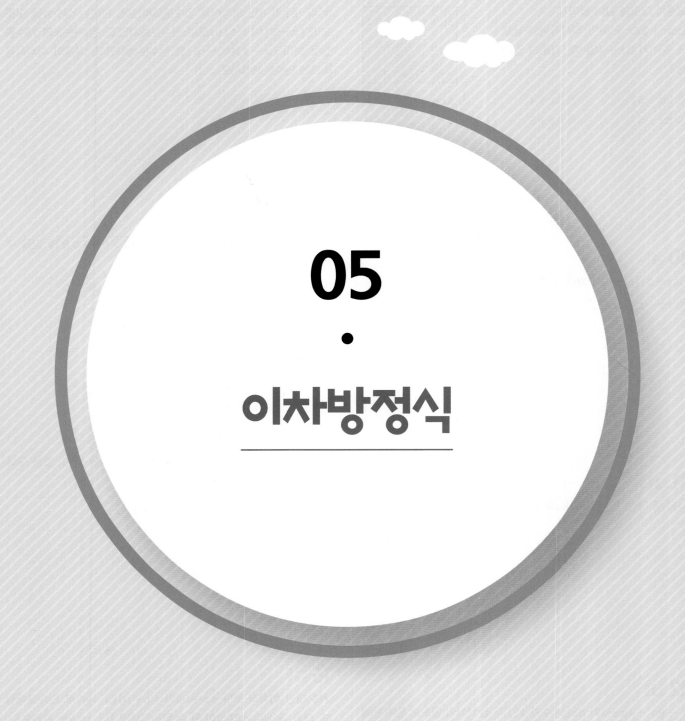

05

이차방정식

01 이차방정식의 풀이 (1)

1 이차방정식의 뜻과 해

(1) x에 대한 **이차방정식**: 등식의 모든 항을 좌변으로 이항하여 정리하였을 때, (x에 대한 이차식)=0 꼴로 나타나는 방정식

➡ $ax^2+bx+c=0$ (a, b, c는 상수, $a \neq 0$)

예 $x^2+3x-1=0$ ➡ x에 대한 이차방정식이다.

-3x+1=0 ➡ x에 대한 이차방정식이 아니다.

(2) 이차방정식의 해(근)

① 이차방정식의 해(근): 이차방정식을 참이 되게 하는 x의 값

예 $x=1$을 $x^2-1=0$에 대입하면 $1^2-1=0$이므로 등식이 성립한다. ➡ $x=1$은 이차방정식 $x^2-1=0$의 해이다.

② 이차방정식을 푼다: 이차방정식의 해를 모두 구하는 것

참고 x에 대한 이차방정식에서 x의 값의 범위가 주어지지 않을 때에는 실수 전체를 그 범위로 생각한다.

2 인수분해를 이용한 이차방정식의 풀이

(1) $AB=0$의 성질: 두 수 또는 두 식 A, B에 대하여 다음이 성립한다.

$$AB=0이면 A=0 또는 B=0$$

참고 $AB=0$은 다음 세 가지 중 어느 하나가 성립함을 의미한다.

① $A=0$, $B=0$ ② $A=0$, $B \neq 0$ ③ $A \neq 0$, $B=0$

(2) 인수분해를 이용한 이차방정식의 풀이

① 이차방정식을 $ax^2+bx+c=0$ 꼴로 정리한다.

② 좌변을 인수분해한다.

③ $AB=0$의 성질을 이용하여 해를 구한다.

예 이차방정식 $x^2-1=0$에서 $(x+1)(x-1)=0$

$x+1=0$ 또는 $x-1=0$, 즉 $x=-1$ 또는 $x=1$

(3) **중근**: 이차방정식의 중복인 두 해

예 이차방정식 $x^2+2x+1=0$에서 $(x+1)^2=0$, 즉

$(x+1)(x+1)=0$이므로 $x+1=0$ 또는 $x+1=0$

즉, $x=-1$이 중복이므로 이차방정식 $x^2+2x+1=0$은 중근 $x=-1$을 갖는다.

(4) 이차방정식이 중근을 가질 조건

① 이차방정식이 (완전제곱식)=0 꼴로 나타내어지면 이 이차방정식은 중근을 갖는다.

② 이차방정식 $x^2+ax+b=0$이 중근을 가질 조건

➡ $b=\left(\dfrac{a}{2}\right)^2$

예 이차방정식 $x^2-4x+a=0$이 중근을 가지면

➡ $a=\left(\dfrac{-4}{2}\right)^2=4$

이차방정식의 뜻과 해

▸ 다음 식이 이차방정식인 것은 ○표, 이차방정식이 아닌 것은 ×표를 ( ) 안에 써넣으시오.

1 $-x^2=0$ ( )

2 $6-3x^2$ ( )

3 $3x^2=2x-2$ ( )

4 $x^2=x(x-3)$ ( )

▸ 다음 [ ] 안의 수가 주어진 이차방정식의 해이면 ○표, 해가 아니면 ×표를 ( ) 안에 써넣으시오.

5 $x^2-5x+4=0$ [1] ( )

6 $x^2-\dfrac{1}{4}=0$ $\left[-\dfrac{1}{4} \right]$ ( )

7 $(2x+1)(x-3)=x$ [3] ( )

8 $(3x-1)^2=x+1$ [0] ( )

▸ x의 값이 -2, -1, 0, 1, 2일 때, 다음 이차방정식을 푸시오.

9 $x^2=3-2x$

10 $x^2+2x=0$

11 $x^2+x-2=0$

인수분해를 이용한 이차방정식의 풀이

🏷 $AB=0$의 성질 또는 인수분해를 이용하여 다음 이차방정식을 푸시오.

12 $x(x+4)=0$

13 $-3(x+5)(x-2)=0$

14 $(2x+3)(x-6)=0$

15 $(4-3x)(x+1)=0$

16 $\dfrac{1}{2}(x+3)(2x-1)=0$

17 $x^2=7x$

18 $x^2-x-72=0$

19 $9x^2-25=0$

20 $6x^2-7x+2=0$

21 $3x^2-3x=2(x^2+2x+9)$

22 $(2x-5)(x+3)=-2x(x+8)$

23 $(x+5)^2=0$

24 $x^2-20x+100=0$

25 $36x^2=12x-1$

26 $3x(3x-10)=-25$

27 $12x-3=12x^2$

28 $25x^2+4=20x$

29 $8x^2+25=(2x+3)^2+4x$

🏷 다음 이차방정식이 중근을 가질 때, 상수 a의 값을 구하시오.
(단, $a>0$)

30 $x^2-10x+a=0$

31 $4x^2+12x+a=0$

32 $x^2+ax+49=0$

33 $9x^2-ax+4=0$

소단원 유형 익히기

유형 1 x에 대한 이차방정식

등식의 모든 항을 좌변으로 이항하여 정리하였을 때,
$$ax^2+bx+c=0 \ (a, b, c는 상수, a \neq 0)$$
꼴로 나타내어지는 방정식

유형 2 이차방정식의 해(근)

$x=\alpha$가 이차방정식 $ax^2+bx+c=0$의 해이다.
➡ $x=\alpha$를 $ax^2+bx+c=0$에 대입하면 등식이 성립한다.
➡ $a\alpha^2+b\alpha+c=0$

1.

다음 중에서 x에 대한 이차방정식이 <u>아닌</u> 것은?

① $2x^2=0$

② $4x^2-5=0$

③ $(x+1)(2x-1)=0$

④ $\dfrac{x^2-5}{4}=1$

⑤ $2x(x-1)=2x^2+3x-1$

4.

다음 이차방정식 중에서 $x=-1$을 해로 갖는 것은?

① $x^2+x-2=0$

② $x^2-2x-3=0$

③ $x^2+3=4x$

④ $(x-3)^2=9$

⑤ $(2x-1)(x+1)=x^2$

2.

다음 보기에서 x에 대한 이차방정식을 모두 고른 것은?

> **보기**
> ㄱ. x^2-2x
> ㄴ. $(x+1)(x-2)=2x^2$
> ㄷ. $1-x^2=2x-x^2$
> ㄹ. $x^2-3x=3x(x-1)$

① ㄱ, ㄴ   ② ㄱ, ㄹ   ③ ㄴ, ㄷ

④ ㄴ, ㄹ   ⑤ ㄷ, ㄹ

5. 대표

다음 보기에서 [　] 안의 수가 주어진 이차방정식의 해인 것을 모두 고르시오.

> **보기**
> ㄱ. $x^2-4=0 \ [\,4\,]$ ㄴ. $(x+3)(x-2)=0 \ [\,-2\,]$
> ㄷ. $(3x-2)^2=x^2 \ [\,1\,]$ ㄹ. $5x^2+9x+2=0 \ [\,2\,]$

---

3. 대표

$3ax^2+2=2x(3x-4)$가 x에 대한 이차방정식일 때, 다음 중에서 상수 a의 값이 될 수 <u>없는</u> 것은?

① -2 ② -1 ③ 0

④ 1 ⑤ 2

6. 서술형

x의 값이 1, 2, 3, 4, 5일 때, 이차방정식 $x^2-9x+20=0$의 해를 구하시오.

유형 3 한 근이 주어졌을 때 미지수의 값 구하기

미지수를 포함한 이차방정식의 한 근이 주어지면 주어진 근을 이차방정식에 대입하여 미지수의 값을 구한다.

예 이차방정식 $x^2-3x+a=0$의 한 근이 -1일 때, 상수 a의 값을 구해 보자.

➡ $(-1)^2-3\times(-1)+a=0$이므로 $a=-4$

7 📶 대표

이차방정식 $x^2-4ax+12=0$의 한 근이 2일 때, 상수 a의 값은?

① -1　　　② 0　　　③ 1

④ 2　　　⑤ 3

8 📶

이차방정식 $2x^2-5x+a=0$의 한 근이 3일 때, 상수 a의 값은?

① -5　　　② -3　　　③ -1

④ 1　　　⑤ 3

9 📶 서술형

이차방정식 $4x^2-ax-1=0$의 한 근이 $\dfrac{1}{2}$이고, 이차방정식 $x^2-bx=9$의 한 근이 -1일 때, 상수 a, b에 대하여 $a+b$의 값을 구하시오.

유형 4 한 근이 문자로 주어졌을 때 식의 값 구하기

한 근이 문자로 주어지면 이 근을 이차방정식에 대입하여 식을 변형한 후 식의 값을 구한다.

예 이차방정식 $x^2-2x-3=0$의 한 근이 k일 때, k^2-2k의 값을 구해 보자.

➡ $k^2-2k-3=0$이므로 $k^2-2k=3$

10 📶

이차방정식 $x^2-4x-5=0$의 한 근이 p일 때, p^2-4p의 값은?

① 1　　　② 2　　　③ 3

④ 4　　　⑤ 5

11 📶

이차방정식 $x^2+8x-9=0$의 한 근이 a일 때, 다음을 구하시오.

(1) a^2+8a의 값

(2) $4a+\dfrac{1}{2}a^2$의 값

12 📶 대표

이차방정식 $x^2-5x+4=0$의 한 근이 k일 때, 다음 중에서 옳지 않은 것은?

① $k^2-5k=-4$

② $2k^2-10k=-8$

③ $\dfrac{1}{2}k^2-\dfrac{5}{2}k=-2$

④ $k+\dfrac{4}{k}=5$

⑤ $\dfrac{1}{4}k^2-\dfrac{5}{4}k=1$

유형 **5** $AB=0$의 성질을 이용한 이차방정식의 풀이

이차방정식 $(ax+b)(cx+d)=0$의 해
➡ $x=-\dfrac{b}{a}$ 또는 $x=-\dfrac{d}{c}$

유형 **6** 인수분해를 이용한 이차방정식의 풀이

① 주어진 이차방정식을 $ax^2+bx+c=0$ 꼴로 정리한다.
② 좌변을 인수분해한다.
③ $AB=0$의 성질을 이용하여 해를 구한다.

13 ﹒ıl
이차방정식 $(2x+5)(x-7)=0$의 해는?

① $x=-\dfrac{5}{2}$ 또는 $x=-7$

② $x=-\dfrac{5}{2}$ 또는 $x=7$

③ $x=\dfrac{5}{2}$ 또는 $x=-7$

④ $x=-5$ 또는 $x=-\dfrac{5}{2}$

⑤ $x=-5$ 또는 $x=\dfrac{5}{2}$

16 ﹒ıl
이차방정식 $3x^2+2x-1=0$의 해는?

① $x=-1$ 또는 $x=-\dfrac{1}{3}$

② $x=1$ 또는 $x=-\dfrac{1}{3}$

③ $x=-1$ 또는 $x=\dfrac{1}{3}$

④ $x=-3$ 또는 $x=-\dfrac{1}{2}$

⑤ $x=3$ 또는 $x=-\dfrac{1}{2}$

14 ﹒ıl 대표 ◯
다음 이차방정식 중에서 해가 $x=-3$ 또는 $x=\dfrac{1}{3}$인 것은?

① $(x+3)(3x+1)=0$ ② $(x-3)(3x-1)=0$
③ $(x-3)(3x+1)=0$ ④ $(x+3)(3x-1)=0$
⑤ $3(x+3)(x-1)=0$

17 ﹒ıl
이차방정식 $2x^2+7x-4=0$의 두 근의 곱은?

① -2 ② -1 ③ 0
④ 1 ⑤ 2

15 ﹒ıl
이차방정식 $(x+3)(x-4)=0$의 두 근의 제곱의 합을 구하시오.

18 ﹒ıl 대표 ◯
이차방정식 $4x^2-11x+6=0$의 해가 $x=\alpha$ 또는 $x=\beta$일 때, $4\alpha+\beta$의 값은? (단, $\alpha<\beta$)

① 1 ② 2 ③ 3
④ 4 ⑤ 5

19 📊 서술형💬

이차방정식 $3x^2+x=4$의 두 근 사이에 있는 모든 정수의 합을 구하시오.

20 📊

이차방정식 $(x+6)(x-2)=2x+3$의 두 근 중 큰 근을 a라 할 때, $(2a+1)^2$의 값은?

① 9   ② 16   ③ 25
④ 36   ⑤ 49

유형 7 한 근이 주어졌을 때 다른 한 근 구하기

미지수를 포함한 이차방정식의 한 근이 주어지면
➡ ① 주어진 근을 이차방정식에 대입하여 미지수의 값을 구한다.
  ② 미지수의 값을 이차방정식에 대입한 후 이차방정식을 풀어 다른 한 근을 구한다.

21 📊

이차방정식 $x^2-x+a=0$의 한 근이 6일 때, 다음을 구하시오.

(1) 상수 a의 값
(2) 다른 한 근

22 📊 대표

이차방정식 $x^2-2ax+1-a=0$의 한 근이 -1일 때, 다른 한 근은? (단, a는 상수)

① -5 ② -4 ③ -3
④ -2 ⑤ -1

23 📊

이차방정식 $3x^2+(2a-1)x-6=0$의 해가 $x=-2$ 또는 $x=b$일 때, $a-b$의 값은? (단, a는 상수)

① -2 ② -1 ③ 0
④ 1   ⑤ 2

24 📊 서술형💬

두 이차방정식 $(x+3)(x-a)=0$, $x^2-bx-12=0$의 두 근이 서로 같을 때, 상수 a, b에 대하여 $a+b$의 값을 구하시오.

25 📊 신유형

이차방정식 $x^2+(a+2)x-2a=0$의 일차항의 계수와 상수항을 바꾸어 풀었더니 한 해가 $x=1$이었다. 이때 처음 이차방정식의 해를 구하시오. (단, a는 상수)

유형 8 이차방정식의 근의 활용

이차방정식 $ax^2+bx+c=0$의 한 근이 이차방정식 $a'x^2+b'x+c'=0$의 한 근이면

➡ ① 이차방정식 $ax^2+bx+c=0$의 근을 구한다.
　② ①에서 구한 근 중 조건에 맞는 것을 이차방정식 $a'x^2+b'x+c'=0$에 대입한다.

26 ▮▮

이차방정식 $3x^2-5x-2=0$의 두 근 중 양수인 근이 이차방정식 $x^2+(2a+1)x-a=0$의 근일 때, 다음을 구하시오.

(1) 상수 a의 값
(2) 이차방정식 $x^2+(2a+1)x-a=0$의 다른 한 근

27 ▮▮ 대표

이차방정식 $x(x+2)=8$의 근 중 작은 근이 이차방정식 $x^2-ax-12=0$의 근일 때, 상수 a의 값은?

① -6 　　　② -3 　　　③ -1
④ 1 　　　⑤ 3

28 ▮▮ 서술형

이차방정식 $2x^2+5x-3=0$의 두 근 중 양수인 근이 이차방정식 $2x^2-(a+5)x+a-1=0$의 근일 때, 상수 a의 값을 구하시오.

유형 9 이차방정식의 중근

이차방정식 $ax^2+bx+c=0$의 좌변이 $a(x-k)^2$ 꼴로 인수분해되면, 즉 주어진 이차방정식이
$$a(x-k)^2=0$$
이면 이 이차방정식은 중근 $x=k$를 갖는다.

29 ▮▮

다음 이차방정식 중에서 중근을 갖는 것은?

① $x^2=4$ 　　　② $x^2-12x+11=0$
③ $9x^2+4=12x$ 　　　④ $2x^2=24-8x$
⑤ $4x^2+4x=3$

30 ▮▮

이차방정식 $36x^2+1=12x$가 $x=a$를 중근으로 가질 때, a의 값을 구하시오.

31 ▮▮ 대표

이차방정식 $16x^2-8x+1=0$이 중근 $x=a$를 갖고, 이차방정식 $x^2+16x+64=0$이 중근 $x=\beta$를 가질 때, $a\beta$의 값은?

① -2 　　　② -1 　　　③ 0
④ 1 　　　⑤ 2

유형 10 이차방정식이 중근을 가질 조건

이차방정식 $x^2+ax+b=0$이 중근을 가질 조건
➡ x^2+ax+b가 완전제곱식이어야 한다.
➡ $b=\left(\dfrac{a}{2}\right)^2$

32 .ıll 대표

이차방정식 $x^2+6x+2a+3=0$이 중근을 가질 때, 상수 a의 값은?

① 1   ② 2   ③ 3
④ 4   ⑤ 5

33 .ıll

이차방정식 $2x^2+ax+18=0$이 중근을 가질 때, 다음을 구하시오. (단, $a<0$)

(1) 상수 a의 값
(2) 중근

34 .ıll 서술형

이차방정식 $x^2-2x+k-3=0$이 중근을 가질 때, 이차방정식 $2x^2+(k+3)x-k=0$의 해를 구하시오.

유형 11 이차방정식의 공통인 근

예 이차방정식 $(3x+1)(2x-1)=0$의 근은
$x=-\dfrac{1}{3}$ 또는 $x=\dfrac{1}{2}$
이차방정식 $(2x+1)(2x-1)=0$의 근은
$x=-\dfrac{1}{2}$ 또는 $x=\dfrac{1}{2}$
➡ 두 이차방정식의 공통인 근은 $x=\dfrac{1}{2}$

35 .ıll

다음 두 이차방정식의 공통인 근이 $x=1$일 때, 상수 a, b의 값은?

$$x^2-(a-1)x-3=0, \qquad 2x^2-4x+b=0$$

① $a=-2$, $b=-1$ ② $a=-1$, $b=-2$
③ $a=2$, $b=-1$ ④ $a=-1$, $b=2$
⑤ $a=-2$, $b=1$

36 .ıll 대표

두 이차방정식 $x^2-x-6=0$, $2x^2+3x-2=0$의 공통인 근은?

① $x=-4$ ② $x=-3$ ③ $x=-2$
④ $x=\dfrac{1}{2}$ ⑤ $x=2$

37 .ıll

이차방정식 $2x^2-4x+a=0$이 중근을 가질 때, 다음 두 이차방정식의 공통인 근을 구하시오.

$$x^2-6x+a+3=0, \qquad x^2+ax-3=0$$

02 이차방정식의 풀이 (2)

1 완전제곱식을 이용한 이차방정식의 풀이

(1) 제곱근을 이용한 이차방정식의 풀이

① 이차방정식 $x^2=q$ $(q≥0)$의 해 ➡ $x=\pm\sqrt{q}$

② 이차방정식 $(x-p)^2=q$ $(q≥0)$의 해

➡ $x-p=\pm\sqrt{q}$ ➡ $x=p\pm\sqrt{q}$

예 이차방정식 $(x+2)^2=2$의 해는

$x+2=\pm\sqrt{2}$에서 $x=-2\pm\sqrt{2}$

(2) 완전제곱식을 이용한 이차방정식의 풀이

이차방정식 $ax^2+bx+c=0$에서

① x^2의 계수로 양변을 나누어서 x^2의 계수를 1로 만든다.

② 상수항을 우변으로 이항한다.

③ 양변에 $\left\{\dfrac{(x의\ 계수)}{2}\right\}^2$을 더한다.

④ 좌변을 완전제곱식으로 만든다.

⑤ 제곱근을 이용하여 이차방정식의 해를 구한다.

예 이차방정식 $2x^2-4x-2=0$에서 $x^2-2x-1=0$

$x^2-2x=1,\ x^2-2x+\left(\dfrac{-2}{2}\right)^2=1+\left(\dfrac{-2}{2}\right)^2$

$(x-1)^2=2,\ x-1=\pm\sqrt{2}$, 즉 $x=1\pm\sqrt{2}$

2 이차방정식의 근의 공식

다음을 이차방정식의 **근의 공식**이라 한다.

(1) 이차방정식 $ax^2+bx+c=0$의 근은

$$x=\dfrac{-b\pm\sqrt{b^2-4ac}}{2a}\ (단,\ b^2-4ac≥0)$$

예 이차방정식 $x^2-x-1=0$의 근은

$x=\dfrac{-(-1)\pm\sqrt{(-1)^2-4\times1\times(-1)}}{2\times1}=\dfrac{1\pm\sqrt{5}}{2}$

(2) 이차방정식 $ax^2+2b'x+c=0$의 근은

$$x=\dfrac{-b'\pm\sqrt{b'^2-ac}}{a}\ (단,\ b'^2-ac≥0)$$

3 여러 가지 이차방정식의 풀이

다음 각 경우에 이차방정식을 $ax^2+bx+c=0$ 꼴로 정리한 후 인수분해 공식 또는 근의 공식을 이용하여 푼다.

(1) 괄호가 있는 경우: 곱셈 공식이나 분배법칙을 이용하여 괄호를 푼다.

(2) 계수가 소수인 경우: 양변에 10의 거듭제곱을 곱하여 계수를 정수로 고친다.

(3) 계수가 분수인 경우: 양변에 분모의 최소공배수를 곱하여 계수를 정수로 고친다.

(4) 공통부분이 있는 경우: 공통부분을 한 문자로 놓는다.

완전제곱식을 이용한 이차방정식의 풀이

▶ 다음 이차방정식을 제곱근을 이용하여 푸시오.

1 $x^2=6$

2 $x^2-20=0$

3 $4x^2-3=9$

4 $(x-1)^2=5$

5 $2(x+3)^2-12=0$

6 $4(x-5)^2-8=0$

▶ 다음 이차방정식을 완전제곱식을 이용하여 푸시오.

7 $x^2-2x-7=0$

8 $x^2=14x+1$

9 $3x^2+6x-2=0$

10 $4x^2=12x+5$

11 $-2x^2-10x+7=0$

12 $-x^2+8x+5=2$

이차방정식의 근의 공식

다음 이차방정식을 근의 공식을 이용하여 푸시오.

13 $x^2-3x-3=0$

14 $x^2+3=7x$

15 $2x^2+x-2=0$

16 $3x^2+7x+3=0$

17 $x^2=2-4x$

18 $2x^2+2x-3=0$

19 $4x^2=2x+5$

여러 가지 이차방정식의 풀이

다음 이차방정식을 푸시오.

20 $(x+4)(x-2)=5x+2$

21 $4x^2+1=4(x+4)$

22 $(3x-1)^2-6=x(3x+1)$

23 $3x(x+2)=(2x+1)(x-1)$

24 $0.2x^2=0.3x+0.5$

양변에 10을 곱하면 $2x^2=\boxed{}x+5$
$2x^2-\boxed{}x-5=0$, $(x+\boxed{})(2x-5)=0$
따라서 $x=\boxed{}$ 또는 $x=\dfrac{5}{2}$

25 $0.1x^2=0.2x+0.8$

26 $0.3x^2-0.1x=0.4$

27 $\dfrac{x(x+7)}{12}=-\dfrac{1}{2}$

양변에 12를 곱하면 $x(x+7)=\boxed{}$
$x^2+7x+\boxed{}=0$, $(x+\boxed{})(x+1)=0$
따라서 $x=\boxed{}$ 또는 $x=-1$

28 $\dfrac{x^2}{3}-\dfrac{x-1}{2}=\dfrac{x(5-x)}{3}$

29 $\dfrac{3}{2}x^2=\dfrac{1}{4}x+3$

30 $(x+2)^2-3(x+2)-4=0$

$x+2=A$로 놓으면 $\boxed{}=0$
$(A+1)(A-\boxed{})=0$
즉, $A=-1$ 또는 $A=\boxed{}$이므로
$x+2=-1$ 또는 $x+2=\boxed{}$
따라서 $x=-3$ 또는 $x=\boxed{}$

31 $(2x-1)^2=4(2x-1)-4$

32 $2(x+5)^2=5-9(x+5)$

소단원 유형 익히기

유형 12 제곱근을 이용한 이차방정식의 풀이

(1) 이차방정식 $x^2=q$ $(q≥0)$의 해
➡ $x=±\sqrt{q}$

(2) 이차방정식 $(x-p)^2=q$ $(q≥0)$의 해
➡ $x=p±\sqrt{q}$

1.
이차방정식 $9x^2=5$를 풀면?

① $x=-\dfrac{5}{3}$ ② $x=\dfrac{5}{3}$ ③ $x=±\dfrac{\sqrt{5}}{9}$

④ $x=±\dfrac{\sqrt{5}}{3}$ ⑤ $x=±3$

2.
다음 이차방정식 중에서 해가 $x=-3±\sqrt{2}$인 것은?

① $(x+3)^2=2$ ② $(x-3)^2=2$

③ $(x+3)^2=3$ ④ $(x-3)^2=3$

⑤ $(x+3)^2=4$

3. 대표
이차방정식 $2(x+2)^2=12$의 해가 $x=a±\sqrt{b}$일 때, $a+b$의 값은? (단, a, b는 유리수)

① 1 ② 2 ③ 3

④ 4 ⑤ 5

4. 서술형
이차방정식 $(x+2)^2=7k$의 해가 정수가 되도록 하는 자연수 k의 최솟값을 구하시오.

유형 13 이차방정식 $(x-p)^2=q$가 근을 가질 조건

이차방정식 $(x-p)^2=q$가
① 서로 다른 두 근을 갖는다. ➡ $q>0$ ┐ 해를 가질 조건
② 중근을 갖는다. ➡ $q=0$ ┘ ➡ $q≥0$
③ 근이 없다. ➡ $q<0$

5.
다음 중에서 이차방정식 $(2x+1)^2=k$의 근이 존재하기 위한 상수 k의 값이 될 수 <u>없는</u> 것은?

① -1 ② 0 ③ 1

④ 2 ⑤ 3

6. 대표
다음 보기 에서 이차방정식 $(x-1)^2=a-2$에 대한 설명으로 옳은 것을 모두 고른 것은? (단, a는 상수)

보기
ㄱ. $a>2$이면 서로 다른 두 근을 갖는다.
ㄴ. $a=2$이면 중근을 갖는다.
ㄷ. $a<2$이면 음수인 두 근을 갖는다.

① ㄱ ② ㄷ ③ ㄱ, ㄴ

④ ㄱ, ㄷ ⑤ ㄴ, ㄷ

유형 14 이차방정식을 (완전제곱식)＝(상수) 꼴로 나타내기

예 이차방정식 $2x^2-4x-3=0$을 $(x-p)^2=q$ (p, q는 상수) 꼴로 나타내는 순서는 다음과 같다.

① x^2의 계수로 양변을 나눈다. ➡ $x^2-2x-\dfrac{3}{2}=0$

② 상수항을 우변으로 이항한다. ➡ $x^2-2x=\dfrac{3}{2}$

③ 양변에 $\left\{\dfrac{(x의\ 계수)}{2}\right\}^2$을 더한다.

➡ $x^2-2x+\left(\dfrac{-2}{2}\right)^2=\dfrac{3}{2}+\left(\dfrac{-2}{2}\right)^2$

④ $(x-p)^2=q$ 꼴로 정리한다. ➡ $(x-1)^2=\dfrac{5}{2}$

7

이차방정식 $x^2-3x+2=0$을 $\left(x-\dfrac{3}{2}\right)^2=k$ 꼴로 나타낼 때, 상수 k의 값을 구하시오.

8 대표

이차방정식 $3x^2-12x+2=0$을 $(x-a)^2=b$ 꼴로 나타낼 때, 상수 a, b에 대하여 $a+3b$의 값은?

① 3   ② 6   ③ 9

④ 12   ⑤ 15

9

이차방정식 $\dfrac{1}{4}x^2-2x-1=0$을 $(x+p)^2=q$ 꼴로 나타낼 때, 상수 p, q에 대하여 $p+q$의 값을 구하시오.

유형 15 완전제곱식을 이용한 이차방정식의 풀이

이차방정식이 인수분해되지 않을 때에는 이차방정식을 (완전제곱식)＝(상수) 꼴로 고쳐서 푼다.

$ax^2+bx+c=0$ ➡ $(x-p)^2=q$ ➡ $x=p\pm\sqrt{q}$

10 대표

이차방정식 $x^2-8x+6=0$을 완전제곱식을 이용하여 풀면?

① $x=-4\pm2\sqrt{2}$ ② $x=4\pm2\sqrt{2}$

③ $x=-4\pm\sqrt{10}$ ④ $x=4\pm\sqrt{10}$

⑤ $x=-4\pm2\sqrt{3}$

11 신유형

아래는 완전제곱식을 이용하여 이차방정식 $x^2+3x-3=0$의 해를 구하는 과정을 다섯 장의 카드에 나누어 쓴 것이다. 다음 중 옳지 <u>않은</u> 것은? (단, A, B, C는 유리수)

(가) $(x+B)^2=C$ (나) $x=-B\pm\sqrt{C}$

(다) $x^2+3x=3$ (라) $x^2+3x+A=3+A$

(마) $x+B=\pm\sqrt{C}$

① $A=\dfrac{9}{4}$ ② $B=\dfrac{3}{2}$

③ $C=\dfrac{19}{4}$ ④ $A+B+C=9$

⑤ 풀이 순서는 (다) → (라) → (가) → (마) → (나)이다.

12 서술형

이차방정식 $x^2-k=6x$를 완전제곱식을 이용하여 풀면 해가 $x=3\pm2\sqrt{3}$일 때, 유리수 k의 값을 구하시오.

유형 **16** 이차방정식의 근의 공식

(1) 이차방정식 $ax^2+bx+c=0$의 근은

$$x=\frac{-b\pm\sqrt{b^2-4ac}}{2a}\ (단, b^2-4ac\geq0)$$

(2) 이차방정식 $ax^2+2b'x+c=0$의 근은

$$x=\frac{-b'\pm\sqrt{b'^2-ac}}{a}\ (단, b'^2-ac\geq0)$$

13 ₁₁

이차방정식 $2x^2-x-2=0$의 근이 $x=\dfrac{1\pm\sqrt{A}}{4}$일 때, 유리수 A의 값을 구하시오.

14 ₁₁ 대표

이차방정식 $3x^2-2x-4=0$의 근이 $x=\dfrac{A\pm\sqrt{B}}{3}$일 때, 유리수 A, B에 대하여 $B-A$의 값은?

① 9   ② 10   ③ 11

④ 12   ⑤ 13

15 ₁₁

이차방정식 $x^2-4x-1=0$의 음수인 근을 α라 하고, 이차방정식 $x^2-2x-19=0$의 양수인 근을 β라 할 때, $2\alpha+\beta$의 값은?

① $-2\sqrt{5}$ ② $1-\sqrt{5}$ ③ $2\sqrt{5}$

④ 5   ⑤ $3+2\sqrt{5}$

유형 **17** 근의 공식을 이용하여 이차방정식의 미지수의 값 구하기

미지수를 포함한 이차방정식의 해가 $x=\dfrac{B\pm\sqrt{C}}{2a}$ 꼴로 주어지면

➡ 근의 공식을 이용하여 구한 해와 주어진 해를 비교하여 미지수의 값을 구한다.

16 ₁₁

이차방정식 $2x^2-2x+1-k=0$의 해가 $x=\dfrac{1\pm\sqrt{5}}{2}$일 때, 상수 k의 값은?

① 1   ② 2   ③ 3

④ 4   ⑤ 5

17 ₁₁ 대표

이차방정식 $x^2+2ax+1=0$의 해가 $x=-3\pm\sqrt{2b}$일 때, 유리수 a, b에 대하여 $a+b$의 값은?

① 5   ② 7   ③ 9

④ 11   ⑤ 13

18 ₁₁ 서술형

이차방정식 $Ax^2-5x+1=0$의 근이 $x=5\pm\sqrt{B}$일 때, 유리수 A, B에 대하여 $4A+B$의 값을 구하시오.

유형 18 여러 가지 이차방정식의 풀이

이차방정식의 계수가 모두 정수가 되도록 $ax^2+bx+c=0$ 꼴로 정리한 후 인수분해 또는 근의 공식을 이용하여 푼다.

(1) 괄호가 있는 경우
→ 곱셈 공식이나 분배법칙을 이용하여 괄호를 푼다.

(2) 계수가 소수인 경우
→ 양변에 10의 거듭제곱을 곱한다.

(3) 계수가 분수인 경우
→ 양변에 분모의 최소공배수를 곱한다.

19

이차방정식 $(x+4)^2=4(x+7)$을 풀면?

① $x=-6$ 또는 $x=-2$
② $x=-6$ 또는 $x=2$
③ $x=\dfrac{-4\pm\sqrt{13}}{2}$
④ $x=-2\pm\sqrt{3}$
⑤ $x=2\pm\sqrt{6}$

20 대표

이차방정식 $\dfrac{x(x-2)}{5}=0.2(4-x)$의 해가 $x=\dfrac{a\pm\sqrt{b}}{2}$일 때, $a+b$의 값은? (단, a, b는 유리수)

① 10
② 12
③ 14
④ 16
⑤ 18

21 서술형

다음 두 이차방정식의 공통인 근을 구하시오.

$$\frac{1}{3}x^2+\frac{1}{2}x=-\frac{1}{6}, \qquad 0.2x^2=0.3x+0.5$$

유형 19 공통부분이 있는 이차방정식의 풀이

이차방정식에 공통부분이 있으면
➡ ① 공통부분을 A로 놓고 A에 대한 이차방정식을 푼다.
② A에 원래의 식을 대입하여 x의 값을 구한다.

22

이차방정식 $2(x+3)^2+3(x+3)-9=0$의 정수인 근은?

① $x=-7$
② $x=-6$
③ $x=-5$
④ $x=-4$
⑤ $x=-3$

23 대표

이차방정식 $(2x-1)^2-3(2x-1)=18$의 두 근을 α, β라 할 때, $\alpha+2\beta$의 값은? (단, $\alpha<\beta$)

① 2
② 4
③ 6
④ 8
⑤ 10

24

$x>y$이고 $(x-y)(x-y-6)=7$일 때, 다음은 $x-y$의 값을 구하는 과정이다. ☐ 안에 들어갈 것으로 옳지 <u>않은</u> 것은?

$x-y=A$로 놓으면 　① 　$=7$
　② 　$=0$, $(A+1)(A-$③$)=0$
즉, $A=-1$ 또는 $A=$③
이때 $x>y$에서 $A=x-y$④$0$이므로
$A=$⑤
따라서 $x-y=$⑤

① $A(A-6)$
② A^2-6A-7
③ 7
④ >
⑤ -1

03 이차방정식의 활용

① 이차방정식의 근의 개수

이차방정식 $ax^2+bx+c=0$의 근의 개수는 근의 공식 $x=\dfrac{-b\pm\sqrt{b^2-4ac}}{2a}$에서 근호 안의 b^2-4ac의 부호에 따라 다음과 같다.

① $b^2-4ac>0$ ➡ 서로 다른 두 근을 갖는다. ➡ 근이 2개
② $b^2-4ac=0$ ➡ 한 근(중근)을 갖는다. ➡ 근이 1개
③ $b^2-4ac<0$ ➡ 근이 없다. ➡ 근이 0개

예 이차방정식 $ax^2+bx+c=0$	b^2-4ac의 부호	서로 다른 근의 개수
$2x^2-x-1=0$	$(-1)^2-4\times2\times(-1)=9>0$	2
$x^2+2x+1=0$	$2^2-4\times1\times1=0$	1
$3x^2-2x+1=0$	$(-2)^2-4\times3\times1=-8<0$	0

참고 이차방정식 $ax^2+bx+c=0$이 근을 가질 조건
➡ $b^2-4ac\geq0$

② 이차방정식 구하기

(1) 두 근이 α, β이고 x^2의 계수가 a인 이차방정식은
$$a(x-\alpha)(x-\beta)=0$$
예 두 근이 -3, 1이고 x^2의 계수가 -1인 이차방정식은
$-(x+3)(x-1)=0$, 즉 $-x^2-2x+3=0$

(2) 중근이 α이고 x^2의 계수가 a인 이차방정식은
$$a(x-\alpha)^2=0$$
예 중근 2를 갖고 x^2의 계수가 3인 이차방정식은
$3(x-2)^2=0$, 즉 $3x^2-12x+12=0$

③ 이차방정식의 활용

이차방정식을 활용하여 문제를 해결할 때는 다음 순서로 한다.
① 미지수 정하기
➡ 문제의 뜻을 이해하고 구하려는 것을 미지수 x로 놓는다.
② 이차방정식 세우기
➡ 문제의 뜻에 맞게 이차방정식을 세운다.
③ 이차방정식 풀기
④ 확인하기
➡ 구한 해가 문제의 뜻에 맞는지 확인한다.

이차방정식의 근의 개수

▶ 다음 이차방정식의 근의 개수를 구하시오.

1 $x^2-x-5=0$

2 $2x^2-x+2=0$

3 $3x^2-6x+3=0$

4 $5x^2-2x-2=0$

▶ 다음 이차방정식이 해를 갖기 위한 상수 k의 값의 범위를 구하시오.

5 $x^2-5x+k=0$

6 $x^2+2x-k+1=0$

7 $3x^2-x+2k-1=0$

이차방정식 구하기

▶ 다음 이차방정식을 $ax^2+bx+c=0$ 꼴로 나타내시오.

8 두 근이 -3, 2이고 x^2의 계수가 2인 이차방정식

9 두 근이 $-\dfrac{1}{3}$, $\dfrac{1}{4}$이고 x^2의 계수가 12인 이차방정식

10 중근 $-\dfrac{1}{2}$을 갖고 x^2의 계수가 4인 이차방정식

이차방정식의 활용

11 연속하는 두 자연수의 곱이 240일 때, 두 자연수를 구하려고 한다. 다음 물음에 답하시오.

(1) 연속하는 두 자연수 중에서 작은 수를 x라 할 때, 큰 수를 x에 대한 식으로 나타내시오.

(2) x에 대한 이차방정식을 세우시오.

(3) (2)의 방정식을 푸시오.

(4) 두 자연수를 구하시오.

12 오른쪽 그림과 같이 어떤 정사각형에서 가로의 길이는 6 cm만큼 늘이고, 세로의 길이는 4 cm만큼 줄여서 새로운 직사각형을 만들었더니

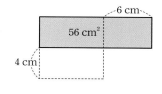

넓이가 56 cm²가 되었다. 처음 정사각형의 한 변의 길이를 구하려고 할 때, 다음 물음에 답하시오.

(1) 처음 정사각형의 한 변의 길이를 x cm라 할 때, 새로운 직사각형의 가로, 세로의 길이를 x에 대한 식으로 나타내시오.

(2) x에 대한 이차방정식을 세우시오.

(3) (2)의 방정식을 푸시오.

(4) 처음 정사각형의 한 변의 길이를 구하시오.

13 8살 차이가 나는 두 형제의 나이의 곱이 128일 때, 동생의 나이를 구하려고 한다. 다음 물음에 답하시오.

(1) 동생의 나이를 x살이라 할 때, 형의 나이를 x에 대한 식으로 나타내시오.

(2) x에 대한 이차방정식을 세우시오.

(3) (2)의 방정식을 푸시오.

(4) 동생의 나이를 구하시오.

14 지면에서 초속 35 m로 쏘아 올린 물체의 x초 후의 지면으로부터의 높이는 $(35x-5x^2)$ m라 한다. 물체의 지면으로부터의 높이가 두 번째로 50 m가 되는 것은 물체를 쏘아 올린 지 몇 초 후인지 구하려고 할 때, 다음 물음에 답하시오.

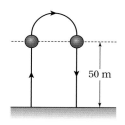

(1) x초 후에 물체의 지면으로부터의 높이가 두 번째로 50 m가 된다고 할 때, x에 대한 이차방정식을 세우시오.

(2) (1)의 이차방정식을 푸시오.

(3) 물체의 지면으로부터의 높이가 두 번째로 50 m가 되는 것은 물체를 쏘아 올린 지 몇 초 후인지 구하시오.

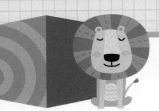
유형 20 이차방정식의 근의 개수

이차방정식 $ax^2+bx+c=0$의 근의 개수는 b^2-4ac의 부호에 따라 결정된다.
① $b^2-4ac>0$ ➡ 근이 2개 ┐ $b^2-4ac\geq0$이면
② $b^2-4ac=0$ ➡ 근이 1개 ┘ 근이 존재
③ $b^2-4ac<0$ ➡ 근이 0개 — 근이 없다.

1. 대표

다음 이차방정식 중에서 근의 개수가 나머지 넷과 다른 하나는?

① $x^2-3x+2=0$ ② $2x^2-x-3=0$
③ $x^2-4x+2=0$ ④ $3x^2-2x+2=0$
⑤ $2x^2-6x+3=0$

2.

이차방정식 $4x^2-2x-1=0$의 근의 개수를 a, 이차방정식 $\frac{1}{3}x^2-2x+3=0$의 근의 개수를 b라 할 때, $a+b$의 값을 구하시오.

유형 21 이차방정식이 중근을 가질 조건

이차방정식 $ax^2+bx+c=0$이 중근을 가지면
➡ $b^2-4ac=0$

3. 대표

이차방정식 $x^2-a(4x+1)+3=0$이 중근을 가질 때, 상수 a의 값은? (단, $a>0$)

① $\frac{1}{4}$ ② $\frac{1}{2}$ ③ $\frac{3}{4}$
④ 1 ⑤ $\frac{5}{4}$

4. 서술형

다음 두 이차방정식이 모두 중근을 가질 때, 상수 a, b에 대하여 $a+b$의 값을 구하시오.

$$x^2+6x+a=0, \qquad 3x^2-2bx=2b+3$$

5.

이차방정식 $3x^2-2(2k-3)x+k=0$이 중근을 갖도록 하는 상수 k의 값 중 큰 값이 이차방정식 $x^2+mx-m+3=0$의 한 근일 때, 상수 m의 값은?

① -8 ② -6 ③ -4
④ -2 ⑤ 0

유형 22 근의 개수에 따른 미지수의 값의 범위

이차방정식 $ax^2+bx+c=0$이
① 서로 다른 두 근을 가지면 ➡ $b^2-4ac>0$
② 중근을 가지면 ➡ $b^2-4ac=0$ ┐
③ 근이 없으면 ➡ $b^2-4ac<0$ 근이 존재하면 $b^2-4ac\geq0$

6.

이차방정식 $x^2-3x+k-2=0$이 서로 다른 두 근을 가질 때, 다음 중 상수 k의 값이 될 수 없는 것은?

① -3 ② -1 ③ 1
④ 3 ⑤ 5

7 대표

이차방정식 $2x^2-4x+k-3=0$이 근을 갖도록 하는 상수 k의 값의 범위는?

① $k\leq-5$ ② $k\leq5$ ③ $k<10$

④ $k>-5$ ⑤ $k>5$

8

이차방정식 $x^2+4x+a-1=0$은 서로 다른 두 근을 갖고 이차방정식 $4x^2-(a-2)x+1=0$은 중근을 가질 때, 상수 a의 값을 구하시오.

유형 23   **이차방정식 구하기**

(1) 두 근이 α, β이고 x^2의 계수가 a인 이차방정식
→ $a(x-\alpha)(x-\beta)=0$

(2) 중근이 α이고 x^2의 계수가 a인 이차방정식
→ $a(x-\alpha)^2=0$

9

두 근이 -1, 3이고 x^2의 계수가 2인 이차방정식을 $ax^2+bx+c=0$ 꼴로 나타내시오. (단, a, b, c는 상수)

10

이차방정식 $9x^2-ax+b=0$이 중근 $x=-\dfrac{1}{3}$을 가질 때, 상수 a, b에 대하여 $a+b$의 값은?

① -5 ② -4 ③ -3

④ -2 ⑤ -1

11 대표

이차방정식 $4x^2+ax+b=0$의 두 근이 -2, $\dfrac{1}{2}$일 때, 상수 a, b에 대하여 $a-b$의 값은?

① -10 ② -5 ③ 0

④ 5 ⑤ 10

유형 24   **잘못 보고 푼 이차방정식**

잘못 본 것을 제외한 나머지는 바르게 본 것임을 이용한다.
즉, 이차방정식 $x^2+ax+b=0$에서
① x의 계수를 잘못 본 경우
→ 상수항 b는 바르게 보았다.
② 상수항을 잘못 본 경우
→ x의 계수 a는 바르게 보았다.

12 대표

이차방정식 $x^2+ax+b=0$을 푸는데 상민이는 상수항을 잘못 보고 풀어 $x=-2$ 또는 $x=1$의 해를 얻었고, 경미는 x의 계수를 잘못 보고 풀어 $x=-6$ 또는 $x=2$의 해를 얻었다. 상수 a, b에 대하여 $a-b$의 값은?

① 3 ② 8 ③ 13

④ 16 ⑤ 21

13 서술형

x^2의 계수가 2인 이차방정식을 푸는데 영현이는 x의 계수를 잘못 보고 풀어 $x=-3$ 또는 $x=\dfrac{1}{2}$의 해를 얻었고, 유미는 상수항을 잘못 보고 풀어 $x=-\dfrac{3}{2}$ 또는 $x=2$의 해를 얻었다. 이때 처음 이차방정식의 올바른 해를 구하시오.

유형 25 이차방정식의 활용 ; 식이 주어진 경우

① 주어진 식을 이용하여 이차방정식을 세운다.
② ①의 이차방정식을 푼다.
③ 문제의 뜻에 맞는 답을 구한다.

14 .∎∎ 대표 ⟳

n각형의 대각선의 총개수는 $\dfrac{n(n-3)}{2}$ 이다. 대각선의 총개수가 27인 다각형은?

① 칠각형   ② 팔각형   ③ 구각형
④ 십각형   ⑤ 십일각형

15 .∎∎

다음 그림과 같이 삼각형 모양으로 페트병을 쌓으면 [n단계]의 페트병의 개수는 $\dfrac{n(n+1)}{2}$ 이다. 페트병의 개수가 55일 때, 몇 단계인지 구하시오.

[1단계]   [2단계]   [3단계]   ···

16 .∎∎

n명의 사람들이 한 사람도 빠짐없이 서로 한 번씩 악수를 하면 그 총횟수는 $\dfrac{n(n-1)}{2}$ 이다. 어느 독서 동호회에 참석한 모든 학생들이 서로 한 번씩 악수를 한 총횟수가 66일 때, 참석한 학생 수는?

① 10   ② 11   ③ 12
④ 13   ⑤ 14

유형 26 이차방정식의 활용 ; 수와 연산에 대한 문제

다음과 같이 미지수를 정하고 주어진 조건에 맞게 이차방정식을 세운다.
① 차가 k인 두 수 ➡ x, $x-k$ 또는 x, $x+k$
② 십의 자리의 숫자와 일의 자리의 숫자의 합이 k인 두 자리 자연수
  ➡ 십의 자리의 숫자를 x로 놓으면 일의 자리의 숫자는 $k-x$
  ➡ 두 자리 자연수는 $10x+(k-x)$

17 .∎∎

차가 5인 두 자연수의 곱이 84일 때, 이 두 자연수의 합은?

① 15   ② 16   ③ 17
④ 18   ⑤ 19

18 .∎∎ 대표 ⟳

어떤 수에서 3을 빼서 제곱해야 할 것을 잘못하여 어떤 수에서 3을 빼서 2배를 하였는데 그 결과가 같았다. 다음 중 어떤 수가 될 수 있는 것을 모두 고르면? (정답 2개)

① 1   ② 3   ③ 5
④ 7   ⑤ 9

19 .∎∎ 서술형 💬

다음 조건을 모두 만족시키는 두 자리 자연수를 구하려고 한다. 물음에 답하시오.

(가) 십의 자리의 숫자와 일의 자리의 숫자의 합은 11이다.
(나) 십의 자리의 숫자와 일의 자리의 숫자의 곱은 원래의 자연수보다 35만큼 작다.

(1) 십의 자리의 숫자를 x라 할 때, x에 대한 이차방정식을 세우시오.
(2) (1)의 이차방정식을 풀어 두 자리 자연수를 구하시오.

유형 27 이차방정식의 활용; 연속하는 수에 대한 문제

미지수를 다음과 같이 정하고 주어진 조건에 따라 이차방정식을 세운다.

① 연속하는 두 정수
  ➡ x, $x+1$ 또는 $x-1$, x (x는 정수)

② 연속하는 세 정수
  ➡ x, $x+1$, $x+2$ 또는 $x-1$, x, $x+1$
    또는 $x-2$, $x-1$, x (x는 정수)

③ 연속하는 두 짝수
  ➡ x, $x+2$ 또는 $x-2$, x (x는 짝수)

④ 연속하는 두 홀수
  ➡ x, $x+2$ 또는 $x-2$, x (x는 홀수)

20

연속하는 두 짝수의 제곱의 합이 100일 때, 이 두 짝수의 합은?

① 10   ② 12   ③ 14

④ 16   ⑤ 18

21 대표

연속하는 세 자연수가 있다. 가장 큰 수의 제곱이 나머지 두 수의 제곱의 합보다 45만큼 작을 때, 이 세 자연수의 합은?

① 24   ② 27   ③ 30

④ 33   ⑤ 36

22 서술형

연속하는 세 홀수가 있다. 가운데 홀수의 제곱은 나머지 두 홀수의 제곱의 차보다 65만큼 클 때, 가운데 홀수를 구하시오.

유형 28 이차방정식의 활용; 실생활

① 구하려는 것을 미지수로 놓는다.
② 문제의 뜻에 맞게 이차방정식을 세운다.
③ ②의 이차방정식을 푼다.
④ 문제의 뜻에 맞는 답을 구한다.

23 대표

동미와 동생의 나이 차이는 3살이고, 동생의 나이의 제곱은 동미의 나이의 8배보다 4살이 적다. 이때 동미의 나이를 구하시오.

24

현진이는 음악 감상회를 열어 참석한 학생들에게 200개의 그림엽서를 남김없이 나누어 주려고 한다. 한 학생이 받는 그림엽서의 수가 참석한 학생 수보다 10만큼 작다고 할 때, 음악 감상회에 참석한 학생 수는?

① 10   ② 15   ③ 20

④ 25   ⑤ 30

25 신유형

영수는 7월에 세 번 봉사활동을 나가려고 한다. 7월의 달력이 오른쪽과 같고 각 봉사활동 날은 일주일씩 차이가 난다고 한다. 첫 번째 날짜의 제곱이 두 번째, 세 번째의 날짜의 합의 2배보다 18만큼 크다고 한다. 영수가 봉사활동을 나가는 요일을 구하려고 할 때, 다음 물음에 답하시오.

7월						
일	월	화	수	목	금	토
	1	2	3	4	5	6
7	8	9	10	11	12	13
14	15	16	17	18	19	20
21	22	23	24	25	26	27
28	29	30	31			

(1) 봉사활동을 나가는 첫 번째 날짜를 x일이라 할 때, x에 대한 이차방정식을 세우시오.

(2) (1)의 이차방정식을 풀어 봉사활동을 나가는 세 날짜를 구하시오.

(3) 영수가 봉사활동을 나가는 요일을 구하시오.

(1) 위로 쏘아 올린 물체의 높이가 h m
인 경우는 올라갈 때와 내려갈 때의
2번이다.

(단, 최고 높이는 한 번이다.)

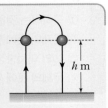

(2) 물체가 지면에 떨어졌을 때의 높이
는 0 m이다.

26 대표
지면에서 쏘아 올린 폭죽의 x초 후의 지면으로부터의 높이가
$(50x-5x^2)$ m라 할 때, 이 폭죽을 지면으로부터의 높이가
125 m인 지점에서 터지게 하려면 쏘아 올린 지 몇 초 후에 터뜨려
야 하는가?

① 4초 후 ② 5초 후 ③ 6초 후
④ 7초 후 ⑤ 8초 후

27
공중으로 던진 농구공의 x초 후의 지면으로부터의 높이가
$(2+9x-5x^2)$ m라 할 때, 이 농구공이 지면에 떨어지는 것은 던
지고 나서 몇 초 후인가?

① 0.5초 후 ② 1초 후 ③ 1.5초 후
④ 2초 후 ⑤ 2.5초 후

28 서술형
지면으로부터 15 m 높이에 있는 건물 옥상에서 초속 60 m로 던져
올린 물체의 t초 후의 지면으로부터의 높이가 $(15+60t-5t^2)$ m
이다. 물체의 지면으로부터의 높이가 처음으로 150 m가 되는 것은
물체를 던져 올린 지 몇 초 후인지 구하려고 할 때, 다음 물음에 답
하시오.

(1) 물체를 던져 올린 지 t초 후에 물체의 높이가 처음으로
150 m가 된다고 할 때, t에 대한 이차방정식을 세우시오.

(2) (1)의 이차방정식을 푸시오.

(3) 물체의 지면으로부터의 높이가 처음으로 150 m가 되는 것
은 물체를 던져 올린 지 몇 초 후인지 구하시오.

다음을 이용하여 이차방정식을 세운다.

① (삼각형의 넓이)$=\dfrac{1}{2}\times$(밑변의 길이)$\times$(높이)

② (직사각형의 넓이)$=$(가로의 길이)$\times$(세로의 길이)

③ (사다리꼴의 넓이)

$=\dfrac{1}{2}\times\{$(윗변의 길이)$+$(아랫변의 길이)$\}\times$(높이)

④ (원의 넓이)$=\pi\times$(반지름의 길이)^2

29
윗변의 길이가 4 cm이고 아랫변의 길이와 높이가 같은 사다리꼴의
넓이가 30 cm²일 때, 높이는?

① 5 cm ② 6 cm ③ 7 cm
④ 8 cm ⑤ 9 cm

30 대표
둘레의 길이가 30 cm이고 넓이가 54 cm²인 직사각형이 있다. 가
로의 길이가 세로의 길이보다 길 때, 가로의 길이는?

① 6 cm ② 7 cm ③ 8 cm
④ 9 cm ⑤ 10 cm

31
오른쪽 그림과 같이 반지름의 길이가
3 m인 원 모양의 화단 주위로 폭이 일정
한 지압로를 만들었다. 지압로의 넓이가
16π m²일 때, 지압로의 폭은 몇 m인지
구하시오.

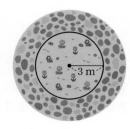

32 ⏹

오른쪽 그림은 지름의 길이가 **20 cm**인 반원 안에 반지름의 길이가 서로 다른 두 개의 반원을 접하도록 그린 것이다. 색칠한 부분의 넓이가 **24π cm²**일 때, 가장 작은 반원의 반지름의 길이는?

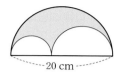

① 2 cm   ② 3 cm   ③ 4 cm

④ 5 cm   ⑤ 6 cm

유형 31 이차방정식의 활용 ; 붙어 있는 도형에 대한 문제

오른쪽 그림과 같이 길이가 a인 선분을 두 부분으로 나누어 각각을 한 변으로 하는 두 정사각형 A, B를 그리고 정사각형 A의 한 변의 길이를 x라 하면

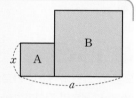

➡ 정사각형 B의 한 변의 길이는 $a-x$이다.

33 ⏹ 대표 ⟳

오른쪽 그림과 같이 길이가 **15 cm**인 선분을 두 부분으로 나누어 각각을 한 변으로 하는 두 정사각형을 그렸다. 두 정사각형의 넓이의 합이 **125 cm²**일 때, 큰 정사각형의 한 변의 길이는?

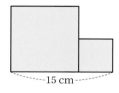

① 8 cm   ② 9 cm   ③ 10 cm

④ 11 cm   ⑤ 12 cm

34 ⏹ 서술형 💬

길이가 **24 cm**인 끈을 두 도막으로 잘라서 각각을 둘레로 하는 두 정사각형을 만들었다. 두 정사각형의 넓이의 합이 **20 cm²**일 때, 작은 정사각형의 한 변의 길이를 구하려고 한다. 다음 물음에 답하시오.

(1) 작은 정사각형의 한 변의 길이를 x cm라 할 때, x에 대한 이차방정식을 세우시오.

(2) (1)의 이차방정식을 풀어 작은 정사각형의 한 변의 길이를 구하시오.

유형 32 이차방정식의 활용 ; 피타고라스 정리에 대한 문제

직각삼각형의 세 변의 길이가 x에 대한 식으로 주어지면

➡ 피타고라스 정리를 이용하여 x에 대한 이차방정식을 세운다.

➡ $\angle C = 90°$인 직각삼각형 ABC에서
$$a^2 + b^2 = c^2$$

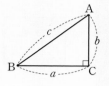

35 ⏹

오른쪽 그림과 같이 세 변의 길이가 각각 $2x$, $x+2$, $3x-2$인 직각삼각형이 있다. 이때 x의 값은?

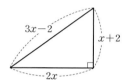

① 1   ② 2

③ 3   ④ 4

⑤ 5

36 ⏹ 대표 ⟳

오른쪽 그림과 같이 가로의 길이와 세로의 길이의 비가 **4 : 3**인 직사각형 모양의 액자가 있다. 이 액자의 대각선의 길이가 **15 cm**일 때, 가로의 길이는?

① 10 cm   ② 11 cm

③ 12 cm   ④ 13 cm

⑤ 14 cm

37 ⏹

오른쪽 그림과 같이 원 모양의 땅에 공원을 조성하려고 한다. 이 땅의 지름의 길이인 **26 m**를 빗변의 길이로 하고 직각을 낀 두 변의 길이가 각각 $(2x+4)$ m, x m인 직각삼각형 모양으로 연못을 만들려고 할 때, x의 값을 구하시오.

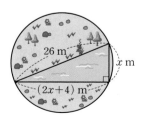

유형 33 이차방정식의 활용; 폭이 일정한 길에 대한 문제

폭이 일정한 길에 대한 문제는 다음 그림에서 길을 제외한 땅의 넓이, 즉 색칠한 부분의 넓이가 모두 같음을 이용하여 이차방정식을 세운다.

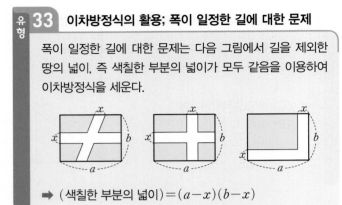

➡ (색칠한 부분의 넓이)$=(a-x)(b-x)$

38 대표

오른쪽 그림과 같은 직사각형 모양의 공원에 폭이 일정한 길을 만들려고 한다. 길을 제외한 공원의 넓이가 504 m^2일 때, 길의 폭은?

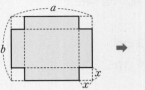

① $\dfrac{1}{2}$ m ② 1 m ③ $\dfrac{3}{2}$ m

④ 2 m ⑤ $\dfrac{5}{2}$ m

39

오른쪽 그림과 같이 가로, 세로의 길이가 각각 12 m, 9 m인 직사각형 모양의 땅에 폭이 일정한 길을 만들고 남은 부분은 꽃밭으로 만들려고 한다. 꽃밭의 넓이가 88 m^2일 때, 길의 폭을 구하시오.

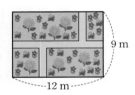

40

오른쪽 그림과 같은 직사각형 모양의 땅에 폭이 일정한 통로를 만들고 남은 부분은 수영장, 꽃밭, 매점, 놀이터를 만들려고 한다. 통로를 제외한 부분의 넓이가 560 m^2일 때, 통로의 폭은?

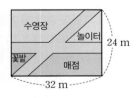

① 2 m ② 3 m ③ 4 m

④ 5 m ⑤ 6 m

유형 34 이차방정식의 활용; 상자 만들기에 대한 문제

다음 그림과 같이 가로, 세로의 길이가 각각 a, b인 직사각형 모양의 종이의 네 귀퉁이에서 한 변의 길이가 x인 정사각형을 잘라 내어 뚜껑이 없는 상자를 만들 때

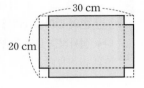

➡ 상자의 밑면의 가로의 길이는 $a-2x$
   세로의 길이는 $b-2x$
➡ 상자의 밑넓이는 $(a-2x)(b-2x)$
➡ 상자의 부피는 (밑넓이)×(높이)

41 대표

오른쪽 그림과 같이 가로의 길이가 30 cm, 세로의 길이가 20 cm인 직사각형 모양의 종이의 네 귀퉁이에서 크기가 같은 정사각형을 잘라 내고 남은 종이로 뚜껑이 없는 상자를 만들었다. 이 상자의 밑면의 넓이가 336 cm^2일 때, 잘라 낸 정사각형의 한 변의 길이는?

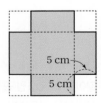

① 1 cm ② 2 cm ③ 3 cm

④ 4 cm ⑤ 5 cm

42 서술형

오른쪽 그림과 같이 정사각형 모양의 종이의 네 귀퉁이에서 한 변의 길이가 5 cm인 정사각형을 잘라 내어 뚜껑이 없는 상자를 만들었다. 상자의 부피가 500 cm^3일 때, 처음 정사각형 모양의 종이의 한 변의 길이를 구하려고 한다. 다음 물음에 답하시오.

(1) 처음 정사각형의 한 변의 길이를 $x \text{ cm}$라 할 때, x에 대한 이차방정식을 세우시오.
(2) (1)의 이차방정식을 풀어 처음 정사각형 모양의 종이의 한 변의 길이를 구하시오.

1.
다음 보기 에서 x에 대한 이차방정식인 것을 모두 고른 것은?

보기
ㄱ. $2x^2=(x+1)^2$
ㄴ. $x(x-2)=x^2+3$
ㄷ. $(3x+1)(x-2)=2x^2+1$
ㄹ. $x^2-2x=(x+2)(x-3)$

① ㄱ, ㄴ   ② ㄱ, ㄷ   ③ ㄴ, ㄷ
④ ㄴ, ㄹ   ⑤ ㄷ, ㄹ

2.
다음 중에서 [ ] 안의 수가 주어진 이차방정식의 해인 것은?

① $x^2-2x=0$ [-2]
② $x^2=16$ [8]
③ $x^2+x-6=0$ [3]
④ $x(x+2)=2x^2$ [1]
⑤ $(x+4)(x-1)=0$ [-4]

3.
다음 중에서 $x=2$를 해로 갖는 이차방정식을 모두 고르면?

(정답 2개)

① $x^2=4$ ② $x(x+2)=0$
③ $x^2+4x=4$ ④ $x^2+2x-8=0$
⑤ $(x+2)(x-5)=0$

4.
다음 이차방정식 중에서 중근을 갖는 것은?

① $x^2-4=5$ ② $x^2=36$
③ $16x^2=8x-1$ ④ $x^2+8x=x-6$
⑤ $(x-5)(x+1)=7$

5.
아래는 완전제곱식을 이용하여 이차방정식 $3x^2-24x-3=0$의 해를 구하는 과정이다. 다음 중 유리수 $A\sim E$의 값을 잘못 구한 것은?

$3x^2-24x-3=0$의 양변을 A로 나누면
$x^2-8x-B=0$, $x^2-8x=B$
$x^2-8x+C=B+C$, $(x-D)^2=E$
따라서 $x=D\pm\sqrt{E}$

① $A=3$ ② $B=1$ ③ $C=16$
④ $D=8$ ⑤ $E=17$

6.
두 근이 $-\dfrac{1}{2}$, $\dfrac{3}{4}$이고 x^2의 계수가 8인 이차방정식을 $ax^2+bx+c=0$ 꼴로 나타내시오. (단, a, b, c는 상수)

7.
이차방정식 $2(x+5)^2=3a-1$이 해를 가질 때, 다음 중에서 상수 a의 값이 될 수 없는 것은?

① 0   ② $\dfrac{1}{3}$ ③ $\dfrac{1}{2}$
④ $\dfrac{2}{3}$ ⑤ 1

8.
$x=-1$이 다음 두 이차방정식의 공통인 근일 때, 상수 a, b에 대하여 $a-b$의 값을 구하시오.

$$x^2+2ax-5=0, \qquad 3x^2-4x+b-4=0$$

9 📊 서술형💬

이차방정식 $x^2+2(a-1)x+36=0$이 중근 $x=b$를 가질 때, 양수 a의 값과 중근 b의 값을 구하시오.

10 📊

이차방정식 $3x^2-2x+a=0$의 한 근이 -1일 때, 상수 a의 값과 다른 한 근을 차례로 구하면?

① $-5,\ -\dfrac{5}{3}$ ② $-5,\ \dfrac{5}{3}$ ③ $5,\ -\dfrac{5}{3}$

④ $5,\ \dfrac{5}{3}$ ⑤ $-3,\ \dfrac{1}{5}$

11 📊

이차방정식 $3(x-5)^2=16$의 해가 $x=A\pm B\sqrt{3}$일 때, $A+3B$의 값은? (단, $A,\ B$는 유리수)

① 6   ② 7   ③ 8

④ 9   ⑤ 10

12 📊

이차방정식 $(x-2)(x-4)=6$을 $(x+p)^2=q$ 꼴로 나타낼 때, $p+q$의 값은? (단, $p,\ q$는 상수)

① 1   ② 2   ③ 3

④ 4   ⑤ 5

13 📊

이차방정식 $x^2=2x+5$의 근 중 양수인 근을 a라 할 때, $(a-1)^2$의 값을 구하시오.

14 📊

이차방정식 $\dfrac{3x^2-7}{4}=x$의 두 근을 $\alpha,\ \beta$라 할 때, $3\alpha-\beta$의 값은?

(단, $\alpha>\beta$)

① 3   ② 5   ③ 8

④ 11   ⑤ 14

15 📊 서술형💬

이차방정식 $x^2+(2k-3)x-k=0$의 일차항의 계수와 상수항을 서로 바꾸어 풀었더니 한 근이 $x=1$이었다. 이때 처음 이차방정식의 해를 구하시오. (단, k는 상수)

16 📊

다음 중에서 이차방정식 $x^2-2x-2k+1=0$이 근을 갖도록 하는 상수 k의 값이 <u>아닌</u> 것은?

① -1 ② 0   ③ 1

④ 2   ⑤ 3

17

$x>y$이고 $(x-y)(x-y-4)=21$일 때, $x-y$의 값은?

① 3   ② 4   ③ 5

④ 6   ⑤ 7

18

이차방정식 $x^2+ax+b=0$을 푸는데 수현이는 a를 잘못 보고 풀어 $x=-4$ 또는 $x=3$의 해를 얻었고, 병우는 b를 잘못 보고 풀어 $x=-3$ 또는 $x=-1$의 해를 얻었다. 이때 이차방정식 $x^2+ax+b=0$의 해는? (단, a, b는 상수)

① $x=-6$ 또는 $x=-2$ ② $x=-6$ 또는 $x=2$

③ $x=6$ 또는 $x=-2$ ④ $x=6$ 또는 $x=2$

⑤ $x=1$ 또는 $x=4$

19

연속하는 두 홀수의 제곱의 합이 130일 때, 두 홀수 중 작은 수는?

① 5   ② 7   ③ 9

④ 11   ⑤ 13

20

어떤 정사각형의 가로와 세로의 길이를 각각 4 cm, 2 cm만큼 늘여서 만든 직사각형의 넓이가 처음 정사각형의 넓이의 3배일 때, 처음 정사각형의 한 변의 길이를 구하시오.

21

야구 경기에서 어느 타자가 친 야구공의 t초 후의 지면으로부터의 높이를 $(1+30t-5t^2)$ m라 할 때, 이 야구공이 처음으로 지면으로부터 26 m인 지점을 지나는 것은 야구공을 친 지 몇 초 후인가?

① $\frac{1}{4}$초 후   ② $\frac{1}{2}$초 후   ③ $\frac{3}{4}$초 후

④ 1초 후   ⑤ $\frac{5}{4}$초 후

22

현재 아버지의 나이는 40살, 딸의 나이는 4살일 때, 아버지의 나이의 3배와 딸의 나이의 제곱이 같아지는 것은 몇 년 후인가?

① 6년 후   ② 7년 후   ③ 8년 후

④ 9년 후   ⑤ 10년 후

23

오른쪽 그림은 일차함수 $y=-2x+18$의 그래프이다. 이 그래프 위의 점 P가 점 A에서 점 B까지 움직이고 있다. 점 P에서 x축, y축에 내린 수선의 발을 각각 Q, R라 할 때, 사각형 OQPR의 넓이가 36이 되게 하는 점 P의 좌표를 구하려고 한다. 다음 물음에 답하시오.

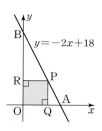

⑴ 점 P의 x좌표를 t라 할 때, y좌표를 구하시오.

⑵ 점 Q, R의 좌표를 t에 대한 식으로 나타내시오.

⑶ t에 대한 이차방정식을 세우시오.

⑷ 점 P의 좌표를 모두 구하시오.

06

이차함수와

그 그래프

01 이차함수 $y=ax^2$의 그래프

1 이차함수의 뜻

함수 $y=f(x)$에서 y가 x에 대한 이차식

$$y=ax^2+bx+c \ (a, \ b, \ c는 \ 상수, \ a \neq 0)$$

로 나타내어질 때, 이 함수를 x에 대한 **이차함수**라 한다.

주의 $y=(x$에 대한 식)으로 정리한 후, 우변이 x에 대한 이차식인지 확인한다.

예 $y=3x^2$, $f(x)=-\dfrac{1}{5}x^2+x$ ➡ 이차함수

참고 함수 $y=f(x)$에서 x의 값에 따라 하나로 정해지는 y의 값을 함숫값이라 한다. ➡ $x=a$에서의 함숫값은 $f(a)$

2 이차함수 $y=x^2$의 그래프와 포물선

(1) 원점 $(0, 0)$을 지나고 아래로 볼록한 곡선이다.

(2) y축에 대칭이다.

(3) $x<0$일 때, x의 값이 증가하면 y의 값은 감소한다.

$x>0$일 때, x의 값이 증가하면 y의 값도 증가한다.

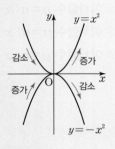

(4) 원점을 제외한 모든 부분은 x축보다 위쪽에 있다.

(5) 이차함수 $y=-x^2$의 그래프와 x축에 서로 대칭인 곡선이다.

참고 ① **포물선**: 이차함수 $y=x^2$, $y=-x^2$의 그래프와 같은 모양의 곡선

② 포물선은 선대칭도형으로 그 대칭축을 포물선의 **축**이라 한다.

③ **꼭짓점**: 포물선과 축의 교점

3 이차함수 $y=ax^2$의 그래프

(1) 원점을 꼭짓점으로 하는 포물선이다.

(2) y축에 대칭이다. ➡ 축의 방정식: $x=0$ (y축)

(3) $a>0$일 때 아래로 볼록하고, $a<0$일 때 위로 볼록하다.

(4) a의 절댓값이 클수록 그래프의 폭이 좁아진다.

(5) 이차함수 $y=-ax^2$의 그래프와 x축에 서로 대칭이다.

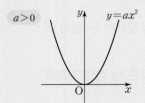 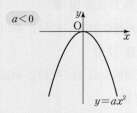

참고 이차함수 $y=ax^2$의 그래프에서 a의 부호는 그래프의 모양을, a의 절댓값은 그래프의 폭을 결정한다.

○ 다음 중 y가 x에 대한 이차함수인 것은 ○표, 이차함수가 아닌 것은 ×표를 ( ) 안에 써넣으시오.

1 $y=x$ (   )

2 $y=-x^2-1$ (   )

3 $3x^2+2x+1$ (   )

4 $y=\dfrac{x^2}{5}-3x$ (   )

5 $y=x(x-4)-x^2$ (   )

○ 다음 문장에서 y를 x에 대한 식으로 나타내고, 이차함수인 것은 ○표, 이차함수가 아닌 것은 ×표를 ( ) 안에 써넣으시오.

6 둘레의 길이가 x cm인 정사각형의 한 변의 길이 y cm

➡ _____ , (   )

7 시속 $3x$ km로 $(x+3)$시간 동안 달린 거리 y km

➡ _____ , (   )

8 가로의 길이가 $(x+5)$ cm이고, 세로의 길이가 $(x+2)$ cm인 직사각형의 넓이 y cm^2

➡ _____ , (   )

이차함수 $y=x^2$의 그래프와 포물선

다음은 이차함수 $y=x^2$의 그래프에 대한 설명이다. ☐ 안에 알맞은 것을 써넣으시오.

9 ☐로 볼록한 포물선이다.

10 축의 방정식은 $x=$☐이다.

11 x☐0일 때, x의 값이 증가하면 y의 값은 감소한다.

12 x☐0일 때, x의 값이 증가하면 y의 값도 증가한다.

13 원점을 제외한 모든 부분은 ☐축보다 위쪽에 있다.

다음은 이차함수 $y=-x^2$의 그래프에 대한 설명이다. ☐ 안에 알맞은 것을 써넣으시오.

14 위로 ☐한 포물선이다.

15 축의 방정식은 $x=$☐이다.

16 $x>0$일 때, x의 값이 증가하면 y의 값은 ☐한다.

17 $x<0$일 때, x의 값이 ☐하면 y의 값은 증가한다.

18 ☐을 제외한 모든 부분은 x축보다 아래쪽에 있다.

19 이차함수 $y=$☐의 그래프와 x축에 서로 대칭이다.

이차함수 $y=ax^2$의 그래프

다음은 이차함수 $y=ax^2$의 그래프에 대한 설명이다. ☐ 안에 알맞은 것을 써넣으시오.

20 꼭짓점의 좌표는 (☐, ☐)이다.

21 축의 방정식은 $x=$☐이다.

22 $y=x^2$의 그래프의 각 점에 대하여 y좌표를 ☐배로 하는 점을 연결하여 그릴 수 있다.

23 a☐0이면 아래로 볼록한 포물선이고, a☐0이면 위로 볼록한 포물선이다.

24 a의 절댓값이 ☐수록 그래프의 폭이 좁아진다.

다음 두 이차함수의 그래프가 x축에 서로 대칭인 것은 ○표, 대칭이 아닌 것은 ×표를 ( ) 안에 써넣으시오.

25 $\begin{cases} y=2x^2 \\ y=\dfrac{1}{2}x^2 \end{cases}$ ( )

26 $\begin{cases} y=-x^2 \\ y=-2x^2 \end{cases}$ ( )

27 $\begin{cases} y=7x^2 \\ y=-7x^2 \end{cases}$ ( )

28 $\begin{cases} y=\dfrac{5}{6}x^2 \\ y=-\dfrac{6}{5}x^2 \end{cases}$ ( )

29 $\begin{cases} y=-\dfrac{1}{3}x^2 \\ y=\dfrac{1}{3}x^2 \end{cases}$ ( )

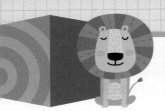

유형 1 이차함수의 뜻

y가 x에 대한 이차함수
➡ $y=(x$에 대한 이차식)
➡ $y=ax^2+bx+c$ (단, a, b, c는 상수, $a \neq 0$)

1. 대표

다음 중에서 y가 x에 대한 이차함수인 것은?

① $y=\dfrac{2}{x}+1$ ② $y=(x-1)(x+1)$

③ $y=0.5x+10$ ④ $y=(x+3)^2-x^2$

⑤ $y=-\dfrac{1}{x^2}+3x-4$

2.

다음 중에서 y가 x에 대한 이차함수인 것은?

① 시속 x km로 3시간 동안 달린 거리 y km
② 반지름의 길이가 x cm인 구의 부피 y cm³
③ 5개에 x원인 오렌지 1개의 가격 y원
④ 한 변의 길이가 x cm인 정사각형의 둘레 y cm
⑤ 밑변의 길이가 x cm이고, 높이가 $(x+4)$ cm인 삼각형의 넓이 y cm²

3.

함수 $y=(k-1)x^2+3x(1-x)-5$가 x에 대한 이차함수일 때, 다음 중에서 상수 k의 값이 될 수 <u>없는</u> 것은?

① 1 ② 2 ③ 3

④ 4 ⑤ 5

유형 2 이차함수의 함숫값

이차함수 $y=f(x)$에 대하여 함숫값 $f(a)$
➡ $x=a$를 $y=f(x)$에 대입하여 얻은 값
예 이차함수 $f(x)=x^2$에서 $f(1)$의 값을 구해 보자.
  $x=1$을 $f(x)=x^2$에 대입하면
  $f(1)=1$

4. 대표

이차함수 $f(x)=-x^2+4x-7$에서 $f(1)-f(-1)$의 값은?

① -3 ② 0 ③ 5

④ 8 ⑤ 10

5.

이차함수 $f(x)=3x^2-5x$에서 $f(a)=2$일 때, 정수 a의 값은?

① -2 ② 0 ③ 2

④ 3 ⑤ 5

6. 서술형

이차함수 $f(x)=-2x^2+ax+5$에 대하여 $f(-1)=2$, $f(2)=b$일 때, $a-b$의 값을 구하시오. (단, a는 상수)

유형 3 이차함수 $y=ax^2$의 그래프

(1) y축을 축으로 하고, 원점을 꼭짓점으로 하는 포물선이다.
(2) $a>0$일 때 아래로 볼록하고, $a<0$일 때 위로 볼록하다.
(3) a의 절댓값이 클수록 그래프의 폭이 좁아진다.
(4) 이차함수 $y=-ax^2$의 그래프와 x축에 서로 대칭이다.

7 대표

다음 보기 에서 이차함수 $y=ax^2$의 그래프에 대한 설명으로 옳은 것을 모두 고르시오.

보기
ㄱ. 꼭짓점의 좌표는 $(0, 0)$이다.
ㄴ. $a<0$일 때, 아래로 볼록한 포물선이다.
ㄷ. x축을 축으로 하여 축의 방정식은 $x=0$이다.
ㄹ. x축에 서로 대칭인 이차함수의 그래프는 $y=-ax^2$이다.

8

다음 중에서 이차함수 $y=-x^2$의 그래프에 대한 설명으로 옳지 않은 것은?

① 위로 볼록하다.
② 제3, 4사분면을 지난다.
③ x의 값이 증가할 때, 항상 y의 값은 감소한다.
④ y축에 대칭이다.
⑤ 원점 $(0, 0)$을 제외한 나머지 점은 모두 x축 아래에 있다.

9

다음 중에서 이차함수 $y=\dfrac{1}{5}x^2$의 그래프에 대한 설명으로 옳은 것을 모두 고르면? (정답 2개)

① x축에 대칭이다.
② 아래로 볼록하다.
③ 제4사분면만 지나지 않는다.
④ 꼭짓점의 좌표는 $(0, 0)$이다.
⑤ 이차함수 $y=-\dfrac{1}{5}x^2$의 그래프와 y축에 서로 대칭이다.

10 신유형

현주의 세 고개 설명을 읽고 알맞은 이차함수의 그래프를 주어진 좌표평면 위에 그리시오.

한 고개. 원점을 꼭짓점으로 하는 포물선이야.
두 고개. 이차함수 $y=-3x^2$의 그래프와 x축에 서로 대칭이야.
세 고개. 이차함수 $y=x^2$의 그래프의 각 점에 대하여 y좌표를 3배로 하는 점을 연결하여 그릴 수 있어.

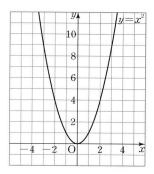

유형 4 이차함수 $y=ax^2$의 그래프 위의 점

이차함수 $y=ax^2$의 그래프가 점 (p, q)를 지난다.
➡ 점 (p, q)가 이차함수 $y=ax^2$의 그래프 위의 점이다.
➡ $q=ap^2$
예 점 $(1, 1)$이 이차함수 $y=x^2$의 그래프 위의 점일 때
➡ $y=x^2$에 $x=1$, $y=1$을 대입하면 $1=1$이므로 등식이 성립한다.

11

이차함수 $y=ax^2$의 그래프가 점 $(2, -8)$을 지날 때, 상수 a의 값을 구하시오.

12 ▪▫▫

다음 중에서 이차함수 $y=-x^2$의 그래프 위의 점이 <u>아닌</u> 것은?

① $(-3, 9)$　　② $(-1, -1)$　　③ $(0, 0)$

④ $(1, -1)$　　⑤ $(2, -4)$

13 ▪▪▫ 대표 ◯

이차함수 $y=-\dfrac{1}{2}x^2$의 그래프가 점 (a, a)를 지날 때, a의 값은?

(단, $a \neq 0$)

① -3　　② -2　　③ -1

④ 2　　⑤ 4

14 ▪▫▫

다음 중에서 이차함수 $y=\dfrac{1}{5}x^2$의 그래프가 점 $(k, 5)$를 지날 때, k의 모든 값들의 합은?

① 0　　② 4　　③ 9

④ 16　　⑤ 25

15 ▪▫▫ 서술형 💬

이차함수 $y=ax^2$의 그래프가 두 점 $(-3, -18)$, $(2, b)$를 지날 때, $a+b$의 값을 구하시오. (단, a는 상수)

유형 5 이차함수 $y=ax^2$의 그래프의 모양

(1) a의 부호: 그래프의 모양을 결정

　➡ $a>0$이면 아래로 볼록, $a<0$이면 위로 볼록

(2) a의 절댓값: 그래프의 폭을 결정

　➡ a의 절댓값이 클수록 그래프의 폭은 좁아진다.

예 이차함수 ① $y=x^2$과 ② $y=-2x^2$의 그래프

　➡ ①: 아래로 볼록, ②: 위로 볼록

　　$|1|<|-2|$이므로 ②의 폭이 더 좁다.

16 ▪▫▫

다음 이차함수의 그래프 중에서 위로 볼록한 것을 모두 고르면?

(정답 2개)

① $y=\dfrac{1}{6}x^2$　　② $y=-4.5x^2$　　③ $y=7x^2$

④ $y=-\dfrac{5}{2}x^2$　　⑤ $y=0.9x^2$

17 ▪▫▫ 대표 ◯

다음 이차함수의 그래프 중에서 아래로 볼록하면서 폭이 가장 넓은 것은?

① $y=0.5x^2$　　② $y=-3x^2$　　③ $y=\dfrac{5}{7}x^2$

④ $y=-\dfrac{1}{3}x^2$　　⑤ $y=x^2$

18 ▪▪▫ 신유형 ↻

지수가 두 이차함수 $y=\dfrac{1}{4}x^2$과 $y=4x^2$의 그래프를 아래 그림과 같이 그렸다. 현우는 두 이차함수의 그래프 사이에 이차함수 $y=ax^2$의 그래프를 그리려고 한다. 다음 이차함수의 그래프 중 현우가 그릴 수 있는 것을 고르시오.

빗금 친 부분에 그려야지!

현우

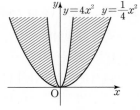

$$y=5x^2 \qquad y=2x^2 \qquad y=\dfrac{1}{5}x^2$$

유형 6 이차함수 $y=ax^2$과 $y=-ax^2$의 그래프

두 이차함수 $y=ax^2$과 $y=-ax^2$의 그래프는 x축에 서로 대칭이다.

$a>0$

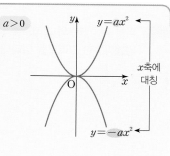

x축에 대칭

예 이차함수 $y=x^2$과 $y=-x^2$의 그래프는 x축에 서로 대칭이다.

19
다음 이차함수의 그래프 중에서 $y=-1.5x^2$의 그래프와 x축에 서로 대칭인 것은?

① $y=-\dfrac{2}{3}x^2$ ② $y=\dfrac{3}{2}x^2$ ③ $y=-2x^2$

④ $y=3x^2$ ⑤ $y=-5x^2$

20 대표
다음 보기의 이차함수 중에서 그 그래프가 x축에 서로 대칭인 것끼리 짝 지어진 것을 모두 고르면? (정답 2개)

보기
ㄱ. $y=-\dfrac{1}{2}x^2$ ㄴ. $y=6x^2$ ㄷ. $y=-2x^2$

ㄹ. $y=-6x^2$ ㅁ. $y=0.5x^2$ ㅂ. $y=\dfrac{1}{6}x^2$

① ㄱ과 ㄷ   ② ㄱ과 ㅁ   ③ ㄴ과 ㄹ

④ ㄷ과 ㅁ   ⑤ ㄹ과 ㅂ

21 서술형
이차함수 $y=ax^2$의 그래프는 이차함수 $y=\dfrac{3}{5}x^2$의 그래프와 x축에 서로 대칭이고, 이차함수 $y=-5x^2$의 그래프는 이차함수 $y=bx^2$의 그래프와 x축에 서로 대칭이다. 이때 상수 a, b에 대하여 ab의 값을 구하시오.

유형 7 이차함수 $y=ax^2$의 그래프의 활용

① 원점을 꼭짓점으로 하고 y축을 축으로 하는 포물선을 그래프로 하는 이차함수의 식은 $y=ax^2$ 꼴로 놓는다.
② 주어진 조건을 이용하여 이차함수의 식을 구하거나 문제를 해결한다.

22
오른쪽 그림과 같이 원점을 꼭짓점으로 하고 점 $(2, 3)$을 지나는 포물선을 그래프로 하는 이차함수의 식은?

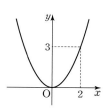

① $y=-3x^2$ ② $y=2x^2$

③ $y=\dfrac{3}{2}x^2$ ④ $y=\dfrac{3}{4}x^2$

⑤ $y=3x^2$

23 대표
이차함수 $y=f(x)$의 그래프가 오른쪽 그림과 같을 때, $f(2)$의 값을 구하시오.

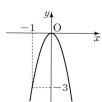

24
오른쪽 그림과 같이 직선 $y=4$가 y축 및 두 이차함수 $y=x^2$, $y=ax^2$의 그래프와 제1사분면에서 만나는 점을 각각 A, B, C라 하자. $\overline{AB}=\overline{BC}$일 때, 상수 a의 값을 구하시오.

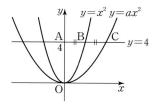

02 이차함수 $y=a(x-p)^2+q$의 그래프

1 이차함수 $y=ax^2+q$의 그래프

(1) 이차함수 $y=ax^2$의 그래프를 y축의 방향으로 q만큼 평행이동한 것

(2) 축의 방정식: $x=0$ (y축)   (3) 꼭짓점의 좌표: $(0,\ q)$

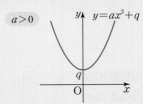 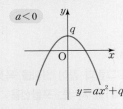

참고 이차함수 $y=ax^2+q$의 그래프는 $y=ax^2$의 그래프를 y축의 방향으로 일정하게 평행이동한 것이므로 그래프의 모양과 축은 변하지 않는다.

2 이차함수 $y=a(x-p)^2$의 그래프

(1) 이차함수 $y=ax^2$의 그래프를 x축의 방향으로 p만큼 평행이동한 것

(2) 축의 방정식: $x=p$ (3) 꼭짓점의 좌표: $(p,\ 0)$

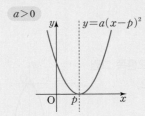 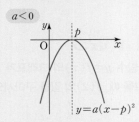

주의 그래프에서 증가 또는 감소의 구간이 축의 방정식 $x=p$를 기준으로 달라짐에 유의한다. 즉, $y=a(x-p)^2$ $(a>0)$의 그래프에서

① $x<p$일 때, x의 값이 증가하면 y의 값은 감소한다.
② $x>p$일 때, x의 값이 증가하면 y의 값도 증가한다.

3 이차함수 $y=a(x-p)^2+q$의 그래프

(1) 이차함수 $y=ax^2$의 그래프를 x축의 방향으로 p만큼, y축의 방향으로 q만큼 평행이동한 것

(2) 축의 방정식: $x=p$ (3) 꼭짓점의 좌표: $(p,\ q)$

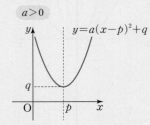 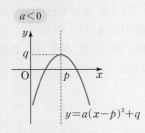

참고 이차함수 $y=a(x-p)^2+q$ 꼴을 이차함수의 표준형이라 한다.

이차함수 $y=ax^2+q$의 그래프

▶ 다음 이차함수의 그래프를 y축의 방향으로 [ ] 안의 수만큼 평행이동한 그래프를 나타내는 이차함수의 식을 구하시오.

1 $y=7x^2\ [\ 2\ ]$

2 $y=-2x^2\ [\ -4\ ]$

3 $y=-\dfrac{1}{3}x^2\ [\ 5\ ]$

▶ 다음 이차함수의 그래프는 이차함수 $y=0.5x^2$의 그래프를 y축의 방향으로 얼마만큼 평행이동한 것인지 구하시오.

4 $y=0.5x^2-\dfrac{1}{5}$

5 $y=0.5x^2+11$

6 $y=0.5x^2-3$

▶ 다음 이차함수의 그래프의 축의 방정식과 꼭짓점의 좌표를 차례로 구하시오.

7 $y=8x^2-6$

➡  , (,   )

8 $y=-\dfrac{1}{7}x^2+4.5$

➡  , (,   )

이차함수 $y=a(x-p)^2$의 그래프

다음 이차함수의 그래프를 x축의 방향으로 [ ] 안의 수만큼 평행이동한 그래프를 나타내는 이차함수의 식을 구하시오.

9 $y=-9x^2$ [-2]

10 $y=\dfrac{5}{7}x^2$ [7]

11 $y=-3.5x^2$ $\left[\dfrac{1}{5} \right]$

다음 이차함수의 그래프는 이차함수 $y=-\dfrac{2}{3}x^2$의 그래프를 x축의 방향으로 얼마만큼 평행이동한 것인지 구하시오.

12 $y=-\dfrac{2}{3}(x+3)^2$

13 $y=-\dfrac{2}{3}(x-1)^2$

14 $y=-\dfrac{2}{3}(x+0.5)^2$

다음 이차함수의 그래프의 축의 방정식과 꼭짓점의 좌표를 차례로 구하시오.

15 $y=0.9\left(x-\dfrac{1}{2}\right)^2$

➡ _____, (,)

16 $y=-6(x+4)^2$

➡ _____, (,)

이차함수 $y=a(x-p)^2+q$의 그래프

다음 이차함수의 그래프를 x축과 y축의 방향으로 [ ] 안의 수만큼 차례로 평행이동한 그래프를 나타내는 이차함수의 식을 구하시오.

17 $y=x^2$ [-2, 3]

18 $y=-8x^2$ $\left[1, \dfrac{1}{2} \right]$

19 $y=\dfrac{3}{4}x^2$ [-4, -6]

다음 이차함수의 그래프는 이차함수 $y=7x^2$의 그래프를 평행이동한 것이다. □ 안에 알맞은 수를 써넣으시오.

20 $y=7(x+1)^2-13$

➡ x축의 방향으로 □만큼, y축의 방향으로 □만큼 평행이동

21 $y=7(x-0.5)^2+9$

➡ x축의 방향으로 □만큼, y축의 방향으로 □만큼 평행이동

22 $y=7\left(x-\dfrac{2}{5}\right)^2+0.2$

➡ x축의 방향으로 □만큼, y축의 방향으로 □만큼 평행이동

다음 이차함수의 그래프의 축의 방정식과 꼭짓점의 좌표를 차례로 구하시오.

23 $y=-5(x-2)^2-7$

➡ _____, (,)

24 $y=\dfrac{3}{2}(x+9)^2+0.4$

➡ _____, (,)

소단원 유형 익히기

유형 8 이차함수 $y=ax^2+q$의 그래프 그리기

이차함수 $y=ax^2+q$의 그래프는 이차함수 $y=ax^2$의 그래프를 y축의 방향으로 q만큼 평행이동하여 그릴 수 있다.

예 이차함수 $y=-\frac{1}{2}x^2-2$의 그래프는 이차함수 $y=-\frac{1}{2}x^2$의 그래프를 y축의 방향으로 -2만큼 평행이동하여 그릴 수 있다.

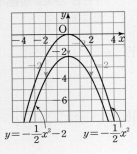

유형 9 이차함수 $y=ax^2+q$의 그래프

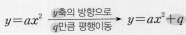

(1) 축의 방정식: $x=0$
(2) 꼭짓점의 좌표: $(0, q)$

1. 다음은 오른쪽 그림과 같이 이차함수 $y=\frac{1}{2}x^2$의 그래프를 이용하여 이차함수 $y=\frac{1}{2}x^2+3$의 그래프를 그린 과정을 설명한 것이다. □ 안에 알맞은 것을 써넣으시오.

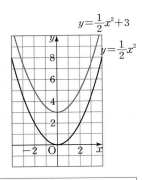

이차함수 $y=\frac{1}{2}x^2+3$의 그래프는 이차함수 $y=\frac{1}{2}x^2$의 그래프를 □축의 방향으로 □만큼 평행이동한 것이므로 $y=\frac{1}{2}x^2$의 그래프를 이용하여 위와 같이 그릴 수 있다.

3. 다음 중에서 이차함수 $y=\frac{1}{3}x^2+1$의 그래프는?

① 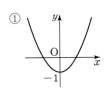 ② ③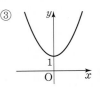

④ ⑤

4. 서술형

이차함수 $y=-3x^2$의 그래프를 y축의 방향으로 $-\frac{1}{2}$만큼 평행이동하면 꼭짓점의 좌표가 (a, b)이다. 이때 $a+b$의 값을 구하시오.

2. 대표

다음 그림의 이차함수 $y=-2x^2$의 그래프를 이용하여 주어진 좌표평면 위에 이차함수 $y=-2x^2+2$의 그래프를 그리시오.

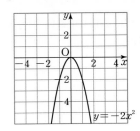

5. 대표

다음 보기에서 이차함수 $y=4x^2-3$의 그래프에 대한 설명으로 옳은 것을 모두 고르시오.

보기
ㄱ. 꼭짓점의 좌표는 $(0, -3)$이다.
ㄴ. 축의 방정식은 $x=-3$이다.
ㄷ. 제1, 2사분면을 지나지 않는다.
ㄹ. 이차함수 $y=4x^2$의 그래프를 y축의 방향으로 -3만큼 평행이동한 것이다.

6 .ıl

다음 중에서 이차함수 $y=-0.8x^2+0.2$의 그래프에 대한 설명으로 옳지 <u>않은</u> 것은?

① y축에 대칭이다.

② 축의 방정식은 $x=0$이다.

③ 꼭짓점의 좌표는 $(0,\ 0.2)$이다.

④ $x<0$일 때 x의 값이 증가하면 y의 값은 감소한다.

⑤ 이차함수 $y=-0.8x^2$의 그래프를 y축의 방향으로 0.2만큼 평행이동한 것이다.

7 .ıl

이차함수 $y=\dfrac{1}{5}x^2$의 그래프를 y축의 방향으로 -2만큼 평행이동한 그래프가 점 $(-1,\ k)$를 지날 때, k의 값은?

① $-\dfrac{11}{5}$ ② -2 ③ $-\dfrac{9}{5}$

④ $\dfrac{1}{5}$ ⑤ 5

8 .ıl 서술형

이차함수 $y=ax^2+q$의 그래프가 오른쪽 그림과 같을 때, $a+q$의 값을 구하시오.

(단, $a,\ q$는 상수)

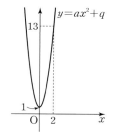

9 .ıl

이차함수 $y=ax^2$의 그래프를 y축의 방향으로 q만큼 평행이동한 그래프를 y축의 방향으로 -5만큼 다시 평행이동하였더니 이차함수 $y=6x^2-3$의 그래프와 일치하였다. 이때 $a,\ q$의 값을 각각 구하시오. (단, a는 상수)

유형 10 이차함수 $y=a(x-p)^2$의 그래프 그리기

이차함수 $y=a(x-p)^2$의 그래프는 이차함수 $y=ax^2$의 그래프를 x축의 방향으로 p만큼 평행이동하여 그릴 수 있다.

예 이차함수 $y=-(x-1)^2$의 그래프는 이차함수 $y=-x^2$의 그래프를 x축의 방향으로 1만큼 평행이동하여 그릴 수 있다.

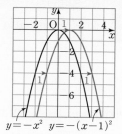

10 .ıl

다음은 오른쪽 그림과 같이 이차함수 $y=-x^2$의 그래프를 이용하여 이차함수 $y=-(x+2)^2$의 그래프를 그린 과정을 설명한 것이다. □ 안에 알맞은 것을 써넣으시오.

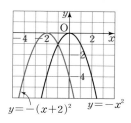

이차함수 $y=-(x+2)^2$의 그래프는 이차함수 $y=-x^2$의 그래프를 □축의 방향으로 □만큼 평행이동한 것이므로 $y=-x^2$의 그래프를 이용하여 위와 같이 그릴 수 있다.

11 .ıl 대표

다음 그림의 이차함수 $y=\dfrac{1}{2}x^2$의 그래프를 이용하여 주어진 좌표평면 위에 이차함수 $y=\dfrac{1}{2}(x+1)^2$의 그래프를 그리시오.

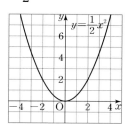

유형 11 이차함수 $y=a(x-p)^2$의 그래프

$$y=ax^2 \xrightarrow[\text{p만큼 평행이동}]{\text{x축의 방향으로}} y=a(x-p)^2$$

(1) 축의 방정식: $x=p$
(2) 꼭짓점의 좌표: $(p, 0)$

12 .ıl

이차함수 $y=-\dfrac{1}{7}x^2$의 그래프를 x축의 방향으로 -7만큼 평행이동한 그래프의 꼭짓점의 좌표를 구하시오.

13 .ıl

다음 [보기]에서 이차함수 $y=\dfrac{1}{3}(x-2)^2$의 그래프를 고르시오.

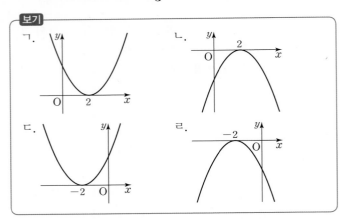

14 .ıl 대표

이차함수 $y=3(x-2)^2$의 그래프에서 꼭짓점의 좌표는 (p, q)이고 축의 방정식은 $x=r$일 때, $pq+r$의 값은?

① 1   ② 2   ③ 3
④ 4   ⑤ 5

15 .ıl

다음 [보기]에서 이차함수 $y=-5(x-0.5)^2$의 그래프에 대한 설명으로 옳지 <u>않은</u> 것을 모두 고르시오.

[보기]
ㄱ. 꼭짓점의 좌표는 $(0.5, 0)$이다.
ㄴ. 직선 $x=0.5$에 대칭이다.
ㄷ. 모든 사분면을 지난다.
ㄹ. 이차함수 $y=5x^2$의 그래프를 x축의 방향으로 0.5만큼 평행이동한 것이다.

16 .ıl

이차함수 $y=-\dfrac{1}{2}x^2$의 그래프를 x축의 방향으로 2만큼 평행이동한 그래프가 점 $(4, k)$를 지날 때, k의 값은?

① $-\dfrac{5}{2}$ ② -2 ③ -1
④ $\dfrac{1}{2}$ ⑤ 4

17 .ıl 서술형

이차함수 $y=2x^2$의 그래프를 x축의 방향으로 -1만큼 평행이동한 그래프에서 x의 값이 증가할 때 y의 값도 증가하는 x의 값의 범위를 구하시오.

18 .ıl 신유형

다음은 건우가 자신이 그린 이차함수의 그래프에 대해 설명한 것이다. 건우가 그린 그래프를 나타내는 이차함수의 식을 구하시오.

> 꼭짓점이 $(-3, 0)$인 포물선이야.
> 그리고 점 $(0, 3)$을 지나!

건우

유형 **12**　이차함수 $y=a(x-p)^2+q$의 그래프 그리기

이차함수 $y=a(x-p)^2+q$의 그래프는 이차함수 $y=ax^2$의 그래프를 x축의 방향으로 p만큼, y축의 방향으로 q만큼 평행이동하여 그릴 수 있다.

예 이차함수
$y=(x-2)^2+3$의 그래프는 이차함수 $y=x^2$의 그래프를 x축의 방향으로 2만큼, y축의 방향으로 3만큼 평행이동하여 그릴 수 있다.

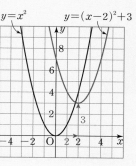

---

19 ◗◗

다음은 오른쪽 그림과 같이 이차함수 $y=-x^2$의 그래프를 이용하여 이차함수 $y=-(x+2)^2+1$의 그래프를 그린 과정을 설명한 것이다. □ 안에 알맞은 것을 써넣으시오.

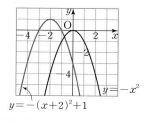

이차함수 $y=-(x+2)^2+1$의 그래프는 이차함수 $y=-x^2$의 그래프를 x축의 방향으로 □만큼, y축의 방향으로 □만큼 평행이동한 것이므로 $y=-x^2$의 그래프를 이용하여 위와 같이 그릴 수 있다.

---

20 ◗◗ 대표 ⟲

다음 그림의 이차함수 $y=4x^2$의 그래프를 이용하여 이차함수 $y=4(x-3)^2-1$의 그래프를 그리시오.

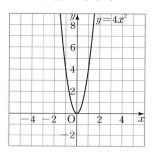

유형 **13**　이차함수 $y=a(x-p)^2+q$의 그래프

$$y=ax^2 \xrightarrow[\;y축의 방향으로 q만큼 평행이동\;]{\;x축의 방향으로 p만큼\;} y=a(x-p)^2+q$$

(1) 축의 방정식: $x=p$
(2) 꼭짓점의 좌표: (p, q)

예 이차함수 $y=2(x-1)^2+1$의 그래프는 이차함수 $y=2x^2$의 그래프를 x축의 방향으로 1만큼, y축의 방향으로 1만큼 평행이동한 그래프이다.
➡ 축의 방정식: $x=1$, 꼭짓점의 좌표: $(1, 1)$

---

21 ◗◗

이차함수 $y=-\dfrac{1}{3}(x-1)^2-4$의 그래프의 꼭짓점의 좌표와 축의 방정식을 각각 구하시오.

---

22 ◗◗ 대표 ⟲

다음 중에서 이차함수 $y=5(x+2)^2+1$의 그래프에 대한 설명으로 옳은 것을 모두 고르면? (정답 2개)

① y축에 대칭이다.
② 꼭짓점의 좌표는 $(2, 1)$이다.
③ 이차함수 $y=5x^2$의 그래프를 이용하여 그릴 수 있다.
④ x축과 한 점에서 만난다.
⑤ 점 $(-1, 6)$을 지난다.

---

23 ◗◗ 서술형 ⟲

이차함수 $y=6x^2$의 그래프를 x축의 방향으로 -3만큼, y축의 방향으로 -9만큼 평행이동한 그래프의 꼭짓점의 좌표를 (p, q), 축의 방정식을 $x=k$라 할 때, $p+q-k$의 값을 구하시오.

24 .ıl

다음 [보기]에서 이차함수 $y=-\dfrac{1}{4}(x-4)^2-8$의 그래프에 대한 설명으로 옳지 <u>않은</u> 것을 모두 고르시오.

[보기]
ㄱ. 직선 $x=4$에 대칭이다.
ㄴ. 꼭짓점의 좌표는 $(4, -8)$이다.
ㄷ. x축과 만나지 않는다.
ㄹ. 이차함수 $y=4x^2$의 그래프를 평행이동하여 완전히 포갤 수 있다.

25 .ıl

이차함수 $y=a(x-p)^2+q$의 그래프가 오른쪽 그림과 같을 때, a, p, q의 값을 각각 구하시오. (단, a, p, q는 상수)

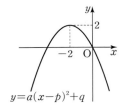

26 .ıl

이차함수 $y=a(x-p)^2+q$의 그래프는 꼭짓점의 좌표가 $(-5, 2)$이고, 점 $(-4, 5)$를 지난다. 이때 $a+p+q$의 값은? (단, a, p, q는 상수)

① 0   ② 2   ③ 5
④ 8   ⑤ 10

27 .ıl 서술형

이차함수 $y=\dfrac{1}{2}(x-p)^2-3p$의 그래프의 꼭짓점이 직선 $y=-2x-4$ 위에 있을 때, 상수 p의 값을 구하시오.

유형 14 이차함수 $y=a(x-p)^2+q$의 그래프의 활용

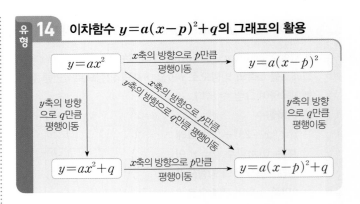

28 .ıl 대표

다음 [보기]의 이차함수의 그래프 중에서 평행이동하여 완전히 포갤 수 있는 것끼리 짝 지으시오.

[보기]
ㄱ. $y=-(x-7)^2-3$ ㄴ. $y=2(x+3)^2$
ㄷ. $y=\dfrac{1}{2}(x-1)^2+0.1$ ㄹ. $y=-2x^2+\dfrac{3}{2}$
ㅁ. $y=2x^2+4$ ㅂ. $y=(x+7)^2-3$

29 .ıl 신유형

A의 그래프를 평행이동하여 B의 그래프와 겹쳐지는 것을

A ⟶ B 와 같이 나타낼 때, 다음 그림에서 ㉠, ㉡, ㉢은 각각 어떻게 평행이동한 것인지 말하시오.

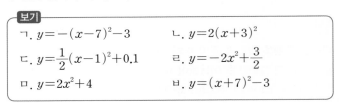

30 .ıl

오른쪽 그림과 같이 두 이차함수 $y=-x^2+3$, $y=-(x-3)^2+3$의 그래프의 꼭짓점을 각각 A, B라 할 때, 색칠한 부분의 넓이는?

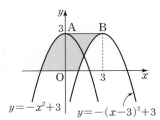

① 3   ② 6
③ 8   ④ 9
⑤ 12

03 이차함수 $y=a(x-p)^2+q$의 그래프의 성질

정답과 풀이 ★ 63쪽

1 이차함수 $y=a(x-p)^2+q$의 그래프에서 a, p, q의 부호

(1) a의 부호 : 그래프의 모양으로 결정

① ⌣ ➡ $a>0$ ② ⌢ ➡ $a<0$

　　아래로 볼록　　　　위로 볼록

(2) p, q의 부호 : 꼭짓점의 위치로 결정

① 꼭짓점이 제1사분면 위
　➡ $p>0$, $q>0$

② 꼭짓점이 제2사분면 위
　➡ $p<0$, $q>0$

③ 꼭짓점이 제3사분면 위
　➡ $p<0$, $q<0$

④ 꼭짓점이 제4사분면 위 ➡ $p>0$, $q<0$

제2사분면 $(-, +)$	제1사분면 $(+, +)$
제3사분면 $(-, -)$	제4사분면 $(+, -)$

2 이차함수 $y=a(x-p)^2+q$의 그래프의 평행이동

이차함수 $y=a(x-p)^2+q$의 그래프를 x축의 방향으로 m만큼, y축의 방향으로 n만큼 평행이동한 그래프를 나타내는 이차함수의 식은 다음과 같다.

$$y=a\{x-(p+m)\}^2+q+n$$

➡ 꼭짓점의 좌표 : $(p+m, q+n)$

> 주의 이차함수의 그래프는 평행이동하면 그래프의 모양과 폭은 변하지 않고 꼭짓점의 위치만 변함에 유의한다.

3 이차함수 $y=a(x-p)^2+q$의 그래프의 대칭이동

(1) x축에 대칭이동

① a의 부호와 꼭짓점의 y좌표, 즉 q의 부호가 바뀐다.

② 꼭짓점의 좌표가 (p, q) ➡ $(p, -q)$로 이동한다.

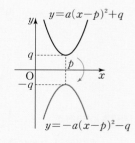

(2) y축에 대칭이동

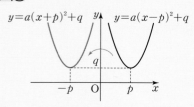

① 꼭짓점의 x좌표, 즉 p의 부호만 바뀐다.

② 꼭짓점의 좌표가 (p, q) ➡ $(-p, q)$로 이동한다.

이차함수 $y=a(x-p)^2+q$의 그래프에서 a, p, q의 부호

🔖 다음 이차함수의 그래프를 보고 □ 안에 $>$, $<$ 중 알맞은 것을 써넣으시오. (단, a, p, q는 상수)

1
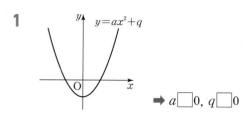
➡ $a\,\square\,0$, $q\,\square\,0$

2
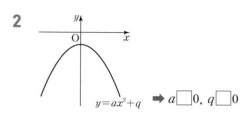
➡ $a\,\square\,0$, $q\,\square\,0$

3
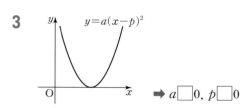
➡ $a\,\square\,0$, $p\,\square\,0$

4
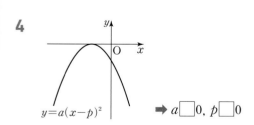
➡ $a\,\square\,0$, $p\,\square\,0$

5
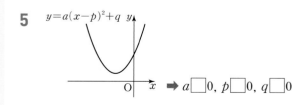
➡ $a\,\square\,0$, $p\,\square\,0$, $q\,\square\,0$

6
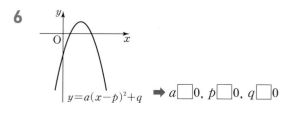
➡ $a\,\square\,0$, $p\,\square\,0$, $q\,\square\,0$

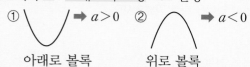

이차함수 $y=a(x-p)^2+q$의 그래프의 평행이동

이차함수 $y=3(x-2)^2+1$의 그래프를 다음과 같이 평행이동한 그래프를 나타내는 이차함수의 식을 구하려고 한다. □ 안에 알맞은 수를 써넣으시오.

7 x축의 방향으로 1만큼 평행이동

➡ 꼭짓점의 좌표: (□, □)

➡ 이차함수의 식: $y=3(x-□)^2+1$

8 y축의 방향으로 -2만큼 평행이동

➡ 꼭짓점의 좌표: (□, □)

➡ 이차함수의 식: $y=3(x-2)^2-□$

9 x축의 방향으로 1만큼, y축의 방향으로 -2만큼 평행이동

➡ 꼭짓점의 좌표: (□, □)

➡ 이차함수의 식: $y=3(x-□)^2-□$

이차함수 $y=-\dfrac{1}{3}(x+3)^2-5$의 그래프를 다음과 같이 평행이동한 그래프를 나타내는 이차함수의 식을 구하시오.

10 x축의 방향으로 -2만큼 평행이동

➡ _____

11 y축의 방향으로 4만큼 평행이동

➡ _____

12 x축의 방향으로 -2만큼, y축의 방향으로 4만큼 평행이동

➡ _____

이차함수 $y=a(x-p)^2+q$의 그래프의 대칭이동

이차함수 $y=-2(x-7)^2+6$의 그래프를 다음과 같이 대칭이동한 그래프를 나타내는 이차함수의 식을 구하려고 한다. □ 안에 알맞은 수를 써넣으시오.

13 x축에 대칭이동

➡ 꼭짓점의 좌표: (□, □)

➡ 이차함수의 식: $y=□(x-7)^2-□$

14 y축에 대칭이동

➡ 꼭짓점의 좌표: (□, □)

➡ 이차함수의 식: $y=-2(x+□)^2+6$

이차함수 $y=0.5(x+1)^2-7$의 그래프를 다음과 같이 대칭이동한 그래프를 나타내는 이차함수의 식을 구하려고 한다. □ 안에 알맞은 수를 써넣으시오.

15 x축에 대칭이동

➡ $y=□(x+1)^2+□$

16 y축에 대칭이동

➡ $y=0.5(x-□)^2-7$

이차함수 $y=-\dfrac{4}{5}(x+3)^2-2$의 그래프를 다음과 같이 대칭이동한 그래프를 나타내는 이차함수의 식을 구하시오.

17 x축에 대칭이동

➡ _____

18 y축에 대칭이동

➡ _____

소단원 유형 익히기

정답과 풀이 ★ 64쪽

유형 15 이차함수 $y=a(x-p)^2+q$의 그래프에서 a, p, q의 부호

(1) a의 부호 : 그래프의 모양으로 결정
  ① 아래로 볼록 ➡ $a>0$
  ② 위로 볼록 ➡ $a<0$
(2) p, q의 부호 : 꼭짓점의 위치로 결정
  ① 꼭짓점이 제1사분면 위 ➡ $p>0$, $q>0$
  ② 꼭짓점이 제2사분면 위 ➡ $p<0$, $q>0$
  ③ 꼭짓점이 제3사분면 위 ➡ $p<0$, $q<0$
  ④ 꼭짓점이 제4사분면 위 ➡ $p>0$, $q<0$

1.
이차함수 $y=ax^2+q$의 그래프가 오른쪽 그림과 같을 때, 상수 a, q의 부호는?

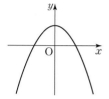

① $a>0$, $q>0$ ② $a<0$, $q>0$
③ $a>0$, $q<0$ ④ $a<0$, $q<0$
⑤ $a>0$, $q=0$

2. 대표
이차함수 $y=a(x-p)^2+q$의 그래프가 오른쪽 그림과 같을 때, 상수 a, p, q의 부호를 각각 구하시오.

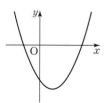

3.
이차함수 $y=a(x-p)^2$의 그래프가 오른쪽 그림과 같을 때, 다음 중 항상 옳은 것은?
(단, a, p는 상수)

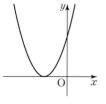

① $a<0$ ② $p>0$
③ $ap<0$ ④ $p-a>0$
⑤ $a-p<0$

4.
$a<0$, $p<0$, $q>0$일 때, 다음 중 이차함수 $y=a(x-p)^2+q$의 그래프로 알맞은 것은?

① 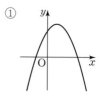 ② 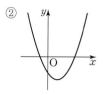 ③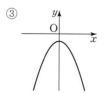

④ 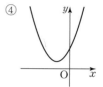 ⑤

5.
이차함수 $y=a(x-p)^2+q$의 그래프가 오른쪽 그림과 같을 때, 다음 중 옳지 <u>않은</u> 것은?
(단, a, p, q는 상수)

① $a>0$ ② $p<0$
③ $q<0$ ④ $a+p>0$
⑤ $aq<0$

6.
이차함수 $y=a(x-p)^2+q$의 그래프가 오른쪽 그림과 같을 때, 다음 보기 에서 옳은 것을 모두 고르시오. (단, a, p, q는 상수)

보기
ㄱ. $a<0$ ㄴ. $p+q>0$
ㄷ. $apq<0$ ㄹ. $a+p+q>0$
ㅁ. $aq-p>0$

7. 신유형
이차함수 $y=a(x-p)^2+q$의 그래프가 오른쪽 그림과 같을 때, 현주와 민우 중에서 $y=p(x-q)^2+a$의 그래프를 알맞게 그린 사람을 찾으시오. (단, a, p, q는 상수)

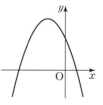

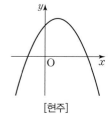
[현주]

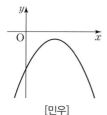
[민우]

유형 16 이차함수 $y=a(x-p)^2+q$의 그래프의 성질

(1) 이차함수 $y=a(x-p)^2+q$의 그래프는 a, p, q의 부호로 그릴 수 있다.
① a의 부호로 그래프의 모양을 결정한다.
② p, q의 부호로 꼭짓점이 위치한 사분면을 결정한다.
(2) 이차함수의 그래프를 그린 것을 보고 그래프를 나타내는 이차함수의 식 $y=a(x-p)^2+q$에서 a, p, q의 부호를 알 수 있다.

8

이차함수 $y=-2(x+2)^2+2$의 그래프가 지나지 않는 사분면은?

① 제1사분면   ② 제2사분면   ③ 제3사분면
④ 제4사분면   ⑤ 없다.

9 대표

다음 중에서 이차함수 $y=\dfrac{3}{2}(x-2)^2+1$의 그래프에 대한 설명으로 옳은 것을 모두 고르면? (정답 2개)

① 꼭짓점의 좌표는 $(-2, 1)$이다.
② 그래프는 아래로 볼록한 포물선이다.
③ x축과 만나는 점의 좌표는 $(0, 7)$이다.
④ 축의 방정식은 $x=-2$이다.
⑤ $x<2$일 때, x의 값이 증가하면 y의 값은 감소한다.

10

다음 보기 에서 이차함수 $y=-3(x+1)^2-5$의 그래프에 대한 설명으로 옳지 않은 것을 모두 고르시오.

보기
ㄱ. 위로 볼록한 포물선이다.
ㄴ. 직선 $x=-1$에 대칭이다.
ㄷ. 이차함수 $y=-3x^2-5$의 그래프를 평행이동하면 포개어진다.
ㄹ. 제2, 3, 4사분면을 지난다.
ㅁ. $x>-1$일 때, x의 값이 증가하면 y의 값도 증가한다.

11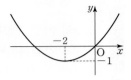

원점을 지나는 이차함수 $y=a(x-p)^2+q$의 그래프가 오른쪽 그림과 같을 때, 상수 a, p, q의 값을 각각 구하면?

① $a=-1$, $p=2$, $q=-1$
② $a=-\dfrac{1}{4}$, $p=-2$, $q=1$
③ $a=\dfrac{1}{4}$, $p=-2$, $q=-1$
④ $a=1$, $p=2$, $q=1$
⑤ $a=4$, $p=-2$, $q=-1$

12 서술형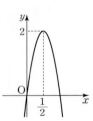

오른쪽 그림과 같이 원점을 지나는 이차함수의 그래프를 나타내는 이차함수의 식을 $y=a(x-p)^2+q$ 꼴로 나타내시오.
(단, a, p, q는 상수)

유형 17 이차함수 $y=a(x-p)^2+q$의 그래프의 평행이동

이차함수 $y=a(x-p)^2+q$의 그래프를 x축의 방향으로 m만큼, y축의 방향으로 n만큼 평행이동한 그래프를 나타내는 이차함수의 식은
$$y=a(x-m-p)^2+q+n$$
$$\Rightarrow y=a\{x-(p+m)\}^2+q+n$$
① 축의 방정식: $x=p+m$
② 꼭짓점의 좌표: $(p+m, q+n)$

13 대표

이차함수 $y=2(x-1)^2+3$의 그래프를 x축의 방향으로 2만큼, y축의 방향으로 1만큼 평행이동한 그래프의 꼭짓점의 좌표를 구하시오.

14 .▮

이차함수 $y=-(x+1)^2-5$의 그래프를 x축의 방향으로 2만큼 평행이동한 그래프의 축의 방정식은?

① $x=-2$ ② $x=-1$ ③ $x=0$
④ $x=1$ ⑤ $x=2$

15 .▮

이차함수 $y=\dfrac{1}{3}(x-2)^2+1$의 그래프를 y축의 방향으로 -3만큼 평행이동한 그래프의 꼭짓점의 좌표를 (p, q)라 할 때, $p+q$의 값은?

① 0 ② 2 ③ 3
④ 5 ⑤ 6

16 .▮ 서술형💬

이차함수 $y=-4(x+3)^2-5$의 그래프를 x축의 방향으로 p만큼, y축의 방향으로 q만큼 평행이동하였더니 $y=-4x^2$의 그래프와 일치하였다. 이때 pq의 값을 구하시오.

17 .▮

이차함수 $y=a(x-6)^2+9$의 그래프를 x축의 방향으로 1만큼, y축의 방향으로 -7만큼 평행이동한 그래프가 점 $(0, 9)$를 지날 때, 상수 a의 값을 구하시오.

유형 18   이차함수 $y=a(x-p)^2+q$의 그래프의 대칭이동

이차함수 $y=a(x-p)^2+q$의 그래프를
(1) x축에 대칭이동한 그래프의 이차함수의 식은
$$y=-a(x-p)^2-q$$
➡ 그래프의 볼록한 모양의 방향과 꼭짓점의 y좌표의 부호가 바뀐다.
(2) y축에 대칭이동한 그래프의 이차함수의 식은
$$y=a(x+p)^2+q$$
➡ 그래프의 꼭짓점의 x좌표의 부호가 바뀐다.

18 .▮

이차함수 $y=3(x+2)^2-1$의 그래프를 y축에 대칭이동한 그래프의 축의 방정식은?

① $x=-2$ ② $x=-1$ ③ $x=0$
④ $x=1$ ⑤ $x=2$

19 .▮ 대표🔄

이차함수 $y=-\dfrac{1}{2}(x-3)^2+1$의 그래프를 x축, y축에 각각 대칭이동한 그래프를 나타내는 이차함수의 식을 각각 구하시오.

20 .▮ 신유형🔄

이차함수 $y=\dfrac{1}{4}(x-2)^2-8$의 그래프를 x축에 대칭이동한 그래프에 대한 설명으로 잘못된 부분을 찾아 ×표 하고 바르게 고치시오.

> 대칭이동한 그래프는 위로 볼록하고 꼭짓점의 좌표가 $(-2, 8)$이므로 이 그래프를 나타내는 이차함수의 식은 $y=-\dfrac{1}{4}(x+2)^2+8$이다.

04 이차함수 $y=ax^2+bx+c$의 그래프

1 이차함수 $y=ax^2+bx+c$의 그래프

$y=a(x-p)^2+q$ 꼴로 고쳐서 그릴 수 있다.

$$y=ax^2+bx+c \Rightarrow y=a\left(x+\frac{b}{2a}\right)^2-\frac{b^2-4ac}{4a}$$

(1) 꼭짓점의 좌표 : $\left(-\dfrac{b}{2a},\ -\dfrac{b^2-4ac}{4a}\right)$

(2) 축의 방정식 : $x=-\dfrac{b}{2a}$

(3) y축과의 교점의 좌표 : $(0,\ c)$

2 이차함수 $y=ax^2+bx+c$의 그래프에서 a, b, c의 부호

(1) a의 부호 : 그래프의 모양으로 결정
  ① 그래프의 모양이 아래로 볼록 ➡ $a>0$
  ② 그래프의 모양이 위로 볼록 ➡ $a<0$

(2) b의 부호 : 축의 위치로 결정
  ① 축이 y축의 왼쪽 ➡ a, b는 서로 같은 부호
  ② 축이 y축의 오른쪽 ➡ a, b는 서로 다른 부호

(3) c의 부호 : y축과의 교점의 위치로 결정
  ① y축과의 교점이 x축보다 위쪽 ➡ $c>0$
  ② y축과의 교점이 x축보다 아래쪽 ➡ $c<0$

3 이차함수의 식 구하기

(1) 꼭짓점의 좌표 $(p,\ q)$와 그래프가 지나는 다른 한 점의 좌표를 알 때
  ① 이차함수의 식을 $y=a(x-p)^2+q$로 놓는다.
  ② 다른 한 점의 좌표를 ①의 식에 대입하여 a의 값을 구한다.

(2) 축의 방정식 $x=p$와 그래프가 지나는 두 점의 좌표를 알 때
  ① 이차함수의 식을 $y=a(x-p)^2+q$로 놓는다.
  ② 두 점의 좌표를 ①의 식에 각각 대입하여 a, q의 값을 구한다.

(3) 그래프가 지나는 서로 다른 세 점의 좌표를 알 때
  ① 이차함수의 식을 $y=ax^2+bx+c$로 놓는다.
  ② 세 점의 좌표를 ①의 식에 각각 대입하여 a, b, c의 값을 구한다.

(4) x축과의 두 교점 $(\alpha,\ 0)$, $(\beta,\ 0)$과 그래프가 지나는 다른 한 점의 좌표를 알 때
  ① 이차함수의 식을 $y=a(x-\alpha)(x-\beta)$로 놓는다.
  ② 다른 한 점의 좌표를 ①의 식에 대입하여 a의 값을 구한다.

이차함수 $y=ax^2+bx+c$의 그래프

다음은 주어진 이차함수의 꼴을 고쳐서 이차함수의 그래프의 축의 방정식과 꼭짓점의 좌표를 구하는 과정이다. ☐ 안에 알맞은 수를 써넣으시오.

1 $y=-x^2+4x+2$

$$y=-x^2+4x+2$$
$$=-(x^2-4x)+2$$
$$=-(x^2-4x+\square-\square)+2$$
$$=-(x^2-4x+\square)+\square+2$$
$$=-(x-\square)^2+\square$$

➡ 그래프의 축의 방정식은 $x=\square$이고, 꼭짓점의 좌표는 $(\square,\ \square)$이다.

2 $y=3x^2+6x-4$

$$y=3x^2+6x-4$$
$$=3(x^2+2x)-4$$
$$=3(x^2+2x+\square-\square)-4$$
$$=3(x^2+2x+\square)-\square-4$$
$$=3(x+\square)^2-\square$$

➡ 그래프의 축의 방정식은 $x=\square$이고, 꼭짓점의 좌표는 $(\square,\ \square)$이다.

3 $y=-4x^2+4x-3$

$$y=-4x^2+4x-3$$
$$=-4(x^2-x)-3$$
$$=-4\left(x^2-x+\frac{1}{\square}-\frac{1}{\square}\right)-3$$
$$=-4\left(x^2-x+\frac{1}{\square}\right)+\square-3$$
$$=-4\left(x-\frac{1}{\square}\right)^2-\square$$

➡ 그래프의 축의 방정식은 $x=\dfrac{1}{\square}$이고, 꼭짓점의 좌표는 $\left(\dfrac{1}{\square},\ \square\right)$이다.

주어진 이차함수의 식을 $y=a(x-p)^2+q$ 꼴로 나타내고, 다음을 구하시오. (단, a, p, q는 상수)

4 $y=x^2+4x+6$ ➡ _____

(1) 꼭짓점의 좌표

(2) 축의 방정식

(3) y축과의 교점의 좌표

5 $y=-x^2-8x-18$ ➡ _____

(1) 꼭짓점의 좌표

(2) 축의 방정식

(3) y축과의 교점의 좌표

6 $y=-\dfrac{1}{5}x^2+2x-5$ ➡ _____

(1) 꼭짓점의 좌표

(2) 축의 방정식

(3) y축과의 교점의 좌표

7 $y=-2x^2+4x-1$ ➡ _____

(1) 꼭짓점의 좌표

(2) 축의 방정식

(3) y축과의 교점의 좌표

8 $y=-\dfrac{2}{3}x^2-2x+2$ ➡ _____

(1) 꼭짓점의 좌표

(2) 축의 방정식

(3) y축과의 교점의 좌표

이차함수 $y=ax^2+bx+c$의 그래프에서 a, b, c의 부호

이차함수 $y=ax^2+bx+c$의 그래프가 다음 그림과 같을 때, ○ 안에 >, =, < 중 알맞은 것을 써넣으시오.

(단, a, b, c는 상수)

9

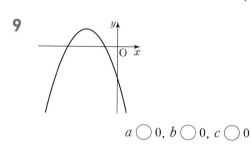

$a\bigcirc 0,\ b\bigcirc 0,\ c\bigcirc 0$

10

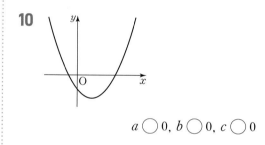

$a\bigcirc 0,\ b\bigcirc 0,\ c\bigcirc 0$

11

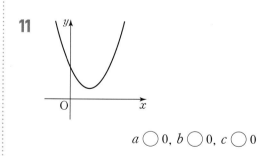

$a\bigcirc 0,\ b\bigcirc 0,\ c\bigcirc 0$

12

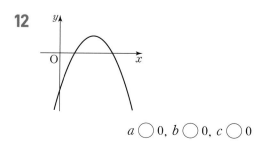

$a\bigcirc 0,\ b\bigcirc 0,\ c\bigcirc 0$

이차함수의 식 구하기

▶ 다음 포물선을 그래프로 하는 이차함수의 식을 구하시오.

13 꼭짓점의 좌표가 $(1, 2)$이고, 점 $(2, 5)$를 지나는 포물선

> 이차함수의 식을 $y=a(x-1)^2+2$로 놓으면 이 그래프가 점 $(2, 5)$를 지나므로
> $\boxed{}=a+2,\ a=\boxed{}$
> 따라서 구하는 이차함수의 식은
> $y=\boxed{}$

14 꼭짓점의 좌표가 $(1, -4)$이고, 점 $(0, -3)$을 지나는 포물선

15 꼭짓점의 좌표가 $(3, 3)$이고, 점 $(2, 2)$를 지나는 포물선

▶ 다음 포물선을 그래프로 하는 이차함수의 식을 구하시오.

16 축의 방정식이 $x=-5$이고, 두 점 $(-4, -1)$, $(-3, 5)$를 지나는 포물선

> 이차함수의 식을 $y=a(x+5)^2+q$로 놓으면 이 그래프가 두 점 $(-4, -1)$, $(-3, 5)$를 지나므로
> $-1=a+q,\ 5=\boxed{}a+q$
> 위의 두 식을 연립하여 풀면
> $a=\boxed{},\ q=\boxed{}$
> 따라서 구하는 이차함수의 식은
> $y=\boxed{}$

17 축의 방정식이 $x=2$이고, 두 점 $(0, -17)$, $(1, -5)$를 지나는 포물선

▶ 다음 포물선을 그래프로 하는 이차함수의 식을 구하시오.

18 세 점 $(-1, 4)$, $(0, 2)$, $(1, 6)$을 지나는 포물선

> 이차함수의 식을 $y=ax^2+bx+c$로 놓으면 이 그래프가 점 $(0, 2)$를 지나므로 $c=\boxed{}$
> $y=ax^2+bx+\boxed{}$의 그래프가 두 점 $(-1, 4)$, $(1, 6)$을 지나므로
> $4=a-b+\boxed{},\ 6=a+b+\boxed{}$
> 위의 두 식을 연립하여 풀면
> $a=\boxed{},\ b=\boxed{}$
> 따라서 구하는 이차함수의 식은
> $y=\boxed{}$

19 점 $(-1, 9)$, $(0, 4)$, $(1, 1)$을 지나는 포물선

20 점 $(-1, -6)$, $(0, -5)$, $(1, 0)$을 지나는 포물선

▶ 다음 포물선을 그래프로 하는 이차함수의 식을 $y=ax^2+bx+c$ 꼴로 나타내시오.

21 x축과 두 점 $(-4, 0)$, $(2, 0)$에서 만나고, 점 $(-1, 9)$를 지나는 포물선

> 이차함수의 식을 $y=a(x+4)(x-\boxed{})$로 놓으면 이 그래프가 점 $(-1, 9)$를 지나므로
> $9=\boxed{}a,\ a=\boxed{}$
> 따라서 구하는 이차함수의 식은
> $y=\boxed{}$

22 x축과 두 점 $(2, 0)$, $(6, 0)$에서 만나고, 점 $(4, -8)$을 지나는 포물선

소단원 유형 익히기

정답과 풀이 ★ 66쪽

유형 19 이차함수 $y=ax^2+bx+c$를 $y=a(x-p)^2+q$ 꼴로 고치기

이차함수 $y=ax^2+bx+c$에서
① 이차항과 일차항을 x^2의 계수로 묶는다.
② ①의 묶은 부분에 적당한 수를 더하고 빼서 (완전제곱식)+(상수) 꼴이 되게 한다.

예 $y=2x^2+4x+1=2(x^2+2x)+1$
$\qquad =2(x^2+2x+1-1)+1$
$\qquad =2(x^2+2x+1)-2+1$
$\qquad =2(x+1)^2-1$

1

다음 중에서 이차함수 $y=-\dfrac{1}{2}x^2-4x-7$을 $y=a(x-p)^2+q$ 꼴로 바르게 나타낸 것은? (단, a, p, q는 상수)

① $y=\dfrac{1}{2}(x-1)^2-4$

② $y=-\dfrac{1}{2}(x+4)^2+1$

③ $y=\dfrac{1}{2}(x+2)^2+1$

④ $y=-\dfrac{1}{2}(x+1)^2-4$

⑤ $y=-2(x+4)^2+1$

2 대표

다음 이차함수의 식을 $y=a(x-p)^2+q$ 꼴로 나타낼 때, 상수 a, p, q에 대하여 apq의 값을 구하시오.

$$y=-3x^2+6x-8$$

3

다음 중 이차함수의 식을 $y=a(x-p)^2+q$ 꼴로 <u>잘못</u> 나타낸 것은? (단, a, p, q는 상수)

① $y=3x^2+6x+1 \Rightarrow y=3(x+1)^2-2$

② $y=-\dfrac{1}{3}x^2+2x-1 \Rightarrow y=-\dfrac{1}{3}(x+3)^2-1$

③ $y=-x^2-10x-15 \Rightarrow y=-(x+5)^2+10$

④ $y=\dfrac{1}{2}x^2-4x+1 \Rightarrow y=\dfrac{1}{2}(x-4)^2-7$

⑤ $y=2x^2+8x+6 \Rightarrow y=2(x+2)^2-2$

유형 20 이차함수 $y=ax^2+bx+c$의 그래프의 꼭짓점의 좌표와 축의 방정식

이차함수 $y=ax^2+bx+c=a\left(x+\dfrac{b}{2a}\right)^2-\dfrac{b^2-4ac}{4a}$의 그래프에서

(1) 꼭짓점의 좌표: $\left(-\dfrac{b}{2a},\ -\dfrac{b^2-4ac}{4a}\right)$

(2) 축의 방정식: $x=-\dfrac{b}{2a}$

4 대표

이차함수 $y=3x^2-18x+15$의 그래프의 꼭짓점의 좌표가 $(a,\ b)$, 축의 방정식이 $x=c$일 때, $a+b+c$의 값은?

① -9 ② -8 ③ -6

④ 6 ⑤ 9

5

다음 이차함수 중 그래프의 꼭짓점이 제1사분면 위에 있는 것은?

① $y=x^2+2x+4$

② $y=-x^2+2x$

③ $y=-x^2-2x-6$

④ $y=x^2+x-\dfrac{3}{4}$

⑤ $y=-2x^2-2x-\dfrac{3}{2}$

6 서술형

이차함수 $y=x^2+2kx-2$의 그래프의 축의 방정식이 $x=-3$일 때, 상수 k의 값을 구하시오.

유형 21 이차함수 $y=ax^2+bx+c$의 그래프 그리기

① 이차함수 $y=ax^2+bx+c$를 $y=a(x-p)^2+q$ 꼴로 고쳐 그래프의 꼭짓점의 좌표를 구한다.
➡ 꼭짓점의 좌표: (p, q)
② a의 부호로 그래프의 모양을 결정한다.
➡ $a>0$이면 아래로 볼록, $a<0$이면 위로 볼록
③ y축과의 교점의 좌표를 지나는 포물선을 그린다.
➡ y축과의 교점의 좌표: $(0, c)$

유형 22 이차함수 $y=ax^2+bx+c$의 그래프의 증가·감소

이차함수 $y=ax^2+bx+c$의 그래프의 증가·감소는 이차함수 $y=a(x-p)^2+q$ 꼴로 나타내었을 때, 축의 방정식인 $x=p$를 기준으로 나뉜다.
(1) $a>0$일 때   (2) $a<0$일 때

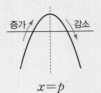

7. 대표

다음 중에서 이차함수 $y=-2x^2+4x+1$의 그래프는?

① 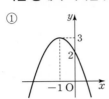 ② ③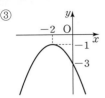

④ 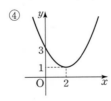 ⑤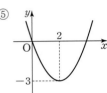

10. 대표

이차함수 $y=\frac{1}{4}x^2-x+2$의 그래프에서 x의 값이 증가할 때 y의 값도 증가하는 x의 값의 범위는?

① $x<-2$ ② $x<-1$ ③ $x<2$
④ $x>1$ ⑤ $x>2$

8.

다음 보기 에서 이차함수 $y=\frac{1}{3}x^2+2x+1$의 그래프가 지나지 <u>않는</u> 사분면을 고르시오.

보기
ㄱ. 제1사분면   ㄴ. 제2사분면
ㄷ. 제3사분면   ㄹ. 제4사분면

11.

다음 이차함수의 그래프 중 $x=-1$을 기준으로 함수의 증가·감소가 바뀌는 것은?

① $y=x^2+4x+3$ ② $y=-x^2+2x-6$
③ $y=\frac{1}{2}x^2+x-\frac{5}{2}$ ④ $y=2x^2-4x+1$
⑤ $y=-3x^2+18x-13$

9. 신유형

오른쪽 그림은 주희와 동수가 두 이차함수 $y=3x^2-12x+13$과 $y=-x^2+2px-q$의 그래프를 각각 그린 것이다. 동수의 말을 읽고 상수 p, q의 값을 각각 구하시오.

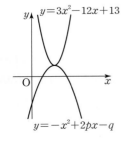

두 그래프의 꼭짓점이 일치해!

동수

12. 서술형

이차함수 $y=x^2+4kx-3$의 그래프가 점 $(1, 2)$를 지난다. 이 그래프에서 x의 값이 증가할 때 y의 값은 감소하는 x의 값의 범위를 구하시오. (단, k는 상수)

유형 23 이차함수 $y=ax^2+bx+c$의 그래프와 x축, y축과의 교점

이차함수 $y=ax^2+bx+c$의 그래프에서
(1) x축과 만나는 점의 x좌표는 $y=0$을 대입한 이차방정식 $ax^2+bx+c=0$의 해이다.
(2) y축과 만나는 점의 y좌표는 $x=0$을 대입하여 구한다.
예 이차함수 $y=x^2-3x+2$의 그래프에서
  • x축과 만나는 점의 x좌표:
    $y=0$을 대입하면 $x^2-3x+2=0$
    $(x-1)(x-2)=0$에서 $x=1$ 또는 $x=2$
  • y축과 만나는 점의 y좌표:
    $x=0$을 대입하면 $y=2$

13 대표

이차함수 $y=-x^2+x+6$의 그래프가 x축과 만나는 점의 x좌표가 각각 p, q이고, y축과 만나는 점의 y좌표가 r일 때, $p+q+r$의 값을 구하시오.

14

이차함수 $y=2x^2-7x+k$의 그래프가 점 $(1, -2)$를 지날 때, 이 그래프가 y축과 만나는 점의 y좌표는?

① -5 ② -3 ③ -1
④ 3 ⑤ 5

15 서술형

이차함수 $y=x^2+2x+k$의 그래프가 오른쪽 그림과 같을 때, 점 A의 좌표를 구하시오.
(단, a, b는 상수)

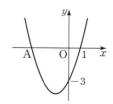

유형 24 이차함수 $y=ax^2+bx+c$의 그래프의 성질

(1) 그래프의 볼록한 모양은 a의 부호로 알 수 있다.
(2) 꼭짓점의 좌표와 축의 방정식은
    $y=a(x-p)^2+q$ 꼴로 고쳐 알 수 있다.
(3) x축과의 교점의 좌표는 이차방정식 $ax^2+bx+c=0$의 해를 구하여 알 수 있다.

16 대표

다음 중에서 이차함수 $y=x^2+8x+20$의 그래프에 대한 설명으로 옳지 <u>않은</u> 것은?

① 아래로 볼록한 포물선이다.
② 축의 방정식은 $x=-4$이다.
③ 꼭짓점의 좌표는 $(-4, 4)$이다.
④ x축과 서로 다른 두 점에서 만난다.
⑤ y축과의 교점의 좌표는 $(0, 20)$이다.

17

다음 보기 에서 이차함수 $y=-2x^2+4x-1$의 그래프에 대한 설명으로 옳은 것을 모두 고르시오.

보기
ㄱ. 제2사분면을 지난다.
ㄴ. 직선 $x=1$에 대칭이다.
ㄷ. 이차함수 $y=-2x^2$의 그래프를 x축의 방향으로 1만큼, y축의 방향으로 1만큼 평행이동한 것이다.

18 신유형

이차함수 $y=3x^2-12x+8$의 그래프에 대해 <u>잘못</u> 설명한 친구를 찾으시오.

수연: 꼭짓점은 제4사분면 위에 있어.
현우: y축과의 교점의 좌표는 $(0, 8)$이야.
은영: $x>-2$일 때, x의 값이 증가하면 y의 값도 증가해.

이차함수 $y=ax^2+bx+c$의 그래프의 평행이동

이차함수 $y=ax^2+bx+c$의 그래프를 x축의 방향으로 m만큼, y축의 방향으로 n만큼 평행이동한 그래프를 나타내는 이차함수의 식 구하기
① $y=ax^2+bx+c$를 $y=a(x-p)^2+q$ 꼴로 고친다.
② 평행이동한 그래프를 나타내는 이차함수의 식을 구한다.
➡ $y=a(x-m-p)^2+q+n$

19 대표

이차함수 $y=-\dfrac{1}{2}x^2+2x-3$의 그래프는 $y=ax^2$의 그래프를 x축의 방향으로 m만큼, y축의 방향으로 n만큼 평행이동한 것이다. 이때 $a+m+n$의 값은? (단, a는 상수)

① $-\dfrac{1}{2}$ ② 0 ③ $\dfrac{1}{2}$

④ 1 ⑤ 2

20

이차함수 $y=-\dfrac{1}{4}x^2+x-4$의 그래프를 x축의 방향으로 2만큼 평행이동한 그래프의 꼭짓점의 좌표는?

① $(-4, -3)$ ② $(-4, 3)$ ③ $(0, -3)$
④ $(4, -3)$ ⑤ $(4, 5)$

21 서술형

이차함수 $y=3x^2+6x+4$의 그래프를 x축의 방향으로 3만큼, y축의 방향으로 5만큼 평행이동한 그래프가 점 $(3, a)$를 지날 때, a의 값을 구하시오.

이차함수 $y=ax^2+bx+c$의 그래프에서 a, b, c의 부호

(1) a의 부호: 그래프의 모양으로 결정
  ① 아래로 볼록 ➡ $a>0$
  ② 위로 볼록 ➡ $a<0$
(2) b의 부호: 축의 위치로 결정
  ① 축이 y축의 왼쪽에 위치 ➡ $ab>0$
  ② 축이 y축의 오른쪽에 위치 ➡ $ab<0$
  ③ 축이 y축에 위치 ➡ $b=0$
(3) c의 부호: y축과의 교점의 위치로 결정
  ① y축과의 교점이 x축보다 위쪽 ➡ $c>0$
  ② y축과의 교점이 x축보다 아래쪽 ➡ $c<0$
  ③ y축과의 교점이 원점 ➡ $c=0$

22 대표

이차함수 $y=ax^2+bx+c$의 그래프가 오른쪽 그림과 같을 때, 상수 a, b, c의 부호는?

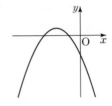

① $a>0$, $b>0$, $c>0$
② $a>0$, $b<0$, $c<0$
③ $a>0$, $b>0$, $c<0$
④ $a<0$, $b>0$, $c>0$
⑤ $a<0$, $b<0$, $c<0$

23

$a>0$, $b<0$, $c>0$일 때, 다음 중에서 이차함수 $y=ax^2+bx+c$의 그래프로 알맞은 것은?

① 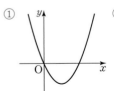   ② 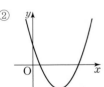   ③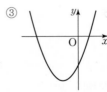

④ 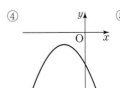   ⑤

24

일차함수 $y=ax+b$의 그래프가 오른쪽 그림과 같을 때, 다음 중에서 이차함수 $y=ax^2+bx-2$의 그래프로 알맞은 것은?

(단, a, b는 상수)

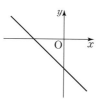

① 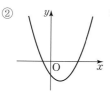 ② 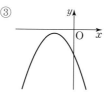 ③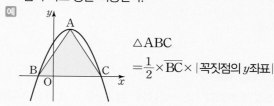

④ 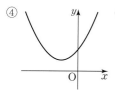 ⑤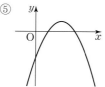

25

$a>0$, $b>0$, $c<0$일 때, 이차함수 $y=ax^2+bx+c$의 그래프의 꼭짓점이 있는 위치는?

① 원점
② 제1사분면
③ 제2사분면
④ 제3사분면
⑤ 제4사분면

26

이차함수 $y=ax^2+bx+c$의 그래프가 오른쪽 그림과 같을 때, 이차함수 $y=bx^2+cx+a$의 그래프가 지나는 사분면은? (단, a, b, c는 상수)

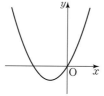

① 제1, 2사분면
② 제3, 4사분면
③ 제1, 2, 4사분면
④ 제2, 3, 4사분면
⑤ 모든 사분면

유형 27 이차함수 $y=ax^2+bx+c$의 그래프의 활용

(1) 그래프 위의 두 점 사이의 거리
➡ 좌표평면 위에 두 점을 나타내고 직각삼각형을 찾아 피타고라스 정리를 이용하여 구한다.

(2) 그래프 위의 세 점 A, B, C에서 삼각형의 넓이
➡ 꼭짓점의 좌표, x축과의 두 교점의 좌표, y축과의 교점의 좌표 등을 이용한다.

예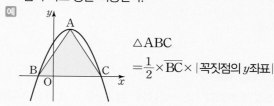

$$\triangle ABC = \frac{1}{2} \times \overline{BC} \times |\text{꼭짓점의 } y\text{좌표}|$$

27

이차함수 $y=\frac{1}{2}x^2-2x+5$의 그래프의 꼭짓점을 A, y축과의 교점을 B라 할 때, $\overline{AB}$의 길이를 구하시오.

28 대표

오른쪽 그림과 같이 이차함수 $y=-x^2-6x$의 그래프의 꼭짓점을 A라 하고, 그래프가 x축과 만나는 두 점을 각각 B, C라 할 때, $\triangle ABC$의 넓이는?

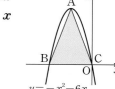

① 18
② 27
③ 36
④ 42
⑤ 54

29 서술형

오른쪽 그림과 같이 이차함수 $y=x^2-4x-5$의 그래프가 x축과 만나는 두 점을 각각 A, B라 하고, y축과 만나는 점을 C라 할 때, $\triangle ABC$의 넓이를 구하시오.

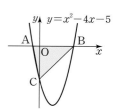

유형 28 이차함수의 식 구하기; 꼭짓점의 좌표와 다른 한 점의 좌표를 알 때

꼭짓점의 좌표 (p, q)와 그래프가 지나는 다른 한 점의 좌표가 주어진 포물선을 그래프로 하는 이차함수의 식을 구하는 경우
① 이차함수의 식을 $y=a(x-p)^2+q$로 놓는다.
② 다른 한 점의 좌표를 ①의 식에 대입하여 a의 값을 구한다.

유형 29 이차함수의 식 구하기; 축의 방정식과 두 점의 좌표를 알 때

축의 방정식 $x=p$와 그래프가 지나는 두 점의 좌표가 주어진 포물선을 그래프로 하는 이차함수의 식을 구하는 경우
① 이차함수의 식을 $y=a(x-p)^2+q$로 놓는다.
② 두 점의 좌표를 ①의 식에 각각 대입하여 a와 q의 값을 각각 구한다.

30 대표
꼭짓점의 좌표가 $(2, -3)$이고 점 $(-2, -11)$을 지나는 포물선을 그래프로 하는 이차함수의 식은?

① $y=-x^2+6x-4$
② $y=\dfrac{1}{4}x^2-2x+3$
③ $y=x^2+4x+2$
④ $y=-\dfrac{1}{2}x^2+2x-5$
⑤ $y=-2x^2+4x-1$

31 서술형
오른쪽 그림과 같이 꼭짓점이 x축 위에 있고, 점 $(-1, 1)$을 지나는 포물선을 그래프로 하는 이차함수의 식을 $y=a(x-p)^2+q$ 꼴로 나타낼 때, 상수 a, p, q에 대하여 $a+p+q$의 값을 구하시오.

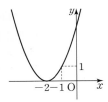

32
꼭짓점의 좌표가 $(1, 4)$이고 점 $(3, 0)$을 지나는 이차함수의 그래프가 y축과 만나는 점의 y좌표는?

① -1
② 1
③ 2
④ 3
⑤ 4

33 대표
이차함수 $y=ax^2+bx+c$의 그래프는 축의 방정식이 $x=1$이고, 두 점 $(-1, 8)$, $(2, -1)$을 지난다. 상수 a, b, c에 대하여 $a+b+c$의 값은?

① -5
② -4
③ -2
④ 2
⑤ 4

34
오른쪽 그림과 같이 직선 $x=2$를 축으로 하는 포물선을 그래프로 하는 이차함수의 식은?

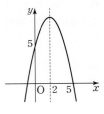

① $y=-x^2-4x+5$
② $y=-x^2+4x-5$
③ $y=-x^2+4x+5$
④ $y=x^2-4x+5$
⑤ $y=x^2+4x+5$

35
축의 방정식이 $x=-3$이고, 두 점 $\left(-2, \dfrac{4}{3}\right)$, $(0, 4)$를 지나는 이차함수의 그래프가 점 $(3, k)$를 지날 때, k의 값은?

① 9
② 10
③ 11
④ 12
⑤ 13

유형 30 이차함수의 식 구하기; 서로 다른 세 점의 좌표를 알 때

그래프가 지나는 서로 다른 세 점의 좌표가 주어진 포물선을 그래프로 하는 이차함수의 식을 구하는 경우
① 이차함수의 식을 $y=ax^2+bx+c$로 놓는다.
② 세 점의 좌표를 ①의 식에 각각 대입하여 a, b, c의 값을 구한다.

유형 31 이차함수의 식 구하기; x축과의 두 교점과 다른 한 점의 좌표를 알 때

x축과의 두 교점 $(\alpha, 0)$, $(\beta, 0)$과 그래프가 지나는 다른 한 점의 좌표가 주어진 포물선을 그래프로 하는 이차함수의 식을 구하는 경우
① 이차함수의 식을 $y=a(x-\alpha)(x-\beta)$로 놓는다.
② 다른 한 점의 좌표를 ①의 식에 대입하여 a의 값을 구한다.

36

세 점 $(-2, -14)$, $(-1, 0)$, $(0, 10)$을 지나는 포물선을 그래프로 하는 이차함수의 식은?

① $y=-x^2+4x+10$ ② $y=2x^2+8x-10$
③ $y=x^2-2x+5$ ④ $y=-2x^2+8x+10$
⑤ $y=-2x^2+10x+8$

39 대표

이차함수 $y=ax^2+bx+c$의 그래프가 x축과 두 점 $(-2, 0)$, $(1, 0)$에서 만나고, 점 $(-1, -4)$를 지난다. 상수 a, b, c에 대하여 abc의 값은?

① -16 ② -12 ③ -8
④ 10 ⑤ 16

37 대표

이차함수 $y=ax^2+bx+c$의 그래프가 세 점 $(0, -1)$, $(3, 2)$, $(5, -6)$을 지날 때, 상수 a, b, c에 대하여 $a+b+c$의 값은?

① -1 ② 0 ③ 1
④ 2 ⑤ 3

40

이차함수 $y=ax^2+bx+c$의 그래프가 오른쪽 그림과 같을 때, 상수 a, b, c의 값을 각각 구하시오.

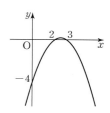

38 서술형

오른쪽 그림은 이차함수 $y=ax^2+bx+c$의 그래프이다. 이 이차함수의 그래프가 점 $(-1, k)$를 지날 때, k의 값을 구하시오.
(단, a, b, c는 상수)

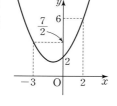

41 신유형

다음은 연아와 흥민이가 이차함수 $y=x^2+ax+b$의 그래프에 대하여 나누는 대화이다. 상수 a, b에 대하여 $a-b$의 값은?

> 연아: 이 그래프는 y축을 축으로 하네.
> 흥민: x축과 만나는 두 점 사이의 거리가 6이야.

① 3 ② 6 ③ 9
④ 12 ⑤ 15

중단원 핵심유형 테스트

1.

다음 중에서 y가 x에 대한 이차함수인 것은?

① $y = \dfrac{2}{x} - x$

② $y = x^2 - (2-x)^2$

③ $3x^2 + 2x + 1$

④ $y = -\dfrac{1}{x^2} - 2x + 3$

⑤ $y = x(3 - 2x)$

2.

이차함수 $f(x) = -x^2 + 4x - 2$에 대하여 $f(0)$, $f(-2)$의 값을 차례로 구하면?

① -2, -14　　② 2, -14　　③ -2, 10

④ 2, 10　　⑤ -2, -6

3.

이차함수 $y = 3x^2$의 그래프를 y축의 방향으로 4만큼 평행이동한 그래프가 점 $(1, k)$를 지날 때, k의 값은?

① 5　　② 6　　③ 7

④ 8　　⑤ 9

4.

이차함수 $y = -2(x+1)^2$의 그래프에서 x의 값이 증가할 때, y의 값도 증가하는 x의 값의 범위는?

① $x > 1$　　② $x > 0$　　③ $x > -1$

④ $x < -1$　　⑤ $x < 1$

5.

다음 이차함수의 그래프 중에서 꼭짓점의 좌표가 $(-2, 3)$인 것은?

① $y = -2x^2 + 3$

② $y = -2(x-2)^2 + 3$

③ $y = \dfrac{3}{2}(x+2)^2 + 3$

④ $y = -(x+2) - 3$

⑤ $y = \dfrac{2}{3}(x-2)^2 - 3$

6.

다음 보기의 이차함수 중에서 그 그래프를 평행이동하여 완전히 포갤 수 있는 것끼리 바르게 짝 지은 것은?

> **보기**
>
> ㄱ. $y = x^2 - 1$　　ㄴ. $y = -\dfrac{1}{2}(x-1)^2$
>
> ㄷ. $y = 3 - \dfrac{1}{2}x^2$　　ㄹ. $y = -2(x+1)^2 + 1$
>
> ㅁ. $y = 2x^2 + \dfrac{1}{2}$　　ㅂ. $y = -(x+1)^2 - 1$

① ㄱ과 ㅂ　　② ㄴ과 ㄷ　　③ ㄷ과 ㅁ

④ ㄹ과 ㅁ　　⑤ ㄹ과 ㅂ

7.

세 이차함수 $y = 2x^2$, $y = ax^2$, $y = \dfrac{1}{4}x^2$의 그래프가 아래 그림과 같을 때, 다음 중 상수 a의 값이 될 수 <u>없는</u> 것은?

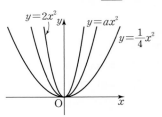

① $\dfrac{1}{2}$　　② 1　　③ $\dfrac{5}{4}$

④ $\dfrac{3}{2}$　　⑤ $\dfrac{9}{4}$

8 서술형

이차함수 $y=-3x^2$의 그래프는 점 $(2,\ a)$를 지나고, 이차함수 $y=bx^2$의 그래프와 x축에 서로 대칭이다. 이때 $a+b$의 값을 구하시오. (단, b는 상수)

9

오른쪽 그림은 두 이차함수 $y=x^2$과 $y=x^2+4$의 그래프이다. y축에 평행한 선분 PQ의 길이는?

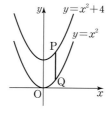

① 1   ② 2

③ 3   ④ 4

⑤ 5

10

다음 이차함수 중에서 그 그래프가 모든 사분면을 지나는 것은?

① $y=3x^2+1$ ② $y=-\dfrac{1}{3}(x+1)^2$

③ $y=(x-2)^2+1$ ④ $y=-2(x+2)^2+2$

⑤ $y=\dfrac{1}{2}(x-2)^2-4$

11

다음 중에서 이차함수 $y=-2(x+3)^2-5$의 그래프에 대한 설명으로 옳지 <u>않은</u> 것은?

① 위로 볼록한 포물선이다.

② 축의 방정식은 $x=-3$이다.

③ 꼭짓점의 좌표는 $(-3,\ -5)$이다.

④ y축과 만나는 점의 좌표는 $(0,\ -5)$이다.

⑤ 이차함수 $y=-2x^2$의 그래프를 x축의 방향으로 -3만큼, y축의 방향으로 -5만큼 평행이동한 것이다.

12

이차함수 $y=\dfrac{1}{2}x^2+x+2$의 그래프는 이차함수 $y=\dfrac{1}{2}x^2$의 그래프를 x축의 방향으로 m만큼, y축의 방향으로 n만큼 평행이동한 것이다. 이때 mn의 값은?

① -2 ② $-\dfrac{3}{2}$ ③ -1

④ $\dfrac{1}{2}$ ⑤ 4

13

이차함수 $y=2x^2-ax+5$의 그래프가 점 $(1,\ -1)$을 지날 때, 이 그래프의 축의 방정식은? (단, a는 상수)

① $x=-2$ ② $x=-1$ ③ $x=1$

④ $x=2$ ⑤ $x=3$

14

다음 보기 에서 이차함수 $y=-x^2-2x-2$의 그래프에 대한 설명으로 옳지 <u>않은</u> 것을 모두 고르시오.

> 보기
> ㄱ. 직선 $x=-1$에 대칭이다.
> ㄴ. y축과 점 $(0,\ -2)$에서 만난다.
> ㄷ. 제2, 3, 4사분면을 지난다.

15

이차함수 $y=ax^2-bx-c$의 그래프가 오른쪽 그림과 같을 때, 상수 a, b, c의 부호는?

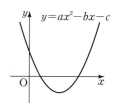

① $a>0,\ b>0,\ c>0$

② $a>0,\ b>0,\ c<0$

③ $a>0,\ b<0,\ c>0$

④ $a<0,\ b>0,\ c>0$

⑤ $a<0,\ b<0,\ c<0$

16

이차함수 $y=ax^2+bx+c$의 그래프가 오른쪽 그림과 같을 때, 상수 a, b, c에 대하여 $ab+c$의 값은?

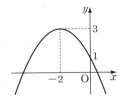

① 1   ② 2

③ 3   ④ 4

⑤ 5

17

축의 방정식이 $x=4$이고 두 점 $(0, 1)$, $(2, -2)$를 지나는 포물선이 있다. 다음 중 이 포물선을 그래프로 하는 이차함수의 식은?

① $y=4x^2-2x+1$ ② $y=-\dfrac{1}{4}x^2+x-2$

③ $y=-4x^2-4x+3$ ④ $y=\dfrac{1}{4}x^2-2x+1$

⑤ $y=x^2-4x-3$

18 서술형

두 이차함수 $y=-x^2-4x+a$, $y=2x^2+8x-5a$의 그래프의 꼭짓점이 일치할 때, 상수 a의 값을 구하시오.

19

이차함수 $y=a(x-1)^2+7$의 그래프를 x축에 대칭이동한 그래프가 점 $(-1, 5)$를 지날 때, 상수 a의 값은?

① -5 ② -3 ③ -1

④ 1   ⑤ 7

20

오른쪽 그림과 같이 이차함수 $y=-(x-1)^2+4$의 그래프가 y축과 만나는 점을 A, x축과 만나는 두 점을 각각 B, C라 할 때, △ABC의 넓이는?

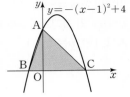

① 6   ② 8

③ 10   ④ 12

⑤ 15

21

현진이는 핸드폰 비밀번호를 다음 문제에서 a, b의 값을 각각 구해 $abab$의 네 자리 수로 설정해 놓았다. 문제를 풀어 현진이의 핸드폰 비밀번호를 아래 □ 안에 차례로 써넣으시오.

> 이차함수 $y=x^2+6x+10$의 그래프를 x축의 방향으로 a만큼, y축의 방향으로 b만큼 평행이동하면 $y=x^2+3$의 그래프와 일치한다. 이때 a, b의 값은?

22

y축과의 교점의 y좌표가 8이고, 두 점 $(-1, 3)$, $(2, 0)$을 지나는 포물선을 그래프로 하는 이차함수의 식을 $y=a(x-p)^2+q$라 할 때, 상수 a, p, q에 대하여 $ap+q$의 값을 구하시오.

제곱근표 1

수	0	1	2	3	4	5	6	7	8	9
1.0	1.000	1.005	1.010	1.015	1.020	1.025	1.030	1.034	1.039	1.044
1.1	1.049	1.054	1.058	1.063	1.068	1.072	1.077	1.082	1.086	1.091
1.2	1.095	1.100	1.105	1.109	1.114	1.118	1.122	1.127	1.131	1.136
1.3	1.140	1.145	1.149	1.153	1.158	1.162	1.166	1.170	1.175	1.179
1.4	1.183	1.187	1.192	1.196	1.200	1.204	1.208	1.212	1.217	1.221
1.5	1.225	1.229	1.233	1.237	1.241	1.245	1.249	1.253	1.257	1.261
1.6	1.265	1.269	1.273	1.277	1.281	1.285	1.288	1.292	1.296	1.300
1.7	1.304	1.308	1.311	1.315	1.319	1.323	1.327	1.330	1.334	1.338
1.8	1.342	1.345	1.349	1.353	1.356	1.360	1.364	1.367	1.371	1.375
1.9	1.378	1.382	1.386	1.389	1.393	1.396	1.400	1.404	1.407	1.411
2.0	1.414	1.418	1.421	1.425	1.428	1.432	1.435	1.439	1.442	1.446
2.1	1.449	1.453	1.456	1.459	1.463	1.466	1.470	1.473	1.476	1.480
2.2	1.483	1.487	1.490	1.493	1.497	1.500	1.503	1.507	1.510	1.513
2.3	1.517	1.520	1.523	1.526	1.530	1.533	1.536	1.539	1.543	1.546
2.4	1.549	1.552	1.556	1.559	1.562	1.565	1.568	1.572	1.575	1.578
2.5	1.581	1.584	1.587	1.591	1.594	1.597	1.600	1.603	1.606	1.609
2.6	1.612	1.616	1.619	1.622	1.625	1.628	1.631	1.634	1.637	1.640
2.7	1.643	1.646	1.649	1.652	1.655	1.658	1.661	1.664	1.667	1.670
2.8	1.673	1.676	1.679	1.682	1.685	1.688	1.691	1.694	1.697	1.700
2.9	1.703	1.706	1.709	1.712	1.715	1.718	1.720	1.723	1.726	1.729
3.0	1.732	1.735	1.738	1.741	1.744	1.746	1.749	1.752	1.755	1.758
3.1	1.761	1.764	1.766	1.769	1.772	1.775	1.778	1.780	1.783	1.786
3.2	1.789	1.792	1.794	1.797	1.800	1.803	1.806	1.808	1.811	1.814
3.3	1.817	1.819	1.822	1.825	1.828	1.830	1.833	1.836	1.838	1.841
3.4	1.844	1.847	1.849	1.852	1.855	1.857	1.860	1.863	1.865	1.868
3.5	1.871	1.873	1.876	1.879	1.881	1.884	1.887	1.889	1.892	1.895
3.6	1.897	1.900	1.903	1.905	1.908	1.910	1.913	1.916	1.918	1.921
3.7	1.924	1.926	1.929	1.931	1.934	1.936	1.939	1.942	1.944	1.947
3.8	1.949	1.952	1.954	1.957	1.960	1.962	1.965	1.967	1.970	1.972
3.9	1.975	1.977	1.980	1.982	1.985	1.987	1.990	1.992	1.995	1.997
4.0	2.000	2.002	2.005	2.007	2.010	2.012	2.015	2.017	2.020	2.022
4.1	2.025	2.027	2.030	2.032	2.035	2.037	2.040	2.042	2.045	2.047
4.2	2.049	2.052	2.054	2.057	2.059	2.062	2.064	2.066	2.069	2.071
4.3	2.074	2.076	2.078	2.081	2.083	2.086	2.088	2.090	2.093	2.095
4.4	2.098	2.100	2.102	2.105	2.107	2.110	2.112	2.114	2.117	2.119
4.5	2.121	2.124	2.126	2.128	2.131	2.133	2.135	2.138	2.140	2.142
4.6	2.145	2.147	2.149	2.152	2.154	2.156	2.159	2.161	2.163	2.166
4.7	2.168	2.170	2.173	2.175	2.177	2.179	2.182	2.184	2.186	2.189
4.8	2.191	2.193	2.195	2.198	2.200	2.202	2.205	2.207	2.209	2.211
4.9	2.214	2.216	2.218	2.220	2.223	2.225	2.227	2.229	2.232	2.234
5.0	2.236	2.238	2.241	2.243	2.245	2.247	2.249	2.252	2.254	2.256
5.1	2.258	2.261	2.263	2.265	2.267	2.269	2.272	2.274	2.276	2.278
5.2	2.280	2.283	2.285	2.287	2.289	2.291	2.293	2.296	2.298	2.300
5.3	2.302	2.304	2.307	2.309	2.311	2.313	2.315	2.317	2.319	2.322
5.4	2.324	2.326	2.328	2.330	2.332	2.335	2.337	2.339	2.341	2.343
5.5	2.345	2.347	2.349	2.352	2.354	2.356	2.358	2.360	2.362	2.364
5.6	2.366	2.369	2.371	2.373	2.375	2.377	2.379	2.381	2.383	2.385
5.7	2.387	2.390	2.392	2.394	2.396	2.398	2.400	2.402	2.404	2.406
5.8	2.408	2.410	2.412	2.415	2.417	2.419	2.421	2.423	2.425	2.427
5.9	2.429	2.431	2.433	2.435	2.437	2.439	2.441	2.443	2.445	2.447
6.0	2.449	2.452	2.454	2.456	2.458	2.460	2.462	2.464	2.466	2.468
6.1	2.470	2.472	2.474	2.476	2.478	2.480	2.482	2.484	2.486	2.488
6.2	2.490	2.492	2.494	2.496	2.498	2.500	2.502	2.504	2.506	2.508
6.3	2.510	2.512	2.514	2.516	2.518	2.520	2.522	2.524	2.526	2.528
6.4	2.530	2.532	2.534	2.536	2.538	2.540	2.542	2.544	2.546	2.548
6.5	2.550	2.551	2.553	2.555	2.557	2.559	2.561	2.563	2.565	2.567
6.6	2.569	2.571	2.573	2.575	2.577	2.579	2.581	2.583	2.585	2.587
6.7	2.588	2.590	2.592	2.594	2.596	2.598	2.600	2.602	2.604	2.606
6.8	2.608	2.610	2.612	2.613	2.615	2.617	2.619	2.621	2.623	2.625
6.9	2.627	2.629	2.631	2.632	2.634	2.636	2.638	2.640	2.642	2.644
7.0	2.646	2.648	2.650	2.651	2.653	2.655	2.657	2.659	2.661	2.663
7.1	2.665	2.666	2.668	2.670	2.672	2.674	2.676	2.678	2.680	2.681
7.2	2.683	2.685	2.687	2.689	2.691	2.693	2.694	2.696	2.698	2.700
7.3	2.702	2.704	2.706	2.707	2.709	2.711	2.713	2.715	2.717	2.718
7.4	2.720	2.722	2.724	2.726	2.728	2.729	2.731	2.733	2.735	2.737
7.5	2.739	2.740	2.742	2.744	2.746	2.748	2.750	2.751	2.753	2.755
7.6	2.757	2.759	2.760	2.762	2.764	2.766	2.768	2.769	2.771	2.773
7.7	2.775	2.777	2.778	2.780	2.782	2.784	2.786	2.787	2.789	2.791
7.8	2.793	2.795	2.796	2.798	2.800	2.802	2.804	2.805	2.807	2.809
7.9	2.811	2.812	2.814	2.816	2.818	2.820	2.821	2.823	2.825	2.827
8.0	2.828	2.830	2.832	2.834	2.835	2.837	2.839	2.841	2.843	2.844
8.1	2.846	2.848	2.850	2.851	2.853	2.855	2.857	2.858	2.860	2.862
8.2	2.864	2.865	2.867	2.869	2.871	2.872	2.874	2.876	2.877	2.879
8.3	2.881	2.883	2.884	2.886	2.888	2.890	2.891	2.893	2.895	2.897
8.4	2.898	2.900	2.902	2.903	2.905	2.907	2.909	2.910	2.912	2.914
8.5	2.915	2.917	2.919	2.921	2.922	2.924	2.926	2.927	2.929	2.931
8.6	2.933	2.934	2.936	2.938	2.939	2.941	2.943	2.944	2.946	2.948
8.7	2.950	2.951	2.953	2.955	2.956	2.958	2.960	2.961	2.963	2.965
8.8	2.966	2.968	2.970	2.972	2.973	2.975	2.977	2.978	2.980	2.982
8.9	2.983	2.985	2.987	2.988	2.990	2.992	2.993	2.995	2.997	2.998
9.0	3.000	3.002	3.003	3.005	3.007	3.008	3.010	3.012	3.013	3.015
9.1	3.017	3.018	3.020	3.022	3.023	3.025	3.027	3.028	3.030	3.032
9.2	3.033	3.035	3.036	3.038	3.040	3.041	3.043	3.045	3.046	3.048
9.3	3.050	3.051	3.053	3.055	3.056	3.058	3.059	3.061	3.063	3.064
9.4	3.066	3.068	3.069	3.071	3.072	3.074	3.076	3.077	3.079	3.081
9.5	3.082	3.084	3.085	3.087	3.089	3.090	3.092	3.094	3.095	3.097
9.6	3.098	3.100	3.102	3.103	3.105	3.106	3.108	3.110	3.111	3.113
9.7	3.114	3.116	3.118	3.119	3.121	3.122	3.124	3.126	3.127	3.129
9.8	3.130	3.132	3.134	3.135	3.137	3.138	3.140	3.142	3.143	3.145
9.9	3.146	3.148	3.150	3.151	3.153	3.154	3.156	3.158	3.159	3.161

제곱근표 2

수	0	1	2	3	4	5	6	7	8	9
10	3.162	3.178	3.194	3.209	3.225	3.240	3.256	3.271	3.286	3.302
11	3.317	3.332	3.347	3.362	3.376	3.391	3.406	3.421	3.435	3.450
12	3.464	3.479	3.493	3.507	3.521	3.536	3.550	3.564	3.578	3.592
13	3.606	3.619	3.633	3.647	3.661	3.674	3.688	3.701	3.715	3.728
14	3.742	3.755	3.768	3.782	3.795	3.808	3.821	3.834	3.847	3.860
15	3.873	3.886	3.899	3.912	3.924	3.937	3.950	3.962	3.975	3.987
16	4.000	4.012	4.025	4.037	4.050	4.062	4.074	4.087	4.099	4.111
17	4.123	4.135	4.147	4.159	4.171	4.183	4.195	4.207	4.219	4.231
18	4.243	4.254	4.266	4.278	4.290	4.301	4.313	4.324	4.336	4.347
19	4.359	4.370	4.382	4.393	4.405	4.416	4.427	4.438	4.450	4.461
20	4.472	4.483	4.494	4.506	4.517	4.528	4.539	4.550	4.561	4.572
21	4.583	4.593	4.604	4.615	4.626	4.637	4.648	4.658	4.669	4.680
22	4.690	4.701	4.712	4.722	4.733	4.743	4.754	4.764	4.775	4.785
23	4.796	4.806	4.817	4.827	4.837	4.848	4.858	4.868	4.879	4.889
24	4.899	4.909	4.919	4.930	4.940	4.950	4.960	4.970	4.980	4.990
25	5.000	5.010	5.020	5.030	5.040	5.050	5.060	5.070	5.079	5.089
26	5.099	5.109	5.119	5.128	5.138	5.148	5.158	5.167	5.177	5.187
27	5.196	5.206	5.215	5.225	5.235	5.244	5.254	5.263	5.273	5.282
28	5.292	5.301	5.310	5.320	5.329	5.339	5.348	5.357	5.367	5.376
29	5.385	5.394	5.404	5.413	5.422	5.431	5.441	5.450	5.459	5.468
30	5.477	5.486	5.495	5.505	5.514	5.523	5.532	5.541	5.550	5.559
31	5.568	5.577	5.586	5.595	5.604	5.612	5.621	5.630	5.639	5.648
32	5.657	5.666	5.675	5.683	5.692	5.701	5.710	5.718	5.727	5.736
33	5.745	5.753	5.762	5.771	5.779	5.788	5.797	5.805	5.814	5.822
34	5.831	5.840	5.848	5.857	5.865	5.874	5.882	5.891	5.899	5.908
35	5.916	5.925	5.933	5.941	5.950	5.958	5.967	5.975	5.983	5.992
36	6.000	6.008	6.017	6.025	6.033	6.042	6.050	6.058	6.066	6.075
37	6.083	6.091	6.099	6.107	6.116	6.124	6.132	6.140	6.148	6.156
38	6.164	6.173	6.181	6.189	6.197	6.205	6.213	6.221	6.229	6.237
39	6.245	6.253	6.261	6.269	6.277	6.285	6.293	6.301	6.309	6.317
40	6.325	6.332	6.340	6.348	6.356	6.364	6.372	6.380	6.387	6.395
41	6.403	6.411	6.419	6.427	6.434	6.442	6.450	6.458	6.465	6.473
42	6.481	6.488	6.496	6.504	6.512	6.519	6.527	6.535	6.542	6.550
43	6.557	6.565	6.573	6.580	6.588	6.595	6.603	6.611	6.618	6.626
44	6.633	6.641	6.648	6.656	6.663	6.671	6.678	6.686	6.693	6.701
45	6.708	6.716	6.723	6.731	6.738	6.745	6.753	6.760	6.768	6.775
46	6.782	6.790	6.797	6.804	6.812	6.819	6.826	6.834	6.841	6.848
47	6.856	6.863	6.870	6.877	6.885	6.892	6.899	6.907	6.914	6.921
48	6.928	6.935	6.943	6.950	6.957	6.964	6.971	6.979	6.986	6.993
49	7.000	7.007	7.014	7.021	7.029	7.036	7.043	7.050	7.057	7.064
50	7.071	7.078	7.085	7.092	7.099	7.106	7.113	7.120	7.127	7.134
51	7.141	7.148	7.155	7.162	7.169	7.176	7.183	7.190	7.197	7.204
52	7.211	7.218	7.225	7.232	7.239	7.246	7.253	7.259	7.266	7.273
53	7.280	7.287	7.294	7.301	7.308	7.314	7.321	7.328	7.335	7.342
54	7.348	7.355	7.362	7.369	7.376	7.382	7.389	7.396	7.403	7.409

수	0	1	2	3	4	5	6	7	8	9
55	7.416	7.423	7.430	7.436	7.443	7.450	7.457	7.463	7.470	7.477
56	7.483	7.490	7.497	7.503	7.510	7.517	7.523	7.530	7.537	7.543
57	7.550	7.556	7.563	7.570	7.576	7.583	7.589	7.596	7.603	7.609
58	7.616	7.622	7.629	7.635	7.642	7.649	7.655	7.662	7.668	7.675
59	7.681	7.688	7.694	7.701	7.707	7.714	7.720	7.727	7.733	7.740
60	7.746	7.752	7.759	7.765	7.772	7.778	7.785	7.791	7.797	7.804
61	7.810	7.817	7.823	7.829	7.836	7.842	7.849	7.855	7.861	7.868
62	7.874	7.880	7.887	7.893	7.899	7.906	7.912	7.918	7.925	7.931
63	7.937	7.944	7.950	7.956	7.962	7.969	7.975	7.981	7.987	7.994
64	8.000	8.006	8.012	8.019	8.025	8.031	8.037	8.044	8.050	8.056
65	8.062	8.068	8.075	8.081	8.087	8.093	8.099	8.106	8.112	8.118
66	8.124	8.130	8.136	8.142	8.149	8.155	8.161	8.167	8.173	8.179
67	8.185	8.191	8.198	8.204	8.210	8.216	8.222	8.228	8.234	8.240
68	8.246	8.252	8.258	8.264	8.270	8.276	8.283	8.289	8.295	8.301
69	8.307	8.313	8.319	8.325	8.331	8.337	8.343	8.349	8.355	8.361
70	8.367	8.373	8.379	8.385	8.390	8.396	8.402	8.408	8.414	8.420
71	8.426	8.432	8.438	8.444	8.450	8.456	8.462	8.468	8.473	8.479
72	8.485	8.491	8.497	8.503	8.509	8.515	8.521	8.526	8.532	8.538
73	8.544	8.550	8.556	8.562	8.567	8.573	8.579	8.585	8.591	8.597
74	8.602	8.608	8.614	8.620	8.626	8.631	8.637	8.643	8.649	8.654
75	8.660	8.666	8.672	8.678	8.683	8.689	8.695	8.701	8.706	8.712
76	8.718	8.724	8.729	8.735	8.741	8.746	8.752	8.758	8.764	8.769
77	8.775	8.781	8.786	8.792	8.798	8.803	8.809	8.815	8.820	8.826
78	8.832	8.837	8.843	8.849	8.854	8.860	8.866	8.871	8.877	8.883
79	8.888	8.894	8.899	8.905	8.911	8.916	8.922	8.927	8.933	8.939
80	8.944	8.950	8.955	8.961	8.967	8.972	8.978	8.983	8.989	8.994
81	9.000	9.006	9.011	9.017	9.022	9.028	9.033	9.039	9.044	9.050
82	9.055	9.061	9.066	9.072	9.077	9.083	9.088	9.094	9.099	9.105
83	9.110	9.116	9.121	9.127	9.132	9.138	9.143	9.149	9.154	9.160
84	9.165	9.171	9.176	9.182	9.187	9.192	9.198	9.203	9.209	9.214
85	9.220	9.225	9.230	9.236	9.241	9.247	9.252	9.257	9.263	9.268
86	9.274	9.279	9.284	9.290	9.295	9.301	9.306	9.311	9.317	9.322
87	9.327	9.333	9.338	9.343	9.349	9.354	9.359	9.365	9.370	9.375
88	9.381	9.386	9.391	9.397	9.402	9.407	9.413	9.418	9.423	9.429
89	9.434	9.439	9.445	9.450	9.455	9.460	9.466	9.471	9.476	9.482
90	9.487	9.492	9.497	9.503	9.508	9.513	9.518	9.524	9.529	9.534
91	9.539	9.545	9.550	9.555	9.560	9.566	9.571	9.576	9.581	9.586
92	9.592	9.597	9.602	9.607	9.612	9.618	9.623	9.628	9.633	9.638
93	9.644	9.649	9.654	9.659	9.664	9.670	9.675	9.680	9.685	9.690
94	9.695	9.701	9.706	9.711	9.716	9.721	9.726	9.731	9.737	9.742
95	9.747	9.752	9.757	9.762	9.767	9.772	9.778	9.783	9.788	9.793
96	9.798	9.803	9.808	9.813	9.818	9.823	9.829	9.834	9.839	9.844
97	9.849	9.854	9.859	9.864	9.869	9.874	9.879	9.884	9.889	9.894
98	9.899	9.905	9.910	9.915	9.920	9.925	9.930	9.935	9.940	9.945
99	9.950	9.955	9.960	9.965	9.970	9.975	9.980	9.985	9.990	9.995

- ✦ 원리 학습을 기반으로 한
  중학 과학의 새로운 패러다임

- ✦ 학교 시험 족보 분석으로
  내신 시험도 완벽 대비

EBS No.1 과목 특화 브랜드

원 리 학 습 으 로 완 성 하 는 과 학

비욘드

개념 탐구 적용 실전

체계적인 실험 분석 + 모든 유형 적용

✦ **시리즈 구성** ✦

중학 과학 1-1	중학 과학 1-2
중학 과학 2-1	중학 과학 2-2
중학 과학 3-1	중학 과학 3-2

수학
마스터

중학 수학의 첫 유형 학습

유형 β
베타

정답과 풀이

중학 수학

3·1

Contents / 이 책의 차례

1 빠른 정답

2 정답과 풀이

빠른 정답

1. 제곱근과 실수

01. 제곱근의 뜻과 성질 | 8~9쪽 |

제곱근의 뜻

1 3, −3 2 15, −15 3 $\frac{1}{4}$, $-\frac{1}{4}$ 4 0.2, −0.2

5 $\pm\sqrt{8}$ 6 $\pm\sqrt{24}$ 7 $\pm\sqrt{1.9}$ 8 $\pm\sqrt{\frac{11}{15}}$ 9 $\sqrt{14}$

10 $-\sqrt{\frac{1}{6}}$ 11 $\sqrt{23}$ 12 $\sqrt{0.5}$

제곱근의 성질

13 7 14 10 15 21 16 3.5 17 5
18 −1 19 4 20 −2 21 10 22 −1
23 −7 24 1 25 $7x$ 26 $-2x$ 27 $x-3$
28 $-x+2$ 29 $x+1$ 30 $-x-5$

제곱근의 대소 관계

31 < 32 > 33 > 34 > 35 >
36 >

소단원 유형 익히기 | 10~17쪽 |

1 ③ 2 ② 3 4 4 ② 5 ③, ④
6 ㄱ, ㄷ, ㄹ 7 2 8 ⑤ 9 ㄴ, ㄷ 10 ①, ④
11 10 12 14 13 $\sqrt{52}$ 14 $\sqrt{15}$ 15 4 cm
16 ④ 17 ⑤ 18 −4 19 ② 20 ③, ⑤
21 4 22 ③ 23 ④ 24 $-\sqrt{81a^2}$ 25 ③
26 ④ 27 $27ab$ 28 ⑤ 29 ① 30 $-2a$
31 6 32 ④ 33 3 34 ① 35 12
36 4 37 3 38 5 39 ⑤ 40 ⑤
41 $-\sqrt{10}$ 42 (1) $\frac{1}{x}$, $\sqrt{\frac{1}{x}}$, $\sqrt{x}$, x (2) x, $\sqrt{x}$, $\sqrt{\frac{1}{x}}$, $\frac{1}{x}$
43 4 44 ④ 45 22 46 ④ 47 2
48 ④

02. 무리수와 실수 | 18~19쪽 |

무리수와 실수

1 유 2 유 3 무 4 무 5 무
6 $\sqrt{4}$ 7 $\sqrt{4}$, $1.0\dot{6}\dot{7}$, $\frac{3}{11}$ 8 $-\sqrt{1.5}$, $-\sqrt{37}$
9 $-\sqrt{1.5}$, $\sqrt{4}$, $1.0\dot{6}\dot{7}$, $\frac{3}{11}$, $-\sqrt{37}$

실수의 대소 관계

10 (1) $\sqrt{10}$ (2) $-2+\sqrt{10}$ 11 (1) $\sqrt{29}$ (2) $6-\sqrt{29}$ 12 ×
13 ○ 14 ○ 15 > 16 > 17 <
18 > 19 2, $\sqrt{8}-2$ 20 4, $\sqrt{23}-4$
21 6, $\sqrt{44}-6$ 22 7, $\sqrt{57}-7$
23 9, $\sqrt{85}-9$

소단원 유형 익히기 | 20~25쪽 |

1 ③, ⑤ 2 ㄱ, ㄹ 3 3개 4 ③, ⑤ 5 ①, ②
6 ④ 7 ㄴ, ㄷ 8 ⑤ 9 ㄷ 10 $2-\sqrt{8}$
11 $1+\sqrt{10}$ 12 ⑤ 13 점 B 14 $4+\sqrt{17}$
15 풀이 15쪽 참조 16 ⑤ 17 ③, ⑤ 18 ㄱ, ㄷ
19 ⑤ 20 점 D 21 ⑤ 22 점 C 23 $1+8\pi$
24 ⑤, ③ 25 B: $4-\sqrt{2}$, D: $\sqrt{33}$ 26 ⑤ 27 ②
28 15 29 ⑤
30 (1) $4-\sqrt{7}<2$ (2) $-8+\sqrt{10}<-8+\sqrt{13}$
31 A: $-\sqrt{7}$, B: $\sqrt{2}-3$, C: $4-\sqrt{3}$, D: $\sqrt{12}$
   $-\sqrt{7}<\sqrt{2}-3<4-\sqrt{3}<\sqrt{12}$
32 ⑤ 33 −10 34 ① 35 ③ 36 ③
37 $\sqrt{6}$ 38 $-1-\sqrt{3}$

중단원 핵심유형 테스트 | 26~27쪽 |

1 ③ 2 ③ 3 ①, ⑤ 4 5 5 $2x-6$
6 3 7 −2 8 ③ 9 2
10 P: $-3-\sqrt{18}$, Q: $-3+\sqrt{18}$ 11 ⑤ 12 ③
13 ③ 14 $\sqrt{5}$ 15 $-3a$ 16 79

2. 근호를 포함한 식의 계산

01. 근호를 포함한 식의 계산 (1) | 30~31쪽 |

제곱근의 곱셈과 나눗셈

1 $\sqrt{30}$ 2 $\sqrt{\frac{10}{3}}$ 3 $8\sqrt{33}$ 4 21 5 $\sqrt{5}$
6 120 7 $\sqrt{\frac{1}{7}}$ 8 $-\sqrt{\frac{2}{3}}$ 9 $3\sqrt{2}$ 10 $\sqrt{55}$
11 −12 12 6

근호가 있는 식의 변형

13 $4\sqrt{2}$ 14 $2\sqrt{10}$ 15 $-3\sqrt{11}$ 16 $\frac{\sqrt{10}}{7}$ 17 $-\frac{3\sqrt{3}}{11}$

2 ★ 정답과 풀이

$18\ \dfrac{\sqrt{2}}{5}\ (\text{✐}\,2,\,2)$　　　$19\ \sqrt{44}$　　$20\ -\sqrt{45}$　　$21\ \sqrt{\dfrac{7}{16}}$

$22\ -\sqrt{\dfrac{2}{3}}$　　$23\ \sqrt{\dfrac{27}{64}}$　　$24\ -\sqrt{\dfrac{8}{49}}$

분모의 유리화

$25\ \dfrac{6\sqrt{7}}{7}$　　$26\ \dfrac{\sqrt{110}}{11}$　　$27\ \dfrac{\sqrt{2}}{3}$　　$28\ -\dfrac{\sqrt{30}}{30}$　$29\ \dfrac{4\sqrt{10}}{15}$

제곱근표

$30\ 2.938$　　$31\ 2.973$　　$32\ 10.49$　　$33\ 33.17$

$34\ 0.3317$　　$35\ 0.01049$

소단원 유형 익히기　　　| 32~36쪽 |

1 ⑤　　　2 7　　　3 ③　　　4 ④, ⑤　　5 ⑤
6 ③　　　7 ③　　　8 ⑤　　　9 $\sqrt{3}$　　　10 ③
11 2　　　12 ㄴ, ㄹ　　13 ⑤　　　14 ②
15 $\dfrac{a}{5}+\dfrac{3b}{10}$　16 ④　　　17 ①, ⑤　　18 $\dfrac{3}{5}$　　19 ④
20 ④　　　21 -6　　22 ⑤　　　23 $12\sqrt{15}$ cm^2
24 ②　　　25 (1) 9.731 (2) 9.844　26 ④　　27 7851
28 64.19　　29 ⑤　　　30 ①, ④

02. 근호를 포함한 식의 계산 (2)　| 37~38쪽 |

제곱근의 덧셈과 뺄셈

$1\ 11\sqrt{2}$　　$2\ 5\sqrt{5}$　　$3\ \dfrac{7\sqrt{3}}{12}$　　$4\ 4\sqrt{6}$　　$5\ \dfrac{5\sqrt{6}}{24}$
$6\ 3\sqrt{11}+3\sqrt{5}$　　$7\ 5\sqrt{6}\ (\text{✐}\,2,\,5)$　　$8\ 2\sqrt{5}$
$9\ 6\sqrt{2}$　　$10\ 2\sqrt{2}$　　$11\ 5\sqrt{7}+2\sqrt{3}$
$12\ 3\sqrt{6}+9\sqrt{5}$　　$13\ 6\sqrt{2}\ (\text{✐}\,4,\,2,\,6)$　　$14\ 3\sqrt{5}$
$15\ \dfrac{\sqrt{2}}{6}$　　$16\ -\dfrac{3\sqrt{7}}{7}$　　$17\ \dfrac{\sqrt{3}}{4}$

근호를 포함한 식의 분배법칙

$18\ \sqrt{30}+\sqrt{10}$　　$19\ \sqrt{30}-\sqrt{21}$　　$20\ 2\sqrt{10}+12\sqrt{3}$
$21\ \sqrt{22}+\sqrt{6}$　　$22\ 2\sqrt{6}-6$　　$23\ 2\sqrt{30}+12$
$24\ \dfrac{3\sqrt{2}+\sqrt{6}}{3}$　$25\ \dfrac{\sqrt{5}-\sqrt{10}}{5}$　$26\ \dfrac{5\sqrt{2}-2\sqrt{15}}{10}$
$27\ \dfrac{\sqrt{6}+3\sqrt{3}}{9}$　$28\ \dfrac{4\sqrt{6}-2\sqrt{3}}{3}$

근호를 포함한 식의 혼합 계산

$29\ 7\sqrt{2}$　　$30\ -2\sqrt{2}$　　$31\ 12-8\sqrt{6}$　$32\ 5\sqrt{6}-3\sqrt{3}$
$33\ \sqrt{5}-\sqrt{10}$　$34\ \dfrac{5\sqrt{6}}{3}+\dfrac{\sqrt{2}}{2}$

소단원 유형 익히기　　　| 39~45쪽 |

1 ③　　　2 $2\sqrt{2}+5\sqrt{11}$　　3 ⑤　　　4 $-12\sqrt{21}$
5 풀이 22쪽 참조　　6 ③　　7 $\dfrac{21\sqrt{5}}{10}$　　8 ④
9 $\dfrac{1}{30}$　　　10 ⑤　　　11 ⑤　　　12 ①　　　13 $12-3\sqrt{2}$
14 ②　　　15 ②　　　16 $2\sqrt{6}-\dfrac{\sqrt{2}}{2}$　　17 ④
18 ②　　　19 -6　　20 -4　　21 ③　　　22 ④
23 6　　　24 -1　　25 ⑤　　　26 ④　　　27 $9-2\sqrt{5}$
28 ④　　　29 $7-4\sqrt{3}$　30 $4\sqrt{10}+2\sqrt{6}$　31 $4-\dfrac{\sqrt{2}}{2}$
32 ④　　　33 $\sqrt{6}+\sqrt{2}$
34 (1) P: $\sqrt{6}$ cm, Q: $2\sqrt{6}$ cm, R: $4\sqrt{6}$ cm (2) $9\sqrt{6}$ cm
35 (1) $\sqrt{5}$ m (2) 가로: $4\sqrt{5}$ m, 세로: $(4\sqrt{2}-\sqrt{5})$ m
　　(3) $(16\sqrt{10}-20)$ m^2
36 $2\sqrt{10}$　　37 $-2-5\sqrt{5}$　　38 $2+5\sqrt{2}$
39 $6\sqrt{3}-\sqrt{18}<2\sqrt{2}+\sqrt{12}$　　40 ㄷ　　41 ⑤
42 ⑤　　43 $5-\sqrt{6}$　44 $\sqrt{27}-4$

중단원 핵심유형 테스트　　　| 46~47쪽 |

1 ②　　　2 21　　　3 $54\sqrt{2}$　　4 ②　　　5 ⑤
6 5　　　7 $a=60.58,\ b=0.1916$　　8 ④　　　9 $12-\sqrt{21}$
10 ⑤　　　11 -10　　12 ①　　　13 ⑤　　　14 $12\sqrt{2}$
15 (1) A: $3\sqrt{6}$ cm, B: $3\sqrt{2}$ cm (2) $(12\sqrt{6}+6\sqrt{2})$ cm
16 $2+4\sqrt{5}$

3. 다항식의 곱셈

01. 곱셈 공식　　　| 50~51쪽 |

다항식의 곱셈

$1\ ab+4a+2b+8$　$2\ a^2+2a-3$　　$3\ 20x^2+3xy-2y^2$
$4\ 2x^2+3xy-4x-9y^2+6y$　　$5\ a^2-3a-b^2+b+2$

곱셈 공식

$6\ x^2+4x+4$　　$7\ a^2+8a+16$　　$8\ x^2+\dfrac{2}{3}x+\dfrac{1}{9}$

9 $4a^2+12a+9$ **10** $25x^2+60xy+36y^2$

11 $x^2+14x+49$ **12** x^2-6x+9 **13** $a^2-10a+25$

14 $x^2-\dfrac{4}{7}x+\dfrac{4}{49}$ **15** $9a^2-24a+16$ **16** $4x^2-36xy+81y^2$

17 $9x^2-48x+64$ **18** x^2-16 **19** a^2-25

20 $x^2-\dfrac{9}{16}$ **21** $4a^2-9$ **22** $\dfrac{1}{4}x^2-\dfrac{1}{16}$

23 $25x^2-16y^2$ **24** $a^2+7a+12$ **25** x^2-5x-6

26 $a^2-9a+14$ **27** $x^2+xy-20y^2$ **28** $x^2+\dfrac{3}{10}x-\dfrac{1}{10}$

29 $x^2-\dfrac{1}{2}xy+\dfrac{1}{18}y^2$ **30** $6a^2+19a+10$

31 $20x^2+19x-6$ **32** $21a^2-37a+12$

33 $8a^2-26ab+21b^2$ **34** $-18x^2+57xy-35y^2$

35 $18x^2+2xy-\dfrac{1}{6}y^2$

곱셈 공식의 변형

22 18	**23** 20	**24** 5	**25** 1	**26** 6
27 3	**28** -7	**29** -13	**30** 10	**31** $-\dfrac{10}{3}$

소단원 유형 익히기 | 58~61쪽 |

1 ③	**2** 4004001	**3** ②	**4** ③	**5** 12
6 ④	**7** ⑤	**8** 6	**9** ⑤	**10** 5
11 $-8\sqrt{3}$	**12** ④	**13** 1	**14** ④	**15** 9
16 2	**17** ②	**18** 4	**19** ③	**20** 17
21 ③	**22** -10			

23 (1) $4x+4y=36$ (2) $x^2+y^2=45$ (3) 288 **24** ①

25 (1) $x=3-\sqrt{5}$, $y=3+\sqrt{5}$ (2) 28 **26** ④

소단원 유형 익히기 | 52~55쪽 |

1 ③	**2** ③	**3** $a^2+10ab-6a-26b+8$		
4 ②	**5** 3	**6** 8	**7** 풀이 29쪽 참조	
8 ⑤	**9** 30	**10** ④	**11** ③	**12** 3
13 ④	**14** ④	**15** -7	**16** $-48a^2+ab+\dfrac{1}{8}b^2$	
17 ④	**18** -4	**19** ①, ④	**20** 1	**21** 3652

22 $49a^2-4b^2$ **23** $(8ab+4a+16b+8)$ m²

24 (1) $6a^2+5ab+b^2$ (2) $10a^2+14ab+4b^2$

(3) $22a^2+24ab+6b^2$

02. 곱셈 공식의 활용 | 56~57쪽 |

곱셈 공식을 이용한 수의 계산

1 11236 **2** 9025 **3** 2209 **4** 39975 **5** 24,64

6 10504

곱셈 공식을 이용한 근호를 포함한 식의 계산

7 $4+2\sqrt{3}$ **8** $31+12\sqrt{3}$ **9** $7-2\sqrt{10}$ **10** 2 **11** $26+5\sqrt{5}$

곱셈 공식을 이용한 분모의 유리화

12 $\dfrac{-1+\sqrt{3}}{2}$ **13** $\dfrac{3\sqrt{2}+\sqrt{14}}{2}$ **14** $3\sqrt{6}-3\sqrt{3}$

15 $\sqrt{15}+\sqrt{10}$ **16** $3+2\sqrt{2}$

$x=a\pm\sqrt{b}$ 꼴이 주어진 경우 식의 값 구하기

17 -2 **18** 4 **19** 9 **20** $2\sqrt{2}-2$ **21** 4

중단원 핵심유형 테스트 | 62~63쪽 |

1 ④	**2** -28	**3** ③	**4** $\dfrac{1}{3}$	**5** -3
6 ③	**7** ㄹ	**8** 2	**9** $(a^2-8a+16)$ m²	
10 ④, ⑤	**11** ①	**12** 29	**13** 38	**14** 3

15 (1) $\overline{\text{ED}}=2a-b$, $\overline{\text{DG}}=-2a+2b$ (2) $-4a^2+6ab-2b^2$

16 ⑤

4. 인수분해

01. 인수분해의 뜻과 공식 | 66~68쪽 |

인수와 인수분해

1 $2ax+4ay$ **2** $x^2-10x+25$

3 $2a^2+13a+6$ **4** ㄱ, ㄹ **5** ㄱ, ㄷ, ㄹ

공통인 인수를 이용한 인수분해

6 $a(2x-3y)$ **7** $xy(x+3)$

8 $3a(a-2b-3)$ **9** $(a-3)(x-y)$

완전제곱식

10 4	**11** 25	**12** $\dfrac{1}{64}$	**13** 4	**14** 36
15 6	**16** $\dfrac{2}{3}$	**17** 12	**18** 10	**19** 4

인수분해 공식; $a^2\pm2ab+b^2$

20 $(a-10)^2$ ($\mathscr{/}$ 10, 10, 10) **21** $\left(x-\dfrac{1}{4}\right)^2$

22 $(3a+4)^2$ **23** $(2x-9)^2$

24 $\left(\dfrac{1}{3}a+5b\right)^2$ **25** $(6x+y)^2$

26 $2\left(x-\dfrac{1}{4}\right)^2$ ($\mathscr{/}$ $\dfrac{1}{4}$, $\dfrac{1}{4}$, $\dfrac{1}{4}$) **27** $5(a+1)^2$

28 $3(x-4y)^2$

인수분해 공식; a^2-b^2

29 $\left(a+\dfrac{1}{3}\right)\left(a-\dfrac{1}{3}\right)$ **30** $(2x+5y)(2x-5y)$

31 $(8b+a)(8b-a)$ **32** $3(x+2)(x-2)$ ($\mathscr{/}$ 3, 4, 3, 2, 2)

33 $2(3a+2b)(3a-2b)$

인수분해 공식; $x^2+(a+b)x+ab$

34 $(x+10)(x-3)$ **35** $(a+3)(a-8)$

36 $(x-5y)(x-9y)$ **37** $3(a+2)(a+4)$ ($\mathscr{/}$ 3, 8, 3, 4)

38 $2(x+2y)(x-5y)$

인수분해 공식; $acx^2+(ad+bc)x+bd$

39 $(a-3)(3a+7)$ ($\mathscr{/}$ -3, -9, 3, 7)

40 $(x-2)(3x+8)$ **41** $(a+7)(4a+5)$

42 $(2x-3y)(4x+5y)$ ($\mathscr{/}$ -12, 4, 5, 10)

43 $(a+6b)(9a-4b)$ **44** $(x+5y)(7x-4y)$

45 $2(2a+1)(2a-5)$ ($\mathscr{/}$ 8, 2, 5) **46** $3(3x-1)(5x+3)$

47 $2(4a+3b)(5a+b)$ **48** $2a(2x-7y)(3x-2y)$

소단원 유형 익히기 | 69~73쪽 |

1 ②, ④ **2** ③ **3** ② **4** ③ **5** $\dfrac{3}{4}$

6 $-\dfrac{23}{5}$, 5 **7** ⑤ **8** ③ **9** 51 **10** $a+1$

11 ⑤ **12** ④ **13** 5 **14** ⑤ **15** ⑤

16 $(a+3)(a-15)$ **17** ① **18** 9327 **19** ⑤

20 $7x+1$ **21** ② **22** ⑤ **23** 9 **24** ④

25 ④ **26** ⑤ **27** $(x+2)(3x+4)$ **28** ③

29 $a^2-b^2=(a+b)(a-b)$

02. 인수분해의 활용 | 74~75쪽 |

복잡한 식의 인수분해

1 $(2x+5)^2$ ($\mathscr{/}$ 1, $2x+5$) **2** $(a+2b+5)(a+2b-5)$

3 $(2x+5)(3x+8)$ **4** $(5a+2)(3a-4)$

---

5 $(2x+3)(11x+4)$ **6** $-(4a+9)(5a+36)$

7 $(x-1)(y-3)$ ($\mathscr{/}$ x, $x-1$) **8** $(a-b)(x-1)$

9 $(4x+1)(x-y)$

10 $(3a+b-1)(3a-b-1)$ ($\mathscr{/}$ $9a^2-6a+1$, $3a-1$, $3a+b-1$)

11 $(x+5y+1)(x-5y-1)$

12 $(4a+3b+1)(4a-3b+1)$

13 $(5x+2y-1)(5x-2y+1)$

인수분해 공식을 이용한 수의 계산

14 3300 ($\mathscr{/}$ 55, 100, 3300) **15** 270

16 2500 ($\mathscr{/}$ 23, 50, 2500) **17** 3600

18 7400 ($\mathscr{/}$ 87, 87, 100, 7400) **19** 50 **20** $\dfrac{40}{7}$

21 100 **22** 60

인수분해 공식을 이용한 식의 값

23 10000 **24** 980000 **25** 11 **26** 25 **27** 5

28 $-20\sqrt{5}$

소단원 유형 익히기 | 76~79쪽 |

1 $2(x-1)(2x-7)$ **2** ② **3** ③

4 ㄱ, ㄴ, ㅁ, ㅂ **5** ① **6** 3 **7** ①, ⑤

8 $3x+3$ **9** $x+1$ $x-1$ **10** ⑤ **11** ②

12 -4 **13** ② **14** 33 **15** 2023 **16** 10

17 570π m² **18** 합성수이다. **19** ⑤ **20** ④

21 ④ **22** ⑤ **23** ④ **24** 26

중단원 핵심유형 테스트 | 80~81쪽 |

1 ②, ④ **2** ③ **3** ③ **4** ① **5** ⑤

6 $2a-3$ **7** ⑤ **8** ④ **9** ⑤ **10** ①

11 $x-6$ **12** ② **13** $(x-5)(3x-1)$ **14** ③

15 9 **16** ④

5. 이차방정식

01. 이차방정식의 풀이 (1) | 84~85쪽 |

이차방정식의 뜻과 해

1 ○ **2** × **3** ○ **4** × **5** ○

6 × **7** × **8** ○ **9** $x=1$

10 $x=-2$ 또는 $x=0$ **11** $x=-2$ 또는 $x=1$

인수분해를 이용한 이차방정식의 풀이

12 $x=0$ 또는 $x=-4$ **13** $x=-5$ 또는 $x=2$

14 $x=-\dfrac{3}{2}$ 또는 $x=6$ **15** $x=\dfrac{4}{3}$ 또는 $x=-1$

16 $x=-3$ 또는 $x=\dfrac{1}{2}$ **17** $x=0$ 또는 $x=7$

18 $x=-8$ 또는 $x=9$ **19** $x=-\dfrac{5}{3}$ 또는 $x=\dfrac{5}{3}$

20 $x=\dfrac{1}{2}$ 또는 $x=\dfrac{2}{3}$ **21** $x=-2$ 또는 $x=9$

22 $x=-5$ 또는 $x=\dfrac{3}{4}$ **23** $x=-5$ **24** $x=10$ **25** $x=\dfrac{1}{6}$

26 $x=\dfrac{5}{3}$ **27** $x=\dfrac{1}{2}$ **28** $x=\dfrac{2}{5}$ **29** $x=2$ **30** 25

31 9 **32** 14 **33** 12

소단원 유형 익히기 | 86~91쪽 |

1 ⑤ **2** ④ **3** ⑤ **4** ② **5** ㄷ

6 $x=4$ 또는 $x=5$ **7** ④ **8** ② **9** 8

10 ⑤ **11** (1) 9 (2) $\dfrac{9}{2}$ **12** ⑤ **13** ②

14 ④ **15** 25 **16** ③ **17** ① **18** ⑤

19 -1 **20** ⑤ **21** (1) -30 (2) -5 **22** ③

23 ④ **24** 5 **25** $x=-6$ 또는 $x=1$

26 (1) -2 (2) 1 **27** ③ **28** 6 **29** ③

30 $\dfrac{1}{6}$ **31** ① **32** ③ **33** (1) -12 (2) $x=3$

34 $x=-4$ 또는 $x=\dfrac{1}{2}$ **35** ④ **36** ③ **37** $x=1$

02. 이차방정식의 풀이 (2) | 92~93쪽 |

완전제곱식을 이용한 이차방정식의 풀이

1 $x=\pm\sqrt{6}$ **2** $x=\pm2\sqrt{5}$

3 $x=\pm\sqrt{3}$ **4** $x=1\pm\sqrt{5}$

5 $x=-3\pm\sqrt{6}$ **6** $x=5\pm\sqrt{2}$

7 $x=1\pm2\sqrt{2}$ **8** $x=7\pm5\sqrt{2}$

9 $x=\dfrac{-3\pm\sqrt{15}}{3}$ **10** $x=\dfrac{3\pm\sqrt{14}}{2}$

11 $x=\dfrac{-5\pm\sqrt{39}}{2}$ **12** $x=4\pm\sqrt{19}$

이차방정식의 근의 공식

13 $x=\dfrac{3\pm\sqrt{21}}{2}$ **14** $x=\dfrac{7\pm\sqrt{37}}{2}$

15 $x=\dfrac{-1\pm\sqrt{17}}{4}$ **16** $x=\dfrac{-7\pm\sqrt{13}}{6}$

17 $x=-2\pm\sqrt{6}$ **18** $x=\dfrac{-1\pm\sqrt{7}}{2}$

19 $x=\dfrac{1\pm\sqrt{21}}{4}$

여러 가지 이차방정식의 풀이

20 $x=-2$ 또는 $x=5$ **21** $x=-\dfrac{3}{2}$ 또는 $x=\dfrac{5}{2}$

22 $x=-\dfrac{1}{2}$ 또는 $x=\dfrac{5}{3}$ **23** $x=\dfrac{-7\pm3\sqrt{5}}{2}$

24 $x=-1$ 또는 $x=\dfrac{5}{2}$ (✎ 3, 3, 1, -1)

25 $x=-2$ 또는 $x=4$ **26** $x=-1$ 또는 $x=\dfrac{4}{3}$

27 $x=-6$ 또는 $x=-1$ (✎ -6, 6, 6, -6)

28 $x=\dfrac{1}{4}$ 또는 $x=3$ **29** $x=-\dfrac{4}{3}$ 또는 $x=\dfrac{3}{2}$

30 $x=-3$ 또는 $x=2$ (✎ A^2-3A-4, 4, 4, 4, 2)

31 $x=\dfrac{3}{2}$ **32** $x=-10$ 또는 $x=-\dfrac{9}{2}$

소단원 유형 익히기 | 94~97쪽 |

1 ④ **2** ① **3** ④ **4** 7 **5** ①

6 ③ **7** $\dfrac{1}{4}$ **8** ④ **9** 16 **10** ④

11 ③ **12** 3 **13** 17 **14** ④ **15** ④

16 ③ **17** ② **18** 25 **19** ② **20** ⑤

21 $x=-1$ **22** ② **23** ② **24** ⑤

03. 이차방정식의 활용 | 98~99쪽 |

이차방정식의 근의 개수

1 2 **2** 0 **3** 1 **4** 2 **5** $k\leq\dfrac{25}{4}$

6 $k\geq0$ **7** $k\leq\dfrac{13}{24}$

이차방정식 구하기

8 $2x^2+2x-12=0$ **9** $12x^2+x-1=0$

10 $4x^2+4x+1=0$

이차방정식의 활용

11 (1) $x+1$ (2) $x(x+1)=240$ (3) $x=-16$ 또는 $x=15$
(4) 15, 16

12 (1) 가로: $(x+6)$ cm, 세로: $(x-4)$ cm
(2) $(x+6)(x-4)=56$ (3) $x=-10$ 또는 $x=8$ (4) 8 cm

13 (1) $(x+8)$살 (2) $x(x+8)=128$ (3) $x=-16$ 또는 $x=8$
(4) 8살

14 (1) $35x-5x^2=50$ (2) $x=2$ 또는 $x=5$ (3) 5초 후

소단원 유형 익히기 | 100 ~ 106쪽 |

1 ④ 2 3 3 ③ 4 6 5 ②
6 ⑤ 7 ② 8 −2 9 $2x^2-4x-6=0$
10 ① 11 ⑤ 12 ③ 13 $x=-1$ 또는 $x=\dfrac{3}{2}$
14 ③ 15 10단계 16 ③ 17 ⑤ 18 ②, ③
19 (1) $x(11-x)=10x+(11-x)-35$ (2) 65 20 ③
21 ② 22 13 23 13살 24 ③
25 (1) $x^2=2\{(x+7)+(x+14)\}+18$ (2) 10일, 17일, 24일
 (3) 수요일
26 ② 27 ④
28 (1) $15+60t-5t^2=150$ (2) $t=3$ 또는 $t=9$ (3) 3초 후
29 ② 30 ④ 31 2 m 32 ③ 33 ③
34 (1) $x^2+(6-x)^2=20$ (2) 2 cm 35 ④ 36 ③
37 10 38 ④ 39 1 m 40 ③ 41 ③
42 (1) $(x-10)^2\times5=500$ (2) 20 cm

중단원 핵심유형 테스트 | 107 ~ 109쪽 |

1 ② 2 ⑤ 3 ①, ④ 4 ③ 5 ④
6 $8x^2-2x-3=0$ 7 ① 8 1
9 $a=7, b=-6$ 10 ② 11 ④ 12 ④
13 6 14 ③ 15 $x=-2$ 또는 $x=1$ 16 ①
17 ⑤ 18 ② 19 ② 20 4 cm 21 ④
22 ③ 23 (1) $-2t+18$ (2) Q$(t, 0)$, R$(0, -2t+18)$
 (3) $t(-2t+18)=36$ (4) P$(3, 12)$ 또는 P$(6, 6)$

6. 이차함수와 그 그래프

01. 이차함수 $y=ax^2$의 그래프 | 112 ~ 113쪽 |

이차함수의 뜻

1 × 2 ○ 3 × 4 ○ 5 ×
6 $y=\dfrac{x}{4}$, × 7 $y=3x^2+9x$, ○ 8 $y=x^2+7x+10$, ○

이차함수 $y=x^2$의 그래프와 포물선

9 아래 10 0 11 < 12 > 13 x
14 볼록 15 0 16 감소 17 증가 18 원점
19 x^2

이차함수 $y=ax^2$의 그래프

20 0, 0 21 0 22 a 23 >, < 24 클
25 × 26 × 27 ○ 28 × 29 ○

소단원 유형 익히기 | 114 ~ 117쪽 |

1 ② 2 ⑤ 3 ④ 4 ④ 5 ③
6 2 7 ㄱ, ㄹ 8 ③ 9 ②, ④
10 풀이 59쪽 참조 11 −2 12 ① 13 ②
14 ① 15 −10 16 ②, ④ 17 ①
18 $y=2x^2$ 19 ② 20 ②, ③ 21 −3 22 ④
23 −12 24 $\dfrac{1}{4}$

02. 이차함수 $y=a(x-p)^2+q$의 그래프 | 118 ~ 119쪽 |

이차함수 $y=ax^2+q$의 그래프

1 $y=7x^2+2$ 2 $y=-2x^2-4$
3 $y=-\dfrac{1}{3}x^2+5$ 4 $-\dfrac{1}{5}$ 5 11 6 −3
7 $x=0, 0, -6$ 8 $x=0, 0, 4.5$

이차함수 $y=a(x-p)^2$의 그래프

9 $y=-9(x+2)^2$ 10 $y=\dfrac{5}{7}(x-7)^2$
11 $y=-3.5\left(x-\dfrac{1}{5}\right)^2$ 12 −3 13 1 14 −0.5
15 $x=\dfrac{1}{2}, \dfrac{1}{2}, 0$ 16 $x=-4, -4, 0$

이차함수 $y=a(x-p)^2+q$의 그래프

17 $y=(x+2)^2+3$ 18 $y=-8(x-1)^2+\dfrac{1}{2}$
19 $y=\dfrac{3}{4}(x+4)^2-6$ 20 −1, −13 21 0.5, 9
22 $\dfrac{2}{5}$, 0.2 23 $x=2, 2, -7$ 24 $x=-9, -9, 0.4$

소단원 유형 익히기 | 120 ~ 124쪽 |

1 y, 3 2 풀이 61쪽 참조 3 ③ 4 $-\dfrac{1}{2}$
5 ㄱ, ㄹ 6 ④ 7 ③ 8 4
9 $a=6, q=2$ 10 $x, -2$ 11 풀이 62쪽 참조
12 $(-7, 0)$ 13 ㄱ 14 ② 15 ㄷ, ㄹ 16 ②
17 $x>-1$ 18 $y=\dfrac{1}{3}(x+3)^2$ 19 −2, 1
20 풀이 62쪽 참조
21 꼭짓점의 좌표: $(1, -4)$, 축의 방정식: $x=1$ 22 ③, ⑤
23 −9 24 ㄹ 25 $a=-\dfrac{1}{2}, p=-2, q=2$
26 ① 27 4 28 ㄴ과 ㅁ

29 ㉠ y축의 방향으로 1만큼 평행이동, ㉡ x축의 방향으로 5만큼 평행이동, ㉢ x축의 방향으로 5만큼, y축의 방향으로 1만큼 평행이동

30 ④

---

03. 이차함수 $y=a(x-p)^2+q$의 그래프의 성질
| 125 ~ 126쪽 |

이차함수 $y=a(x-p)^2+q$의 그래프에서 a, p, q의 부호

1 >, <   **2** <, <   **3** >, >   **4** <, <
5 >, <, >   **6** <, >, >

이차함수 $y=a(x-p)^2+q$의 그래프의 평행이동

7 3, 1, 3   **8** 2, −1, 1   **9** 3, −1, 3, 1

10 $y=-\dfrac{1}{3}(x+5)^2-5$ **11** $y=-\dfrac{1}{3}(x+3)^2-1$

12 $y=-\dfrac{1}{3}(x+5)^2-1$

이차함수 $y=a(x-p)^2+q$의 그래프의 대칭이동

13 7, −6, 2, 6   **14** −7, 6, 7   **15** −0.5, 7

16 1   **17** $y=\dfrac{4}{5}(x+3)^2+2$

18 $y=-\dfrac{4}{5}(x-3)^2-2$

소단원 유형 익히기
| 127 ~ 129쪽 |

1 ②   **2** $a>0$, $p>0$, $q<0$ **3** ③   **4** ⑤
5 ②   **6** ㄱ, ㄷ, ㅁ   **7** 민우   **8** ①   **9** ②, ⑤
10 ㄹ, ㅁ   **11** ③   **12** $y=-8\left(x-\dfrac{1}{2}\right)^2+2$ **13** (3, 4)
14 ④   **15** ①   **16** 15   **17** $\dfrac{1}{7}$ **18** ⑤

19 x축에 대칭: $y=\dfrac{1}{2}(x-3)^2-1$,

   y축에 대칭: $y=-\dfrac{1}{2}(x+3)^2+1$

20 (≥2, 8) / $y=\dfrac{1}{4}(x+2)^2+8$
   (2, 8) $y=-\dfrac{1}{4}(x-2)^2+8$

04. 이차함수 $y=ax^2+bx+c$의 그래프
| 130 ~ 132쪽 |

이차함수 $y=ax^2+bx+c$의 그래프

1 4, 4, 4, 4, 2, 6, 2, 2, 6

---

2 1, 1, 1, 3, 1, 7, −1, −1, −7
3 4, 4, 4, 1, 2, 2, 2, 2, −2
4 $y=(x+2)^2+2$ (1) $(-2, 2)$ (2) $x=-2$ (3) $(0, 6)$
5 $y=-(x+4)^2-2$ (1) $(-4, -2)$ (2) $x=-4$ (3) $(0, -18)$
6 $y=-\dfrac{1}{5}(x-5)^2$ (1) $(5, 0)$ (2) $x=5$ (3) $(0, -5)$
7 $y=-2(x-1)^2+1$ (1) $(1, 1)$ (2) $x=1$ (3) $(0, -1)$
8 $y=-\dfrac{2}{3}\left(x+\dfrac{3}{2}\right)^2+\dfrac{7}{2}$ (1) $\left(-\dfrac{3}{2}, \dfrac{7}{2}\right)$ (2) $x=-\dfrac{3}{2}$ (3) $(0, 2)$

이차함수 $y=ax^2+bx+c$의 그래프에서 a, b, c의 부호

9 <, <, <   **10** >, <, <
11 >, <, >   **12** <, >, <

이차함수의 식 구하기

13 $y=3(x-1)^2+2$ (✏ 5, 3, $3(x-1)^2+2$)
14 $y=(x-1)^2-4$ **15** $y=-(x-3)^2+3$
16 $y=2(x+5)^2-3$ (✏ 4, 2, −3, $2(x+5)^2-3$)
17 $y=-4(x-2)^2-1$
18 $y=3x^2+x+2$ (✏ 2, 2, 2, 2, 3, 1, $3x^2+x+2$)
19 $y=x^2-4x+4$ **20** $y=2x^2+3x-5$
21 $y=-x^2-2x+8$ (✏ 2, −9, −1, $-x^2-2x+8$)
22 $y=2x^2-16x+24$

소단원 유형 익히기
| 133 ~ 139쪽 |

1 ②   **2** 15   **3** ②   **4** ③   **5** ②
6 3   **7** ②   **8** ㄹ   **9** $p=2$, $q=3$
10 ⑤   **11** ③   **12** $x<-2$ **13** 7   **14** ④
15 $(-3, 0)$ **16** ④   **17** ㄴ, ㄷ   **18** 은영   **19** ③
20 ④   **21** 9   **22** ②   **23** ②   **24** ③
25 ④   **26** ①   **27** $2\sqrt{2}$ **28** ②   **29** 15
30 ④   **31** −1   **32** ④   **33** ②   **34** ③
35 ⑤   **36** ④   **37** ④   **38** $\dfrac{3}{2}$ **39** ①

40 $a=-\dfrac{2}{3}$, $b=\dfrac{10}{3}$, $c=-4$ **41** ③

중단원 핵심유형 테스트
| 140 ~ 142쪽 |

1 ⑤   **2** ①   **3** ③   **4** ④   **5** ③
6 ②   **7** ⑤   **8** −9   **9** ④   **10** ⑤
11 ④   **12** ②   **13** ④   **14** ㄷ   **15** ②
16 ②   **17** ④   **18** −2   **19** ②   **20** ①

21 3, 2, 3, 2   **22** $\dfrac{22}{3}$

정답과 풀이

1. 제곱근과 실수

제곱근의 뜻

1 $3, -3$ 2 $15, -15$ 3 $\frac{1}{4}, -\frac{1}{4}$ 4 $0.2, -0.2$

5 $\pm\sqrt{8}$ 6 $\pm\sqrt{24}$ 7 $\pm\sqrt{1.9}$ 8 $\pm\sqrt{\frac{11}{15}}$ 9 $\sqrt{14}$

10 $-\sqrt{\frac{1}{6}}$ 11 $\sqrt{23}$ 12 $\sqrt{0.5}$

2 $15^2=225$, $(-15)^2=225$이므로 225의 제곱근은 $15, -15$
이다.

11 제곱근 23은 23의 양의 제곱근이므로 $\sqrt{23}$이다.

12 제곱근 0.5는 0.5의 양의 제곱근이므로 $\sqrt{0.5}$이다.

제곱근의 성질

13 7   14 10   15 21   16 3.5   17 5
18 -1 19 4   20 -2 21 10   22 -1
23 -7 24 1   25 $7x$ 26 $-2x$ 27 $x-3$
28 $-x+2$ 29 $x+1$ 30 $-x-5$

17 $\sqrt{2^2}+(-\sqrt{3})^2=2+3=5$

18 $(\sqrt{5})^2-\sqrt{(-6)^2}=5-6=-1$

19 $\sqrt{(-0.5)^2}\times(-\sqrt{8})^2=0.5\times8=4$

20 $-\sqrt{9}\times\sqrt{\left(-\frac{2}{3}\right)^2}=-\sqrt{3^2}\times\sqrt{\left(-\frac{2}{3}\right)^2}=-3\times\frac{2}{3}=-2$

21 $(-\sqrt{12})^2\div\sqrt{\left(-\frac{6}{5}\right)^2}=12\div\frac{6}{5}=12\times\frac{5}{6}=10$

22 $-\sqrt{(-6)^2}-(\sqrt{2})^2+(-\sqrt{7})^2=-6-2+7=-1$

23 $\sqrt{16}\times\sqrt{\left(\frac{3}{4}\right)^2}-\sqrt{(-10)^2}=4\times\frac{3}{4}-10=3-10=-7$

24 $\sqrt{\frac{49}{64}}\div\sqrt{\left(-\frac{7}{4}\right)^2}\times\sqrt{(-2)^2}=\frac{7}{8}\div\frac{7}{4}\times2=\frac{7}{8}\times\frac{4}{7}\times2=1$

28 $x<2$일 때, $x-2<0$이므로
$\sqrt{(x-2)^2}=-(x-2)=-x+2$

30 $x<-5$일 때, $x+5<0$이므로
$\sqrt{(x+5)^2}=-(x+5)=-x-5$

제곱근의 대소 관계

31 $<$ 32 $>$ 33 $>$ 34 $>$ 35 $>$
36 $>$

32 $8<12$에서 $\sqrt{8}<\sqrt{12}$이므로 $-\sqrt{8}>-\sqrt{12}$

35 $\frac{5}{6}=\frac{25}{30}$, $\frac{3}{5}=\frac{18}{30}$에서 $\frac{5}{6}>\frac{3}{5}$이므로 $\sqrt{\frac{5}{6}}>\sqrt{\frac{3}{5}}$

36 $\frac{4}{9}=\sqrt{\left(\frac{4}{9}\right)^2}=\sqrt{\frac{16}{81}}$이고 $\frac{16}{81}<\frac{2}{9}$이므로 $\sqrt{\frac{16}{81}}<\sqrt{\frac{2}{9}}$
즉, $\frac{4}{9}<\sqrt{\frac{2}{9}}$이므로 $-\frac{4}{9}>-\sqrt{\frac{2}{9}}$

소단원 유형 익히기

유형 1 제곱근의 뜻 | 10쪽 |

1 ③   2 ②   3 4

2 x가 6의 제곱근이므로 $x^2=6$ 또는 $x=\pm\sqrt{6}$

3 11의 제곱근이 a이므로 $a^2=11$ ······ ❶
7의 제곱근이 b이므로 $b^2=7$ ······ ❷
따라서 $a^2-b^2=11-7=4$ ······ ❸

채점 기준	비율
❶ a^2의 값 구하기	40 %
❷ b^2의 값 구하기	40 %
❸ a^2-b^2의 값 구하기	20 %

유형 2 제곱근의 이해 | 10쪽 |

4 ②   5 ③, ④   6 ㄱ, ㄷ, ㄹ

4 음수의 제곱근은 없으므로 제곱근이 없는 수는 $-16, -0.8$의
2개이다.

5 ① 0의 제곱근은 0이다.
② 음수의 제곱근은 없으므로 -25의 제곱근은 없다.
⑤ $\left(-\frac{1}{7}\right)^2=\frac{1}{49}$이므로 $\left(-\frac{1}{7}\right)^2$의 제곱근은 $\pm\sqrt{\frac{1}{49}}=\pm\frac{1}{7}$이다.

6 ㄱ. 제곱근 4는 4의 양의 제곱근이므로 $\sqrt{4}=2$이다.
ㄷ. 8의 제곱근은 $\pm\sqrt{8}$, 제곱근 8은 $\sqrt{8}$이므로 같지 않다.

ㄹ. 음수가 아닌 수 중 양수의 제곱근은 2개이고, 두 제곱근의 합은 0이다. 하지만 0의 제곱근은 0의 1개이다.

ㅁ. $0.\dot{4}=\dfrac{4}{9}$이고 $\dfrac{4}{9}$의 제곱근은 $\pm\sqrt{\dfrac{4}{9}}=\pm\dfrac{2}{3}$이다.

따라서 옳지 않은 것은 ㄱ, ㄷ, ㄹ이다.

유형 3 근호를 사용하지 않고 나타내기 | 11쪽 |

7 2	8 ⑤	9 ㄴ, ㄷ

7 $\sqrt{\dfrac{4}{25}}=\dfrac{2}{5}$, $-\sqrt{144}=-12$

따라서 근호를 사용하지 않고 나타낼 수 있는 수는 $\sqrt{\dfrac{4}{25}}$, $-\sqrt{144}$의 2개이다.

8 ① 64의 제곱근은 $\pm\sqrt{64}=\pm8$

② 0.04의 제곱근은 $\pm\sqrt{0.04}=\pm0.2$

③ $\dfrac{9}{25}$의 제곱근은 $\pm\sqrt{\dfrac{9}{25}}=\pm\dfrac{3}{5}$

④ 2.25의 제곱근은 $\pm\sqrt{2.25}=\pm1.5$

⑤ $\dfrac{5}{16}$의 제곱근은 $\pm\sqrt{\dfrac{5}{16}}$

9 ㄱ. 넓이가 14인 정사각형의 한 변의 길이는 $\sqrt{14}$

ㄴ. 넓이가 $\dfrac{49}{169}$인 정사각형의 한 변의 길이는 $\sqrt{\dfrac{49}{169}}=\dfrac{7}{13}$

ㄷ. 넓이가 $0.\dot{4}$인 정사각형의 한 변의 길이는 $\sqrt{0.\dot{4}}=\sqrt{\dfrac{4}{9}}=\dfrac{2}{3}$

따라서 근호를 사용하지 않고 나타낼 수 있는 것은 ㄴ, ㄷ이다.

유형 4 제곱근 구하기 | 11쪽 |

10 ①, ④	11 10	12 14

10 ① 100의 양의 제곱근은 10

② $(-5)^2=25$이고 25의 음의 제곱근은 -5

③ $\sqrt{9}=3$이고 3의 제곱근은 $\pm\sqrt{3}$

④ $\sqrt{49}=7$이고 제곱근 7은 $\sqrt{7}$

⑤ $\left(-\dfrac{2}{3}\right)^2=\dfrac{4}{9}$이고 제곱근 $\dfrac{4}{9}$는 $\dfrac{2}{3}$

11 $(-8)^2=64$이고 64의 양의 제곱근은 8이므로 $a=8$

$\sqrt{16}=4$이고 4의 음의 제곱근은 -2이므로 $b=-2$

따라서 $a-b=8-(-2)=10$

12 제곱근 1.21은 $\sqrt{1.21}=1.1$이므로 $a=1.1$ ······ ❶

$\sqrt{81}=9$이고 제곱근 9는 3이므로 $b=3$ ······ ❷

따라서 $10a+b=10\times1.1+3=14$ ······ ❸

채점 기준	비율
❶ a의 값 구하기	40 %
❷ b의 값 구하기	40 %
❸ $10a+b$의 값 구하기	20 %

유형 5 제곱근과 도형 | 12쪽 |

13 $\sqrt{52}$	14 $\sqrt{15}$	15 4 cm

13 피타고라스 정리에 의하여

$x=\sqrt{6^2+4^2}=\sqrt{52}$

14 주어진 직사각형의 넓이는 $5\times3=15$

정사각형의 한 변의 길이를 x라 하면 넓이가 15이므로

$x^2=15$, 즉 $x=\sqrt{15}$

따라서 정사각형의 한 변의 길이는 $\sqrt{15}$이다.

15 (타일 A의 한 변의 길이)$=\sqrt{64}=8$ (cm)

(타일 B의 한 변의 길이)$=8\times\dfrac{3}{4}=6$ (cm)

따라서

(타일 C의 한 변의 길이)$=6\times\dfrac{2}{3}=4$ (cm)

유형 6 제곱근의 성질 | 12쪽 |

16 ④	17 ⑤	18 -4

16 ①, ②, ③, ⑤ 2 ④ -2

따라서 그 값이 나머지 넷과 다른 하나는 ④이다.

17 ⑤ $-\left(-\sqrt{\dfrac{2}{11}}\right)^2=-\dfrac{2}{11}$

18 $(-\sqrt{1.\dot{7}})^2=1.\dot{7}=\dfrac{17-1}{9}=\dfrac{16}{9}$

제곱근 $\dfrac{16}{9}$은 $\sqrt{\dfrac{16}{9}}=\dfrac{4}{3}$이므로 $a=\dfrac{4}{3}$ ······ ❶

$\sqrt{(-9)^2}=9$이고 9의 음의 제곱근은 -3이므로

$b=-3$ ······ ❷

따라서 $ab=\dfrac{4}{3}\times(-3)=-4$ ······ ❸

채점 기준	비율
❶ a의 값 구하기	40 %
❷ b의 값 구하기	40 %
❸ ab의 값 구하기	20 %

유형 7 제곱근의 성질을 이용한 계산 | 13쪽 |

19 ②   20 ③, ⑤   21 4

19 $\sqrt{169}-\sqrt{(-7)^2}\times(-\sqrt{3})^2=13-7\times3=13-21=-8$

20 ③ $(-\sqrt{8^2})\times\sqrt{\dfrac{1}{16}}=(-8)\times\dfrac{1}{4}=-2$

③ $\left(-\sqrt{\dfrac{3}{5}}\right)^2\div\sqrt{\left(-\dfrac{1}{5}\right)^2}=\dfrac{3}{5}\div\dfrac{1}{5}=\dfrac{3}{5}\times5=3$

⑤ $\sqrt{0.36}\times\sqrt{(-10)^2}-(-\sqrt{4})=0.6\times10-4$
$=6-4=2$

21 $A=\sqrt{625}\times\sqrt{\left(-\dfrac{2}{5}\right)^2}=25\times\dfrac{2}{5}=10$ ...... ❶

$B=\sqrt{100}\times(-\sqrt{1.8})^2\div\sqrt{3^2}=10\times1.8\div3$
$=18\div3=6$ ...... ❷

따라서 $A-B=10-6=4$ ...... ❸

채점 기준	비율
❶ A의 값 구하기	40 %
❷ B의 값 구하기	40 %
❸ $A-B$의 값 구하기	20 %

유형 8 $\sqrt{A^2}$의 성질 | 13쪽 |

22 ③   23 ④   24 $-\sqrt{81a^2}$

22 $-\sqrt{49a^2}=-\sqrt{(7a)^2}$이고 $7a>0$이므로
$-\sqrt{49a^2}=-7a$

23 ① $a<0$이므로 $\sqrt{a^2}=-a$
② $-a>0$이므로 $\sqrt{(-a)^2}=-a$
③ $a<0$이므로 $-\sqrt{a^2}=-(-a)=a$
④ $-3a>0$이므로 $\sqrt{(-3a)^2}=-3a$
⑤ $\sqrt{9a^2}=\sqrt{(3a)^2}$이고 $3a<0$이므로
$-\sqrt{9a^2}=-(-3a)=3a$

24 $-4a<0$이므로 $\sqrt{(-4a)^2}=-(-4a)=4a$
$-\sqrt{81a^2}=-\sqrt{(9a)^2}$이고 $9a>0$이므로 $-\sqrt{81a^2}=-9a$
$-\dfrac{2}{3}a<0$이므로 $-\sqrt{\left(-\dfrac{2}{3}a\right)^2}=-\left\{-\left(-\dfrac{2}{3}a\right)\right\}=-\dfrac{2}{3}a$
$\sqrt{\dfrac{1}{16}a^2}=\sqrt{\left(\dfrac{1}{4}a\right)^2}$이고 $\dfrac{1}{4}a>0$이므로 $\sqrt{\dfrac{1}{16}a^2}=\dfrac{1}{4}a$
이때 $a>0$이므로 $-9a<-\dfrac{2}{3}a<\dfrac{1}{4}a<4a$
따라서 가장 작은 수는 $-9a$, 즉 $-\sqrt{81a^2}$이다.

유형 9 $\sqrt{A^2}$ 꼴을 포함한 식 간단히 하기 | 14쪽 |

25 ③   26 ④   27 $27ab$

25 $-3a<0$, $2a>0$이므로
$\sqrt{(-3a)^2}-\sqrt{(2a)^2}=-(-3a)-2a=3a-2a=a$

26 $\sqrt{25b^2}=\sqrt{(5b)^2}$이고, $-6a>0$, $a<0$, $5b>0$이므로
$\sqrt{(-6a)^2}-\sqrt{a^2}+\sqrt{25b^2}=\sqrt{(-6a)^2}-\sqrt{a^2}+\sqrt{(5b)^2}$
$=-6a-(-a)+5b$
$=-6a+a+5b$
$=-5a+5b$

27 $ab<0$이므로 $a>0$, $b<0$ 또는 $a<0$, $b>0$
이때 $a-b>0$에서 $a>b$이므로 $a>0$, $b<0$ ...... ❶
$\sqrt{a^2b^2}=\sqrt{(ab)^2}$, $\sqrt{\dfrac{49}{4}b^2}=\sqrt{\left(\dfrac{7}{2}b\right)^2}$이고
$ab<0$, $-8a<0$, $\dfrac{7}{2}b<0$이므로 ...... ❷
$\sqrt{a^2b^2}-\sqrt{(-8a)^2}\times\sqrt{\dfrac{49}{4}b^2}=-ab-\{-(-8a)\}\times\left(-\dfrac{7}{2}b\right)$
$=-ab-8a\times\left(-\dfrac{7}{2}b\right)$
$=-ab+28ab$
$=27ab$ ...... ❸

채점 기준	비율
❶ a, b의 부호 구하기	30 %
❷ ab, $-8a$, $\dfrac{7}{2}b$의 부호 구하기	30 %
❸ 주어진 식을 간단히 하기	40 %

유형 10 $\sqrt{(A-B)^2}$ 꼴을 포함한 식 간단히 하기 | 14쪽 |

28 ⑤   29 ③   30 $-2a$

28 $-1<a<4$일 때, $a+1>0$, $a-4<0$이므로
$\sqrt{(a+1)^2}-\sqrt{(a-4)^2}=a+1+(a-4)=2a-3$

29 $a<7$일 때, $a-7<0$, $7-a>0$이므로
$\sqrt{(a-7)^2}+\sqrt{(7-a)^2}=-(a-7)+(7-a)$
$=-a+7+7-a=-2a+14$

30 $0<a<1$일 때, $\dfrac{1}{a}>a$이므로 $a-\dfrac{1}{a}<0$, $a+\dfrac{1}{a}>0$

따라서
$$\sqrt{\left(a-\frac{1}{a}\right)^2}-\sqrt{\left(a+\frac{1}{a}\right)^2}=-\left(a-\frac{1}{a}\right)-\left(a+\frac{1}{a}\right)$$
$$=-a+\frac{1}{a}-a-\frac{1}{a}=-2a$$

유형 11 $\sqrt{Ax}$가 자연수가 될 조건 | 15쪽 |

31 6	32 ④	33 3

31 $\sqrt{24x}=\sqrt{2^3\times3\times x}$이므로 $x=2\times3\times$(자연수)^2 꼴이어야 한다.
따라서 가장 작은 자연수 x의 값은 $2\times3=6$

32 $\sqrt{50x}=\sqrt{2\times5^2\times x}$이므로 $x=2\times$(자연수)^2 꼴이어야 한다.
따라서 가장 작은 두 자리의 자연수 x의 값은 $2\times3^2=18$

33 $\sqrt{28x}=\sqrt{2^2\times7\times x}$이므로 $x=7\times$(자연수)^2 꼴이어야 한다.
따라서 100 이하인 자연수 x는 $7\times1^2=7$, $7\times2^2=28$, $7\times3^2=63$의 3개이다.

유형 12 $\sqrt{\dfrac{A}{x}}$가 자연수가 될 조건 | 15쪽 |

34 ①	35 12	36 4

34 $\sqrt{\dfrac{18}{x}}=\sqrt{\dfrac{2\times3^2}{x}}$이므로 $x=2\times$(자연수)^2 꼴이면서 18의 약수이어야 한다.
따라서 가장 작은 자연수 x의 값은 2이다.

35 $\sqrt{\dfrac{300}{x}}=\sqrt{\dfrac{2^2\times3\times5^2}{x}}$이므로 $x=3\times$(자연수)^2 꼴이면서 300의 약수이어야 한다. ······ ❶
따라서 가장 작은 두 자리의 자연수 x의 값은
$3\times2^2=12$ ······ ❷

채점 기준	비율
❶ x의 조건 구하기	50 %
❷ x의 값 구하기	50 %

36 $\sqrt{\dfrac{96}{x}}=\sqrt{\dfrac{2^5\times3}{x}}$이므로 $x=2\times3\times$(자연수)^2 꼴이면서 96의 약수이어야 한다.
y의 값이 가장 크려면 x의 값은 가장 작아야 하므로
$x=2\times3=6$
따라서 가장 큰 y의 값은 $\sqrt{\dfrac{96}{6}}=\sqrt{16}=4$

유형 13 $\sqrt{A+x}$, $\sqrt{A-x}$가 자연수가 될 조건 | 16쪽 |

37 3	38 5	39 ⑤

37 $\sqrt{13+x}$가 자연수가 되려면 $13+x$는 13보다 큰 (자연수)^2 꼴이어야 하므로
$13+x=16$, 25, 36, ···
즉, $x=3$, 12, 23, ···
따라서 가장 작은 자연수 x의 값은 3이다.

38 $\sqrt{41-x}$가 자연수가 되려면 $41-x$는 41보다 작은 (자연수)^2 꼴이어야 하므로 ······ ❶
$41-x=36$, 25, 16, 9, 4, 1
이때 $\sqrt{41-x}$가 가장 큰 자연수이므로
$41-x=36$
따라서 $x=5$ ······ ❷

채점 기준	비율
❶ $\sqrt{41-x}$가 자연수가 될 조건 구하기	40 %
❷ x의 값 구하기	60 %

39 $\sqrt{27-x}$가 자연수가 되려면 $27-x$는 27보다 작은 (자연수)^2 꼴이어야 하므로
$27-x=25$, 16, 9, 4, 1
즉, $x=2$, 11, 18, 23, 26
가장 큰 x의 값은 26, 가장 작은 x의 값은 2이므로
$a=26$, $b=2$
따라서 $a-b=26-2=24$

유형 14 제곱근의 대소 관계 | 16쪽 |

40 ⑤	41 $-\sqrt{10}$
42 (1) $\dfrac{1}{x}$, $\sqrt{\dfrac{1}{x}}$, $\sqrt{x}$, x (2) x, $\sqrt{x}$, $\sqrt{\dfrac{1}{x}}$, $\dfrac{1}{x}$	

40 ⑤ $\dfrac{1}{6}=\sqrt{\dfrac{1}{36}}$이고 $\dfrac{3}{7}>\dfrac{1}{36}$이므로 $\sqrt{\dfrac{3}{7}}>\sqrt{\dfrac{1}{36}}$
즉, $\sqrt{\dfrac{3}{7}}>\dfrac{1}{6}$이므로 $-\sqrt{\dfrac{3}{7}}<-\dfrac{1}{6}$

41 $3=\sqrt{9}$이고 $\dfrac{11}{3}<8<9<10<15$이므로
$$\sqrt{\dfrac{11}{3}}<\sqrt{8}<\sqrt{9}<\sqrt{10}<\sqrt{15}$$
즉, $\sqrt{\dfrac{11}{3}}<\sqrt{8}<3<\sqrt{10}<\sqrt{15}$이므로
$$-\sqrt{\dfrac{11}{3}}>-\sqrt{8}>-3>-\sqrt{10}>-\sqrt{15}$$
따라서 큰 수부터 크기순으로 나열할 때, 네 번째에 오는 수는 $-\sqrt{10}$이다.

42 $\sqrt{x}$, $\dfrac{1}{x}$, x, $\sqrt{\dfrac{1}{x}}$을 각각 제곱하면 x, $\dfrac{1}{x^2}$, x^2, $\dfrac{1}{x}$

(1) $x>1$이므로 $x=2$라 하면

$$x=2, \ \frac{1}{x^2}=\frac{1}{4}, \ x^2=4, \ \frac{1}{x}=\frac{1}{2}$$

따라서 작은 수부터 차례로 나열하면

$$\frac{1}{x^2}, \ \frac{1}{x}, \ x, \ x^2, \ 즉 \ \frac{1}{x}, \ \sqrt{\frac{1}{x}}, \ \sqrt{x}, \ x$$

(2) $0<x<1$이므로 $x=\dfrac{1}{2}$이라 하면

$$x=\frac{1}{2}, \ \frac{1}{x^2}=4, \ x^2=\frac{1}{4}, \ \frac{1}{x}=2$$

따라서 작은 수부터 차례로 나열하면

$$x^2, \ x, \ \frac{1}{x}, \ \frac{1}{x^2}, \ 즉 \ x, \ \sqrt{x}, \ \sqrt{\frac{1}{x}}, \ \frac{1}{x}$$

유형 15 **제곱근을 포함한 부등식** | 17쪽 |

| **43** 4 | **44** ④ | **45** 22 |

43 $\sqrt{6x}<5$의 양변을 제곱하면

$$(\sqrt{6x})^2<5^2, \ 6x<25, \ 즉 \ x<\frac{25}{6}$$

따라서 부등식을 만족시키는 가장 큰 자연수 x의 값은 4이다.

44 $3<\sqrt{2x}<5$의 각 변을 제곱하면

$$3^2<(\sqrt{2x})^2<5^2, \ 9<2x<25, \ 즉 \ \frac{9}{2}<x<\frac{25}{2}$$

따라서 부등식을 만족시키는 자연수 x는 5, 6, 7, 8, 9, 10, 11, 12의 8개이다.

45 $\sqrt{14}<x<\sqrt{58}$의 각 변을 제곱하면

$$(\sqrt{14})^2<x^2<(\sqrt{58})^2, \ 즉 \ 14<x^2<58 \quad \cdots\cdots ❶$$

x가 자연수이므로 $x^2=16, 25, 36, 49$

즉, $x=4, 5, 6, 7$ $\quad \cdots\cdots ❷$

따라서 구하는 합은 $4+5+6+7=22$ $\quad \cdots\cdots ❸$

채점 기준	비율
❶ x^2의 값의 범위 구하기	40 %
❷ x의 값 구하기	40 %
❸ 모든 x의 값의 합 구하기	20 %

유형 16 **$\sqrt{x}$ 이하의 자연수 구하기** | 17쪽 |

| **46** ④ | **47** 2 | **48** ④ |

46 $4<\sqrt{20}<5$이므로 $N(20)=4$

$7<\sqrt{50}<8$이므로 $N(50)=7$

따라서 $N(20)+N(50)=4+7=11$

---

47 $8<\sqrt{80}<9$이므로 $M(80)=8$

$6<\sqrt{46}<7$이므로 $M(46)=6$

따라서 $M(80)-M(46)=8-6=2$

48 $\sqrt{1}=1$, $\sqrt{4}=2$, $\sqrt{9}=3$, $\sqrt{16}=4$이므로

$$f(1)=f(2)=f(3)=1$$
$$f(4)=f(5)=f(6)=f(7)=f(8)=2$$
$$f(9)=f(10)=3$$

따라서

$$f(1)+f(2)+f(3)+\cdots+f(10)=1\times3+2\times5+3\times2$$
$$=3+10+6=19$$

---

02. 무리수와 실수
| 18 ~ 19쪽 |

무리수와 실수

1 유	**2** 유	**3** 무	**4** 무	**5** 무
6 $\sqrt{4}$	**7** $\sqrt{4}$, $1.06\dot{7}$, $\dfrac{3}{11}$		**8** $-\sqrt{1.5}$, $-\sqrt{37}$	

9 $-\sqrt{1.5}$, $\sqrt{4}$, $1.06\dot{7}$, $\dfrac{3}{11}$, $-\sqrt{37}$

2 $\sqrt{16}=\sqrt{4^2}=4$이므로 $\sqrt{16}$은 유리수이다.

6 $\sqrt{4}=2$이므로 정수는 $\sqrt{4}$이다.

실수의 대소 관계

10 (1) $\sqrt{10}$ (2) $-2+\sqrt{10}$	**11** (1) $\sqrt{29}$ (2) $6-\sqrt{29}$	**12** ×
13 ○	**14** ○	**15** >	**16** >	**17** <
18 >	**19** 2, $\sqrt{8}-2$		**20** 4, $\sqrt{23}-4$	
21 6, $\sqrt{44}-6$		**22** 7, $\sqrt{57}-7$		
23 9, $\sqrt{85}-9$				

10 (1) $\overline{\text{AC}}=\sqrt{3^2+1^2}=\sqrt{10}$

(2) $\overline{\text{AP}}=\overline{\text{AC}}=\sqrt{10}$이므로 점 P에 대응하는 수는 $-2+\sqrt{10}$

11 (1) $\overline{\text{AC}}=\sqrt{5^2+2^2}=\sqrt{29}$

(2) $\overline{\text{AP}}=\overline{\text{AC}}=\sqrt{29}$이므로 점 P에 대응하는 수는 $6-\sqrt{29}$

12 수직선은 유리수와 무리수, 즉 실수에 대응하는 점들로 완전히 메울 수 있다.

15 $(7-\sqrt{5})-3=4-\sqrt{5}>0$이므로 $7-\sqrt{5}>3$

16 $10-(13-\sqrt{10})=10-13+\sqrt{10}=\sqrt{10}-3>0$이므로
$10>13-\sqrt{10}$

17 $\sqrt{6}<\sqrt{8}$이므로 양변에 $\sqrt{15}$를 더하면
$\sqrt{6}+\sqrt{15}<\sqrt{8}+\sqrt{15}$

18 $8>\sqrt{60}$이므로 양변에서 $\sqrt{7}$을 빼면
$8-\sqrt{7}>\sqrt{60}-\sqrt{7}$

19 $2<\sqrt{8}<3$이므로 $\sqrt{8}$의 정수 부분은 2, 소수 부분은 $\sqrt{8}-2$이다.

20 $4<\sqrt{23}<5$이므로 $\sqrt{23}$의 정수 부분은 4, 소수 부분은 $\sqrt{23}-4$이다.

21 $6<\sqrt{44}<7$이므로 $\sqrt{44}$의 정수 부분은 6, 소수 부분은 $\sqrt{44}-6$이다.

22 $7<\sqrt{57}<8$이므로 $\sqrt{57}$의 정수 부분은 7, 소수 부분은 $\sqrt{57}-7$이다.

23 $9<\sqrt{85}<10$이므로 $\sqrt{85}$의 정수 부분은 9, 소수 부분은 $\sqrt{85}-9$이다.

소단원 유형 익히기

유형 17 유리수와 무리수의 구별 | 20쪽 |

| 1 ③, ⑤ | 2 ㄱ, ㄹ | 3 3개 |

2 순환소수가 아닌 무한소수는 무리수이다. ······ **❶**
각 정사각형의 한 변의 길이를 구하면 다음과 같다.
ㄱ. $\sqrt{6}$ ㄴ. $\sqrt{49}=7$
ㄷ. $\sqrt{\dfrac{81}{25}}=\dfrac{9}{5}$ ㄹ. $\sqrt{14.4}$ ······ **❷**
따라서 한 변의 길이를 소수로 나타낼 때, 순환소수가 아닌 무한소수가 되는 것은 ㄱ, ㄹ이다. ······ **❸**

채점 기준	비율
❶ 순환소수가 아닌 무한소수의 의미 알기	30 %
❷ 각 정사각형의 한 변의 길이 구하기	50 %
❸ 한 변의 길이를 소수로 나타낼 때 순환소수가 아닌 무한소수가 되는 것 고르기	20 %

3 $\sqrt{121}=\sqrt{11^2}=11$이므로 11의 제곱근은 $\pm\sqrt{11}$
$\sqrt{16}=\sqrt{4^2}=4$이므로 4의 제곱근은 ±2

$\dfrac{1}{36}$의 제곱근은 $\pm\sqrt{\dfrac{1}{36}}=\pm\dfrac{1}{6}$
$\sqrt{100}=\sqrt{10^2}=10$이므로 10의 제곱근은 $\pm\sqrt{10}$
$\sqrt{2.25}=\sqrt{1.5^2}=1.5$이므로 1.5의 제곱근은 $\pm\sqrt{1.5}$
따라서 주어진 수 중 그 제곱근이 유리수가 아닌 것은 $\sqrt{121}$, $\sqrt{100}$, $\sqrt{2.25}$의 3개이다.

유형 18 실수의 이해 | 20~21쪽 |

| 4 ③, ⑤ | 5 ①, ② | 6 ④ | 7 ㄴ, ㄷ | 8 ⑤ |
| 9 ㄷ | | | | |

4 ③ 무한소수 중 순환소수는 유리수이다.
⑤ 실수 중에는 유리수이면서 동시에 무리수인 수는 없다.

5 ③ $-\sqrt{5.\dot{4}}=-\sqrt{\dfrac{49}{9}}=-\sqrt{\left(\dfrac{7}{3}\right)^2}=-\dfrac{7}{3}$이므로 유리수이다.
⑤ $-\sqrt{\dfrac{144}{25}}=-\sqrt{\left(\dfrac{12}{5}\right)^2}=-\dfrac{12}{5}$이므로 유리수이다.

6 ④ 기약분수로 나타낼 수 있는 수는 유리수이다. $\sqrt{6}$은 무리수이므로 기약분수로 나타낼 수 없다.

7 □ 안의 수는 실수 중 유리수가 아닌 수, 즉 무리수이다.
ㄱ. $-\sqrt{\dfrac{25}{16}}=-\sqrt{\left(\dfrac{5}{4}\right)^2}=-\dfrac{5}{4}$
ㄴ. 제곱근 12는 $\sqrt{12}$
ㄷ. $\sqrt{0.0\dot{1}}=\sqrt{\dfrac{1}{90}}$
ㄹ. 2.89의 음의 제곱근은 $-\sqrt{2.89}=-\sqrt{1.7^2}=-1.7$
따라서 □ 안의 수에 해당하는 것은 ㄴ, ㄷ이다.

8 $\sqrt{36}=6$
① 자연수는 $\sqrt{36}$의 1개이다.
② 정수는 0, $\sqrt{36}$의 2개이다.
③ 정수가 아닌 유리수는 $-\dfrac{1}{4}$, $3.\dot{0}\dot{7}$의 2개이다.
④ 무리수는 $\sqrt{2.1}$, $-\sqrt{\dfrac{6}{7}}$의 2개이다.
⑤ $\dfrac{(정수)}{(0이\ 아닌\ 정수)}$ 꼴로 나타낼 수 있는 수는 유리수이고 유리수는 0, $-\dfrac{1}{4}$, $\sqrt{36}$, $3.\dot{0}\dot{7}$의 4개이다.

9 ㄱ. 양수 4의 제곱근은 ±2이다. 이와 같이 양수의 제곱근이 모두 무리수가 되는 것은 아니다.
ㄴ. 무리수 π의 제곱, 즉 π^2은 무리수이므로 무리수를 제곱하면 모두 유리수가 되는 것은 아니다.

ㄹ. 0은 유리수이다.
따라서 옳은 것은 ㄷ뿐이다.

유형 19 무리수를 수직선 위에 나타내기 | 21 ~ 22쪽 |

10 $2-\sqrt{8}$ **11** $1+\sqrt{10}$ **12** ⑤ **13** 점 B **14** $4+\sqrt{17}$
15 풀이 참조

10 $\overline{AC}=\sqrt{2^2+2^2}=\sqrt{8}$
$\overline{CP}=\overline{AC}=\sqrt{8}$이므로 점 P에 대응하는 수는 $2-\sqrt{8}$

11 $\overline{AB}=\sqrt{3^2+1^2}=\sqrt{10}$ ...... ❶
$\overline{AP}=\overline{AB}=\sqrt{10}$이므로 점 P에 대응하는 수는
$1+\sqrt{10}$ ...... ❷

채점 기준	비율
❶ $\overline{AB}$의 길이 구하기	50 %
❷ 점 P에 대응하는 수 구하기	50 %

12 ① $\overline{AB}=\sqrt{2^2+3^2}=\sqrt{13}$
②, ③ $\overline{AP}=\overline{AQ}=\overline{AB}=\sqrt{13}$
④ 점 P의 좌표는 $-1+\sqrt{13}$
⑤ 점 Q의 좌표는 $-1-\sqrt{13}$

13 $2-\sqrt{2}$에 대응하는 점은 2를 나타내는 점에서 왼쪽으로 $\sqrt{2}$만큼
떨어진 점이다.
이때 한 변의 길이가 1인 정사각형의 대각선의 길이를 x라 하면
$x=\sqrt{1^2+1^2}=\sqrt{2}$
따라서 $2-\sqrt{2}$에 대응하는 점은 B이다.

14 $\overline{PQ}=\sqrt{4^2+1^2}=\sqrt{17}$이므로 $\overline{AP}=\overline{BP}=\overline{PQ}=\sqrt{17}$
점 A에 대응하는 수 $4-\sqrt{17}$은 점 P에 대응하는 수보다 $\sqrt{17}$만
큼 작으므로 점 P에 대응하는 수는 4이다.
따라서 점 B에 대응하는 수는 점 P에 대응하는 수보다 $\sqrt{17}$만큼
크므로 $4+\sqrt{17}$

15 $1+\sqrt{5}$, $1-\sqrt{5}$에 대응하는 점은 각각 1을 나타내는 점에서 오른
쪽으로 $\sqrt{5}$만큼, 왼쪽으로 $\sqrt{5}$만큼 떨어진 점이다. ...... ❶

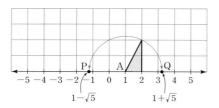

$\sqrt{5}=\sqrt{1^2+2^2}$이므로 앞의 그림과 같이 수직선에서 1에 대응하는
점을 A라 할 때, 점 A를 한 꼭짓점으로 하고 직각을 낀 두 변의
길이가 각각 1, 2인 직각삼각형을 그린 후 점 A를 중심으로 하
고 빗변의 길이 $\sqrt{5}$를 반지름으로 하는 원을 그려 수직선과 만나
는 두 점을 각각 P, Q라 하면 점 P에 대응하는 수가 $1-\sqrt{5}$, 점
Q에 대응하는 수가 $1+\sqrt{5}$이다. ...... ❷

채점 기준	비율
❶ $1+\sqrt{5}$, $1-\sqrt{5}$에 대응하는 점 이해하기	30 %
❷ $1+\sqrt{5}$, $1-\sqrt{5}$에 대응하는 점을 수직선 위에 나타내는 방법을 설명하고 나타내기	70 %

유형 20 실수와 수직선 | 22쪽 |

16 ⑤ **17** ③, ⑤ **18** ㄱ, ㄷ

16 ① $\dfrac{2}{5}$와 $\dfrac{5}{6}$ 사이에는 무수히 많은 무리수가 있다.
② 수직선은 유리수와 무리수, 즉 실수에 대응하는 점들로 완전
히 메울 수 있다.
③ $\sqrt{11}$은 양수이므로 수직선에서 원점의 오른쪽에 있는 한 점에
대응한다.
④ 서로 다른 두 무리수 사이에는 정수가 없을 수도 있고, 있을
수도 있다. 예를 들면 $\sqrt{2}$와 $\sqrt{5}$ 사이에는 정수 2가 있다.

17 ③ 서로 다른 두 유리수 사이에는 무수히 많은 유리수와 무리수
가 있다.
⑤ 수직선은 유리수와 무리수, 즉 실수에 대응하는 점들로 완전
히 메울 수 있다.

18 ㄴ. 3에 가장 가까운 무리수는 알 수 없다.
ㄹ. 모든 실수는 수직선 위의 한 점에 각각 대응하므로 수직선 위
의 같은 점에 대응하는 서로 다른 두 실수는 없다.
따라서 옳은 것은 ㄱ, ㄷ이다.

유형 21 수직선에서 무리수에 대응하는 점 찾기 | 23쪽 |

19 ⑤ **20** 점 D **21** ⑤ **22** 점 C **23** $1+8\pi$
24 ⑤, ③ **25** B: $4-\sqrt{2}$, D: $\sqrt{33}$

19 $5<\sqrt{28}<6$이므로 $\sqrt{28}$에 대응하는 점은 E이다.

20 $3<\sqrt{10}<4$이므로 $6<3+\sqrt{10}<7$
따라서 $3+\sqrt{10}$에 대응하는 점은 D이다.

21 $4<\sqrt{21}<5$이므로 $2<\sqrt{21}-2<3$
따라서 $\sqrt{21}-2$에 대응하는 점이 있는 구간은 ⑤이다.

22 $3<\sqrt{15}<4$이므로 $-4<-\sqrt{15}<-3$
따라서 $-\sqrt{15}$에 대응하는 점은 C이다.

23 $\overline{AB}=$(원이 두 바퀴 굴러간 길이)$=(2\pi\times2)\times2=8\pi$
따라서 점 B에 대응하는 수는
(점 A의 좌표)$+\overline{AB}=1+8\pi$

24 $1<\sqrt{3}<2$에서 $-2<-\sqrt{3}<-1$이므로 $3<5-\sqrt{3}<4$
$2<\sqrt{8}<3$이므로 $1<-1+\sqrt{8}<2$
따라서 두 수 $5-\sqrt{3}$, $-1+\sqrt{8}$에 대응하는 점이 있는 구간은 차례로 ⑤, ③이다.

25 $5<\sqrt{33}<6$
$1<\sqrt{2}<2$에서 $-2<-\sqrt{2}<-1$이므로 $2<4-\sqrt{2}<3$
$2<\sqrt{5}<3$이므로 $3<1+\sqrt{5}<4$
$5<\sqrt{29}<6$이므로 $0<\sqrt{29}-5<1$ ······ ❶
따라서 점 B에 대응하는 수는 $4-\sqrt{2}$, 점 D에 대응하는 수는 $\sqrt{33}$이다. ······ ❷

채점 기준	비율
❶ $\sqrt{33}$, $4-\sqrt{2}$, $1+\sqrt{5}$, $\sqrt{29}-5$의 범위 구하기	70 %
❷ 두 점 B, D에 대응하는 수 구하기	30 %

<table>
<tr><td>유형 22</td><td>두 실수 사이의 수</td><td>| 24쪽 |</td></tr>
</table>

26 ⑤	27 ②	28 15

26 $4=\sqrt{4^2}=\sqrt{16}$, $6=\sqrt{6^2}=\sqrt{36}$이므로 두 수 4와 6 사이에 있는 수가 아닌 것은 ⑤이다.

27 $(\sqrt{2})^2=2=\sqrt{4}$, $6=\sqrt{36}$, $\sqrt{(-3)^2}=\sqrt{9}$이므로 $\sqrt{7}$과 $\sqrt{30}$ 사이에 있는 수는 $\sqrt{17}$, $\sqrt{(-3)^2}$의 2개이다.

28 $3<\sqrt{x}<5$에서 $3^2<(\sqrt{x})^2<5^2$, 즉 $9<x<25$
따라서 구하는 자연수 x는 10, 11, 12, $\cdots$, 24의 15개이다.

<table>
<tr><td>유형 23</td><td>실수의 대소 관계</td><td>| 24~25쪽 |</td></tr>
</table>

29 ⑤	30 (1) $4-\sqrt{7}<2$ (2) $-8+\sqrt{10}<-8+\sqrt{13}$
31 A: $-\sqrt{7}$, B: $\sqrt{2}-3$, C: $4-\sqrt{3}$, D: $\sqrt{12}$	
$-\sqrt{7}<\sqrt{2}-3<4-\sqrt{3}<\sqrt{12}$	
32 ⑤	33 -10	34 ①	35 ③

29 ⑤ $\dfrac{1}{3}<1$에서 $\sqrt{\dfrac{1}{3}}<1$이므로 $-\sqrt{\dfrac{1}{3}}>-1$

30 (1) $(4-\sqrt{7})-2=2-\sqrt{7}<0$이므로 $4-\sqrt{7}<2$
(2) $(-8+\sqrt{10})-(-8+\sqrt{13})=-8+\sqrt{10}+8-\sqrt{13}$
$=\sqrt{10}-\sqrt{13}<0$
따라서 $-8+\sqrt{10}<-8+\sqrt{13}$

31 $3<\sqrt{12}<4$
$1<\sqrt{3}<2$에서 $-2<-\sqrt{3}<-1$이므로 $2<4-\sqrt{3}<3$
$2<\sqrt{7}<3$이므로 $-3<-\sqrt{7}<-2$
$1<\sqrt{2}<2$이므로 $-2<\sqrt{2}-3<-1$ ······ ❶
따라서 각 점에 대응하는 수는
A: $-\sqrt{7}$, B: $\sqrt{2}-3$, C: $4-\sqrt{3}$, D: $\sqrt{12}$ ······ ❷
이고 수직선에서 오른쪽에 있는 수가 왼쪽에 있는 수보다 크므로 네 수의 대소를 비교하여 부등호를 사용하여 나타내면
$-\sqrt{7}<\sqrt{2}-3<4-\sqrt{3}<\sqrt{12}$ ······ ❸

채점 기준	비율
❶ 주어진 네 수의 범위 구하기	50 %
❷ 네 점 A, B, C, D에 대응하는 수 구하기	30 %
❸ 네 수의 대소를 비교하여 부등호를 사용하여 나타내기	20 %

32 ① $(1+\sqrt{3})-(1+\sqrt{5})=1+\sqrt{3}-1-\sqrt{5}=\sqrt{3}-\sqrt{5}<0$
따라서 $1+\sqrt{3}<1+\sqrt{5}$
② $(3-\sqrt{3})-(3-\sqrt{2})=3-\sqrt{3}-3+\sqrt{2}=-\sqrt{3}+\sqrt{2}<0$
따라서 $3-\sqrt{3}<3-\sqrt{2}$
③ $6<\sqrt{37}$이므로 양변에서 $\sqrt{5}$를 빼면
$6-\sqrt{5}<\sqrt{37}-\sqrt{5}$
④ $-5-(2-\sqrt{45})=-5-2+\sqrt{45}=-7+\sqrt{45}<0$
따라서 $-5<2-\sqrt{45}$
⑤ $(5-\sqrt{7})-2=3-\sqrt{7}>0$이므로 $5-\sqrt{7}>2$

33 양수끼리 비교하면 $1.8<\dfrac{5}{2}$이므로 $\sqrt{1.8}<\sqrt{\dfrac{5}{2}}$
음수끼리 비교하면 $-\dfrac{1}{4}=-\sqrt{\dfrac{1}{16}}$, $-4=-\sqrt{16}$이므로
$-4<-\sqrt{12}<-\dfrac{1}{4}$
따라서 $-4<-\sqrt{12}<-\dfrac{1}{4}<\sqrt{1.8}<\sqrt{\dfrac{5}{2}}$이므로 가장 큰 수는
$\sqrt{\dfrac{5}{2}}$, 가장 작은 수는 -4이다.
즉, $a=\sqrt{\dfrac{5}{2}}$, $b=-4$이므로
$a^2b=\left(\sqrt{\dfrac{5}{2}}\right)^2\times(-4)=\dfrac{5}{2}\times(-4)=-10$

34 $\sqrt{8}-2$와 $\sqrt{5}-2$는 양수이고 $3-\sqrt{11}$, $-2+\sqrt{3}$, $\sqrt{10}-4$는 음수이므로 수직선 위에 나타낼 때 가장 오른쪽에 위치하는 것은 양수인 $\sqrt{8}-2$ 또는 $\sqrt{5}-2$이다.

이때 $(\sqrt{8}-2)-(\sqrt{5}-2)=\sqrt{8}-2-\sqrt{5}+2=\sqrt{8}-\sqrt{5}>0$이므로 $\sqrt{8}-2>\sqrt{5}-2$

따라서 수직선 위에 나타낼 때 가장 오른쪽에 위치하는 수는 $\sqrt{8}-2$이다.

35 $1>-3$이므로 양변에 $\sqrt{6}$을 더하면 $\sqrt{6}+1>\sqrt{6}-3$
즉, $a>b$ ...... ㉠
$a-c=(\sqrt{6}+1)-4=\sqrt{6}-3<0$이므로
$a<c$ ...... ㉡
따라서 ㉠, ㉡에 의하여
$b<a<c$

유형 24 무리수의 정수 부분과 소수 부분 | 25쪽 |

| 36 ③ | 37 $\sqrt{6}$ | 38 $-1-\sqrt{3}$ |

36 $8<\sqrt{69}<9$이므로 $\sqrt{69}$의 정수 부분은 8이다.
즉, $a=8$이므로 $2a-5=2\times8-5=11$

37 $2<\sqrt{6}<3$에서 $-3<-\sqrt{6}<-2$이므로 $3<6-\sqrt{6}<4$
즉, $6-\sqrt{6}$의 정수 부분은 $a=3$, 소수 부분은
$b=(6-\sqrt{6})-3=3-\sqrt{6}$
따라서 $a-b=3-(3-\sqrt{6})=3-3+\sqrt{6}=\sqrt{6}$

38 $1<\sqrt{2}<2$에서 $3<2+\sqrt{2}<4$이므로 $2+\sqrt{2}$의 정수 부분은
$a=3$ ...... ❶
$1<\sqrt{3}<2$에서 $-2<-\sqrt{3}<-1$이므로 $-1<1-\sqrt{3}<0$
즉, $1-\sqrt{3}$의 정수 부분이 -1이므로 소수 부분은
$b=(1-\sqrt{3})-(-1)=1-\sqrt{3}+1=2-\sqrt{3}$ ...... ❷
따라서 $b-a=(2-\sqrt{3})-3=-1-\sqrt{3}$ ...... ❸

채점 기준	비율
❶ a의 값 구하기	40 %
❷ b의 값 구하기	50 %
❸ $b-a$의 값 구하기	10 %

중단원 핵심유형 테스트 | 26~27쪽 |

1 ③	2 ③	3 ①, ⑤	4 5	5 $2x-6$
6 3	7 -2	8 ③	9 2	
10 P: $-3-\sqrt{18}$, Q: $-3+\sqrt{18}$		11 ⑤	12 ③
13 ③	14 $\sqrt{5}$	15 $-3a$	16 79

1 ① 16의 제곱근은 ±4이다.
② 0의 제곱근은 0의 1개이다.
④ 제곱근 3은 3의 양의 제곱근이므로 $\sqrt{3}$이다.
⑤ 7의 제곱근은 $\pm\sqrt{7}$이고 제곱근 7은 $\sqrt{7}$이므로 같지 않다.

2 ①, ②, ④, ⑤ -10 ③ 10

3 ③ $\sqrt{\dfrac{49}{4}}=\sqrt{\left(\dfrac{7}{2}\right)^2}=\dfrac{7}{2}$
④ $-\sqrt{0.64}=-\sqrt{0.8^2}=-0.8$

4 $\sqrt{(-8)^2}+(-\sqrt{6})^2-\sqrt{144}\times\sqrt{\left(-\dfrac{3}{4}\right)^2}=8+6-12\times\dfrac{3}{4}$
$=8+6-9=5$

5 $2-x<0$, $x-4<0$이므로
$\sqrt{(2-x)^2}-\sqrt{(x-4)^2}=-(2-x)+(x-4)$
$=-2+x+x-4$
$=2x-6$

6 $\sqrt{48x}=\sqrt{2^4\times3\times x}$이므로 $x=3\times$ (자연수)^2 꼴이어야 한다.
따라서 가장 작은 자연수 x의 값은 3이다.

7 $2=\sqrt{4}$이고 $\dfrac{12}{5}<4<5<13<18$이므로
$\sqrt{\dfrac{12}{5}}<\sqrt{4}<\sqrt{5}<\sqrt{13}<\sqrt{18}$
즉, $\sqrt{\dfrac{12}{5}}<2<\sqrt{5}<\sqrt{13}<\sqrt{18}$이므로
$-\sqrt{\dfrac{12}{5}}>-2>-\sqrt{5}>-\sqrt{13}>-\sqrt{18}$
따라서 큰 수부터 크기순으로 나열할 때, 두 번째에 오는 수는 -2이다.

8 $3<\dfrac{\sqrt{x}}{2}<4$의 각 변에 2를 곱하면 $6<\sqrt{x}<8$
위 부등식의 각 변을 제곱하면 $36<x<64$
따라서 부등식을 만족시키는 자연수 x는 37, 38, 39, …, 63의 27개이다.

9 ㄱ. 무한소수 중 순환소수는 유리수이다.
ㄴ. 7에 가장 가까운 무리수는 알 수 없다.
따라서 옳지 않은 것은 ㄱ, ㄴ의 2개이다.

10 $\overline{AC}=\sqrt{3^2+3^2}=\sqrt{18}$
이때 $\overline{PC}=\overline{QC}=\overline{AC}=\sqrt{18}$이므로 점 P에 대응하는 수는 $-3-\sqrt{18}$, 점 Q에 대응하는 수는 $-3+\sqrt{18}$이다.

11 $5<\sqrt{30}<6$이므로 $1<\sqrt{30}-4<2$
따라서 $\sqrt{30}-4$에 대응하는 점이 있는 구간은 ⑤이다.

12 $7=\sqrt{49}$, $5=\sqrt{25}$이고 $3<\sqrt{15}<4$에서 $4<\sqrt{15}+1<5$이므로 $\sqrt{15}$와 7 사이에 있는 수가 아닌 것은 ③이다.

13 ① $3-(2-\sqrt{2})=3-2+\sqrt{2}=1+\sqrt{2}>0$
따라서 $3>2-\sqrt{2}$
② $\sqrt{10}>\sqrt{8}$이므로 양변에서 3을 빼면
$\sqrt{10}-3>-3+\sqrt{8}$
③ $(\sqrt{2}+6)-8=\sqrt{2}-2<0$
따라서 $\sqrt{2}+6<8$
④ $\sqrt{3}<\sqrt{5}$에서
$-\sqrt{3}>-\sqrt{5}$
양변에 1을 더하면
$1-\sqrt{3}>-\sqrt{5}+1$
⑤ $\sqrt{7}>2$이므로 양변에 $\sqrt{3}$을 더하면
$\sqrt{7}+\sqrt{3}>2+\sqrt{3}$

14 $2<\sqrt{7}<3$이므로 $\sqrt{7}$의 정수 부분은
$a=2$
$2<\sqrt{5}<3$에서 $7<5+\sqrt{5}<8$이므로 $5+\sqrt{5}$의 정수 부분은 7이고 소수 부분은
$b=5+\sqrt{5}-7=\sqrt{5}-2$
따라서 $a+b=2+(\sqrt{5}-2)=\sqrt{5}$

15 $ab<0$이므로
$a>0$, $b<0$ 또는 $a<0$, $b>0$
이때 $a-b<0$에서 $a<b$이므로
$a<0$, $b>0$ ...... ㉠ ...... ❶
$\sqrt{4a^2}=\sqrt{(2a)^2}$이고, ㉠에 의하여
$2a<0$, $-2b<0$, $3b-a>0$ ...... ❷
이므로
$\sqrt{4a^2}-(\sqrt{b})^2-\sqrt{(-2b)^2}+\sqrt{(3b-a)^2}$
$=-2a-b-2b+(3b-a)$
$=-3a$ ...... ❸

채점 기준	비율
❶ a, b의 부호 구하기	30 %
❷ $2a$, $-2b$, $3b-a$의 부호 구하기	30 %
❸ 주어진 식을 간단히 하기	40 %

16 $\sqrt{9}=3$, $\sqrt{16}=4$, $\sqrt{25}=5$, $\sqrt{36}=6$이므로
$f(11)=f(12)=f(13)=f(14)=f(15)=f(16)=3$
$f(17)=f(18)=\cdots=f(25)=4$
$f(26)=f(27)=f(28)=f(29)=f(30)=5$
따라서
$f(11)+f(12)+f(13)+\cdots+f(30)$
$=3\times6+4\times9+5\times5$
$=18+36+25$
$=79$

2. 근호를 포함한 식의 계산

01. 근호를 포함한 식의 계산 (1) | 30~31쪽 |

제곱근의 곱셈과 나눗셈

1 $\sqrt{30}$	2 $\sqrt{\dfrac{10}{3}}$	3 $8\sqrt{33}$	4 21	5 $\sqrt{5}$
6 120	7 $\sqrt{\dfrac{1}{7}}$	8 $-\sqrt{\dfrac{2}{3}}$	9 $3\sqrt{2}$	10 $\sqrt{55}$
11 -12	12 6			

4 $3\sqrt{28}\times\sqrt{\dfrac{7}{4}}=3\sqrt{49}=3\times7=21$

5 $\sqrt{3}\times\sqrt{2}\times\sqrt{\dfrac{5}{6}}=\sqrt{3\times2\times\dfrac{5}{6}}=\sqrt{5}$

6 $-3\sqrt{5}\times4\sqrt{10}\times(-\sqrt{2})=12\sqrt{100}=12\times10=120$

8 $(-\sqrt{8})\div\sqrt{12}=-\dfrac{\sqrt{8}}{\sqrt{12}}=-\sqrt{\dfrac{8}{12}}=-\sqrt{\dfrac{2}{3}}$

9 $15\sqrt{6}\div5\sqrt{3}=\dfrac{15\sqrt{6}}{5\sqrt{3}}=3\sqrt{2}$

10 $\sqrt{5}\div\dfrac{1}{\sqrt{11}}=\sqrt{5}\times\sqrt{11}=\sqrt{55}$

11 $12\sqrt{27}\div(-3\sqrt{3})=\dfrac{12\sqrt{27}}{-3\sqrt{3}}=-4\sqrt{9}=-12$

12 $\sqrt{30}\div\sqrt{5}\div\dfrac{1}{\sqrt{6}}=\sqrt{30}\times\dfrac{1}{\sqrt{5}}\times\sqrt{6}=\sqrt{36}=6$

근호가 있는 식의 변형

13 $4\sqrt{2}$	14 $2\sqrt{10}$	15 $-3\sqrt{11}$	16 $\dfrac{\sqrt{10}}{7}$	17 $-\dfrac{3\sqrt{3}}{11}$
18 $\dfrac{\sqrt{2}}{5}$ (✎ 2, 2)		19 $\sqrt{44}$	20 $-\sqrt{45}$	21 $\sqrt{\dfrac{7}{16}}$
22 $-\sqrt{\dfrac{2}{3}}$	23 $\sqrt{\dfrac{27}{64}}$	24 $-\sqrt{\dfrac{8}{49}}$		

13 $\sqrt{32}=\sqrt{4^2\times2}=4\sqrt{2}$

14 $\sqrt{40}=\sqrt{2^2\times10}=2\sqrt{10}$

15 $-\sqrt{99}=-\sqrt{3^2\times11}=-3\sqrt{11}$

16 $\sqrt{\dfrac{10}{49}}=\sqrt{\dfrac{10}{7^2}}=\dfrac{\sqrt{10}}{7}$

17 $-\sqrt{\dfrac{27}{121}}=-\sqrt{\dfrac{3^2\times 3}{11^2}}=-\dfrac{3\sqrt{3}}{11}$

18 $\sqrt{0.08}=\sqrt{\dfrac{8}{100}}=\sqrt{\dfrac{\boxed{2}}{25}}=\sqrt{\dfrac{2}{5^2}}=\dfrac{\sqrt{\boxed{2}}}{5}$

20 $-3\sqrt{5}=-\sqrt{3^2\times 5}=-\sqrt{45}$

22 $-\dfrac{\sqrt{6}}{3}=-\dfrac{\sqrt{6}}{\sqrt{3^2}}=-\sqrt{\dfrac{6}{9}}=-\sqrt{\dfrac{2}{3}}$

23 $\dfrac{3\sqrt{3}}{8}=\dfrac{\sqrt{3^2\times 3}}{\sqrt{8^2}}=\sqrt{\dfrac{3^2\times 3}{8^2}}=\sqrt{\dfrac{27}{64}}$

24 $-\dfrac{2\sqrt{2}}{7}=-\dfrac{\sqrt{2^2\times 2}}{\sqrt{7^2}}=-\sqrt{\dfrac{2^2\times 2}{7^2}}=-\sqrt{\dfrac{8}{49}}$

분모의 유리화

25 $\dfrac{6\sqrt{7}}{7}$	**26** $\dfrac{\sqrt{110}}{11}$	**27** $\dfrac{\sqrt{2}}{3}$	**28** $-\dfrac{\sqrt{30}}{30}$	**29** $\dfrac{4\sqrt{10}}{15}$

27 $\dfrac{2}{3\sqrt{2}}=\dfrac{2\times\sqrt{2}}{3\sqrt{2}\times\sqrt{2}}=\dfrac{\sqrt{2}}{3}$

28 $-\dfrac{\sqrt{5}}{5\sqrt{6}}=-\dfrac{\sqrt{5}\times\sqrt{6}}{5\sqrt{6}\times\sqrt{6}}=-\dfrac{\sqrt{30}}{30}$

29 $\dfrac{4\sqrt{2}}{\sqrt{45}}=\dfrac{4\sqrt{2}}{3\sqrt{5}}=\dfrac{4\sqrt{2}\times\sqrt{5}}{3\sqrt{5}\times\sqrt{5}}=\dfrac{4\sqrt{10}}{15}$

제곱근표

30 2.938	**31** 2.973	**32** 10.49	**33** 33.17
34 0.3317	**35** 0.01049		

32 $\sqrt{110}=\sqrt{100\times 1.1}=10\sqrt{1.1}=10\times 1.049=10.49$

33 $\sqrt{1100}=\sqrt{100\times 11}=10\sqrt{11}=10\times 3.317=33.17$

34 $\sqrt{0.11}=\sqrt{\dfrac{11}{100}}=\dfrac{\sqrt{11}}{10}=\dfrac{3.317}{10}=0.3317$

35 $\sqrt{0.00011}=\sqrt{\dfrac{1.1}{10000}}=\dfrac{\sqrt{1.1}}{100}=\dfrac{1.049}{100}=0.01049$

소단원 유형 익히기

유형 1 제곱근의 곱셈 | 32쪽 |

1 ⑤	**2** 7	**3** ③

1 ⑤ $8\sqrt{\dfrac{11}{18}}\times 2\sqrt{\dfrac{9}{22}}=16\sqrt{\dfrac{1}{4}}=16\times\dfrac{1}{2}=8$

2 $3\sqrt{3}\times 5\sqrt{7}=15\sqrt{21}$이므로 $a=15$ ⋯⋯ ❶
$-2\sqrt{5}\times 4\sqrt{6}=-8\sqrt{30}$이므로 $b=-8$ ⋯⋯ ❷
따라서 $a+b=15+(-8)=7$ ⋯⋯ ❸

채점 기준	비율
❶ a의 값 구하기	40 %
❷ b의 값 구하기	40 %
❸ $a+b$의 값 구하기	20 %

3 $6\sqrt{\dfrac{7}{30}}\times\sqrt{\dfrac{15}{28}}\times\left(-\dfrac{2\sqrt{2}}{3}\right)=-4\sqrt{\dfrac{1}{4}}=-4\times\dfrac{1}{2}=-2$

유형 2 제곱근의 나눗셈 | 32쪽 |

4 ④, ⑤	**5** ⑤	**6** ③

4 ④ $\sqrt{42}\div\dfrac{1}{\sqrt{6}}=\sqrt{42}\times\sqrt{6}=\sqrt{252}$
⑤ $\dfrac{\sqrt{15}}{9}\div\dfrac{\sqrt{3}}{6}=\dfrac{\sqrt{15}}{9}\times\dfrac{6}{\sqrt{3}}=\dfrac{2\sqrt{5}}{3}$

5 $3x\div\dfrac{1}{x}=3\sqrt{5}\div\dfrac{1}{\sqrt{5}}=3\sqrt{5}\times\sqrt{5}=15$(배)

6 $6\sqrt{5}\div 3\sqrt{10}\div\dfrac{1}{5\sqrt{a}}=6\sqrt{5}\times\dfrac{1}{3\sqrt{10}}\times 5\sqrt{a}=10\sqrt{\dfrac{a}{2}}$
즉, $10\sqrt{\dfrac{a}{2}}=10\sqrt{2}$이므로 $\dfrac{a}{2}=2$
따라서 $a=4$

유형 3 근호가 있는 식의 변형; $\sqrt{a^2b}$ | 33쪽 |

7 ③	**8** ⑤	**9** $\sqrt{3}$

7 $\sqrt{72}=\sqrt{6^2\times 2}=6\sqrt{2}$이므로 $a=6$
$\sqrt{75}=\sqrt{5^2\times 3}=5\sqrt{3}$이므로 $b=5$

8 ⑤ $-6\sqrt{3}=-\sqrt{6^2\times 3}=-\sqrt{108}$

9 $3\sqrt{5}=\sqrt{3^2\times5}=\sqrt{45}$이므로 $a=45$ $\qquad$ ❶
$-\sqrt{135}=-\sqrt{3^2\times15}=-3\sqrt{15}$이므로 $b=15$ $\qquad$ ❷
따라서 $\sqrt{\dfrac{a}{b}}=\sqrt{\dfrac{45}{15}}=\sqrt{3}$ $\qquad$ ❸

채점 기준	비율
❶ a의 값 구하기	40 %
❷ b의 값 구하기	40 %
❸ $\sqrt{\dfrac{a}{b}}$의 값 구하기	20 %

유형 4 근호가 있는 식의 변형; $\sqrt{\dfrac{b}{a^2}}$ | 33쪽 |

10 ③ 11 2 12 ㄴ, ㄹ

10 $\sqrt{0.28}=\sqrt{\dfrac{28}{100}}=\sqrt{\dfrac{7}{25}}=\sqrt{\dfrac{7}{5^2}}=\dfrac{\sqrt{7}}{5}$
따라서 $a=\dfrac{1}{5}$

11 $\dfrac{\sqrt{6}}{3}=\dfrac{\sqrt{6}}{\sqrt{3^2}}=\sqrt{\dfrac{6}{3^2}}=\sqrt{\dfrac{2}{3}}$이므로 $a=\dfrac{2}{3}$
$\sqrt{\dfrac{63}{25}}=\sqrt{\dfrac{3^2\times7}{5^2}}=\dfrac{3\sqrt{7}}{5}$이므로 $b=\dfrac{3}{5}$
따라서 $5ab=5\times\dfrac{2}{3}\times\dfrac{3}{5}=2$

12 ㄴ. $-\sqrt{\dfrac{12}{98}}=-\sqrt{\dfrac{6}{49}}=-\sqrt{\dfrac{6}{7^2}}=-\dfrac{\sqrt{6}}{7}$
ㄹ. $-\sqrt{0.4}=-\sqrt{\dfrac{40}{100}}=-\sqrt{\dfrac{10}{25}}=-\sqrt{\dfrac{10}{5^2}}=-\dfrac{\sqrt{10}}{5}$
따라서 옳지 않은 것은 ㄴ, ㄹ이다.

유형 5 문자를 사용한 제곱근의 표현 | 34쪽 |

13 ⑤ 14 ② 15 $\dfrac{a}{5}+\dfrac{3b}{10}$

13 $\sqrt{27}=\sqrt{3^2\times3}=3\sqrt{3}=3x$

14 $\sqrt{160}=\sqrt{4^2\times2\times5}=4\times\sqrt{2}\times\sqrt{5}=4ab$

15 $\sqrt{0.24}+\sqrt{0.63}=\sqrt{\dfrac{24}{100}}+\sqrt{\dfrac{63}{100}}=\sqrt{\dfrac{6}{25}}+\sqrt{\dfrac{63}{100}}$
$=\sqrt{\dfrac{6}{5^2}}+\sqrt{\dfrac{3^2\times7}{10^2}}=\dfrac{\sqrt{6}}{5}+\dfrac{3\sqrt{7}}{10}=\dfrac{a}{5}+\dfrac{3b}{10}$

유형 6 분모의 유리화 | 34쪽 |

16 ④ 17 ①, ⑤ 18 $\dfrac{3}{5}$

16 $\dfrac{8}{\sqrt{2}}=\dfrac{8\times\sqrt{2}}{\sqrt{2}\times\sqrt{2}}=4\sqrt{2}$

17 ① $\dfrac{5}{\sqrt{5}}=\dfrac{5\times\sqrt{5}}{\sqrt{5}\times\sqrt{5}}=\sqrt{5}$
⑤ $\dfrac{\sqrt{50}}{\sqrt{48}}=\dfrac{5\sqrt{2}}{4\sqrt{3}}=\dfrac{5\sqrt{2}\times\sqrt{3}}{4\sqrt{3}\times\sqrt{3}}=\dfrac{5\sqrt{6}}{12}$

18 $\dfrac{2\sqrt{2}}{\sqrt{5}}=\dfrac{2\sqrt{2}\times\sqrt{5}}{\sqrt{5}\times\sqrt{5}}=\dfrac{2\sqrt{10}}{5}$이므로 $a=\dfrac{2}{5}$ $\qquad$ ❶
$\dfrac{6}{\sqrt{60}}=\dfrac{6}{2\sqrt{15}}=\dfrac{3}{\sqrt{15}}=\dfrac{3\times\sqrt{15}}{\sqrt{15}\times\sqrt{15}}=\dfrac{\sqrt{15}}{5}$이므로
$b=\dfrac{1}{5}$ $\qquad$ ❷
따라서 $a+b=\dfrac{2}{5}+\dfrac{1}{5}=\dfrac{3}{5}$ $\qquad$ ❸

채점 기준	비율
❶ a의 값 구하기	40 %
❷ b의 값 구하기	40 %
❸ $a+b$의 값 구하기	20 %

유형 7 근호를 포함한 곱셈과 나눗셈의 혼합 계산 | 35쪽 |

19 ④ 20 ④ 21 -6

19 $\dfrac{2\sqrt{2}}{3}\times\sqrt{\dfrac{15}{8}}\div\dfrac{\sqrt{3}}{2}=\dfrac{2\sqrt{2}}{3}\times\dfrac{\sqrt{15}}{2\sqrt{2}}\times\dfrac{2}{\sqrt{3}}=\dfrac{2\sqrt{5}}{3}$

20 ① $\sqrt{40}\times\sqrt{5}\div2\sqrt{2}=2\sqrt{10}\times\sqrt{5}\times\dfrac{1}{2\sqrt{2}}=5$
② $\sqrt{200}\div\sqrt{75}\times2\sqrt{6}=10\sqrt{2}\div5\sqrt{3}\times2\sqrt{6}$
$=10\sqrt{2}\times\dfrac{1}{5\sqrt{3}}\times2\sqrt{6}=8$
③ $\dfrac{2}{\sqrt{3}}\div\sqrt{6}\times\sqrt{2}=\dfrac{2}{\sqrt{3}}\times\dfrac{1}{\sqrt{6}}\times\sqrt{2}=\dfrac{2}{3}$
④ $\dfrac{\sqrt{8}}{\sqrt{15}}\div\sqrt{\dfrac{5}{3}}\times\dfrac{1}{2\sqrt{6}}=\dfrac{2\sqrt{2}}{\sqrt{15}}\times\dfrac{\sqrt{3}}{\sqrt{5}}\times\dfrac{1}{2\sqrt{6}}=\dfrac{1}{5\sqrt{3}}=\dfrac{\sqrt{3}}{15}$
⑤ $\dfrac{\sqrt{54}}{3\sqrt{2}}\times\dfrac{2\sqrt{6}}{3}\div\sqrt{\dfrac{2}{15}}=\dfrac{3\sqrt{6}}{3\sqrt{2}}\times\dfrac{2\sqrt{6}}{3}\times\dfrac{\sqrt{15}}{\sqrt{2}}=2\sqrt{15}$

21 $A=\dfrac{3}{\sqrt{12}}\div(-\sqrt{30})\times2\sqrt{20}=\dfrac{3}{2\sqrt{3}}\times\left(-\dfrac{1}{\sqrt{30}}\right)\times4\sqrt{5}$
$=-\dfrac{2}{\sqrt{2}}=-\sqrt{2}$ $\qquad$ ❶
$B=\sqrt{\dfrac{3}{8}}\times\sqrt{32}\div\dfrac{2}{\sqrt{6}}=\dfrac{\sqrt{3}}{2\sqrt{2}}\times4\sqrt{2}\times\dfrac{\sqrt{6}}{2}=3\sqrt{2}$ $\qquad$ ❷
따라서 $AB=(-\sqrt{2})\times3\sqrt{2}=-6$ $\qquad$ ❸

채점 기준	비율
❶ A의 값 구하기	40 %
❷ B의 값 구하기	40 %
❸ AB의 값 구하기	20 %

유형 8 근호를 포함한 곱셈과 나눗셈의 도형에의 활용 | 35쪽 |

22 ⑤   23 $12\sqrt{15}$ cm²   24 ②

22 (삼각형의 넓이)$=\dfrac{1}{2}\times 4\sqrt{2}\times 2\sqrt{7}=4\sqrt{14}$

23 $\overline{\mathrm{BC}}=\sqrt{108}=\sqrt{6^2\times 3}=6\sqrt{3}$ (cm)
$\overline{\mathrm{DC}}=\sqrt{20}=\sqrt{2^2\times 5}=2\sqrt{5}$ (cm)
따라서 직사각형 ABCD의 넓이는
$\overline{\mathrm{BC}}\times\overline{\mathrm{DC}}=6\sqrt{3}\times 2\sqrt{5}=12\sqrt{15}$ (cm²)

24 $\sqrt{45}\times\sqrt{8}\times x=30\sqrt{5}$이므로
$x=\dfrac{30\sqrt{5}}{\sqrt{45}\times\sqrt{8}}=\dfrac{30\sqrt{5}}{3\sqrt{5}\times 2\sqrt{2}}=\dfrac{5}{\sqrt{2}}=\dfrac{5\times\sqrt{2}}{\sqrt{2}\times\sqrt{2}}=\dfrac{5\sqrt{2}}{2}$

유형 9 제곱근표에 있는 수의 제곱근의 값 | 36쪽 |

25 (1) 9.731 (2) 9.844   26 ④   27 7851

26 제곱근표에서
$\sqrt{4.8}=2.191$이므로 $a=2.191$
$\sqrt{4.72}=2.173$이므로 $b=2.173$
따라서 $a+b=2.191+2.173=4.364$

27 제곱근표에서 $\sqrt{73.4}=8.567$이므로 $a=8.567$ ······ ❶
$\sqrt{71.6}=8.462$이므로 $b=71.6$ ······ ❷
따라서 $1000a-10b=1000\times 8.567-10\times 71.6$
$=8567-716=7851$ ······ ❸

채점 기준	비율
❶ a의 값 구하기	40 %
❷ b의 값 구하기	40 %
❸ $1000a-10b$의 값 구하기	20 %

유형 10 제곱근표에 없는 수의 제곱근의 값 | 36쪽 |

28 64.19   29 ⑤   30 ①, ④

28 $\sqrt{4120}=\sqrt{100\times 41.2}=10\times\sqrt{41.2}$
$=10\times 6.419=64.19$

29 ① $\sqrt{300}=\sqrt{100\times 3}=10\sqrt{3}=10\times 1.732=17.32$
② $\sqrt{3000}=\sqrt{100\times 30}=10\sqrt{30}=10\times 5.477=54.77$
③ $\sqrt{0.3}=\sqrt{\dfrac{30}{100}}=\dfrac{\sqrt{30}}{10}=\dfrac{5.477}{10}=0.5477$
④ $\sqrt{0.03}=\sqrt{\dfrac{3}{100}}=\dfrac{\sqrt{3}}{10}=\dfrac{1.732}{10}=0.1732$
⑤ $\sqrt{0.003}=\sqrt{\dfrac{30}{10000}}=\dfrac{\sqrt{30}}{100}=\dfrac{5.477}{100}=0.05477$

30 ① $\sqrt{500}=\sqrt{100\times 5}=10\sqrt{5}=10\times 2.236=22.36$
④ $\sqrt{0.05}=\sqrt{\dfrac{5}{100}}=\dfrac{\sqrt{5}}{10}=\dfrac{2.236}{10}=0.2236$

02. 근호를 포함한 식의 계산 (2) | 37~38쪽 |

제곱근의 덧셈과 뺄셈

1 $11\sqrt{2}$	2 $5\sqrt{5}$	3 $\dfrac{7\sqrt{3}}{12}$	4 $4\sqrt{6}$	5 $\dfrac{5\sqrt{6}}{24}$
6 $3\sqrt{11}+3\sqrt{5}$		7 $5\sqrt{6}$ (✐ 2, 5)		8 $2\sqrt{5}$
9 $6\sqrt{2}$	10 $2\sqrt{2}$	11 $5\sqrt{7}+2\sqrt{3}$		
12 $3\sqrt{6}+9\sqrt{5}$		13 $6\sqrt{2}$ (✐ 4, 2, 6)		14 $3\sqrt{5}$
15 $\dfrac{\sqrt{2}}{6}$	16 $-\dfrac{3\sqrt{7}}{7}$	17 $\dfrac{\sqrt{3}}{4}$		

8 $\sqrt{125}-3\sqrt{5}=5\sqrt{5}-3\sqrt{5}=2\sqrt{5}$

9 $\sqrt{200}-\sqrt{32}=10\sqrt{2}-4\sqrt{2}=6\sqrt{2}$

10 $\sqrt{50}+\sqrt{18}-\sqrt{72}=5\sqrt{2}+3\sqrt{2}-6\sqrt{2}=2\sqrt{2}$

11 $8\sqrt{7}-\sqrt{3}-\sqrt{63}+\sqrt{27}=8\sqrt{7}-\sqrt{3}-3\sqrt{7}+3\sqrt{3}=5\sqrt{7}+2\sqrt{3}$

12 $\sqrt{150}+11\sqrt{5}-2\sqrt{6}-\sqrt{20}=5\sqrt{6}+11\sqrt{5}-2\sqrt{6}-2\sqrt{5}$
$=3\sqrt{6}+9\sqrt{5}$

14 $6\sqrt{5}-\dfrac{15}{\sqrt{5}}=6\sqrt{5}-3\sqrt{5}=3\sqrt{5}$

15 $\dfrac{2\sqrt{2}}{3}-\dfrac{\sqrt{3}}{\sqrt{6}}=\dfrac{2\sqrt{2}}{3}-\dfrac{\sqrt{2}}{2}=\dfrac{\sqrt{2}}{6}$

16 $\sqrt{28}+\dfrac{4}{\sqrt{7}}-\sqrt{63}=2\sqrt{7}+\dfrac{4\sqrt{7}}{7}-3\sqrt{7}=-\dfrac{3\sqrt{7}}{7}$

17 $\dfrac{5}{\sqrt{75}}+\dfrac{1}{\sqrt{12}}-\dfrac{\sqrt{3}}{4}=\dfrac{5}{5\sqrt{3}}+\dfrac{1}{2\sqrt{3}}-\dfrac{\sqrt{3}}{4}$
$=\dfrac{\sqrt{3}}{3}+\dfrac{\sqrt{3}}{6}-\dfrac{\sqrt{3}}{4}=\dfrac{\sqrt{3}}{4}$

근호를 포함한 식의 분배법칙

18 $\sqrt{30}+\sqrt{10}$	19 $\sqrt{30}-\sqrt{21}$	20 $2\sqrt{10}+12\sqrt{3}$
21 $\sqrt{22}+\sqrt{6}$	22 $2\sqrt{6}-6$	23 $2\sqrt{30}+12$
24 $\dfrac{3\sqrt{2}+\sqrt{6}}{3}$	25 $\dfrac{\sqrt{5}-\sqrt{10}}{5}$	26 $\dfrac{5\sqrt{2}-2\sqrt{15}}{10}$
27 $\dfrac{\sqrt{6}+3\sqrt{3}}{9}$	28 $\dfrac{4\sqrt{6}-2\sqrt{3}}{3}$	

20 $2\sqrt{2}(\sqrt{5}+3\sqrt{6})=2\sqrt{10}+6\sqrt{12}=2\sqrt{10}+12\sqrt{3}$

22 $(\sqrt{8}-\sqrt{12})\sqrt{3}=(2\sqrt{2}-2\sqrt{3})\sqrt{3}=2\sqrt{6}-6$

23 $(2\sqrt{5}+\sqrt{24})\sqrt{6}=(2\sqrt{5}+2\sqrt{6})\sqrt{6}=2\sqrt{30}+12$

24 $\dfrac{\sqrt{6}+\sqrt{2}}{\sqrt{3}}=\dfrac{(\sqrt{6}+\sqrt{2})\times\sqrt{3}}{\sqrt{3}\times\sqrt{3}}=\dfrac{\sqrt{18}+\sqrt{6}}{3}=\dfrac{3\sqrt{2}+\sqrt{6}}{3}$

25 $\dfrac{1-\sqrt{2}}{\sqrt{5}}=\dfrac{(1-\sqrt{2})\times\sqrt{5}}{\sqrt{5}\times\sqrt{5}}=\dfrac{\sqrt{5}-\sqrt{10}}{5}$

26 $\dfrac{\sqrt{5}-\sqrt{6}}{\sqrt{10}}=\dfrac{(\sqrt{5}-\sqrt{6})\times\sqrt{10}}{\sqrt{10}\times\sqrt{10}}=\dfrac{\sqrt{50}-\sqrt{60}}{10}=\dfrac{5\sqrt{2}-2\sqrt{15}}{10}$

27 $\dfrac{2+\sqrt{18}}{3\sqrt{6}}=\dfrac{2+3\sqrt{2}}{3\sqrt{6}}=\dfrac{(2+3\sqrt{2})\times\sqrt{6}}{3\sqrt{6}\times\sqrt{6}}=\dfrac{2\sqrt{6}+3\sqrt{12}}{18}$
$=\dfrac{2\sqrt{6}+6\sqrt{3}}{18}=\dfrac{\sqrt{6}+3\sqrt{3}}{9}$

28 $\dfrac{\sqrt{128}-4}{\sqrt{12}}=\dfrac{8\sqrt{2}-4}{2\sqrt{3}}=\dfrac{4\sqrt{2}-2}{\sqrt{3}}$
$=\dfrac{(4\sqrt{2}-2)\times\sqrt{3}}{\sqrt{3}\times\sqrt{3}}=\dfrac{4\sqrt{6}-2\sqrt{3}}{3}$

근호를 포함한 식의 혼합 계산

29 $7\sqrt{2}$	**30** $-2\sqrt{2}$	**31** $12-8\sqrt{6}$	**32** $5\sqrt{6}-3\sqrt{3}$
33 $\sqrt{5}-\sqrt{10}$	**34** $\dfrac{5\sqrt{6}}{3}+\dfrac{\sqrt{2}}{2}$		

29 $\sqrt{5}\times\sqrt{10}+2\sqrt{2}=\sqrt{50}+2\sqrt{2}=5\sqrt{2}+2\sqrt{2}=7\sqrt{2}$

30 $10\sqrt{6}\div5\sqrt{3}-\sqrt{32}=\dfrac{10\sqrt{6}}{5\sqrt{3}}-4\sqrt{2}=2\sqrt{2}-4\sqrt{2}=-2\sqrt{2}$

31 $\sqrt{3}(\sqrt{2}+4\sqrt{3})-9\sqrt{6}=\sqrt{6}+12-9\sqrt{6}=12-8\sqrt{6}$

32 $\sqrt{6}(3-\sqrt{2})-(\sqrt{6}-4\sqrt{3})\div\sqrt{2}$
$=3\sqrt{6}-\sqrt{12}-\dfrac{\sqrt{6}-4\sqrt{3}}{\sqrt{2}}=3\sqrt{6}-2\sqrt{3}-\dfrac{(\sqrt{6}-4\sqrt{3})\times\sqrt{2}}{\sqrt{2}\times\sqrt{2}}$
$=3\sqrt{6}-2\sqrt{3}-\dfrac{\sqrt{12}-4\sqrt{6}}{2}=3\sqrt{6}-2\sqrt{3}-\dfrac{2\sqrt{3}-4\sqrt{6}}{2}$
$=3\sqrt{6}-2\sqrt{3}-\sqrt{3}+2\sqrt{6}=5\sqrt{6}-3\sqrt{3}$

33 $\dfrac{1}{\sqrt{10}}(\sqrt{10}-10)+\sqrt{5}\Big(1-\dfrac{1}{\sqrt{5}}\Big)=1-\dfrac{10}{\sqrt{10}}+\sqrt{5}-1$
$=\sqrt{5}-\sqrt{10}$

34 $\dfrac{4}{\sqrt{6}}-\sqrt{2}(1-\sqrt{3})+\dfrac{3}{\sqrt{2}}=\dfrac{2\sqrt{6}}{3}-\sqrt{2}+\sqrt{6}+\dfrac{3\sqrt{2}}{2}$
$=\dfrac{5\sqrt{6}}{3}+\dfrac{\sqrt{2}}{2}$

소단원 유형 익히기

유형 11 제곱근의 덧셈과 뺄셈 (1) | 39쪽 |

1 ③	**2** $2\sqrt{2}+5\sqrt{11}$	**3** ⑤	**4** $-12\sqrt{21}$

2 $5\sqrt{2}-3\sqrt{11}-3\sqrt{2}+8\sqrt{11}=(5-3)\sqrt{2}+(-3+8)\sqrt{11}$
$=2\sqrt{2}+5\sqrt{11}$

3 $\dfrac{5\sqrt{2}}{6}+\dfrac{\sqrt{7}}{3}-\dfrac{3\sqrt{2}}{2}-\dfrac{\sqrt{7}}{4}=\Big(\dfrac{5}{6}-\dfrac{3}{2}\Big)\sqrt{2}+\Big(\dfrac{1}{3}-\dfrac{1}{4}\Big)\sqrt{7}$
$=-\dfrac{2\sqrt{2}}{3}+\dfrac{\sqrt{7}}{12}$

따라서 $a=-\dfrac{2}{3}$, $b=\dfrac{1}{12}$이므로
$b-a=\dfrac{1}{12}-\Big(-\dfrac{2}{3}\Big)=\dfrac{3}{4}$

4 $A=6\sqrt{3}+5\sqrt{3}-2\sqrt{3}=(6+5-2)\sqrt{3}=9\sqrt{3}$ ...... ❶
$B=\dfrac{2\sqrt{7}}{3}-4\sqrt{7}+2\sqrt{7}=\Big(\dfrac{2}{3}-4+2\Big)\sqrt{7}=-\dfrac{4\sqrt{7}}{3}$ ...... ❷
따라서
$AB=9\sqrt{3}\times\Big(-\dfrac{4\sqrt{7}}{3}\Big)=-12\sqrt{21}$ ...... ❸

채점 기준	비율
❶ A의 값 구하기	40 %
❷ B의 값 구하기	40 %
❸ AB의 값 구하기	20 %

유형 12 제곱근의 덧셈과 뺄셈 (2) | 39~40쪽 |

5 풀이 참조	**6** ③	**7** $\dfrac{21\sqrt{5}}{10}$	**8** ④	**9** $\dfrac{1}{30}$
10 ⑤				

5 $\sqrt{18}-\sqrt{2}\neq\sqrt{18-2}$이므로 윤아의 계산 과정에서 틀린 부분을
바르게 고치면 다음과 같다.
$\sqrt{18}-\sqrt{2}=3\sqrt{2}-\sqrt{2}=(3-1)\sqrt{2}=2\sqrt{2}$

6 $3\sqrt{32}-3\sqrt{2}+\sqrt{50}=12\sqrt{2}-3\sqrt{2}+5\sqrt{2}=14\sqrt{2}$
따라서 $a=14$

7 y는 x의 역수이므로
$y=\dfrac{1}{x}=\dfrac{1}{2\sqrt{5}}=\dfrac{\sqrt{5}}{2\sqrt{5}\times\sqrt{5}}=\dfrac{\sqrt{5}}{10}$
따라서 $x+y=2\sqrt{5}+\dfrac{\sqrt{5}}{10}=\dfrac{21\sqrt{5}}{10}$

8 $\sqrt{24}-\dfrac{\sqrt{48}}{2}+\sqrt{96}-\dfrac{3\sqrt{2}}{\sqrt{6}}=2\sqrt{6}-2\sqrt{3}+4\sqrt{6}-\sqrt{3}$
$=6\sqrt{6}-3\sqrt{3}$

9

$$\frac{2}{\sqrt{3}}+\frac{3}{\sqrt{5}}-\frac{5}{\sqrt{12}}-\frac{6}{\sqrt{45}}=\frac{2\sqrt{3}}{3}+\frac{3\sqrt{5}}{5}-\frac{5}{2\sqrt{3}}-\frac{6}{3\sqrt{5}}$$
$$=\frac{2\sqrt{3}}{3}+\frac{3\sqrt{5}}{5}-\frac{5\sqrt{3}}{6}-\frac{2\sqrt{5}}{5}$$
$$=-\frac{\sqrt{3}}{6}+\frac{\sqrt{5}}{5} \quad\cdots\cdots \text{❶}$$

따라서 $a=-\dfrac{1}{6}$, $b=\dfrac{1}{5}$이므로 $\quad\cdots\cdots$ ❷

$$a+b=-\frac{1}{6}+\frac{1}{5}=\frac{1}{30} \quad\cdots\cdots \text{❸}$$

채점 기준	비율
❶ 주어진 등식의 좌변을 간단히 하기	60 %
❷ a, b의 값 구하기	20 %
❸ $a+b$의 값 구하기	20 %

10

$$\frac{b}{a}+\frac{a}{b}=\frac{\sqrt{3}}{\sqrt{8}}+\frac{\sqrt{8}}{\sqrt{3}}=\frac{\sqrt{3}}{2\sqrt{2}}+\frac{2\sqrt{2}}{\sqrt{3}}$$
$$=\frac{\sqrt{6}}{4}+\frac{2\sqrt{6}}{3}=\frac{11\sqrt{6}}{12}$$

유형 13 **분배법칙을 이용한 제곱근의 덧셈과 뺄셈** | 40쪽 |

| 11 ⑤ | 12 ① | 13 $12-3\sqrt{2}$ |

11

$$\sqrt{2}(\sqrt{18}+\sqrt{6})-4\sqrt{3}=\sqrt{2}(3\sqrt{2}+\sqrt{6})-4\sqrt{3}$$
$$=6+2\sqrt{3}-4\sqrt{3}=6-2\sqrt{3}$$

12

$$4\sqrt{5}(2-\sqrt{27})-\sqrt{3}(\sqrt{45}+\sqrt{60})$$
$$=4\sqrt{5}(2-3\sqrt{3})-\sqrt{3}(3\sqrt{5}+2\sqrt{15})$$
$$=8\sqrt{5}-12\sqrt{15}-3\sqrt{15}-6\sqrt{5}=2\sqrt{5}-15\sqrt{15}$$

따라서 $a=2$, $b=-15$이므로

$$ab=2\times(-15)=-30$$

13

$$\sqrt{3}A-\sqrt{6}B=\sqrt{3}(\sqrt{12}+\sqrt{6})-\sqrt{6}(\sqrt{12}-\sqrt{6})$$
$$=\sqrt{3}(2\sqrt{3}+\sqrt{6})-\sqrt{6}(2\sqrt{3}-\sqrt{6})$$
$$=6+3\sqrt{2}-6\sqrt{2}+6=12-3\sqrt{2}$$

유형 14 $\dfrac{\sqrt{a}+\sqrt{b}}{\sqrt{c}}$ **꼴의 분모의 유리화** | 41쪽 |

| 14 ② | 15 ② | 16 $2\sqrt{6}-\dfrac{\sqrt{2}}{2}$ |

14

$$\frac{2+\sqrt{48}}{\sqrt{20}}=\frac{2+4\sqrt{3}}{2\sqrt{5}}=\frac{1+2\sqrt{3}}{\sqrt{5}}=\frac{(1+2\sqrt{3})\times\sqrt{5}}{\sqrt{5}\times\sqrt{5}}$$
$$=\frac{\sqrt{5}+2\sqrt{15}}{5}=\frac{\sqrt{5}}{5}+\frac{2\sqrt{15}}{5}$$

따라서 $a=\dfrac{1}{5}$, $b=\dfrac{2}{5}$

15

$$\frac{3-\sqrt{3}}{\sqrt{6}}+2\sqrt{2}-\sqrt{24}=\frac{(3-\sqrt{3})\times\sqrt{6}}{\sqrt{6}\times\sqrt{6}}+2\sqrt{2}-2\sqrt{6}$$
$$=\frac{3\sqrt{6}-3\sqrt{2}}{6}+2\sqrt{2}-2\sqrt{6}$$
$$=\frac{\sqrt{6}-\sqrt{2}}{2}+2\sqrt{2}-2\sqrt{6}$$
$$=-\frac{3\sqrt{6}}{2}+\frac{3\sqrt{2}}{2}$$

16

$$\frac{\sqrt{30}-\sqrt{40}}{\sqrt{5}}+\frac{3+\sqrt{12}}{\sqrt{2}}$$
$$=\frac{\sqrt{30}-2\sqrt{10}}{\sqrt{5}}+\frac{3+2\sqrt{3}}{\sqrt{2}} \quad\cdots\cdots \text{❶}$$
$$=\frac{(\sqrt{30}-2\sqrt{10})\times\sqrt{5}}{\sqrt{5}\times\sqrt{5}}+\frac{(3+2\sqrt{3})\times\sqrt{2}}{\sqrt{2}\times\sqrt{2}}$$
$$=\frac{5\sqrt{6}-10\sqrt{2}}{5}+\frac{3\sqrt{2}+2\sqrt{6}}{2} \quad\cdots\cdots \text{❷}$$
$$=\sqrt{6}-2\sqrt{2}+\frac{3\sqrt{2}}{2}+\sqrt{6}=2\sqrt{6}-\frac{\sqrt{2}}{2} \quad\cdots\cdots \text{❸}$$

채점 기준	비율
❶ 근호 안의 제곱인 인수를 근호 밖으로 꺼내기	30 %
❷ 분모를 유리화하기	40 %
❸ 계산 결과 구하기	30 %

다른 풀이

$$(\text{주어진 식})=\sqrt{6}-\sqrt{8}+\frac{3}{\sqrt{2}}+\sqrt{6}$$
$$=2\sqrt{6}-2\sqrt{2}+\frac{3\sqrt{2}}{2}=2\sqrt{6}-\frac{\sqrt{2}}{2}$$

유형 15 **근호를 포함한 식의 혼합 계산** | 41~42쪽 |

| 17 ④ | 18 ② | 19 -6 | 20 -4 | 21 ③ |

17

$$\frac{8}{\sqrt{2}}-(3\sqrt{3}-4\sqrt{2})\div\frac{1}{\sqrt{6}}=4\sqrt{2}-(3\sqrt{3}-4\sqrt{2})\times\sqrt{6}$$
$$=4\sqrt{2}-9\sqrt{2}+8\sqrt{3}$$
$$=-5\sqrt{2}+8\sqrt{3}$$

18

$$\frac{\sqrt{18}}{6}+\frac{1}{\sqrt{3}}\left(\frac{\sqrt{6}}{2}-\sqrt{96}\right)-3\sqrt{2}=\frac{3\sqrt{2}}{6}+\frac{\sqrt{2}}{2}-\sqrt{32}-3\sqrt{2}$$
$$=\frac{\sqrt{2}}{2}+\frac{\sqrt{2}}{2}-4\sqrt{2}-3\sqrt{2}$$
$$=-6\sqrt{2}$$

따라서 $a=-6$

19

$$2\sqrt{5}\left(\frac{1}{\sqrt{10}}-\sqrt{5}\right)+(\sqrt{48}-\sqrt{6})\div\sqrt{3}$$
$$=\frac{2}{\sqrt{2}}-10+(4\sqrt{3}-\sqrt{6})\times\frac{1}{\sqrt{3}}$$
$$=\sqrt{2}-10+4-\sqrt{2}=-6$$

20 $\sqrt{48}+5\sqrt{3}(\sqrt{2}-3)+\dfrac{6\sqrt{2}}{\sqrt{3}}=4\sqrt{3}+5\sqrt{6}-15\sqrt{3}+2\sqrt{6}$
$\qquad\qquad\qquad\qquad\qquad\qquad\quad=-11\sqrt{3}+7\sqrt{6}$
따라서 $a=-11$, $b=7$이므로
$a+b=-11+7=-4$

21 $\dfrac{x+y}{x}-y(x-y)=\dfrac{\sqrt{2}+\sqrt{3}}{\sqrt{2}}-\sqrt{3}(\sqrt{2}-\sqrt{3})$
$\qquad\qquad\qquad\quad=\dfrac{(\sqrt{2}+\sqrt{3})\times\sqrt{2}}{\sqrt{2}\times\sqrt{2}}-\sqrt{6}+3$
$\qquad\qquad\qquad\quad=\dfrac{2+\sqrt{6}}{2}-\sqrt{6}+3$
$\qquad\qquad\qquad\quad=4-\dfrac{\sqrt{6}}{2}$

| 42쪽 |
유형 16 제곱근의 계산 결과가 유리수가 될 조건

22 ④	23 6	24 −1

22 $12\sqrt{3}+3a-5-4a\sqrt{3}=(3a-5)+(12-4a)\sqrt{3}$이 유리수가
되려면 $12-4a=0$이어야 하므로 $a=3$

23 $\sqrt{5}(2\sqrt{5}-6)-a(3-\sqrt{5})=10-6\sqrt{5}-3a+a\sqrt{5}$
$\qquad\qquad\qquad\qquad\qquad\quad=(10-3a)+(a-6)\sqrt{5}$
이 수가 유리수가 되려면 $a-6=0$이어야 하므로 $a=6$

24 $\dfrac{\sqrt{12}-6\sqrt{2}}{\sqrt{3}}-\sqrt{8}(a\sqrt{3}-\sqrt{2})=\sqrt{4}-\dfrac{6\sqrt{2}}{\sqrt{3}}-2\sqrt{2}(a\sqrt{3}-\sqrt{2})$
$\qquad\qquad\qquad\qquad\qquad\qquad\quad=2-2\sqrt{6}-2a\sqrt{6}+4$
$\qquad\qquad\qquad\qquad\qquad\qquad\quad=6-(2a+2)\sqrt{6}$ $\cdots\cdots$ ❶
이 수가 유리수가 되려면 $2a+2=0$이어야 하므로
$a=-1$ $\cdots\cdots$ ❷

채점 기준	비율
❶ 주어진 식 간단히 하기	60 %
❷ a의 값 구하기	40 %

| 42~43쪽 |
유형 17 무리수의 정수 부분과 소수 부분

25 ⑤	26 ④	27 $9-2\sqrt{5}$	28 ④	29 $7-4\sqrt{3}$

25 $1<\sqrt{2}<2$에서 $\sqrt{2}$의 정수 부분은 1이므로 소수 부분은
$a=\sqrt{2}-1$
$2<\sqrt{8}<3$에서 $\sqrt{8}$의 정수 부분은 2이므로 소수 부분은
$b=\sqrt{8}-2=2\sqrt{2}-2$
따라서 $a+b=(\sqrt{2}-1)+(2\sqrt{2}-2)=3\sqrt{2}-3$

26 $3<\sqrt{12}<4$에서 $\sqrt{12}$의 정수 부분은 3, 소수 부분은
$\sqrt{12}-3=2\sqrt{3}-3$이므로 $a=3$, $b=2\sqrt{3}-3$
따라서 $\dfrac{b}{\sqrt{a}}=\dfrac{2\sqrt{3}-3}{\sqrt{3}}=2-\dfrac{3}{\sqrt{3}}=2-\sqrt{3}$

27 $4<\sqrt{24}<5$이므로 $\sqrt{24}$의 정수 부분은
$a=4$ $\cdots\cdots$ ❶
$2<\sqrt{5}<3$에서 $6<4+\sqrt{5}<7$이므로 $4+\sqrt{5}$의 정수 부분은 6이
고 소수 부분은
$b=(4+\sqrt{5})-6=\sqrt{5}-2$ $\cdots\cdots$ ❷
따라서 $a+\sqrt{5}b=4+\sqrt{5}(\sqrt{5}-2)$
$\qquad\qquad\quad=4+5-2\sqrt{5}=9-2\sqrt{5}$ $\cdots\cdots$ ❸

채점 기준	비율
❶ a의 값 구하기	30 %
❷ b의 값 구하기	40 %
❸ $a+\sqrt{5}b$의 값 구하기	30 %

28 $6<\sqrt{45}<7$에서 $5<\sqrt{45}-1<6$이므로 $\sqrt{45}-1$의 정수 부분은
5이고 소수 부분은
$a=(\sqrt{45}-1)-5=\sqrt{45}-6=3\sqrt{5}-6$
$8<\sqrt{80}<9$에서 $10<\sqrt{80}+2<11$이므로 $\sqrt{80}+2$의 정수 부분
은 10이고 소수 부분은
$b=(\sqrt{80}+2)-10=\sqrt{80}-8=4\sqrt{5}-8$
따라서 $b-a=(4\sqrt{5}-8)-(3\sqrt{5}-6)$
$\qquad\qquad\quad=4\sqrt{5}-8-3\sqrt{5}+6=\sqrt{5}-2$

29 $3\sqrt{2}=\sqrt{18}$이고 $4<\sqrt{18}<5$이므로 $3\sqrt{2}$의 정수 부분은 4이고 소
수 부분은
$a=3\sqrt{2}-4$
$7<\sqrt{54}<8$에서 $\sqrt{54}$의 정수 부분은 7이므로 소수 부분은
$b=\sqrt{54}-7=3\sqrt{6}-7$
따라서 $\sqrt{3}a-b=\sqrt{3}(3\sqrt{2}-4)-(3\sqrt{6}-7)$
$\qquad\qquad\qquad=3\sqrt{6}-4\sqrt{3}-3\sqrt{6}+7=7-4\sqrt{3}$

| 43~44쪽 |
유형 18 근호를 포함한 식의 계산의 도형에의 활용

30 $4\sqrt{10}+2\sqrt{6}$	31 $4-\dfrac{\sqrt{2}}{2}$	32 ④	33 $\sqrt{6}+\sqrt{2}$

34 (1) P: $\sqrt{6}$ cm, Q: $2\sqrt{6}$ cm, R: $4\sqrt{6}$ cm (2) $9\sqrt{6}$ cm
35 (1) $\sqrt{5}$ m (2) 가로: $4\sqrt{5}$ m, 세로: $(4\sqrt{2}-\sqrt{5})$ m
$\qquad$ (3) $(16\sqrt{10}-20)$ m²

30 (직사각형의 넓이) $=(2\sqrt{5}+\sqrt{3})\times2\sqrt{2}$
$\qquad\qquad\qquad\quad=4\sqrt{10}+2\sqrt{6}$

31 $\dfrac{1}{2}\times4\sqrt{6}\times x=\sqrt{384}-2\sqrt{3}$이므로 $2\sqrt{6}x=8\sqrt{6}-2\sqrt{3}$
따라서 $x=\dfrac{8\sqrt{6}-2\sqrt{3}}{2\sqrt{6}}=4-\dfrac{1}{\sqrt{2}}=4-\dfrac{\sqrt{2}}{2}$

32 (사다리꼴의 넓이)$=\dfrac{1}{2}\times\{\sqrt{20}+(6+2\sqrt{5})\}\times\sqrt{45}$

$\qquad\qquad\qquad\quad =\dfrac{1}{2}\times(2\sqrt{5}+6+2\sqrt{5})\times 3\sqrt{5}$

$\qquad\qquad\qquad\quad =\dfrac{1}{2}\times(6+4\sqrt{5})\times 3\sqrt{5}$

$\qquad\qquad\qquad\quad =(3+2\sqrt{5})\times 3\sqrt{5}$

$\qquad\qquad\qquad\quad =9\sqrt{5}+30$

33 $\sqrt{8}\times x\times\sqrt{3}=12+4\sqrt{3}$이므로 $\qquad$ …… ❶

$2\sqrt{2}\times x\times\sqrt{3}=12+4\sqrt{3},\ 2\sqrt{6}x=12+4\sqrt{3}$

따라서 $x=\dfrac{12+4\sqrt{3}}{2\sqrt{6}}=\dfrac{6}{\sqrt{6}}+\dfrac{2}{\sqrt{2}}=\sqrt{6}+\sqrt{2}$ $\quad$ …… ❷

채점 기준	비율
❶ 식 세우기	50 %
❷ x의 값 구하기	50 %

34 (1) 정사각형 P의 넓이가 6 cm²이므로 한 변의 길이는 $\sqrt{6}$ cm이다.

정사각형 Q의 넓이가 24 cm²이므로 한 변의 길이는 $\sqrt{24}=2\sqrt{6}\,(\mathrm{cm})$이다.

정사각형 R의 넓이가 96 cm²이므로 한 변의 길이는 $\sqrt{96}=4\sqrt{6}\,(\mathrm{cm})$이다.

(2) $\overline{\mathrm{AB}}+\overline{\mathrm{BC}}=(\sqrt{6}+2\sqrt{6})+(2\sqrt{6}+4\sqrt{6})=9\sqrt{6}\,(\mathrm{cm})$

35 (1) 당근을 심은 정사각형 모양의 밭의 넓이가 5 m²이므로 한 변의 길이는 $\sqrt{5}$ m이다.

(2) 무를 심은 직사각형 모양의 밭의 가로의 길이는 $5\sqrt{5}-\sqrt{5}=4\sqrt{5}\,(\mathrm{m})$, 세로의 길이는 $4\sqrt{2}-\sqrt{5}\,(\mathrm{m})$이다.

(3) 무를 심은 직사각형 모양의 밭의 넓이는 $4\sqrt{5}(4\sqrt{2}-\sqrt{5})=16\sqrt{10}-20\,(\mathrm{m}^2)$

유형 19 **수직선 위에 나타낸 무리수의 계산** | 44쪽 |

36 $2\sqrt{10}$	37 $-2-5\sqrt{5}$	38 $2+5\sqrt{2}$

36 $\overline{\mathrm{AB}}=\overline{\mathrm{AD}}=\sqrt{3^2+1^2}=\sqrt{10}$이므로

$\overline{\mathrm{AP}}=\overline{\mathrm{AB}}=\sqrt{10},\ \overline{\mathrm{AQ}}=\overline{\mathrm{AD}}=\sqrt{10}$

따라서 점 P에 대응하는 수는 $2+\sqrt{10}$, 점 Q에 대응하는 수는 $2-\sqrt{10}$이므로

$\overline{\mathrm{PQ}}=(2+\sqrt{10})-(2-\sqrt{10})=2+\sqrt{10}-2+\sqrt{10}=2\sqrt{10}$

37 $\overline{\mathrm{AB}}=\sqrt{1^2+2^2}=\sqrt{5}$ $\qquad\qquad$ …… ❶

반지름의 길이는 같으므로

$\overline{\mathrm{AP}}=\overline{\mathrm{AC}}=\overline{\mathrm{AQ}}=\overline{\mathrm{AB}}=\sqrt{5}$

즉, 점 P에 대응하는 수는 $-2-\sqrt{5}$, 점 Q에 대응하는 수는 $-2+\sqrt{5}$이므로

$a=-2-\sqrt{5},\ b=-2+\sqrt{5}$ $\qquad\qquad$ …… ❷

따라서 $3a-2b=3(-2-\sqrt{5})-2(-2+\sqrt{5})$

$\qquad\qquad\quad =-6-3\sqrt{5}+4-2\sqrt{5}=-2-5\sqrt{5}$ $\quad$ …… ❸

채점 기준	비율
❶ $\overline{\mathrm{AB}}$의 길이 구하기	30 %
❷ $a,\ b$의 값 구하기	40 %
❸ $3a-2b$의 값 구하기	30 %

38 $\overline{\mathrm{AB}}=\sqrt{2^2+2^2}=\sqrt{8}=2\sqrt{2},\ \overline{\mathrm{CD}}=\sqrt{3^2+3^2}=\sqrt{18}=3\sqrt{2}$이므로

$\overline{\mathrm{AQ}}=\overline{\mathrm{AB}}=2\sqrt{2},\ \overline{\mathrm{CP}}=\overline{\mathrm{CD}}=3\sqrt{2}$

따라서 점 P에 대응하는 수는 $-2-3\sqrt{2}$, 점 Q에 대응하는 수는 $2\sqrt{2}$이므로

$\overline{\mathrm{PQ}}=2\sqrt{2}-(-2-3\sqrt{2})=2\sqrt{2}+2+3\sqrt{2}=2+5\sqrt{2}$

유형 20 **실수의 대소 관계** | 45쪽 |

39 $6\sqrt{3}-\sqrt{18}<2\sqrt{2}+\sqrt{12}$	40 ㄷ	41 ⑤

39 $(6\sqrt{3}-\sqrt{18})-(2\sqrt{2}+\sqrt{12})=(6\sqrt{3}-3\sqrt{2})-(2\sqrt{2}+2\sqrt{3})$

$\qquad\qquad\qquad\qquad\qquad\quad =6\sqrt{3}-3\sqrt{2}-2\sqrt{2}-2\sqrt{3}$

$\qquad\qquad\qquad\qquad\qquad\quad =4\sqrt{3}-5\sqrt{2}=\sqrt{48}-\sqrt{50}<0$

따라서 $6\sqrt{3}-\sqrt{18}<2\sqrt{2}+\sqrt{12}$

40 ㄱ. $(2\sqrt{5}-7)-(1-3\sqrt{5})=2\sqrt{5}-7-1+3\sqrt{5}$

$\qquad\qquad\qquad\qquad\qquad =5\sqrt{5}-8=\sqrt{125}-\sqrt{64}>0$

이므로 $2\sqrt{5}-7>1-3\sqrt{5}$

ㄴ. $(2\sqrt{6}+\sqrt{3})-(3\sqrt{6}-2\sqrt{3})=2\sqrt{6}+\sqrt{3}-3\sqrt{6}+2\sqrt{3}$

$\qquad\qquad\qquad\qquad\qquad\quad =-\sqrt{6}+3\sqrt{3}=-\sqrt{6}+\sqrt{27}>0$

이므로 $2\sqrt{6}+\sqrt{3}>3\sqrt{6}-2\sqrt{3}$

ㄷ. $(\sqrt{40}-\sqrt{11})-(4\sqrt{11}-\sqrt{90})$

$\quad =(2\sqrt{10}-\sqrt{11})-(4\sqrt{11}-3\sqrt{10})$

$\quad =2\sqrt{10}-\sqrt{11}-4\sqrt{11}+3\sqrt{10}=5\sqrt{10}-5\sqrt{11}<0$

이므로 $\sqrt{40}-\sqrt{11}<4\sqrt{11}-\sqrt{90}$

따라서 두 실수의 대소 관계가 옳은 것은 ㄷ뿐이다.

41 ①, ②, ③, ④ $<$ $\quad$ ⑤ $>$

유형 21 **세 실수의 대소 관계** | 45쪽 |

42 ⑤	43 $5-\sqrt{6}$	44 $\sqrt{27}-4$

42 $a-b=(\sqrt{2}+2\sqrt{5})-4\sqrt{2}=2\sqrt{5}-3\sqrt{2}=\sqrt{20}-\sqrt{18}>0$

따라서 $a>b$ $\qquad\qquad\qquad\qquad\qquad$ …… ㉠

$b-c=4\sqrt{2}-(\sqrt{5}+2\sqrt{2})=4\sqrt{2}-\sqrt{5}-2\sqrt{2}$

$\qquad\quad =2\sqrt{2}-\sqrt{5}=\sqrt{8}-\sqrt{5}>0$

따라서 $b>c$ $\qquad\qquad\qquad\qquad\qquad$ …… ㉡

㉠, ㉡에 의하여 $c<b<a$

43 $(2\sqrt{6}-3)-(2\sqrt{3}-3)=2\sqrt{6}-3-2\sqrt{3}+3$
$\qquad\qquad\qquad\qquad\;=2\sqrt{6}-2\sqrt{3}=\sqrt{24}-\sqrt{12}>0$

따라서 $2\sqrt{6}-3>2\sqrt{3}-3$ $\qquad\qquad\cdots\cdots$ ㉠

$(2\sqrt{6}-3)-(5-\sqrt{6})=2\sqrt{6}-3-5+\sqrt{6}$
$\qquad\qquad\qquad\qquad\;=3\sqrt{6}-8=\sqrt{54}-\sqrt{64}<0$

따라서 $2\sqrt{6}-3<5-\sqrt{6}$ $\qquad\qquad\cdots\cdots$ ㉡

㉠, ㉡에 의하여 $5-\sqrt{6}>2\sqrt{6}-3>2\sqrt{3}-3$이므로 가장 큰 수는 $5-\sqrt{6}$이다.

44 수직선 위에 나타낼 때, 가장 왼쪽에 위치하는 수는 세 수 중 가장 작은 수이다.

$(5-\sqrt{3})-(\sqrt{27}-4)=5-\sqrt{3}-(3\sqrt{3}-4)$
$\qquad\qquad\qquad\qquad\quad=5-\sqrt{3}-3\sqrt{3}+4$
$\qquad\qquad\qquad\qquad\quad=9-4\sqrt{3}=\sqrt{81}-\sqrt{48}>0$

따라서 $5-\sqrt{3}>\sqrt{27}-4$ $\qquad\qquad\cdots\cdots$ ㉠

$(\sqrt{27}-4)-(\sqrt{3}+1)=3\sqrt{3}-4-\sqrt{3}-1$
$\qquad\qquad\qquad\qquad\quad=2\sqrt{3}-5=\sqrt{12}-\sqrt{25}<0$

따라서 $\sqrt{27}-4<\sqrt{3}+1$ $\qquad\qquad\cdots\cdots$ ㉡

$(5-\sqrt{3})-(\sqrt{3}+1)=5-\sqrt{3}-\sqrt{3}-1$
$\qquad\qquad\qquad\qquad\;=4-2\sqrt{3}=\sqrt{16}-\sqrt{12}>0$

따라서 $5-\sqrt{3}>\sqrt{3}+1$ $\qquad\qquad\cdots\cdots$ ㉢

㉠, ㉡, ㉢에 의하여 $\sqrt{27}-4<\sqrt{3}+1<5-\sqrt{3}$이므로 수직선 위에 나타낼 때 가장 왼쪽에 위치하는 수는 $\sqrt{27}-4$이다.

중단원 핵심유형 테스트

| 46 ~ 47쪽 |

1 ②　　**2** 21　　**3** $54\sqrt{2}$　　**4** ②　　**5** ⑤
6 5　　**7** $a=60.58$, $b=0.1916$　　**8** ④　　**9** $12-\sqrt{21}$
10 ⑤　　**11** -10　　**12** ①　　**13** ⑤　　**14** $12\sqrt{2}$
15 (1) A: $3\sqrt{6}$ cm, B: $3\sqrt{2}$ cm　(2) $(12\sqrt{6}+6\sqrt{2})$ cm
16 $2+4\sqrt{5}$

1 ① $\sqrt{2}\times\sqrt{7}=\sqrt{14}$

② $\sqrt{20}\div\sqrt{5}=\dfrac{\sqrt{20}}{\sqrt{5}}=\sqrt{4}=2$

③ $2\sqrt{6}\div\sqrt{3}=\dfrac{2\sqrt{6}}{\sqrt{3}}=2\sqrt{2}$

④ $\sqrt{5}\div\dfrac{1}{\sqrt{5}}=\sqrt{5}\times\sqrt{5}=5$

⑤ $3\sqrt{\dfrac{7}{10}}\times2\sqrt{\dfrac{5}{14}}=6\sqrt{\dfrac{1}{4}}=6\times\dfrac{1}{2}=3$

따라서 계산 결과가 가장 작은 것은 ②이다.

2 $\dfrac{\sqrt{7}}{2\sqrt{3}}=\dfrac{\sqrt{7}\times\sqrt{3}}{2\sqrt{3}\times\sqrt{3}}=\dfrac{\sqrt{21}}{6}$이므로 $a=21$

3 (직사각형의 넓이)$=6\sqrt{3}\times3\sqrt{6}=18\sqrt{18}=54\sqrt{2}$

4 $\sqrt{0.24}=\sqrt{\dfrac{24}{100}}=\sqrt{\dfrac{6}{25}}=\dfrac{\sqrt{6}}{\sqrt{25}}=\dfrac{\sqrt{6}}{5}$이므로 $a=\dfrac{1}{5}$

5 $\sqrt{200}=\sqrt{2^3\times5^2}=\sqrt{2^3}\times\sqrt{5^2}=(\sqrt{2})^3\times(\sqrt{5})^2=a^3b^2$

6 $\dfrac{3}{\sqrt{15}}\times2\sqrt{5}\div\dfrac{8}{\sqrt{2}}=\dfrac{\sqrt{15}}{5}\times2\sqrt{5}\times\dfrac{\sqrt{2}}{8}$
$\qquad\qquad\qquad\qquad\quad=\dfrac{1}{20}\times5\sqrt{6}=\dfrac{1}{4}\sqrt{6}$

따라서 $m=4$, $n=1$이므로
$m+n=4+1=5$

7 $a=\sqrt{3670}=\sqrt{10^2\times36.7}=10\sqrt{36.7}=10\times6.058=60.58$
$b=\sqrt{0.0367}=\sqrt{\dfrac{3.67}{100}}=\sqrt{\dfrac{3.67}{10^2}}=\dfrac{\sqrt{3.67}}{10}=\dfrac{1.916}{10}=0.1916$

8 $7\sqrt{3}+4\sqrt{5}-\sqrt{12}-\sqrt{45}=7\sqrt{3}+4\sqrt{5}-2\sqrt{3}-3\sqrt{5}$
$\qquad\qquad\qquad\qquad\qquad\qquad=7\sqrt{3}-2\sqrt{3}+4\sqrt{5}-3\sqrt{5}$
$\qquad\qquad\qquad\qquad\qquad\qquad=5\sqrt{3}+\sqrt{5}$

따라서 $a=5$, $b=1$이므로 $a+b=5+1=6$

9 $\sqrt{7}A-\sqrt{3}B=\sqrt{7}(3\sqrt{7}+\sqrt{3})-\sqrt{3}(3\sqrt{3}+2\sqrt{7})$
$\qquad\qquad\qquad=21+\sqrt{21}-9-2\sqrt{21}=12-\sqrt{21}$

10 ⑤ $\sqrt{21}\div\dfrac{\sqrt{7}}{2}-\dfrac{4-2\sqrt{2}}{\sqrt{3}}+\sqrt{24}$

$=\sqrt{21}\times\dfrac{2}{\sqrt{7}}-\dfrac{(4-2\sqrt{2})\times\sqrt{3}}{\sqrt{3}\times\sqrt{3}}+2\sqrt{6}$

$=2\sqrt{3}-\dfrac{4\sqrt{3}-2\sqrt{6}}{3}+2\sqrt{6}=\dfrac{2\sqrt{3}+8\sqrt{6}}{3}$

11 $\sqrt{5}(2-\sqrt{5})-\dfrac{a(\sqrt{5}-2)}{2\sqrt{5}}=2\sqrt{5}-5-\dfrac{a\sqrt{5}-2a}{2\sqrt{5}}$

$\qquad\qquad\qquad\qquad\qquad\;=2\sqrt{5}-5-\dfrac{(a\sqrt{5}-2a)\times\sqrt{5}}{2\sqrt{5}\times\sqrt{5}}$

$\qquad\qquad\qquad\qquad\qquad\;=2\sqrt{5}-5-\dfrac{5a-2a\sqrt{5}}{10}$

$\qquad\qquad\qquad\qquad\qquad\;=\left(-5-\dfrac{a}{2}\right)+\left(2+\dfrac{a}{5}\right)\sqrt{5}$

이 수가 유리수가 되려면 $2+\dfrac{a}{5}=0$이어야 하므로

$\dfrac{a}{5}=-2$, 즉 $a=-10$

12 $8<\sqrt{75}<9$에서 $\sqrt{75}$의 정수 부분이 8이므로 소수 부분은
$a=\sqrt{75}-8=5\sqrt{3}-8$
$1<\sqrt{3}<2$에서 $3<2+\sqrt{3}<4$이므로 $2+\sqrt{3}$의 정수 부분이 3이고 소수 부분은
$b=(2+\sqrt{3})-3=\sqrt{3}-1$
따라서 $a-b=(5\sqrt{3}-8)-(\sqrt{3}-1)$
$\qquad\qquad\quad=5\sqrt{3}-8-\sqrt{3}+1=4\sqrt{3}-7$

13 ① $(3-5\sqrt{2})-(2-3\sqrt{2})=3-5\sqrt{2}-2+3\sqrt{2}$
$\qquad\qquad\qquad\qquad\qquad\quad =1-2\sqrt{2}=\sqrt{1}-\sqrt{8}<0$
따라서 $3-5\sqrt{2}<2-3\sqrt{2}$
② $(\sqrt{10}+1)-(\sqrt{40}-3)=\sqrt{10}+1-(2\sqrt{10}-3)$
$\qquad\qquad\qquad\qquad\qquad\quad =\sqrt{10}+1-2\sqrt{10}+3$
$\qquad\qquad\qquad\qquad\qquad\quad =4-\sqrt{10}=\sqrt{16}-\sqrt{10}>0$
따라서 $\sqrt{10}+1>\sqrt{40}-3$
③ $(\sqrt{3}+4)-(2\sqrt{3}+1)=\sqrt{3}+4-2\sqrt{3}-1$
$\qquad\qquad\qquad\qquad\qquad =3-\sqrt{3}=\sqrt{9}-\sqrt{3}>0$
따라서 $\sqrt{3}+4>2\sqrt{3}+1$
④ $(1-\sqrt{5})-(2\sqrt{5}-2)=1-\sqrt{5}-2\sqrt{5}+2$
$\qquad\qquad\qquad\qquad\qquad =3-3\sqrt{5}=\sqrt{9}-\sqrt{45}<0$
따라서 $1-\sqrt{5}<2\sqrt{5}-2$
⑤ $(5\sqrt{7}-\sqrt{6})-(2\sqrt{7}+2\sqrt{6})=5\sqrt{7}-\sqrt{6}-2\sqrt{7}-2\sqrt{6}$
$\qquad\qquad\qquad\qquad\qquad\qquad\quad =3\sqrt{7}-3\sqrt{6}>0$
따라서 $5\sqrt{7}-\sqrt{6}>2\sqrt{7}+2\sqrt{6}$

14 $a\sqrt{\dfrac{18b}{a}}+b\sqrt{\dfrac{2a}{b}}=\sqrt{a^2\times\dfrac{18b}{a}}+\sqrt{b^2\times\dfrac{2a}{b}}$
$\qquad\qquad\qquad\qquad =\sqrt{18ab}+\sqrt{2ab}$ ······ ❶
$\qquad\qquad\qquad\qquad =\sqrt{18\times9}+\sqrt{2\times9}=\sqrt{9^2\times2}+\sqrt{3^2\times2}$
$\qquad\qquad\qquad\qquad =9\sqrt{2}+3\sqrt{2}=12\sqrt{2}$ ······ ❷

채점 기준	비율
❶ 근호 밖의 수를 근호 안으로 넣어 근호 안을 간단히 하기	60 %
❷ 주어진 식의 값 구하기	40 %

15 (1) 정사각형 A의 넓이는 $18\times3=54$ (cm²)이므로 한 변의 길이는 $\sqrt{54}=3\sqrt{6}$ (cm)
정사각형 B의 넓이가 18 cm²이므로 한 변의 길이는 $\sqrt{18}=3\sqrt{2}$ (cm)
(2) 오른쪽 그림에서 도형의 둘레의 길이는

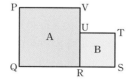

$\overline{PQ}+\overline{QS}+\overline{ST}+\overline{TU}+\overline{UV}+\overline{PV}$
$=\overline{PQ}+\overline{QS}+(\overline{ST}+\overline{UV})+(\overline{TU}+\overline{PV})$
$=\overline{PQ}+\overline{QS}+\overline{PQ}+\overline{QS}=2\overline{PQ}+2\overline{QS}$
$=2\times3\sqrt{6}+2(3\sqrt{6}+3\sqrt{2})=6\sqrt{6}+6\sqrt{6}+6\sqrt{2}$
$=12\sqrt{6}+6\sqrt{2}$ (cm)

16 $\overline{AC}=\sqrt{2^2+4^2}=\sqrt{20}=2\sqrt{5}$, $\overline{DE}=\sqrt{4^2+2^2}=\sqrt{20}=2\sqrt{5}$이므로
$\overline{PC}=\overline{AC}=2\sqrt{5}$, $\overline{EQ}=\overline{DE}=2\sqrt{5}$
따라서 점 P에 대응하는 수는 $1-2\sqrt{5}$, 점 Q에 대응하는 수는 $3+2\sqrt{5}$이므로
$\overline{PQ}=(3+2\sqrt{5})-(1-2\sqrt{5})=3+2\sqrt{5}-1+2\sqrt{5}=2+4\sqrt{5}$

3. 다항식의 곱셈

01. 곱셈 공식

| 50 ~ 51쪽 |

다항식의 곱셈

1 $ab+4a+2b+8$	**2** a^2+2a-3	**3** $20x^2+3xy-2y^2$
4 $2x^2+3xy-4x-9y^2+6y$		**5** a^2-3a-b^2+b+2

2 $(a+3)(a-1)=a^2-a+3a-3=a^2+2a-3$

3 $(4x-y)(5x+2y)=20x^2+8xy-5xy-2y^2$
$\qquad\qquad\qquad\quad =20x^2+3xy-2y^2$

4 $(2x-3y)(x+3y-2)=2x^2+6xy-4x-3xy-9y^2+6y$
$\qquad\qquad\qquad\qquad\quad =2x^2+3xy-4x-9y^2+6y$

5 $(a+b-2)(a-b-1)$
$\quad =a^2-ab-a+ab-b^2-b-2a+2b+2$
$\quad =a^2-3a-b^2+b+2$

곱셈 공식

6 x^2+4x+4	**7** $a^2+8a+16$	**8** $x^2+\dfrac{2}{3}x+\dfrac{1}{9}$
9 $4a^2+12a+9$	**10** $25x^2+60xy+36y^2$	
11 $x^2+14x+49$	**12** x^2-6x+9	**13** $a^2-10a+25$
14 $x^2-\dfrac{4}{7}x+\dfrac{4}{49}$	**15** $9a^2-24a+16$	**16** $4x^2-36xy+81y^2$
17 $9x^2-48x+64$	**18** x^2-16	**19** a^2-25
20 $x^2-\dfrac{9}{16}$	**21** $4a^2-9$	**22** $\dfrac{1}{4}x^2-\dfrac{1}{16}$
23 $25x^2-16y^2$	**24** $a^2+7a+12$	**25** x^2-5x-6
26 $a^2-9a+14$	**27** $x^2+xy-20y^2$	**28** $x^2+\dfrac{3}{10}x-\dfrac{1}{10}$
29 $x^2-\dfrac{1}{2}xy+\dfrac{1}{18}y^2$		**30** $6a^2+19a+10$
31 $20x^2+19x-6$	**32** $21a^2-37a+12$	
33 $8a^2-26ab+21b^2$		**34** $-18x^2+57xy-35y^2$
35 $18x^2+2xy-\dfrac{1}{6}y^2$		

9 $(2a+3)^2=(2a)^2+2\times2a\times3+3^2=4a^2+12a+9$

10 $(5x+6y)^2=(5x)^2+2\times5x\times6y+(6y)^2$
$\qquad\qquad\quad =25x^2+60xy+36y^2$

11 $(-x-7)^2=\{-(x+7)\}^2=(x+7)^2$
$\qquad\qquad\quad =x^2+2\times x\times7+7^2=x^2+14x+49$

15 $(3a-4)^2=(3a)^2-2\times3a\times4+4^2=9a^2-24a+16$

3. 다항식의 곱셈 ★ **27**

16 $(2x-9y)^2=(2x)^2-2\times 2x\times 9y+(9y)^2=4x^2-36xy+81y^2$

17 $(-3x+8)^2=\{-(3x-8)\}^2=(3x-8)^2$
$\qquad\qquad =(3x)^2-2\times 3x\times 8+8^2=9x^2-48x+64$

23 $(-5x+4y)(-5x-4y)=(-5x)^2-(4y)^2=25x^2-16y^2$

24 $(a+3)(a+4)=a^2+(3+4)a+3\times 4=a^2+7a+12$

25 $(x+1)(x-6)=x^2+\{1+(-6)\}x+1\times(-6)=x^2-5x-6$

26 $(a-2)(a-7)=a^2+\{-2+(-7)\}a+(-2)\times(-7)$
$\qquad\qquad =a^2-9a+14$

27 $(x+5y)(x-4y)=x^2+\{5y+(-4y)\}x+5y\times(-4y)$
$\qquad\qquad =x^2+xy-20y^2$

28 $\left(x+\dfrac{1}{2}\right)\left(x-\dfrac{1}{5}\right)=x^2+\left\{\dfrac{1}{2}+\left(-\dfrac{1}{5}\right)\right\}x+\dfrac{1}{2}\times\left(-\dfrac{1}{5}\right)$
$\qquad\qquad =x^2+\dfrac{3}{10}x-\dfrac{1}{10}$

29 $\left(x-\dfrac{1}{6}y\right)\left(x-\dfrac{1}{3}y\right)$
$\qquad =x^2+\left\{\left(-\dfrac{1}{6}y\right)+\left(-\dfrac{1}{3}y\right)\right\}x+\left(-\dfrac{1}{6}y\right)\times\left(-\dfrac{1}{3}y\right)$
$\qquad =x^2-\dfrac{1}{2}xy+\dfrac{1}{18}y^2$

30 $(3a+2)(2a+5)=(3\times 2)a^2+(3\times 5+2\times 2)a+2\times 5$
$\qquad\qquad =6a^2+19a+10$

31 $(4x-1)(5x+6)$
$\qquad =(4\times 5)x^2+\{4\times 6+(-1)\times 5\}x+(-1)\times 6$
$\qquad =20x^2+19x-6$

32 $(7a-3)(3a-4)$
$\qquad =(7\times 3)a^2+\{7\times(-4)+(-3)\times 3\}a+(-3)\times(-4)$
$\qquad =21a^2-37a+12$

33 $(2a-3b)(4a-7b)$
$\qquad =(2\times 4)a^2+\{2\times(-7b)+(-3b)\times 4\}a+(-3b)\times(-7b)$
$\qquad =8a^2-26ab+21b^2$

34 $(-3x+7y)(6x-5y)$
$\qquad =(-3\times 6)x^2+\{(-3)\times(-5y)+7y\times 6\}x+7y\times(-5y)$
$\qquad =-18x^2+57xy-35y^2$

35 $\left(2x+\dfrac{1}{3}y\right)\left(9x-\dfrac{1}{2}y\right)$
$\qquad =(2\times 9)x^2+\left\{2\times\left(-\dfrac{1}{2}y\right)+\dfrac{1}{3}y\times 9\right\}x+\dfrac{1}{3}y\times\left(-\dfrac{1}{2}y\right)$
$\qquad =18x^2+2xy-\dfrac{1}{6}y^2$

소단원 유형 익히기

유형 1 (다항식)×(다항식)의 계산 | 52쪽 |

| 1 ③ | 2 ③ | 3 $a^2+10ab-6a-26b+8$ |

1 $(a+4b)(8a-b)=8a^2-ab+32ab-4b^2=8a^2+31ab-4b^2$

2 $(2x+a)(3x-4)=6x^2-8x+3ax-4a$
$\qquad\qquad =6x^2+(-8+3a)x-4a$
이므로 $6x^2+(-8+3a)x-4a=6x^2+bx-8$
즉, $-8+3a=b$, $-4a=-8$이므로
$a=2$, $b=-8+3a=-8+3\times 2=-2$
따라서 $a+b=2+(-2)=0$

3 $(a+2b-1)(a-3)+(2a-5)(4b-1)$
$\qquad =(a^2-3a+2ab-6b-a+3)+(8ab-2a-20b+5)$
$\qquad =a^2+10ab-6a-26b+8$

유형 2 (다항식)×(다항식)의 전개식에서 계수 구하기 | 52쪽 |

| 4 ② | 5 3 | 6 8 |

4 $(x+5y)(2y-3x)$에서 xy항이 나오는 부분만 전개하면
$x\times 2y+5y\times(-3x)=2xy-15xy=-13xy$
따라서 xy의 계수는 -13이다.

다른 풀이

$(x+5y)(2y-3x)=2xy-3x^2+10y^2-15xy$
$\qquad\qquad =-3x^2-13xy+10y^2$
이므로 xy의 계수는 -13이다.

5 $(x-4y+2)(x-ay-3)$에서 y항이 나오는 부분만 전개하면
$(-4y)\times(-3)+2\times(-ay)=12y-2ay=(12-2a)y$
y의 계수가 6이므로 $12-2a=6$, $-2a=-6$
따라서 $a=3$

6 $(x-3)(ax+4y+6)$에서 x항이 나오는 부분만 전개하면
$x\times 6+(-3)\times ax=6x-3ax=(6-3a)x$
이므로 x의 계수는 $6-3a$ $\qquad\qquad\cdots\cdots$ ❶
상수항은 $-3\times 6=-18$ $\qquad\qquad\cdots\cdots$ ❷
이때 x의 계수와 상수항이 같으므로
$6-3a=-18$, $-3a=-24$
따라서 $a=8$ $\qquad\qquad\cdots\cdots$ ❸

채점 기준	비율
❶ x의 계수를 a에 대한 식으로 나타내기	40 %
❷ 상수항 구하기	30 %
❸ a의 값 구하기	30 %

유형 3 곱셈 공식 (1); 합, 차의 제곱　　　| 53쪽 |

7 풀이 참조	8 ⑤	9 30

7　$(x-6)^2=(x-6)(x-6)=x^2-12x+36$

8　⑤ $\left(-2x+\dfrac{2}{3}y\right)^2=(-2x)^2+2\times(-2x)\times\dfrac{2}{3}y+\left(\dfrac{2}{3}y\right)^2$

　　　　　　　　　$=4x^2-\dfrac{8}{3}xy+\dfrac{4}{9}y^2$

9　$(2x+5)^2-(3x-4)^2=(4x^2+20x+25)-(9x^2-24x+16)$

　　　　　　　　　　　　$=4x^2+20x+25-9x^2+24x-16$

　　　　　　　　　　　　$=-5x^2+44x+9$　　　……❶

이므로 $a=-5$, $b=44$, $c=9$　　　　　　　……❷

따라서 $a+b-c=-5+44-9=30$　　　　……❸

채점 기준	비율
❶ 주어진 식 계산하기	60 %
❷ a, b, c의 값 구하기	20 %
❸ $a+b-c$의 값 구하기	20 %

유형 4 곱셈 공식 (2); 합과 차의 곱　　　| 53쪽 |

10 ④	11 ③	12 3

10　① $(a+6)(6-a)=(6+a)(6-a)=36-a^2$

　　② $(3x+1)(3x-1)=9x^2-1$

　　③ $(a+2b)(a-2b)=a^2-4b^2$

　　⑤ $\left(\dfrac{1}{4}x-\dfrac{2}{5}y\right)^2=\dfrac{1}{16}x^2-\dfrac{1}{5}xy+\dfrac{4}{25}y^2$

11　$(-2x+3)(-2x-3)=(-2x)^2-3^2=4x^2-9$

따라서 x^2의 계수는 4, 상수항은 -9이므로 그 합은

$4+(-9)=-5$

12　$(x+1)(x-1)(x^2+1)=(x^2-1)(x^2+1)$

　　　　　　　　　　　　$=(x^2)^2-1=x^4-1$

따라서 $a=4$, $b=1$이므로 $a-b=4-1=3$

유형 5 곱셈 공식 (3); 일차항의 계수가 1인 두 일차식의 곱
　　　| 54쪽 |

13 ④	14 ④	15 -7

13　$\left(x+\dfrac{1}{2}\right)\left(x-\dfrac{3}{4}\right)=x^2+\left\{\dfrac{1}{2}+\left(-\dfrac{3}{4}\right)\right\}x+\dfrac{1}{2}\times\left(-\dfrac{3}{4}\right)$

　　　　　　　　　　$=x^2-\dfrac{1}{4}x-\dfrac{3}{8}$

따라서 $a=-\dfrac{1}{4}$, $b=-\dfrac{3}{8}$이므로 $a-b=-\dfrac{1}{4}-\left(-\dfrac{3}{8}\right)=\dfrac{1}{8}$

14　① $(x+2)(x-5)=x^2-3x-10$ ➡ x의 계수: -3

　　② $(x-1)(x-6)=x^2-7x+6$ ➡ x의 계수: -7

　　③ $(x-7)(x+4)=x^2-3x-28$ ➡ x의 계수: -3

　　④ $(x+8)(x-3)=x^2+5x-24$ ➡ x의 계수: 5

　　⑤ $(x+6)(x-10)=x^2-4x-60$ ➡ x의 계수: -4

따라서 x의 계수가 가장 큰 것은 ④이다.

15　3을 a로 잘못 보고 전개하였으므로

$(x+a)(x-2)=x^2+5x+b$

즉, $x^2+(a-2)x-2a=x^2+5x+b$이므로

$a-2=5$, $-2a=b$

따라서 $a=7$, $b=-2a=-2\times7=-14$이므로

$a+b=7+(-14)=-7$

유형 6 곱셈 공식 (4); 일차항의 계수가 1이 아닌 두 일차식의 곱
　　　| 54쪽 |

16 $-48a^2+ab+\dfrac{1}{8}b^2$	17 ④	18 -4

16　$\left(6a+\dfrac{1}{4}b\right)\left(-8a+\dfrac{1}{2}b\right)=-48a^2+(3b-2b)a+\dfrac{1}{8}b^2$

　　　　　　　　　　　　　　$=-48a^2+ab+\dfrac{1}{8}b^2$

17　$(2x-a)(3x+7)=6x^2+(14-3a)x-7a$이므로

$6x^2+(14-3a)x-7a=6x^2-bx+14$

즉, $14-3a=-b$, $-7a=14$이므로

$a=-2$, $b=3a-14=3\times(-2)-14=-20$

따라서 $a-b=-2-(-20)=-2+20=18$

18　$(4x+5)(ax+b)=4ax^2+(4b+5a)x+5b$

상수항이 -10이므로 $5b=-10$에서 $b=-2$　　……❶

x의 계수는 상수항보다 3만큼 작으므로 $-10-3=-13$

즉, $4b+5a=-13$이므로

$4\times(-2)+5a=-13$, $5a=-5$, $a=-1$　　……❷

따라서 x^2의 계수는

$4a=4\times(-1)=-4$　　　　　　　　　　……❸

채점 기준	비율
❶ b의 값 구하기	40 %
❷ a의 값 구하기	40 %
❸ x^2의 계수 구하기	20 %

유형 7 곱셈 공식; 종합　　　| 55쪽 |

19 ①, ④	20 1	21 3652

19 ② $(-a-1)^2=\{-(a+1)\}^2=(a+1)^2=a^2+2a+1$
③ $(2a+b)(2a-b)=4a^2-b^2$
⑤ $(-5x-1)(2x+1)=-10x^2-7x-1$

20 $(3x+1)(2x-3)-3(x+2)(x-2)$
$=6x^2+(-9+2)x-3-3(x^2-4)$
$=6x^2-7x-3-3x^2+12=3x^2-7x+9$ …… ❶
따라서 $a=3$, $b=-7$, $c=9$이므로 …… ❷
$a-b-c=3-(-7)-9=1$ …… ❸

채점 기준	비율
❶ 주어진 식의 좌변 계산하기	60 %
❷ a, b, c의 값 구하기	20 %
❸ $a-b-c$의 값 구하기	20 %

21 $(x+a)^2=x^2+2ax+a^2$이므로
$x^2+2ax+a^2=x^2+bx+9$
즉, $b=2a$, $a^2=9$이므로
$a^2=9$에서 $a=3$ 또는 $a=-3$
이때 a는 양수이므로 $a=3$
따라서 $b=2a=2\times3=6$
$(x+c)(x-3)=x^2+(c-3)x-3c$이므로
$x^2+(c-3)x-3c=x^2+dx-15$
즉, $d=c-3$, $-3c=-15$이므로
$c=5$, $d=c-3=5-3=2$
따라서 은지의 여행가방의 비밀번호는 3652이다.

유형 8 곱셈 공식과 도형의 넓이 | 55쪽 |

22 $49a^2-4b^2$ 23 $(8ab+4a+16b+8)$ m^2
24 (1) $6a^2+5ab+b^2$ (2) $10a^2+14ab+4b^2$
(3) $22a^2+24ab+6b^2$

22 (직사각형의 넓이)$=(7a+2b)(7a-2b)=49a^2-4b^2$

23 주어진 그림에서 떨어진 꽃밭을 이동하여 겹치지 않게 이어 붙이면 오른쪽 그림과 같으므로 길을 제외한 꽃밭의 넓이는
$(2a+4)(4b+2)$
$=8ab+4a+16b+8$ (m^2)

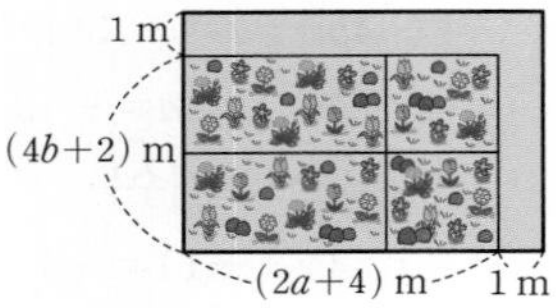

24 (1) $(3a+b)(2a+b)=6a^2+5ab+b^2$
(2) $2\times\{(3a+b)+(2a+b)\}\times(a+b)$
$=2(5a+2b)(a+b)=2(5a^2+7ab+2b^2)$
$=10a^2+14ab+4b^2$
(3) $2(6a^2+5ab+b^2)+(10a^2+14ab+4b^2)$
$=12a^2+10ab+2b^2+10a^2+14ab+4b^2$
$=22a^2+24ab+6b^2$

02. 곱셈 공식의 활용 | 56 ~ 57쪽 |

곱셈 공식을 이용한 수의 계산

1 11236 2 9025 3 2209 4 39975 5 24.64
6 10504

1 $106^2=(100+6)^2=100^2+2\times100\times6+6^2$
$=10000+1200+36=11236$

2 $95^2=(100-5)^2=100^2-2\times100\times5+5^2$
$=10000-1000+25=9025$

3 $47^2=(50-3)^2=50^2-2\times50\times3+3^2$
$=2500-300+9=2209$

4 $205\times195=(200+5)(200-5)=200^2-5^2$
$=40000-25=39975$

5 $5.6\times4.4=(5+0.6)(5-0.6)=5^2-0.6^2$
$=25-0.36=24.64$

6 $101\times104=(100+1)(100+4)$
$=100^2+(1+4)\times100+1\times4$
$=10000+500+4$
$=10504$

곱셈 공식을 이용한 근호를 포함한 식의 계산

7 $4+2\sqrt{3}$ 8 $31+12\sqrt{3}$ 9 $7-2\sqrt{10}$ 10 2 11 $26+5\sqrt{5}$

7 $(1+\sqrt{3})^2=1^2+2\times1\times\sqrt{3}+(\sqrt{3})^2$
$=1+2\sqrt{3}+3=4+2\sqrt{3}$

8 $(3\sqrt{3}+2)^2=(3\sqrt{3})^2+2\times3\sqrt{3}\times2+2^2$
$=27+12\sqrt{3}+4=31+12\sqrt{3}$

9 $(\sqrt{5}-\sqrt{2})^2=(\sqrt{5})^2-2\times\sqrt{5}\times\sqrt{2}+(\sqrt{2})^2$
$=5-2\sqrt{10}+2=7-2\sqrt{10}$

10 $(\sqrt{6}+2)(\sqrt{6}-2)=(\sqrt{6})^2-2^2=6-4=2$

11 $(2\sqrt{5}-1)(3\sqrt{5}+4)$
$=(2\times3)(\sqrt{5})^2+\{2\times4+(-1)\times3\}\sqrt{5}+(-1)\times4$
$=30+5\sqrt{5}-4$
$=26+5\sqrt{5}$

곱셈 공식을 이용한 분모의 유리화

12 $\dfrac{-1+\sqrt{3}}{2}$	13 $\dfrac{3\sqrt{2}+\sqrt{14}}{2}$		14 $3\sqrt{6}-3\sqrt{3}$	
15 $\sqrt{15}+\sqrt{10}$	16 $3+2\sqrt{2}$			

12 $\dfrac{1}{1+\sqrt{3}}=\dfrac{1-\sqrt{3}}{(1+\sqrt{3})(1-\sqrt{3})}=\dfrac{1-\sqrt{3}}{-2}=\dfrac{-1+\sqrt{3}}{2}$

13 $\dfrac{\sqrt{2}}{3-\sqrt{7}}=\dfrac{\sqrt{2}(3+\sqrt{7})}{(3-\sqrt{7})(3+\sqrt{7})}=\dfrac{3\sqrt{2}+\sqrt{14}}{2}$

14 $\dfrac{9}{\sqrt{6}+\sqrt{3}}=\dfrac{9(\sqrt{6}-\sqrt{3})}{(\sqrt{6}+\sqrt{3})(\sqrt{6}-\sqrt{3})}$
$\qquad\quad=3(\sqrt{6}-\sqrt{3})=3\sqrt{6}-3\sqrt{3}$

15 $\dfrac{\sqrt{5}}{\sqrt{3}-\sqrt{2}}=\dfrac{\sqrt{5}(\sqrt{3}+\sqrt{2})}{(\sqrt{3}-\sqrt{2})(\sqrt{3}+\sqrt{2})}=\sqrt{15}+\sqrt{10}$

16 $\dfrac{\sqrt{10}+\sqrt{5}}{\sqrt{10}-\sqrt{5}}=\dfrac{(\sqrt{10}+\sqrt{5})^2}{(\sqrt{10}-\sqrt{5})(\sqrt{10}+\sqrt{5})}$
$\qquad\qquad=\dfrac{10+10\sqrt{2}+5}{5}$
$\qquad\qquad=\dfrac{15+10\sqrt{2}}{5}=3+2\sqrt{2}$

$x=a\pm\sqrt{b}$ 꼴이 주어진 경우 식의 값 구하기

17 -2	18 4	19 9	20 $2\sqrt{2}-2$	21 4

17 $x=2+\sqrt{2}$에서 $x-2=\sqrt{2}$
양변을 제곱하면 $x^2-4x+4=2$
따라서 $x^2-4x=2-4=-2$

다른 풀이
$x^2-4x=(2+\sqrt{2})^2-4(2+\sqrt{2})$
$\qquad\qquad=4+4\sqrt{2}+2-8-4\sqrt{2}=-2$

18 $x=-1-\sqrt{5}$에서 $x+1=-\sqrt{5}$
양변을 제곱하면 $x^2+2x+1=5$
따라서 $x^2+2x=5-1=4$

19 $x=3+\sqrt{11}$에서 $x-3=\sqrt{11}$
양변을 제곱하면 $x^2-6x+9=11$
따라서 $x^2-6x=11-9=2$이므로
$x^2-6x+7=2+7=9$

20 $x=\dfrac{2}{\sqrt{2}+1}=\dfrac{2(\sqrt{2}-1)}{(\sqrt{2}+1)(\sqrt{2}-1)}=2\sqrt{2}-2$

21 $x=2\sqrt{2}-2$이므로 $x+2=2\sqrt{2}$
양변을 제곱하면 $x^2+4x+4=8$
따라서 $x^2+4x=8-4=4$

곱셈 공식의 변형

22 18	23 20	24 5	25 1	26 6
27 3	28 -7	29 -13	30 10	31 $-\dfrac{10}{3}$

22 $x^2+y^2=(x+y)^2-2xy=4^2-2\times(-1)=16+2=18$

23 $(x-y)^2=(x+y)^2-4xy=4^2-4\times(-1)=16+4=20$

24 $x^2+y^2=(x-y)^2+2xy=3^2+2\times(-2)=9-4=5$

25 $(x+y)^2=(x-y)^2+4xy=3^2+4\times(-2)=9-8=1$

26 $(x+y)^2=x^2+y^2+2xy$이므로
$(-5)^2=13+2xy,\ 2xy=12$
따라서 $xy=6$

27 $(a+b)^2=a^2+b^2+2ab$이므로
$(-4)^2=10+2ab,\ 2ab=6$
따라서 $ab=3$

28 $(x-y)^2=x^2+y^2-2xy$이므로
$6^2=22-2xy,\ 2xy=-14$
따라서 $xy=-7$

29 $(a-b)^2=a^2+b^2-2ab$이므로
$(-8)^2=38-2ab,\ 2ab=-26$
따라서 $ab=-13$

30 $x^2+y^2=(x+y)^2-2xy=(-2)^2-2\times(-3)=4+6=10$

31 $\dfrac{y}{x}+\dfrac{x}{y}=\dfrac{x^2+y^2}{xy}=-\dfrac{10}{3}$

소단원 유형 익히기

유형 9 곱셈 공식을 이용한 수의 계산 | 58쪽 |

1 ③	2 4004001	3 ②

1 $84\times76=(80+4)(80-4)$이므로 가장 편리한 곱셈 공식은 ③
이다.

2 $1998\times2004+9=(2000-2)(2000+4)+9$
$\qquad\qquad\qquad\qquad=2000^2+(-2+4)\times2000-2\times4+9$
$\qquad\qquad\qquad\qquad=4000000+4000+1$
$\qquad\qquad\qquad\qquad=4004001$

3 $400=A$로 놓으면 $405=A+5$이므로

$$\frac{405^2-25}{400}=\frac{(A+5)^2-25}{A}=\frac{A^2+10A+25-25}{A}$$
$$=\frac{A^2+10A}{A}=A+10=400+10=410$$

유형 10 곱셈 공식을 이용한 근호를 포함한 식의 계산

| 58 ~ 59쪽 |

| 4 ③ | 5 12 | 6 ④ | 7 ⑤ | 8 6 |

4 $(\sqrt{3}+2)(3\sqrt{3}-5)=\sqrt{3}\times 3\sqrt{3}+(-5+6)\sqrt{3}-10$
$$=9+\sqrt{3}-10=\sqrt{3}-1$$

5 $(\sqrt{6}-\sqrt{2})^2=(\sqrt{6})^2-2\times\sqrt{6}\times\sqrt{2}+(\sqrt{2})^2$
$$=6-4\sqrt{3}+2=8-4\sqrt{3} \qquad \cdots\cdots ❶$$
따라서 $a=8$, $b=-4$이므로 $\qquad\qquad\cdots\cdots ❷$
$a-b=8-(-4)=12 \qquad\qquad\cdots\cdots ❸$

채점 기준	비율
❶ 주어진 식의 좌변 계산하기	60 %
❷ a, b의 값 구하기	20 %
❸ $a-b$의 값 구하기	20 %

6 (직사각형의 넓이)$=(\sqrt{7}+5)(\sqrt{7}+2)$
$$=(\sqrt{7})^2+(5+2)\sqrt{7}+5\times 2$$
$$=7+7\sqrt{7}+10=17+7\sqrt{7}$$

7 $(2\sqrt{3}+1)(2\sqrt{3}-1)-(\sqrt{5}-\sqrt{3})^2$
$$=(2\sqrt{3})^2-1^2-\{(\sqrt{5})^2-2\times\sqrt{5}\times\sqrt{3}+(\sqrt{3})^2\}$$
$$=12-1-(5-2\sqrt{15}+3)=11-(8-2\sqrt{15})$$
$$=11-8+2\sqrt{15}=3+2\sqrt{15}$$

8 $(a-3\sqrt{6})(4+2\sqrt{6})=4a+(2a-12)\sqrt{6}-36$
$$=(4a-36)+(2a-12)\sqrt{6}$$
이 수가 유리수가 되려면 $2a-12=0$이어야 하므로
$a=6$

유형 11 곱셈 공식을 이용한 분모의 유리화

| 59쪽 |

| 9 ⑤ | 10 5 | 11 $-8\sqrt{3}$ | 12 ④ | 13 1 |

9 $\dfrac{3}{4+\sqrt{15}}=\dfrac{3(4-\sqrt{15})}{(4+\sqrt{15})(4-\sqrt{15})}=\dfrac{12-3\sqrt{15}}{16-15}=12-3\sqrt{15}$

10 $\dfrac{3+2\sqrt{2}}{3-2\sqrt{2}}=\dfrac{(3+2\sqrt{2})^2}{(3-2\sqrt{2})(3+2\sqrt{2})}$
$$=\dfrac{9+12\sqrt{2}+8}{9-8}=17+12\sqrt{2} \qquad\cdots\cdots ❶$$
따라서 $a=17$, $b=12$이므로 $\qquad\qquad\cdots\cdots ❷$
$a-b=17-12=5 \qquad\qquad\cdots\cdots ❸$

채점 기준	비율
❶ 주어진 식의 좌변의 분모를 유리화하기	60 %
❷ a, b의 값 구하기	20 %
❸ $a-b$의 값 구하기	20 %

11 $\dfrac{2-\sqrt{3}}{2+\sqrt{3}}-\dfrac{2+\sqrt{3}}{2-\sqrt{3}}=\dfrac{(2-\sqrt{3})^2}{(2+\sqrt{3})(2-\sqrt{3})}-\dfrac{(2+\sqrt{3})^2}{(2-\sqrt{3})(2+\sqrt{3})}$
$$=\dfrac{4-4\sqrt{3}+3}{4-3}-\dfrac{4+4\sqrt{3}+3}{4-3}$$
$$=7-4\sqrt{3}-(7+4\sqrt{3})$$
$$=7-4\sqrt{3}-7-4\sqrt{3}=-8\sqrt{3}$$

12 $x=\dfrac{\sqrt{6}+\sqrt{5}}{\sqrt{6}-\sqrt{5}}=\dfrac{(\sqrt{6}+\sqrt{5})^2}{(\sqrt{6}-\sqrt{5})(\sqrt{6}+\sqrt{5})}$
$$=6+2\sqrt{30}+5=11+2\sqrt{30}$$
$\dfrac{1}{x}=\dfrac{\sqrt{6}-\sqrt{5}}{\sqrt{6}+\sqrt{5}}=\dfrac{(\sqrt{6}-\sqrt{5})^2}{(\sqrt{6}+\sqrt{5})(\sqrt{6}-\sqrt{5})}$
$$=6-2\sqrt{30}+5=11-2\sqrt{30}$$
따라서 $x-\dfrac{1}{x}=(11+2\sqrt{30})-(11-2\sqrt{30})$
$$=11+2\sqrt{30}-11+2\sqrt{30}=4\sqrt{30}$$

13 $\dfrac{1}{\sqrt{2}+1}+\dfrac{1}{\sqrt{3}+\sqrt{2}}+\dfrac{1}{2+\sqrt{3}}$
$$=\dfrac{\sqrt{2}-1}{(\sqrt{2}+1)(\sqrt{2}-1)}+\dfrac{\sqrt{3}-\sqrt{2}}{(\sqrt{3}+\sqrt{2})(\sqrt{3}-\sqrt{2})}$$
$$+\dfrac{2-\sqrt{3}}{(2+\sqrt{3})(2-\sqrt{3})}$$
$$=(\sqrt{2}-1)+(\sqrt{3}-\sqrt{2})+(2-\sqrt{3})=1$$

유형 12 식의 값 구하기 (1); $x=a\pm\sqrt{b}$ 꼴

| 60쪽 |

| 14 ④ | 15 9 | 16 2 | 17 ② | 18 4 |

14 $x=2+\sqrt{5}$에서 $x-2=\sqrt{5}$
양변을 제곱하면 $x^2-4x+4=5$
따라서 $x^2-4x=5-4=1$

15 $x=-3+2\sqrt{2}$에서 $x+3=2\sqrt{2}$
양변을 제곱하면 $x^2+6x+9=8$
따라서 $x^2+6x=8-9=-1$이므로
$x^2+6x+10=-1+10=9$

16 $x=\dfrac{2}{\sqrt{6}+2}=\dfrac{2(\sqrt{6}-2)}{(\sqrt{6}+2)(\sqrt{6}-2)}=\sqrt{6}-2 \qquad\cdots\cdots ❶$
즉, $x+2=\sqrt{6}$이므로 양변을 제곱하면 $x^2+4x+4=6$
따라서 $x^2+4x=6-4=2 \qquad\qquad\cdots\cdots ❷$

채점 기준	비율
❶ x의 분모를 유리화하기	50 %
❷ x^2+4x의 값 구하기	50 %

---

17 $x=(\sqrt{3}+1)(3\sqrt{3}-4)=9+(3-4)\sqrt{3}-4=5-\sqrt{3}$ 이므로
$x-5=-\sqrt{3}$
양변을 제곱하면 $x^2-10x+25=3$
따라서 $x^2-10x=3-25=-22$ 이므로
$x^2-10x+20=-22+20=-2$

18 $5\sqrt{2}=\sqrt{50}$ 이고, $7<\sqrt{50}<8$ 이므로 $5\sqrt{2}$ 의 정수 부분은 7이고
소수 부분은
$x=5\sqrt{2}-7$
$x+7=5\sqrt{2}$ 이므로 양변을 제곱하면
$x^2+14x+49=50$
따라서 $x^2+14x=50-49=1$ 이므로
$x^2+14x+3=1+3=4$

유형 13 **식의 값 구하기 (2); 두 수의 합 또는 차와 곱이 주어진 경우**　| 60~61쪽 |

| **19** ③ | **20** 17 | **21** ③ | **22** -10 |
| **23** (1) $4x+4y=36$　(2) $x^2+y^2=45$　(3) 288 | | | |

19 $x^2+y^2=(x+y)^2-2xy=1^2-2\times(-5)=11$

20 $x^2+y^2=(x-y)^2+2xy=3^2+2\times4=17$

21 $(x-y)^2=(x+y)^2-4xy=7^2-4\times(-2)=57$

22 $\dfrac{y}{x}+\dfrac{x}{y}=\dfrac{x^2+y^2}{xy}=\dfrac{(x-y)^2+2xy}{xy}$ ⋯⋯ ❶
$=\dfrac{6^2+2\times(-3)}{-3}=\dfrac{30}{-3}=-10$ ⋯⋯ ❷

채점 기준	비율
❶ $\dfrac{y}{x}+\dfrac{x}{y}$ 를 $x-y$, xy 로 나타내기	60 %
❷ $\dfrac{y}{x}+\dfrac{x}{y}$ 의 값 구하기	40 %

23 (3) $4x+4y=36$ 에서 $x+y=9$
$x^2+y^2=(x+y)^2-2xy$ 이므로
$45=9^2-2xy$, $2xy=36$
즉, $xy=18$
따라서 두 정사각형의 둘레의 길이의 곱은
$4x\times4y=16xy=16\times18=288$

유형 14 **식의 값 구하기 (3); 두 수가 주어진 경우**　| 61쪽 |

| **24** ① | **25** (1) $x=3-\sqrt{5}$, $y=3+\sqrt{5}$　(2) 28 | **26** ④ |

24 $x+y=(2-\sqrt{2})+(2+\sqrt{2})=4$

$xy=(2-\sqrt{2})(2+\sqrt{2})=4-2=2$
따라서 $x^2+y^2=(x+y)^2-2xy=4^2-2\times2=12$

다른 풀이
$x-y=(2-\sqrt{2})-(2+\sqrt{2})=-2\sqrt{2}$
$xy=(2-\sqrt{2})(2+\sqrt{2})=4-2=2$
따라서 $x^2+y^2=(x-y)^2+2xy=(-2\sqrt{2})^2+2\times2=12$

25 (1) $x=\dfrac{4}{3+\sqrt{5}}=\dfrac{4(3-\sqrt{5})}{(3+\sqrt{5})(3-\sqrt{5})}=3-\sqrt{5}$
$y=\dfrac{4}{3-\sqrt{5}}=\dfrac{4(3+\sqrt{5})}{(3-\sqrt{5})(3+\sqrt{5})}=3+\sqrt{5}$
(2) $x+y=(3-\sqrt{5})+(3+\sqrt{5})=6$
$xy=(3-\sqrt{5})(3+\sqrt{5})=9-5=4$
따라서 $x^2+y^2=(x+y)^2-2xy=6^2-2\times4=28$

26 $x+y=(\sqrt{7}-\sqrt{3})+(\sqrt{7}+\sqrt{3})=2\sqrt{7}$
$xy=(\sqrt{7}-\sqrt{3})(\sqrt{7}+\sqrt{3})=7-3=4$
따라서
$\dfrac{y}{x}+\dfrac{x}{y}=\dfrac{x^2+y^2}{xy}=\dfrac{(x+y)^2-2xy}{xy}$
$=\dfrac{(2\sqrt{7})^2-2\times4}{4}=\dfrac{28-8}{4}=\dfrac{20}{4}=5$

중단원 핵심유형 테스트　| 62~63쪽 |

1 ④	**2** -28	**3** ③	**4** $\dfrac{1}{3}$	**5** -3
6 ③	**7** ㄹ	**8** 2	**9** $(a^2-8a+16)$ m²	
10 ④, ⑤	**11** ①	**12** 29	**13** 38	**14** 3
15 (1) $\overline{ED}=2a-b$, $\overline{DG}=-2a+2b$　(2) $-4a^2+6ab-2b^2$				
16 ⑤				

1 $(a+4)(a+b-7)=a^2+ab-7a+4a+4b-28$
$=a^2+ab-3a+4b-28$

2 $(3x+5y+9)(3y-11)$ 에서 y 항이 나오는 부분만 전개하면
$5y\times(-11)+9\times3y=-55y+27y=-28y$
따라서 y 의 계수는 -28 이다.

3 $(-2\sqrt{5}-\sqrt{2})(-2\sqrt{5}+\sqrt{2})=(-2\sqrt{5})^2-(\sqrt{2})^2$
$=20-2=18$

4 $(ax+6)^2+(x-3)^2=(a^2x^2+12ax+36)+(x^2-6x+9)$
$=(a^2+1)x^2+(12a-6)x+45$
이때 x 의 계수가 -2 이므로
$12a-6=-2$, $12a=4$
따라서 $a=\dfrac{1}{3}$

5 $(x+9)(x-a)=x^2+(9-a)x-9a$이므로
$x^2+(9-a)x-9a=x^2+bx-27$
즉, $9-a=b$, $-9a=-27$이므로
$a=3$, $b=9-a=9-3=6$
따라서 $a-b=3-6=-3$

6 $(x-8)(3x-2)=3x^2-26x+16$에서 상수항은 16이므로
$a=16$
$(7x-3y)(-5x+2y)=-35x^2+29xy-6y^2$에서 xy의 계수는 29이므로
$b=29$
따라서 $b-a=29-16=13$

7 ㄱ. $(x+2)^2=x^2+4x+4$ ➡ x의 계수: 4
ㄴ. $(x+7)(x-3)=x^2+4x-21$ ➡ x의 계수: 4
ㄷ. $(2x-1)(6x+5)=12x^2+4x-5$ ➡ x의 계수: 4
ㄹ. $(4x+3)(5x-4)=20x^2-x-12$ ➡ x의 계수: -1
따라서 x의 계수가 나머지 셋과 다른 하나는 ㄹ이다.

8 $(4x-y)^2-(x+2y)(x-2y)=(16x^2-8xy+y^2)-(x^2-4y^2)$
$=16x^2-8xy+y^2-x^2+4y^2$
$=15x^2-8xy+5y^2$
따라서 $a=15$, $b=-8$, $c=5$이므로
$a+b-c=15+(-8)-5=2$

9 주어진 그림에서 떨어진 땅을 이동하여 겹치지 않게 이어 붙이면 오른쪽 그림과 같다. ‧‧‧‧‧‧ ❶
따라서 길을 제외한 땅의 넓이는
$(a-4)(a-4)=(a-4)^2$
$=a^2-8a+16$ (m²) ‧‧‧‧‧‧ ❷

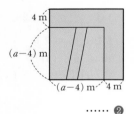

채점 기준	비율
❶ 떨어진 땅을 이동하여 길을 제외한 땅을 직사각형 모양으로 나타내기	50 %
❷ 길을 제외한 땅의 넓이 구하기	50 %

10 ① $491^2=(500-9)^2$ ➡ $(a-b)^2=a^2-2ab+b^2$
② $83\times81=(80+3)(80+1)$
➡ $(x+a)(x+b)=x^2+(a+b)x+ab$
③ $604^2=(600+4)^2$ ➡ $(a+b)^2=a^2+2ab+b^2$
④ $5.2\times4.8=(5+0.2)(5-0.2)$
➡ $(a+b)(a-b)=a^2-b^2$
⑤ $195\times205=(200-5)(200+5)$
➡ $(a+b)(a-b)=a^2-b^2$
따라서 주어진 곱셈 공식을 이용하여 계산하면 편리한 것은 ④, ⑤이다.

11 $\dfrac{2a}{3-\sqrt{5}}+\sqrt{20}=\dfrac{2a(3+\sqrt{5})}{(3-\sqrt{5})(3+\sqrt{5})}+2\sqrt{5}$
$=\dfrac{6a+2a\sqrt{5}}{4}+2\sqrt{5}$
$=\dfrac{3a}{2}+\left(\dfrac{a}{2}+2\right)\sqrt{5}$
이 수가 유리수가 되려면 $\dfrac{a}{2}+2=0$이어야 하므로
$\dfrac{a}{2}=-2$, 즉 $a=-4$

12 $(x-y)^2=(x+y)^2-4xy=(-7)^2-4\times5$
$=49-20=29$

13 $x+y=(3+\sqrt{10})+(3-\sqrt{10})=6$
$xy=(3+\sqrt{10})(3-\sqrt{10})=9-10=-1$
따라서 $x^2+y^2=(x+y)^2-2xy=6^2-2\times(-1)=38$

14 지우는 $(3x-7)(2x+5)$에서 7을 a로 잘못 보고 전개하였으므로
$(3x-a)(2x+5)=6x^2+9x+b$
$6x^2+(15-2a)x-5a=6x^2+9x+b$
즉, $15-2a=9$, $-5a=b$이므로
$a=3$, $b=-15$
민주는 $(x+4)(x-3)$에서 4를 c로 잘못 보고 전개하였으므로
$(x+c)(x-3)=x^2+dx+18$
$x^2+(c-3)x-3c=x^2+dx+18$
즉, $c-3=d$, $-3c=18$이므로
$c=-6$, $d=-9$
따라서 $a+b-c-d=3+(-15)-(-6)-(-9)=3$

15 (1) $\overline{AB}=\overline{AE}$이므로 $\overline{AE}=\overline{AB}=\overline{DC}=b$
따라서 $\overline{ED}=\overline{AD}-\overline{AE}=\overline{BC}-\overline{AE}=2a-b$
$\overline{FC}=\overline{ED}=2a-b$이고, $\overline{GC}=\overline{FC}=2a-b$이므로
$\overline{DG}=\overline{DC}-\overline{GC}=b-(2a-b)$
$=b-2a+b=-2a+2b$
(2) 사각형 EHGD의 넓이는
$\overline{ED}\times\overline{DG}=(2a-b)(-2a+2b)$
$=-4a^2+6ab-2b^2$

16 $x=\dfrac{\sqrt{7}-3}{\sqrt{7}+3}=\dfrac{(\sqrt{7}-3)^2}{(\sqrt{7}+3)(\sqrt{7}-3)}$
$=\dfrac{7-6\sqrt{7}+9}{-2}=\dfrac{16-6\sqrt{7}}{-2}$
$=-8+3\sqrt{7}$
즉, $x+8=3\sqrt{7}$이므로 양변을 제곱하면
$x^2+16x+64=63$
따라서 $x^2+16x=63-64=-1$이므로
$x^2+16x+50=-1+50=49$

4. 인수분해

01. 인수분해의 뜻과 공식

| 66~68쪽 |

인수와 인수분해

1 $2ax+4ay$ **2** $x^2-10x+25$ **3** $2a^2+13a+6$

4 ㄱ, ㄹ   **5** ㄱ, ㄷ, ㄹ

공통인 인수를 이용한 인수분해

6 $a(2x-3y)$ **7** $xy(x+3)$ **8** $3a(a-2b-3)$

9 $(a-3)(x-y)$

완전제곱식

10 4   **11** 25   **12** $\frac{1}{64}$ **13** 4   **14** 36

15 6   **16** $\frac{2}{3}$ **17** 12   **18** 10   **19** 4

12 $x^2+\frac{1}{4}x+\boxed{}=x^2+2\times x\times\frac{1}{8}+\boxed{}=\left(x+\frac{1}{8}\right)^2$이므로

$\boxed{}=\left(\frac{1}{8}\right)^2=\frac{1}{64}$

13 $\frac{1}{4}a^2-2ab+\boxed{}b^2=\left(\frac{1}{2}a\right)^2-2\times\frac{1}{2}a\times 2b+\boxed{}b^2$

$=\left(\frac{1}{2}a-2b\right)^2$

이므로 $\boxed{}=2^2=4$

15 $x^2+\boxed{}x+9=x^2+\boxed{}x+3^2$이므로

$\boxed{}=2\times1\times3=6$

16 $a^2-\boxed{}a+\frac{1}{9}=a^2-\boxed{}a+\left(\frac{1}{3}\right)^2$이므로

$\boxed{}=2\times1\times\frac{1}{3}=\frac{2}{3}$

18 $25a^2-\boxed{}ab+b^2=(5a)^2-\boxed{}ab+b^2$이므로

$\boxed{}=2\times5\times1=10$

인수분해 공식; $a^2\pm2ab+b^2$

20 $(a-10)^2$ ($\mathscr{D}$ 10, 10, 10)   **21** $\left(x-\frac{1}{4}\right)^2$

22 $(3a+4)^2$ **23** $(2x-9)^2$ **24** $\left(\frac{1}{3}a+5b\right)^2$

25 $(6x+y)^2$ **26** $2\left(x-\frac{1}{4}\right)^2$ ($\mathscr{D}$ $\frac{1}{4}$, $\frac{1}{4}$, $\frac{1}{4}$)

27 $5(a+1)^2$ **28** $3(x-4y)^2$

21 $x^2-\frac{1}{2}x+\frac{1}{16}=x^2-2\times x\times\frac{1}{4}+\left(\frac{1}{4}\right)^2=\left(x-\frac{1}{4}\right)^2$

24 $\frac{1}{9}a^2+\frac{10}{3}ab+25b^2=\left(\frac{1}{3}a\right)^2+2\times\frac{1}{3}a\times5b+(5b)^2$

$=\left(\frac{1}{3}a+5b\right)^2$

27 $5a^2+10a+5=5(a^2+2a+1)=5(a+1)^2$

28 $3x^2-24xy+48y^2=3(x^2-8xy+16y^2)$

$=3\{x^2-2\times x\times4y+(4y)^2\}$

$=3(x-4y)^2$

인수분해 공식; a^2-b^2

29 $\left(a+\frac{1}{3}\right)\left(a-\frac{1}{3}\right)$ **30** $(2x+5y)(2x-5y)$

31 $(8b+a)(8b-a)$ **32** $3(x+2)(x-2)$ ($\mathscr{D}$ 3, 4, 3, 2, 2)

33 $2(3a+2b)(3a-2b)$

31 $-a^2+64b^2=64b^2-a^2=(8b)^2-a^2=(8b+a)(8b-a)$

33 $18a^2-8b^2=2(9a^2-4b^2)=2\{(3a)^2-(2b)^2\}$

$=2(3a+2b)(3a-2b)$

인수분해 공식; $x^2+(a+b)x+ab$

34 $(x+10)(x-3)$ **35** $(a+3)(a-8)$

36 $(x-5y)(x-9y)$ **37** $3(a+2)(a+4)$ ($\mathscr{D}$ 3, 8, 3, 4)

38 $2(x+2y)(x-5y)$

인수분해 공식; $acx^2+(ad+bc)x+bd$

39 $(a-3)(3a+7)$ ($\mathscr{D}$ -3, -9, 3, 7)

40 $(x-2)(3x+8)$ **41** $(a+7)(4a+5)$

42 $(2x-3y)(4x+5y)$ ($\mathscr{D}$ -12, 4, 5, 10)

43 $(a+6b)(9a-4b)$ **44** $(x+5y)(7x-4y)$

45 $2(2a+1)(2a-5)$ ($\mathscr{D}$ 8, 2, 5)

46 $3(3x-1)(5x+3)$ **47** $2(4a+3b)(5a+b)$

48 $2a(2x-7y)(3x-2y)$

39 곱이 3인 두 정수 1, 3과 곱이 -21인 두 정수 -3, 7을 오른쪽과 같이 나타내면

$$\begin{array}{c} \boxed{1}\boxed{-3}\longrightarrow\boxed{-9} \\ \boxed{3}7\longrightarrow\boxed{7}(+ \\ -2 \end{array}$$

$1\times7+3\times(-3)=-2$

이므로 $3a^2-2a-21=(a-3)(3a+7)$

42 곱이 8인 두 정수
2, 4와 곱이 $-15y^2$
인 두 일차식 $-3y$,
$5y$를 오른쪽과 같이
나타내면

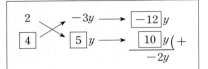

$2 \times 5y + 4 \times (-3y) = -2y$이므로
$8x^2 - 2xy - 15y^2 = (2x - 3y)(4x + 5y)$

소단원 유형 익히기

유형 1 공통인 인수를 이용한 인수분해 | 69쪽 |

1 ②, ④   2 ③   3 ②

1 $2a^2b + ab^2 = ab(2a + b)$이므로 $2a^2b + ab^2$의 인수인 것은 ②, ④이다.

2 $4x^2y + 8xy^2 - 12xy = 4xy(x + 2y - 3)$이므로 $4x^2y + 8xy^2 - 12xy$의 인수가 아닌 것은 ③이다.

3 $x(a-b) + y(b-a) = x(a-b) - y(a-b)$
$\qquad\qquad\qquad\qquad = (a-b)(x-y)$

유형 2 완전제곱식이 될 조건 | 69쪽 |

4 ③   5 $\dfrac{3}{4}$ 6 $-\dfrac{23}{5}$, 5

4 ① $x^2 + x + \square = x^2 + 2 \times x \times \dfrac{1}{2} + \square = \left(x + \dfrac{1}{2}\right)^2$이므로
$\square = \left(\dfrac{1}{2}\right)^2 = \dfrac{1}{4}$

② $\dfrac{1}{4}a^2 + \square a + 4 = \left(\dfrac{1}{2}a\right)^2 + \square a + 2^2$이므로
$\square = 2 \times \dfrac{1}{2} \times 2 = 2$

③ $4x^2 + \square x + 1 = (2x)^2 + \square x + 1^2$이므로
$\square = 2 \times 2 \times 1 = 4$

④ $9a^2 + 6a + \square = (3a)^2 + 2 \times 3a \times 1 + \square = (3a+1)^2$이므로
$\square = 1^2 = 1$

⑤ $\dfrac{1}{9}x^2 + \dfrac{1}{3}x + \square = \left(\dfrac{1}{3}x\right)^2 + 2 \times \dfrac{1}{3}x \times \dfrac{1}{2} + \square = \left(\dfrac{1}{3}x + \dfrac{1}{2}\right)^2$
이므로 $\square = \left(\dfrac{1}{2}\right)^2 = \dfrac{1}{4}$

따라서 $\square$ 안에 알맞은 양수 중 가장 큰 수는 ③이다.

5 $x^2 + \dfrac{1}{2}x + a = x^2 + 2 \times x \times \dfrac{1}{4} + a = \left(x + \dfrac{1}{4}\right)^2$이므로
$a = \left(\dfrac{1}{4}\right)^2 = \dfrac{1}{16}$
$x^2 + bx + 36 = x^2 + bx + 6^2$이므로
$b = 2 \times 1 \times 6 = 12$
따라서 $ab = \dfrac{1}{16} \times 12 = \dfrac{3}{4}$

6 $9x^2 + (5k-1)x + 16 = (3x)^2 + (5k-1)x + 4^2$
이므로 이 식이 완전제곱식이 되려면
$5k - 1 = \pm 2 \times 3 \times 4 = \pm 24$ ········· ❶
$5k - 1 = -24$일 때, $5k = -23$이므로 $k = -\dfrac{23}{5}$
$5k - 1 = 24$일 때, $5k = 25$이므로 $k = 5$
따라서 $k = -\dfrac{23}{5}$ 또는 $k = 5$ ········· ❷

채점 기준	비율
❶ 주어진 식이 완전제곱식이 되는 조건 구하기	40 %
❷ 모든 k의 값 구하기	60 %

유형 3 인수분해 공식; $a^2 \pm 2ab + b^2$ | 70쪽 |

7 ⑤   8 ③   9 51

7 $4x^2 - 32x + 64 = (2x)^2 - 2 \times 2x \times 8 + 8^2 = (2x-8)^2$
이므로 $a = 2$, $b = -8$
따라서 $a - b = 2 - (-8) = 10$

8 $\dfrac{1}{16}x^2 - 3x + 36 = \left(\dfrac{1}{4}x\right)^2 - 2 \times \dfrac{1}{4}x \times 6 + 6^2 = \left(\dfrac{1}{4}x - 6\right)^2$
따라서 $\dfrac{1}{16}x^2 - 3x + 36$의 인수인 것은 ③이다.

9 $ax^2 + 28x + b = (7x + c)^2 = 49x^2 + 14cx + c^2$
이므로 $a = 49$, $28 = 14c$, $b = c^2$ ······ ❶
$28 = 14c$에서 $c = 2$
$b = c^2$에서 $b = 4$
즉, $a = 49$, $b = 4$, $c = 2$이므로 ······ ❷
$a + b - c = 49 + 4 - 2 = 51$ ······ ❸

채점 기준	비율
❶ 주어진 등식이 성립할 조건 구하기	40 %
❷ a, b, c의 값 구하기	40 %
❸ $a + b - c$의 값 구하기	20 %

유형 4 근호 안이 완전제곱식인 경우 | 70쪽 |

10 $a+1$ 11 ⑤   12 ④

10 $a>-1$이므로 $a+1>0$

따라서 $\sqrt{a^2+2a+1}=\sqrt{(a+1)^2}=|a+1|=a+1$

11 $-3<x<3$이므로 $x+3>0$, $x-3<0$

따라서

$\sqrt{x^2+6x+9}-\sqrt{x^2-6x+9}=\sqrt{(x+3)^2}-\sqrt{(x-3)^2}$
$=|x+3|-|x-3|$
$=(x+3)-\{-(x-3)\}$
$=2x$

12 $a>0$, $b<0$이므로 $a-b>0$

따라서

$\sqrt{a^2}+\sqrt{b^2}+\sqrt{a^2-2ab+b^2}=|a|+|b|+\sqrt{(a-b)^2}$
$=a-b+|a-b|$
$=a-b+a-b$
$=2a-2b$

유형 **5** 인수분해 공식; a^2-b^2　　　| 71쪽 |

13 5	14 ⑤	15 ⑤

13 $4x^2-49=(2x)^2-7^2=(2x+7)(2x-7)$

이때 A, B가 자연수이므로 $A=2$, $B=7$

따라서 $B-A=7-2=5$

14 $28x^2-7=7(4x^2-1)=7\{(2x)^2-1^2\}$
$=7(2x+1)(2x-1)$

이때 a, b, c가 자연수이므로 $a=7$, $b=2$, $c=2$

따라서 $a+b+c=7+2+2=11$

15 $a^4-1=(a^2+1)(a^2-1)=(a^2+1)(a+1)(a-1)$

이므로 a^4-1의 인수가 아닌 것은 ⑤이다.

유형 **6** 인수분해 공식; $x^2+(a+b)x+ab$　　　| 71쪽 |

16 $(a+3)(a-15)$	17 ①	18 9327

16 곱이 -45이고 합이 -12인 두 정수는 3, -15이므로

$a^2-12a-45=(a+3)(a-15)$

17 $x^2+ax-52=(x+4)(x+b)=x^2+(b+4)x+4b$

이므로 $a=b+4$, $-52=4b$

$-52=4b$에서 $b=-13$

$a=b+4$에서 $a=-9$

따라서 $a+b=-9+(-13)=-22$

---

18 $4x^2-a=(2x+3)(2x-b)$이므로

$4x^2-a=4x^2+(6-2b)x-3b$

즉, $6-2b=0$, $a=3b$이므로 두 식을 연립하여 풀면

$a=9$, $b=3$

$x^2-cx-63=(x+d)(x-9)$이므로

$x^2-cx-63=x^2+(d-9)x-9d$

즉, $-c=d-9$, $63=9d$이므로 두 식을 연립하여 풀면

$c=2$, $d=7$

따라서 연수의 핸드폰 비밀번호는 9327이다.

유형 **7** 인수분해 공식; $acx^2+(ad+bc)x+bd$　　　| 72쪽 |

19 ⑤	20 $7x+1$	21 ②

19 곱이 6인 두 정수 2, 3과 곱
이 25인 두 정수 5, 5를 오른
쪽과 같이 나타내면
$2\times5+3\times5=25$

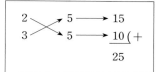

이므로

$6x^2+25x+25=(2x+5)(3x+5)$

따라서 $a=5$, $b=3$, $c=5$이므로

$a-b+c=5-3+5=7$

20 $(2x+1)(5x-3)+1=10x^2-x-2$ 　　……❶
$=(2x-1)(5x+2)$ 　　……❷

따라서 구하는 두 일차식의 합은

$(2x-1)+(5x+2)=7x+1$ 　　……❸

채점 기준	비율
❶ 주어진 식 전개하기	40 %
❷ 주어진 식 인수분해하기	40 %
❸ 두 일차식의 합 구하기	20 %

21 ② $9a^2-36=9(a^2-4)=9(a+2)(a-2)$

유형 **8** 인수가 주어진 이차식에서 미지수의 값 구하기　　　| 72쪽 |

22 ⑤	23 9	24 ④

22 x^2-8x+a가 $x-4$를 인수로 가지므로

$x^2-8x+a=(x-4)(x+b)$ (b는 상수)

로 놓을 수 있다.

즉, $x^2-8x+a=x^2+(b-4)x-4b$이므로

$-8=b-4$, $a=-4b$

$-8=b-4$에서 $b=-4$

따라서 $a=-4b=-4\times(-4)=16$

23 $4x^2-ax-9$가 $x-3$으로 나누어떨어지므로
$4x^2-ax-9=(x-3)(4x+b)$ (b는 상수)
로 놓을 수 있다.
즉, $4x^2-ax-9=4x^2+(b-12)x-3b$이므로
$-a=b-12$, $9=3b$
$9=3b$에서 $b=3$
$-a=b-12=3-12=-9$
따라서 $a=9$

24 $2x^2+ax-15$, x^2-6x+b의 공통인 인수가 $x+5$이므로
$2x^2+ax-15=(x+5)(2x+c)$,
$x^2-6x+b=(x+5)(x+d)$ (c, d는 상수)
로 놓을 수 있다.
$2x^2+ax-15=(x+5)(2x+c)$에서
$2x^2+ax-15=2x^2+(c+10)x+5c$
이므로 $a=c+10$, $-15=5c$
위의 두 식을 연립하여 풀면
$a=7$, $c=-3$
$x^2-6x+b=(x+5)(x+d)$에서
$x^2-6x+b=x^2+(d+5)x+5d$
이므로 $-6=d+5$, $b=5d$
위의 두 식을 연립하여 풀면
$b=-55$, $d=-11$
따라서 $a=7$, $b=-55$이므로
$a-b=7-(-55)=62$

유형 **9** **계수 또는 상수항을 잘못 보고 인수분해한 경우** | 73쪽 |

25 ④   26 ⑤   27 $(x+2)(3x+4)$

25 $(x+3)(x-10)=x^2-7x-30$이고 영진이는 상수항은 바르게
보았으므로 처음 이차식의 상수항은 -30이다.
$(x+4)(x-5)=x^2-x-20$이고 현진이는 x의 계수는 바르게
보았으므로 처음 이차식의 x의 계수는 -1이다.
즉, 처음의 이차식은 x^2-x-30이므로 바르게 인수분해하면
$x^2-x-30=(x+5)(x-6)$

26 $(x-7)(x-9)=x^2-16x+63$이고 민정이는 상수항 b는 바르
게 보았으므로 $b=63$
$(x-4)(x-20)=x^2-24x+80$이고 정수는 x의 계수 a는 바
르게 보았으므로 $a=-24$
즉, $x^2+ax+b=x^2-24x+63$이므로 바르게 인수분해하면
$x^2-24x+63=(x-3)(x-21)$

27 $(3x+1)(x+3)=3x^2+10x+3$이고 경진이는 x의 계수는 바
르게 보았으므로 처음 이차식의 x의 계수는 10이다. ······ ❶

$(3x+8)(x+1)=3x^2+11x+8$이고 정민이는 상수항은 바르
게 보았으므로 처음 이차식의 상수항은 8이다. ······ ❷
즉, 처음의 이차식은 $3x^2+10x+8$이므로 바르게 인수분해하면
$3x^2+10x+8=(x+2)(3x+4)$ ······ ❸

채점 기준	비율
❶ 처음 이차식의 x의 계수 구하기	30 %
❷ 처음 이차식의 상수항 구하기	30 %
❸ 처음 이차식을 바르게 인수분해하기	40 %

유형 **10** **도형을 이용한 인수분해 공식** | 73쪽 |

28 ③   29 $a^2-b^2=(a+b)(a-b)$

28 주어진 모든 직사각형의 넓이의 합은
$2x^2+7x+6=(x+2)(2x+3)$
이므로 새로운 직사각형의 가로, 세로의 길이는 각각
$x+2$, $2x+3$ 또는 $2x+3$, $x+2$이다.
따라서 구하는 직사각형의 둘레의 길이는
$2\{(x+2)+(2x+3)\}=2(3x+5)$
$\qquad\qquad\qquad\qquad =6x+10$

📋 **참고** 주어진 15개의 직사각형을 겹치지 않게 모두 이어 붙여 만
든 새로운 직사각형은 다음 그림과 같이 두 가지 경우가 있다.

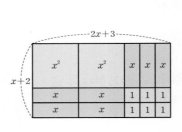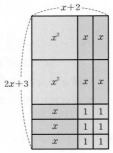

29

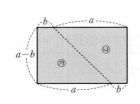

[그림 1]   [그림 2]

위의 [그림 1]의 도형의 넓이는
a^2-b^2 ······ ㉠
[그림 2]의 도형의 넓이는
$(a+b)(a-b)$ ······ ㉡
㉠, ㉡은 서로 같으므로 주어진 그림으로 설명할 수 있는 인수분
해 공식은
$a^2-b^2=(a+b)(a-b)$

복잡한 식의 인수분해

1 $(2x+5)^2$ ($\checkmark 1, 2x+5$)　　2 $(a+2b+5)(a+2b-5)$

3 $(2x+5)(3x+8)$　　　　4 $(5a+2)(3a-4)$

5 $(2x+3)(11x+4)$　　　6 $-(4a+9)(5a+36)$

7 $(x-1)(y-3)$ ($\checkmark x, x-1$)　8 $(a-b)(x-1)$

9 $(4x+1)(x-y)$

10 $(3a+b-1)(3a-b-1)$ ($\checkmark 9a^2-6a+1, 3a-1, 3a+b-1$)

11 $(x+5y+1)(x-5y-1)$

12 $(4a+3b+1)(4a-3b+1)$

13 $(5x+2y-1)(5x-2y+1)$

---

5 $3x+2=A$, $x-1=B$로 놓으면

$3(3x+2)^2-(3x+2)(x-1)-2(x-1)^2$

$=3A^2-AB-2B^2=(A-B)(3A+2B)$

$=\{(3x+2)-(x-1)\}\{3(3x+2)+2(x-1)\}$

$=(2x+3)(11x+4)$

8 $ax-bx-a+b=x(a-b)-(a-b)=(a-b)(x-1)$

12 $16a^2-9b^2+8a+1=(16a^2+8a+1)-9b^2$

$=(4a+1)^2-(3b)^2$

$=\{(4a+1)+3b\}\{(4a+1)-3b\}$

$=(4a+3b+1)(4a-3b+1)$

인수분해 공식을 이용한 수의 계산

14 3300 ($\checkmark 55, 100, 3300$)　　15 270

16 2500 ($\checkmark 23, 50, 2500$)　　17 3600

18 7400 ($\checkmark 87, 87, 100, 7400$)　19 50　　20 $\dfrac{40}{7}$

21 100　　22 60

---

20 $\dfrac{33^2+2\times33\times47+47^2}{47^2-33^2}=\dfrac{(33+47)^2}{(47+33)(47-33)}$

$=\dfrac{80^2}{80\times14}=\dfrac{40}{7}$

21 $\sqrt{65^2+2\times65\times35+35^2}=\sqrt{(65+35)^2}=\sqrt{100^2}=100$

22 $\sqrt{68^2-32^2}=\sqrt{(68+32)(68-32)}=\sqrt{100\times36}$

$=\sqrt{10^2\times6^2}=10\times6=60$

인수분해 공식을 이용한 식의 값

23 10000　24 980000　25 11　　26 25　　27 5

28 $-20\sqrt5$

---

25 $x^2-6x+9=(x-3)^2=(3+\sqrt{11}-3)^2=(\sqrt{11})^2=11$

---

27 $x^2-y^2=(x+y)(x-y)=\left(\dfrac{7}{3}+\dfrac{2}{3}\right)\left(\dfrac{7}{3}-\dfrac{2}{3}\right)=3\times\dfrac{5}{3}=5$

28 $a+b=2\sqrt5$, $a-b=-10$이므로

$a^2-b^2=(a+b)(a-b)=2\sqrt5\times(-10)=-20\sqrt5$

소단원 유형 익히기

유형 11 치환을 이용한 인수분해; 한 문자로 치환 | 76쪽 |

1 $2(x-1)(2x-7)$　　2 ②　　　3 ③

4 ㄱ, ㄴ, ㅁ, ㅂ

---

1 $2x-5=A$로 놓으면

$(2x-5)^2+(2x-5)-6=A^2+A-6$

$=(A+3)(A-2)$

$=\{(2x-5)+3\}\{(2x-5)-2\}$

$=(2x-2)(2x-7)$

$=2(x-1)(2x-7)$

2 $x-3=A$로 놓으면

$(x-3)^2-3(x-3)-10=A^2-3A-10$

$=(A+2)(A-5)$

$=\{(x-3)+2\}\{(x-3)-5\}$

$=(x-1)(x-8)$

따라서 $a=-1$, $b=-8$ 또는 $a=-8$, $b=-1$이므로

$a+b=-8+(-1)=-9$

3 $x-2y=A$로 놓으면

$(x-2y)(x-2y-3)-4=A(A-3)-4$

$=A^2-3A-4$

$=(A+1)(A-4)$

$=(x-2y+1)(x-2y-4)$

4 $2x^2+1=A$로 놓으면

$2(2x^2+1)^2-7(2x^2+1)+3$

$=2A^2-7A+3$

$=(A-3)(2A-1)$

$=\{(2x^2+1)-3\}\{2(2x^2+1)-1\}$

$=(2x^2-2)(4x^2+1)$

$=2(x^2-1)(4x^2+1)$

$=2(x+1)(x-1)(4x^2+1)$

따라서 $2(2x^2+1)^2-7(2x^2+1)+3$의 인수인 것은 ㄱ, ㄴ, ㅁ, ㅂ이다.

정답과 풀이

유형 12 치환을 이용한 인수분해; 두 문자로 치환 | 76쪽 |

5 ①   6 3

5 $3x+4=A$, $2x-3=B$로 놓으면
$(3x+4)^2-(2x-3)^2$
$=A^2-B^2=(A+B)(A-B)$
$=\{(3x+4)+(2x-3)\}\{(3x+4)-(2x-3)\}$
$=(5x+1)(x+7)$
따라서 $a=5$, $b=7$이므로
$a-b=5-7=-2$

6 $x-1=A$, $y-2=B$로 놓으면
$(x-1)^2-(1-x)(y-2)-2(y-2)^2$
$=(x-1)^2+(x-1)(y-2)-2(y-2)^2$
$=A^2+AB-2B^2=(A+2B)(A-B)$
$=\{(x-1)+2(y-2)\}\{(x-1)-(y-2)\}$
$=(x+2y-5)(x-y+1)$ ······ ❶
따라서 $a=2$, $b=1$이므로 ······ ❷
$a+b=2+1=3$ ······ ❸

채점 기준	비율
❶ 치환을 이용하여 $(x-1)^2-(1-x)(y-2)-2(y-2)^2$을 인수분해하기	60 %
❷ a, b의 값 구하기	20 %
❸ $a+b$의 값 구하기	20 %

유형 13 항이 4개인 다항식의 인수분해; 두 항씩 묶기 | 77쪽 |

7 ①, ⑤   8 3x+3   9 [x+1] [x-1]

7 $a^2-4+ab-2b=(a^2-4)+b(a-2)$
$=(a+2)(a-2)+b(a-2)$
$=(a-2)(a+b+2)$
따라서 $a^2-4+ab-2b$의 인수인 것은 ①, ⑤이다.

8 $x^3+3x^2-4x-12=x^2(x+3)-4(x+3)$
$=(x^2-4)(x+3)$
$=(x+2)(x-2)(x+3)$ ······ ❶
따라서 구하는 세 일차식의 합은
$(x+2)+(x-2)+(x+3)=3x+3$ ······ ❷

채점 기준	비율
❶ 주어진 식을 세 일차식의 곱으로 인수분해하기	60 %
❷ 세 일차식의 합 구하기	40 %

9 $x^3-2x^2-x+2=x^2(x-2)-(x-2)=(x^2-1)(x-2)$
$=(x+1)(x-1)(x-2)$

이므로 현우가 뽑은 카드는
[x+1] [x-1] [x-2]
$x^3+5x^2-x-5=x^2(x+5)-(x+5)=(x^2-1)(x+5)$
$=(x+1)(x-1)(x+5)$
이므로 민선이가 뽑은 카드는
[x+1] [x-1] [x+5]
따라서 두 사람이 공통으로 뽑은 카드는
[x+1] [x-1]

유형 14 항이 4개인 다항식의 인수분해; A^2-B^2 꼴 | 77쪽 |

10 ⑤   11 ②   12 -4

10 $x^2-25y^2-6x+9=(x^2-6x+9)-25y^2=(x-3)^2-(5y)^2$
$=\{(x-3)+5y\}\{(x-3)-5y\}$
$=(x+5y-3)(x-5y-3)$

11 $9a^2-6ab+b^2-c^2=(9a^2-6ab+b^2)-c^2=(3a-b)^2-c^2$
$=(3a-b+c)(3a-b-c)$
따라서 구하는 두 일차식의 합은
$(3a-b+c)+(3a-b-c)=6a-2b$

12 $4x^2y^2-z^2-12xy+9=(4x^2y^2-12xy+9)-z^2$
$=(2xy-3)^2-z^2$
$=\{(2xy-3)+z\}\{(2xy-3)-z\}$
$=(2xy+z-3)(2xy-z-3)$
따라서 $a=2$, $b=-3$, $c=-3$이므로
$a+b+c=2+(-3)+(-3)=-4$

유형 15 인수분해 공식을 이용한 수의 계산 (1) | 78쪽 |

13 ②   14 33   15 2023

13 $93^2-2\times93\times3+3^2=(93-3)^2=90^2=8100$
이므로 가장 알맞은 인수분해 공식은
$a^2-2ab+b^2=(a-b)^2$

14 $A=\sqrt{16\times52-16\times48}=\sqrt{16(52-48)}=\sqrt{16\times4}=\sqrt{64}=8$
$B=5.7^2-2\times5.7\times0.7+0.7^2=(5.7-0.7)^2=5^2=25$
따라서 $A+B=8+25=33$

15 $x=2021$로 놓으면 $2025=x+4$이므로
$2021\times2025+4=x(x+4)+4=x^2+4x+4$
$=(x+2)^2=(2021+2)^2=2023^2$
따라서 $a=2023$

유형 16 인수분해 공식을 이용한 수의 계산 (2) | 78쪽 |

| 16 10 | 17 570π m^2 | 18 합성수이다. |

16 $\dfrac{98\times999+98\times1}{99^2-1}=\dfrac{98(999+1)}{(99+1)(99-1)}=\dfrac{98\times1000}{100\times98}=10$

17 분수대를 제외한 잔디 공원의 넓이는

$24.5^2\pi-5.5^2\pi$ ...... ❶

$=(24.5^2-5.5^2)\pi$

$=(24.5+5.5)(24.5-5.5)\pi$

$=30\times19\times\pi=570\pi\,(\text{m}^2)$ ...... ❷

채점 기준	비율
❶ 분수대를 제외한 잔디 공원의 넓이 구하는 식 세우기	50 %
❷ 넓이 구하기	50 %

18 $9919=10000-81=100^2-9^2$

$\qquad\quad=(100+9)(100-9)=109\times91$

따라서 9919는 1과 자기 자신 이외에 109, 91 등도 약수로 가지므로 합성수이다.

유형 17 인수분해 공식을 이용한 식의 값 구하기 (1) | 79쪽 |

| 19 ⑤ | 20 ④ | 21 ④ |

19 $a+4=A$로 놓으면

$(a+4)^2-4(a+4)+4=A^2-4A+4=(A-2)^2$

$\qquad\qquad\qquad\qquad=\{(a+4)-2\}^2=(a+2)^2$

$\qquad\qquad\qquad\qquad=\{(\sqrt5-2)+2\}^2=(\sqrt5)^2=5$

20 $x=\dfrac{1}{2-\sqrt3}=\dfrac{2+\sqrt3}{(2-\sqrt3)(2+\sqrt3)}=2+\sqrt3$,

$y=\dfrac{1}{2+\sqrt3}=\dfrac{2-\sqrt3}{(2+\sqrt3)(2-\sqrt3)}=2-\sqrt3$

이므로

$x^2+2xy+y^2=(x+y)^2$

$\qquad\qquad\quad=\{(2+\sqrt3)+(2-\sqrt3)\}^2$

$\qquad\qquad\quad=4^2=16$

21 $\sqrt4<\sqrt7<\sqrt9$, 즉 $2<\sqrt7<3$

$\sqrt7$의 정수 부분이 2이므로 소수 부분은

$a=\sqrt7-2$

$2\sqrt2=\sqrt8$이고 $\sqrt4<\sqrt8<\sqrt9$, 즉 $2<\sqrt8<3$이므로 $2\sqrt2$의 정수 부분은 $b=2$

따라서

$\dfrac{a^2-b^2+4a+4b}{a+b}=\dfrac{(a^2-b^2)+4(a+b)}{a+b}$

$\qquad\qquad\qquad=\dfrac{(a+b)(a-b)+4(a+b)}{a+b}$

$\qquad\qquad\qquad=\dfrac{(a+b)(a-b+4)}{a+b}$

$\qquad\qquad\qquad=a-b+4$

$\qquad\qquad\qquad=(\sqrt7-2)-2+4=\sqrt7$

유형 18 인수분해 공식을 이용한 식의 값 구하기 (2) | 79쪽 |

| 22 ⑤ | 23 ④ | 24 26 |

22 $x^2-y^2=(x+y)(x-y)=5\times\sqrt2=5\sqrt2$

23 $a^2-b^2+4a-4b=(a^2-b^2)+4(a-b)$

$\qquad\qquad\qquad=(a+b)(a-b)+4(a-b)$

$\qquad\qquad\qquad=(a-b)(a+b+4)$

$\qquad\qquad\qquad=1\times(4+4)=8$

24 $a^2-b^2-12a+36=(a^2-12a+36)-b^2$

$\qquad\qquad\qquad\quad=(a-6)^2-b^2$

$\qquad\qquad\qquad\quad=\{(a-6)+b\}\{(a-6)-b\}$

$\qquad\qquad\qquad\quad=(a+b-6)(a-b-6)$ ...... ❶

이므로 $a+b=7$, $a^2-b^2-12a+36=20$에서

$(7-6)(a-b-6)=20$, $a-b-6=20$

따라서 $a-b=26$ ...... ❷

채점 기준	비율
❶ $a^2-b^2-12a+36$을 인수분해하기	60 %
❷ $a-b$의 값 구하기	40 %

중단원 핵심유형 테스트

| 80~81쪽 |

1 ②, ④	2 ③	3 ③	4 ①	5 ⑤
6 $2a-3$	7 ②	8 ④	9 ⑤	10 ①
11 $x-6$	12 ②	13 $(x-5)(3x-1)$	14 ③	
15 9	16 ④			

1 $x^3+2x=x(x^2+2)$이므로 x^3+2x의 인수가 아닌 것은 ②, ④ 이다.

2 ㄱ. x^2-4x+6에서 상수항이

$$\left\{\frac{(x\text{의 계수})}{2}\right\}^2=\left(\frac{-4}{2}\right)^2=4$$

가 아니므로 이 식은 완전제곱식으로 인수분해가 안 된다.

ㄴ. $a^2+8a+16=a^2+2\times a\times 4+4^2=(a+4)^2$

ㄷ. $x^2+12xy+36y^2=x^2+2\times x\times 6y+(6y)^2=(x+6y)^2$

ㄹ. $a^2-10ab+100b^2$에서 b^2의 계수가

$$\left\{\frac{(ab\text{의 계수})}{2}\right\}^2=\left(\frac{-10}{2}\right)^2=25$$

가 아니므로 이 식은 완전제곱식으로 인수분해가 안 된다.

따라서 완전제곱식으로 인수분해할 수 있는 것은 ㄴ, ㄷ이다.

3 $\sqrt{58^2-42^2}=\sqrt{(58+42)(58-42)}$

$\qquad\qquad =\sqrt{100\times 16}=\sqrt{10^2\times 4^2}=10\times 4=40$

따라서 가장 알맞은 인수분해 공식은 ③이다.

4 $x-2$가 다항식 $2x^2+ax-10$의 인수이므로

$2x^2+ax-10=(x-2)(2x+b)$ (b는 상수)로 놓으면

$2x^2+ax-10=2x^2+(b-4)x-2b$에서

$a=b-4$, $-10=-2b$

$-10=-2b$에서 $b=5$

따라서 $a=5-4=1$

5 ① $\frac{1}{4}x^2+\boxed{}x+4=\left(\frac{1}{2}x\right)^2+\boxed{}x+2^2$이므로

$\qquad \boxed{}=2\times\frac{1}{2}\times 2=2$

② $x^2+\boxed{}x+49=x^2+\boxed{}x+7^2$이므로

$\qquad \boxed{}=2\times 1\times 7=14$

③ $\boxed{}x^2+x+\frac{1}{4}=\boxed{}x^2+2\times x\times\frac{1}{2}+\left(\frac{1}{2}\right)^2=\left(x+\frac{1}{2}\right)^2$

이므로 $\boxed{}=1^2=1$

④ $x^2+x+\boxed{}=x^2+2\times x\times\frac{1}{2}+\boxed{}=\left(x+\frac{1}{2}\right)^2$

이므로 $\boxed{}=\left(\frac{1}{2}\right)^2=\frac{1}{4}$

⑤ $4x^2+x+\boxed{}=(2x)^2+2\times 2x\times\frac{1}{4}+\boxed{}=\left(2x+\frac{1}{4}\right)^2$

이므로 $\boxed{}=\left(\frac{1}{4}\right)^2=\frac{1}{16}$

따라서 $\boxed{}$ 안에 알맞은 양수 중 가장 작은 수는 ⑤이다.

6 $-1<a<4$이므로 $a+1>0$, $a-4<0$

$\sqrt{a^2+2a+1}-\sqrt{a^2-8a+16}$

$=\sqrt{(a+1)^2}-\sqrt{(a-4)^2}=|a+1|-|a-4|$

$=a+1-\{-(a-4)\}=2a-3$

7 $6x^2-11x-35=(3x+5)(2x-7)$

따라서 구하는 두 일차식의 합은

$(3x+5)+(2x-7)=5x-2$

8 ④ $8x^2-14x+6=2(4x^2-7x+3)=2(x-1)(4x-3)$

9 $12x^2+31x+20=(3x+4)(4x+5)$

따라서 주어진 직사각형의 가로의 길이는 $4x+5$이다.

10 $(2x+3)(x-5)+20=2x^2-7x+5=(x-1)(2x-5)$

11 $x^2-5x-6=(x+1)(x-6)$

$2x^2-9x-18=(2x+3)(x-6)$

따라서 일차 이상의 공통인 인수는 $x-6$이다.

12 $a^2-9b^2-4a+4=(a^2-4a+4)-9b^2=(a-2)^2-(3b)^2$

$\qquad\qquad =\{(a-2)+3b\}\{(a-2)-3b\}$

$\qquad\qquad =(a+3b-2)(a-3b-2)$

따라서 구하는 두 일차식의 합은

$(a+3b-2)+(a-3b-2)=2a-4$

13 $(x-2)(3x-10)=3x^2-16x+20$이고 현미는 x의 계수는 바르게 보았으므로 처음 이차식의 x의 계수는 -16이다. ‧‧‧‧‧‧ ❶

$(x-1)(3x-5)=3x^2-8x+5$이고 경수는 상수항은 바르게 보았으므로 처음 이차식의 상수항은 5이다. ‧‧‧‧‧‧ ❷

따라서 처음의 이차식은 $3x^2-16x+5$이므로 바르게 인수분해하면

$3x^2-16x+5=(x-5)(3x-1)$ ‧‧‧‧‧‧ ❸

채점 기준	비율
❶ 처음 이차식의 x의 계수 구하기	30 %
❷ 처음 이차식의 상수항 구하기	30 %
❸ 처음의 이차식을 바르게 인수분해하기	40 %

14 $\sqrt{9.1^2+2\times 9.1\times 0.9+0.9^2}=\sqrt{(9.1+0.9)^2}=\sqrt{10^2}=10$

15 $x(x+a)+81=(x+b)^2$, 즉 $x^2+ax+81=(x+b)^2$이므로

$x^2+ax+81$은 완전제곱식이다.

따라서 $a=2\sqrt{81}=18$이고

$x^2+ax+81=x^2+18x+81=(x+9)^2$이므로 $b=9$

따라서 $a-b=18-9=9$

16 $x^2+ax+54=(x+p)(x+q)=x^2+(p+q)x+pq$이므로

$a=p+q$, $54=pq$

곱이 54인 두 자연수를 구하여 그 합을 구하면 오른쪽 표와 같다.

따라서 상수 a의 값이 될 수 없는 것은 ④이다.

곱이 54인 두 자연수	두 자연수의 합
1, 54	55
2, 27	29
3, 18	21
6, 9	15

5. 이차방정식

01. 이차방정식의 풀이 (1)

| 84 ~ 85쪽 |

이차방정식의 뜻과 해

1 ○ **2** × **3** ○ **4** × **5** ○
6 × **7** × **8** ○ **9** $x=1$
10 $x=-2$ 또는 $x=0$ **11** $x=-2$ 또는 $x=1$

9

x의 값	좌변의 값	우변의 값	참, 거짓
-2	$(-2)^2=4$	$3-2\times(-2)=7$	거짓
-1	$(-1)^2=1$	$3-2\times(-1)=5$	거짓
0	$0^2=0$	$3-2\times0=3$	거짓
1	$1^2=1$	$3-2\times1=1$	참
2	$2^2=4$	$3-2\times2=-1$	거짓

따라서 구하는 해는 $x=1$

10

x의 값	좌변의 값	우변의 값	참, 거짓
-2	$(-2)^2+2\times(-2)=0$	0	참
-1	$(-1)^2+2\times(-1)=-1$	0	거짓
0	$0^2+2\times0=0$	0	참
1	$1^2+2\times1=3$	0	거짓
2	$2^2+2\times2=8$	0	거짓

따라서 구하는 해는 $x=-2$ 또는 $x=0$

11

x의 값	좌변의 값	우변의 값	참, 거짓
-2	$(-2)^2+(-2)-2=0$	0	참
-1	$(-1)^2+(-1)-2=-2$	0	거짓
0	$0^2+0-2=-2$	0	거짓
1	$1^2+1-2=0$	0	참
2	$2^2+2-2=4$	0	거짓

따라서 구하는 해는 $x=-2$ 또는 $x=1$

인수분해를 이용한 이차방정식의 풀이

12 $x=0$ 또는 $x=-4$ **13** $x=-5$ 또는 $x=2$
14 $x=-\dfrac{3}{2}$ 또는 $x=6$ **15** $x=\dfrac{4}{3}$ 또는 $x=-1$
16 $x=-3$ 또는 $x=\dfrac{1}{2}$ **17** $x=0$ 또는 $x=7$
18 $x=-8$ 또는 $x=9$ **19** $x=-\dfrac{5}{3}$ 또는 $x=\dfrac{5}{3}$
20 $x=\dfrac{1}{2}$ 또는 $x=\dfrac{2}{3}$ **21** $x=-2$ 또는 $x=9$
22 $x=-5$ 또는 $x=\dfrac{3}{4}$ **23** $x=-5$ **24** $x=10$ **25** $x=\dfrac{1}{6}$
26 $x=\dfrac{5}{3}$ **27** $x=\dfrac{1}{2}$ **28** $x=\dfrac{2}{5}$ **29** $x=2$ **30** 25
31 9 **32** 14 **33** 12

---

18 $x^2-x-72=0$에서 $(x+8)(x-9)=0$
$x+8=0$ 또는 $x-9=0$
따라서 $x=-8$ 또는 $x=9$

21 $3x^2-3x=2(x^2+2x+9)$에서
$3x^2-3x=2x^2+4x+18$, $x^2-7x-18=0$
$(x+2)(x-9)=0$
$x+2=0$ 또는 $x-9=0$
따라서 $x=-2$ 또는 $x=9$

22 $(2x-5)(x+3)=-2x(x+8)$에서
$2x^2+x-15=-2x^2-16x$, $4x^2+17x-15=0$
$(x+5)(4x-3)=0$
$x+5=0$ 또는 $4x-3=0$
따라서 $x=-5$ 또는 $x=\dfrac{3}{4}$

26 $3x(3x-10)=-25$에서 $9x^2-30x=-25$
$9x^2-30x+25=0$, $(3x-5)^2=0$
$3x-5=0$, 즉 $x=\dfrac{5}{3}$

29 $8x^2+25=(2x+3)^2+4x$에서
$8x^2+25=4x^2+12x+9+4x$, $4x^2-16x+16=0$
$4(x^2-4x+4)=0$, $4(x-2)^2=0$, $x-2=0$
따라서 $x=2$

31 $4x^2+12x+a=0$에서 $x^2+3x+\dfrac{a}{4}=0$이 중근을 가지므로
$\dfrac{a}{4}=\left(\dfrac{3}{2}\right)^2=\dfrac{9}{4}$, 즉 $a=9$

33 $9x^2-ax+4=0$에서 $(3x)^2-ax+2^2=0$이 중근을 가지므로
$a=2\times3\times2=12$

소단원 유형 익히기

유형 1 x에 대한 이차방정식 | 86쪽 |

1 ⑤   **2** ④   **3** ⑤

1 ⑤ $2x(x-1)=2x^2+3x-1$에서
$2x^2-2x=2x^2+3x-1$, $-5x+1=0$
따라서 x에 대한 이차방정식이 아니다.

2 ㄱ. 등식이 아니므로 x에 대한 이차방정식이 아니다.
ㄴ. $(x+1)(x-2)=2x^2$에서 $x^2-x-2=2x^2$
$-x^2-x-2=0$ ➡ x에 대한 이차방정식이다.
ㄷ. $1-x^2=2x-x^2$에서 $-2x+1=0$

➡ x에 대한 이차방정식이 아니다.

ㄹ. $x^2-3x=3x(x-1)$에서 $x^2-3x=3x^2-3x$
  $-2x^2=0$ ➡ x에 대한 이차방정식이다.

따라서 x에 대한 이차방정식은 ㄴ, ㄹ이다.

3 $3ax^2+2=2x(3x-4)$에서 $3ax^2+2=6x^2-8x$

$3(a-2)x^2+8x+2=0$

이 식이 x에 대한 이차방정식이 되려면 $a-2\neq0$, 즉 $a\neq2$이어야 하므로 상수 a의 값이 될 수 없는 것은 ⑤이다.

유형 2 이차방정식의 해(근) | 86쪽 |

4 ②	5 ㄷ	6 $x=4$ 또는 $x=5$

4 $x=-1$을 각 이차방정식에 대입하여 등식이 성립하는지 알아본다.

① $(-1)^2+(-1)-2=-2\neq0$

② $(-1)^2-2\times(-1)-3=0$

③ $(-1)^2+3\neq4\times(-1)$

④ $(-1-3)^2\neq9$

⑤ $\{2\times(-1)-1\}(-1+1)\neq(-1)^2$

5 ㄱ. $4^2-4=12\neq0$

ㄴ. $(-2+3)(-2-2)=-4\neq0$

ㄷ. $(3\times1-2)^2=1^2$

ㄹ. $5\times2^2+9\times2+2=40\neq0$

따라서 [ ] 안의 수가 주어진 이차방정식의 해인 것은 ㄷ뿐이다.

6 $x^2-9x+20=0$에

$x=1$을 대입하면 $1^2-9\times1+20=12\neq0$

$x=2$를 대입하면 $2^2-9\times2+20=6\neq0$

$x=3$을 대입하면 $3^2-9\times3+20=2\neq0$

$x=4$를 대입하면 $4^2-9\times4+20=0$

$x=5$를 대입하면 $5^2-9\times5+20=0$ ⋯⋯ ❶

따라서 구하는 해는 $x=4$ 또는 $x=5$ ⋯⋯ ❷

채점 기준	비율
❶ $x=1$, 2, 3, 4, 5를 $x^2-9x+20=0$에 각각 대입하여 등식이 성립하는지 확인하기	60 %
❷ 이차방정식 $x^2-9x+20=0$의 해 구하기	40 %

유형 3 한 근이 주어졌을 때 미지수의 값 구하기 | 87쪽 |

7 ④	8 ②	9 8

7 이차방정식 $x^2-4ax+12=0$의 한 근이 2이므로

$2^2-4a\times2+12=0$, $8a=16$

따라서 $a=2$

8 이차방정식 $2x^2-5x+a=0$의 한 근이 3이므로

$2\times3^2-5\times3+a=0$

따라서 $a=-3$

9 이차방정식 $4x^2-ax-1=0$의 한 근이 $\dfrac{1}{2}$이므로

$4\times\left(\dfrac{1}{2}\right)^2-a\times\dfrac{1}{2}-1=0$, $\dfrac{1}{2}a=0$

즉, $a=0$ ⋯⋯ ❶

이차방정식 $x^2-bx=9$의 한 근이 -1이므로

$(-1)^2-b\times(-1)=9$

즉, $b=8$ ⋯⋯ ❷

따라서 $a+b=0+8=8$ ⋯⋯ ❸

채점 기준	비율
❶ a의 값 구하기	40 %
❷ b의 값 구하기	40 %
❸ $a+b$의 값 구하기	20 %

유형 4 한 근이 문자로 주어졌을 때 식의 값 구하기 | 87쪽 |

10 ⑤	11 (1) 9 (2) $\dfrac{9}{2}$	12 ⑤

10 이차방정식 $x^2-4x-5=0$의 한 근이 p이므로

$p^2-4p-5=0$

따라서 $p^2-4p=5$

11 (1) 이차방정식 $x^2+8x-9=0$의 한 근이 a이므로

$a^2+8a-9=0$

따라서 $a^2+8a=9$

(2) $a^2+8a=9$의 양변을 2로 나누면

$\dfrac{1}{2}a^2+4a=\dfrac{9}{2}$, 즉 $4a+\dfrac{1}{2}a^2=\dfrac{9}{2}$

12 이차방정식 $x^2-5x+4=0$의 한 근이 k이므로

$k^2-5k+4=0$

① $k^2-5k+4=0$에서 $k^2-5k=-4$

② $k^2-5k=-4$의 양변에 2를 곱하면 $2k^2-10k=-8$

③ $k^2-5k=-4$의 양변을 2로 나누면

$\dfrac{1}{2}k^2-\dfrac{5}{2}k=-2$

④ $k^2-5k+4=0$에서 $k\neq0$이므로 양변을 k로 나누면

$k-5+\dfrac{4}{k}=0$, 즉 $k+\dfrac{4}{k}=5$

⑤ $k^2-5k=-4$의 양변을 4로 나누면

$\dfrac{1}{4}k^2-\dfrac{5}{4}k=-1$

참고 $k^2-5k+4=0$에 $k=0$을 대입하면
$0^2-5\times0+4=4\neq0$
즉, 등식이 성립하지 않으므로 $k\neq0$

유형 **5** $AB=0$의 성질을 이용한 이차방정식의 풀이 | 88쪽 |

13 ②	14 ④	15 25

13 $(2x+5)(x-7)=0$에서 $2x+5=0$ 또는 $x-7=0$
따라서 $x=-\dfrac{5}{2}$ 또는 $x=7$

14 각 이차방정식의 해를 구하면
① $x=-3$ 또는 $x=-\dfrac{1}{3}$
② $x=3$ 또는 $x=\dfrac{1}{3}$
③ $x=3$ 또는 $x=-\dfrac{1}{3}$
④ $x=-3$ 또는 $x=\dfrac{1}{3}$
⑤ $x=-3$ 또는 $x=1$

다른 풀이
$x=-3$ 또는 $x=\dfrac{1}{3}$이므로 $x+3=0$ 또는 $x-\dfrac{1}{3}=0$
즉, $x+3=0$ 또는 $3x-1=0$이므로
$(x+3)(3x-1)=0$

15 $(x+3)(x-4)=0$에서 $x+3=0$ 또는 $x-4=0$
즉, $x=-3$ 또는 $x=4$이므로 구하는 두 근의 제곱의 합은
$(-3)^2+4^2=25$

유형 **6** 인수분해를 이용한 이차방정식의 풀이 | 88~89쪽 |

16 ③	17 ①	18 ⑤	19 -1	20 ⑤

16 $3x^2+2x-1=0$에서 $(x+1)(3x-1)=0$
따라서 $x=-1$ 또는 $x=\dfrac{1}{3}$

17 $2x^2+7x-4=0$에서 $(x+4)(2x-1)=0$
따라서 $x=-4$ 또는 $x=\dfrac{1}{2}$이므로 구하는 두 근의 곱은
$(-4)\times\dfrac{1}{2}=-2$

18 $4x^2-11x+6=0$에서 $(4x-3)(x-2)=0$
즉, $x=\dfrac{3}{4}$ 또는 $x=2$이고 $\alpha<\beta$이므로 $\alpha=\dfrac{3}{4}$, $\beta=2$
따라서 $4\alpha+\beta=4\times\dfrac{3}{4}+2=5$

19 $3x^2+x=4$에서 $3x^2+x-4=0$
$(3x+4)(x-1)=0$
즉, $x=-\dfrac{4}{3}$ 또는 $x=1$ ...... ❶
두 근 $-\dfrac{4}{3}$와 1 사이에 있는 모든 정수는
$-1,\ 0$ ...... ❷
따라서 구하는 모든 정수의 합은
$-1+0=-1$ ...... ❸

채점 기준	비율
❶ 이차방정식 $3x^2+x=4$의 근 구하기	40 %
❷ 두 근 사이에 있는 모든 정수 구하기	40 %
❸ 모든 정수의 합 구하기	20 %

20 $(x+6)(x-2)=2x+3$에서
$x^2+4x-12=2x+3$, $x^2+2x-15=0$
$(x+5)(x-3)=0$, 즉 $x=-5$ 또는 $x=3$
따라서 $a=3$이므로
$(2a+1)^2=(2\times3+1)^2=49$

유형 **7** 한 근이 주어졌을 때 다른 한 근 구하기 | 89쪽 |

21 (1) -30 (2) -5	22 ③	23 ④	24 5
25 $x=-6$ 또는 $x=1$			

21 (1) 이차방정식 $x^2-x+a=0$의 한 근이 6이므로
$6^2-6+a=0$
따라서 $a=-30$
(2) 주어진 이차방정식은 $x^2-x-30=0$이므로
$(x+5)(x-6)=0$
따라서 $x=-5$ 또는 $x=6$이므로 다른 한 근은 -5이다.

22 이차방정식 $x^2-2ax+1-a=0$의 한 근이 -1이므로
$(-1)^2-2a\times(-1)+1-a=0$
$2+a=0$, 즉 $a=-2$
주어진 이차방정식은 $x^2+4x+3=0$이므로
$(x+3)(x+1)=0$
따라서 $x=-3$ 또는 $x=-1$이므로 다른 한 근은 -3이다.

23 $x=-2$가 이차방정식 $3x^2+(2a-1)x-6=0$의 한 해이므로
$3\times(-2)^2+(2a-1)\times(-2)-6=0$
$8-4a=0$, 즉 $a=2$
주어진 이차방정식은 $3x^2+3x-6=0$이므로
$3(x^2+x-2)=0$, $3(x+2)(x-1)=0$
즉, $x=-2$ 또는 $x=1$이므로 $b=1$
따라서 $a-b=2-1=1$

24 $(x+3)(x-a)=0$에서

$x=-3$ 또는 $x=a$ ...... ㉠

주어진 두 이차방정식의 근이 서로 같으므로 $x=-3$은 이차방정식 $x^2-bx-12=0$의 한 근이다.

즉, $(-3)^2-b\times(-3)-12=0$이므로

$3b-3=0$, $b=1$ ...... ❶

이차방정식 $x^2-bx-12=0$, 즉 $x^2-x-12=0$에서

$(x+3)(x-4)=0$

즉, $x=-3$ 또는 $x=4$ ...... ㉡

㉠, ㉡이 같으므로 $a=4$ ...... ❷

따라서 $a+b=4+1=5$ ...... ❸

채점 기준	비율
❶ b의 값 구하기	40 %
❷ a의 값 구하기	40 %
❸ $a+b$의 값 구하기	20 %

25 이차방정식 $x^2+(a+2)x-2a=0$에서 일차항의 계수와 상수항을 바꾸면

$x^2-2ax+a+2=0$

이 이차방정식의 한 해가 $x=1$이므로

$1^2-2a\times1+a+2=0$, $-a+3=0$, 즉 $a=3$

처음 이차방정식은 $x^2+5x-6=0$이므로

$(x+6)(x-1)=0$

따라서 $x=-6$ 또는 $x=1$

유형 8 **이차방정식의 근의 활용** | 90쪽 |

26 (1) -2 (2) 1	27 ③	28 6

26 (1) $3x^2-5x-2=0$에서 $(3x+1)(x-2)=0$

$x=-\dfrac{1}{3}$ 또는 $x=2$

즉, $x=2$가 이차방정식 $x^2+(2a+1)x-a=0$의 한 근이므로

$2^2+(2a+1)\times2-a=0$, $3a+6=0$

따라서 $a=-2$

(2) $x^2+(2a+1)x-a=0$, 즉 $x^2-3x+2=0$에서

$(x-1)(x-2)=0$

따라서 $x=1$ 또는 $x=2$이므로 다른 한 근은 1이다.

27 $x(x+2)=8$에서 $x^2+2x=8$

$x^2+2x-8=0$, $(x+4)(x-2)=0$

즉, $x=-4$ 또는 $x=2$

$x=-4$가 이차방정식 $x^2-ax-12=0$의 근이므로

$(-4)^2-a\times(-4)-12=0$, $4a+4=0$

따라서 $a=-1$

28 $2x^2+5x-3=0$에서 $(x+3)(2x-1)=0$

즉, $x=-3$ 또는 $x=\dfrac{1}{2}$ ...... ❶

$x=\dfrac{1}{2}$이 이차방정식 $2x^2-(a+5)x+a-1=0$의 근이므로 ...... ❷

$2\times\left(\dfrac{1}{2}\right)^2-(a+5)\times\dfrac{1}{2}+a-1=0$

$\dfrac{1}{2}a-3=0$, 즉 $a=6$ ...... ❸

채점 기준	비율
❶ 이차방정식 $2x^2+5x-3=0$의 근 구하기	40 %
❷ $x=\dfrac{1}{2}$이 이차방정식 $2x^2-(a+5)x+a-1=0$의 근임을 알기	20 %
❸ a의 값 구하기	40 %

유형 9 **이차방정식의 중근** | 90쪽 |

29 ③	30 $\dfrac{1}{6}$	31 ①

29 ① $x^2=4$에서 $x^2-4=0$

$(x+2)(x-2)=0$, 즉 $x=-2$ 또는 $x=2$

② $x^2-12x+11=0$에서 $(x-1)(x-11)=0$

즉, $x=1$ 또는 $x=11$

③ $9x^2+4=12x$에서 $9x^2-12x+4=0$

$(3x-2)^2=0$, 즉 $x=\dfrac{2}{3}$ (중근)

④ $2x^2=24-8x$에서 $2x^2+8x-24=0$

$2(x^2+4x-12)=0$, $2(x+6)(x-2)=0$

즉, $x=-6$ 또는 $x=2$

⑤ $4x^2+4x=3$에서 $4x^2+4x-3=0$

$(2x+3)(2x-1)=0$, 즉 $x=-\dfrac{3}{2}$ 또는 $x=\dfrac{1}{2}$

30 $36x^2+1=12x$에서

$36x^2-12x+1=0$, $(6x-1)^2=0$

따라서 $x=\dfrac{1}{6}$이므로 $a=\dfrac{1}{6}$

31 $16x^2-8x+1=0$에서 $(4x-1)^2=0$, 즉 $x=\dfrac{1}{4}$

$x^2+16x+64=0$에서 $(x+8)^2=0$, 즉 $x=-8$

따라서 $\alpha=\dfrac{1}{4}$, $\beta=-8$이므로

$\alpha\beta=\dfrac{1}{4}\times(-8)=-2$

유형 10 **이차방정식이 중근을 가질 조건** | 91쪽 |

32 ③	33 (1) -12 (2) $x=3$	34 $x=-4$ 또는 $x=\dfrac{1}{2}$

32 $2a+3=\left(\dfrac{6}{2}\right)^2$ 이어야 하므로

$2a+3=9,\ 2a=6$

따라서 $a=3$

33 (1) $2x^2+ax+18=0$ 에서 $x^2+\dfrac{a}{2}x+9=0$

$x^2+\dfrac{a}{2}x+3^2=0$

이때 $a<0$ 이므로

$\dfrac{a}{2}=-2\times1\times3=-6$

따라서 $a=-12$

(2) $2x^2+ax+18=0$, 즉 $2x^2-12x+18=0$ 에서

$2(x^2-6x+9)=0,\ 2(x-3)^2=0$

따라서 $x=3$ (중근)

34 이차방정식 $x^2-2x+k-3=0$ 이 중근을 가지므로

$k-3=\left(\dfrac{-2}{2}\right)^2=1$, 즉 $k=4$ ...... ❶

이차방정식 $2x^2+(k+3)x-k=0$, 즉 $2x^2+7x-4=0$ 에서 ...... ❷

$(x+4)(2x-1)=0$

따라서 $x=-4$ 또는 $x=\dfrac{1}{2}$ ...... ❸

채점 기준	비율
❶ k의 값 구하기	40 %
❷ 이차방정식 $2x^2+(k+3)x-k=0$에 k의 값 대입하기	20 %
❸ 이차방정식 $2x^2+(k+3)x-k=0$의 해 구하기	40 %

유형 11 이차방정식의 공통인 근 | 91쪽 |

35 ④	36 ③	37 $x=1$

35 $x=1$ 이 $x^2-(a-1)x-3=0$ 의 근이므로

$1^2-(a-1)\times1-3=0,\ -a-1=0$, 즉 $a=-1$

$x=1$ 이 $2x^2-4x+b=0$ 의 근이므로

$2\times1^2-4\times1+b=0$, 즉 $b=2$

36 $x^2-x-6=0$ 에서

$(x+2)(x-3)=0$, 즉 $x=-2$ 또는 $x=3$

$2x^2+3x-2=0$ 에서

$(x+2)(2x-1)=0$, 즉 $x=-2$ 또는 $x=\dfrac{1}{2}$

따라서 두 이차방정식의 공통인 근은 $x=-2$

37 $2x^2-4x+a=0$ 에서 $x^2-2x+\dfrac{a}{2}=0$

이 이차방정식이 중근을 가지므로

$\dfrac{a}{2}=\left(\dfrac{-2}{2}\right)^2=1$, 즉 $a=2$

이차방정식 $x^2-6x+a+3=0$, 즉 $x^2-6x+5=0$ 에서

$(x-1)(x-5)=0$, 즉 $x=1$ 또는 $x=5$

이차방정식 $x^2+ax-3=0$, 즉 $x^2+2x-3=0$ 에서

$(x+3)(x-1)=0$, 즉 $x=-3$ 또는 $x=1$

따라서 주어진 두 이차방정식의 공통인 근은

$x=1$

02. 이차방정식의 풀이 (2) | 92 ~ 93쪽 |

완전제곱식을 이용한 이차방정식의 풀이

1 $x=\pm\sqrt{6}$	**2** $x=\pm2\sqrt{5}$	**3** $x=\pm\sqrt{3}$
4 $x=1\pm\sqrt{5}$	**5** $x=-3\pm\sqrt{6}$	**6** $x=5\pm\sqrt{2}$
7 $x=1\pm2\sqrt{2}$	**8** $x=7\pm5\sqrt{2}$	**9** $x=\dfrac{-3\pm\sqrt{15}}{3}$
10 $x=\dfrac{3\pm\sqrt{14}}{2}$	**11** $x=\dfrac{-5\pm\sqrt{39}}{2}$	**12** $x=4\pm\sqrt{19}$

7 $x^2-2x-7=0$ 에서 $x^2-2x=7$

$x^2-2x+1=7+1,\ (x-1)^2=8$

$x-1=\pm\sqrt{8}=\pm2\sqrt{2}$

따라서 $x=1\pm2\sqrt{2}$

8 $x^2=14x+1$ 에서 $x^2-14x=1$

$x^2-14x+49=1+49,\ (x-7)^2=50$

$x-7=\pm\sqrt{50}=\pm5\sqrt{2}$

따라서 $x=7\pm5\sqrt{2}$

9 $3x^2+6x-2=0$ 에서 $x^2+2x-\dfrac{2}{3}=0$

$x^2+2x=\dfrac{2}{3},\ x^2+2x+1=\dfrac{2}{3}+1$

$(x+1)^2=\dfrac{5}{3},\ x+1=\pm\sqrt{\dfrac{5}{3}}=\pm\dfrac{\sqrt{15}}{3}$

따라서 $x=-1\pm\dfrac{\sqrt{15}}{3}=\dfrac{-3\pm\sqrt{15}}{3}$

10 $4x^2=12x+5$ 에서 $4x^2-12x=5,\ x^2-3x=\dfrac{5}{4}$

$x^2-3x+\dfrac{9}{4}=\dfrac{5}{4}+\dfrac{9}{4},\ \left(x-\dfrac{3}{2}\right)^2=\dfrac{7}{2}$

$x-\dfrac{3}{2}=\pm\sqrt{\dfrac{7}{2}}=\pm\dfrac{\sqrt{14}}{2}$

따라서 $x=\dfrac{3\pm\sqrt{14}}{2}$

11 $-2x^2-10x+7=0$ 에서 $x^2+5x-\dfrac{7}{2}=0$

$x^2+5x=\dfrac{7}{2},\ x^2+5x+\dfrac{25}{4}=\dfrac{7}{2}+\dfrac{25}{4}$

$$\left(x+\frac{5}{2}\right)^2=\frac{39}{4},\ x+\frac{5}{2}=\pm\sqrt{\frac{39}{4}}=\pm\frac{\sqrt{39}}{2}$$

따라서 $x=\dfrac{-5\pm\sqrt{39}}{2}$

12 $-x^2+8x+5=2$에서 $x^2-8x=3$

$x^2-8x+16=3+16,\ (x-4)^2=19$

$x-4=\pm\sqrt{19}$

따라서 $x=4\pm\sqrt{19}$

이차방정식의 근의 공식

13 $x=\dfrac{3\pm\sqrt{21}}{2}$ **14** $x=\dfrac{7\pm\sqrt{37}}{2}$ **15** $x=\dfrac{-1\pm\sqrt{17}}{4}$

16 $x=\dfrac{-7\pm\sqrt{13}}{6}$ **17** $x=-2\pm\sqrt{6}$ **18** $x=\dfrac{-1\pm\sqrt{7}}{2}$

19 $x=\dfrac{1\pm\sqrt{21}}{4}$

---

15 $x=\dfrac{-1\pm\sqrt{1^2-4\times2\times(-2)}}{2\times2}=\dfrac{-1\pm\sqrt{17}}{4}$

17 $x^2=2-4x$에서 $x^2+4x-2=0$이므로

$x=\dfrac{-2\pm\sqrt{2^2-1\times(-2)}}{1}=-2\pm\sqrt{6}$

19 $4x^2=2x+5$에서 $4x^2-2x-5=0$이므로

$x=\dfrac{-(-1)\pm\sqrt{(-1)^2-4\times(-5)}}{4}=\dfrac{1\pm\sqrt{21}}{4}$

여러 가지 이차방정식의 풀이

20 $x=-2$ 또는 $x=5$ **21** $x=-\dfrac{3}{2}$ 또는 $x=\dfrac{5}{2}$

22 $x=-\dfrac{1}{2}$ 또는 $x=\dfrac{5}{3}$ **23** $x=\dfrac{-7\pm3\sqrt{5}}{2}$

24 $x=-1$ 또는 $x=\dfrac{5}{2}$ (✎ 3, 3, 1, -1)

25 $x=-2$ 또는 $x=4$ **26** $x=-1$ 또는 $x=\dfrac{4}{3}$

27 $x=-6$ 또는 $x=-1$ (✎ -6, 6, 6, -6)

28 $x=\dfrac{1}{4}$ 또는 $x=3$ **29** $x=-\dfrac{4}{3}$ 또는 $x=\dfrac{3}{2}$

30 $x=-3$ 또는 $x=2$ (✎ A^2-3A-4, 4, 4, 4, 2)

31 $x=\dfrac{3}{2}$ **32** $x=-10$ 또는 $x=-\dfrac{9}{2}$

---

23 $3x(x+2)=(2x+1)(x-1)$에서

$3x^2+6x=2x^2-x-1,\ x^2+7x+1=0$

따라서 $x=\dfrac{-7\pm\sqrt{7^2-4\times1\times1}}{2\times1}=\dfrac{-7\pm3\sqrt{5}}{2}$

---

25 $0.1x^2=0.2x+0.8$의 양변에 10을 곱하면

$x^2=2x+8,\ x^2-2x-8=0$

$(x+2)(x-4)=0$, 즉 $x=-2$ 또는 $x=4$

28 $\dfrac{x^2}{3}-\dfrac{x-1}{2}=\dfrac{x(5-x)}{3}$의 양변에 6을 곱하면

$2x^2-3(x-1)=2x(5-x),\ 2x^2-3x+3=10x-2x^2$

$4x^2-13x+3=0,\ (4x-1)(x-3)=0$

따라서 $x=\dfrac{1}{4}$ 또는 $x=3$

32 $x+5=A$로 놓으면 $2A^2=5-9A$

$2A^2+9A-5=0,\ (A+5)(2A-1)=0$

즉, $A=-5$ 또는 $A=\dfrac{1}{2}$이므로

$x+5=-5$ 또는 $x+5=\dfrac{1}{2}$

따라서 $x=-10$ 또는 $x=-\dfrac{9}{2}$

소단원 유형 익히기

유형 12 제곱근을 이용한 이차방정식의 풀이 | 94쪽 |

| 1 ④ | 2 ① | 3 ④ | 4 7 |

1 $9x^2=5$에서 $x^2=\dfrac{5}{9}$이므로 $x=\pm\sqrt{\dfrac{5}{9}}=\pm\dfrac{\sqrt{5}}{3}$

2 ① $(x+3)^2=2$에서 $x+3=\pm\sqrt{2}$, 즉 $x=-3\pm\sqrt{2}$

② $(x-3)^2=2$에서 $x-3=\pm\sqrt{2}$, 즉 $x=3\pm\sqrt{2}$

③ $(x+3)^2=3$에서 $x+3=\pm\sqrt{3}$, 즉 $x=-3\pm\sqrt{3}$

④ $(x-3)^2=3$에서 $x-3=\pm\sqrt{3}$, 즉 $x=3\pm\sqrt{3}$

⑤ $(x+3)^2=4$에서 $x+3=\pm\sqrt{4}=\pm2$

$x+3=-2$ 또는 $x+3=2$, 즉 $x=-5$ 또는 $x=-1$

3 $2(x+2)^2=12$에서 $(x+2)^2=6$

$x+2=\pm\sqrt{6}$, 즉 $x=-2\pm\sqrt{6}$

따라서 $a=-2$, $b=6$이므로

$a+b=-2+6=4$

4 $(x+2)^2=7k$에서 $x+2=\pm\sqrt{7k}$

즉, $x=-2\pm\sqrt{7k}$ ⋯⋯ ❶

이것이 정수가 되어야 하므로 $\sqrt{7k}$가 정수이어야 한다. ⋯⋯ ❷

따라서 $k=7\times1^2$, 7×2^2, 7×3^2, ⋯이어야 하므로 자연수 k의 최솟값은

$7\times1^2=7$ ⋯⋯ ❸

채점 기준	비율
❶ 이차방정식 $(x+2)^2=7k$의 해 구하기	30 %
❷ 이차방정식 $(x+2)^2=7k$의 해가 정수가 될 조건 구하기	40 %
❸ k의 최솟값 구하기	30 %

유형 13 이차방정식 $(x-p)^2=q$가 근을 가질 조건 | 94쪽 |

> 5 ①　　　6 ③

5 이차방정식 $(2x+1)^2=k$의 근이 존재하려면 $k \geq 0$이어야 하므로 k의 값이 될 수 없는 것은 ①이다.

6 ㄷ. $a<2$이면 $a-2<0$이므로 주어진 이차방정식은 근이 없다.
따라서 옳은 것은 ㄱ, ㄴ이다.

유형 14 이차방정식을 (완전제곱식)=(상수) 꼴로 나타내기 | 95쪽 |

> 7 $\dfrac{1}{4}$　　　8 ④　　　9 16

7 $x^2-3x+2=0$에서 $x^2-3x=-2$
$x^2-3x+\left(\dfrac{-3}{2}\right)^2=-2+\left(\dfrac{-3}{2}\right)^2$
즉, $\left(x-\dfrac{3}{2}\right)^2=\dfrac{1}{4}$이므로 $k=\dfrac{1}{4}$

8 $3x^2-12x+2=0$에서 $x^2-4x+\dfrac{2}{3}=0$
$x^2-4x=-\dfrac{2}{3}$, $x^2-4x+\left(\dfrac{-4}{2}\right)^2=-\dfrac{2}{3}+\left(\dfrac{-4}{2}\right)^2$
즉, $(x-2)^2=\dfrac{10}{3}$이므로 $a=2$, $b=\dfrac{10}{3}$
따라서 $a+3b=2+3\times\dfrac{10}{3}=12$

9 $\dfrac{1}{4}x^2-2x-1=0$에서 $x^2-8x-4=0$
$x^2-8x=4$, $x^2-8x+\left(\dfrac{-8}{2}\right)^2=4+\left(\dfrac{-8}{2}\right)^2$
즉, $(x-4)^2=20$이므로 $p=-4$, $q=20$
따라서 $p+q=-4+20=16$

유형 15 완전제곱식을 이용한 이차방정식의 풀이 | 95쪽 |

> 10 ④　　　11 ③　　　12 3

10 $x^2-8x+6=0$에서 $x^2-8x=-6$
$x^2-8x+\left(\dfrac{-8}{2}\right)^2=-6+\left(\dfrac{-8}{2}\right)^2$, $(x-4)^2=10$
$x-4=\pm\sqrt{10}$, 즉 $x=4\pm\sqrt{10}$

11 $x^2+3x-3=0$에서 $x^2+3x=3$
$x^2+3x+\left(\dfrac{3}{2}\right)^2=3+\left(\dfrac{3}{2}\right)^2$, $\left(x+\dfrac{3}{2}\right)^2=\dfrac{21}{4}$
$x+\dfrac{3}{2}=\pm\sqrt{\dfrac{21}{4}}=\pm\dfrac{\sqrt{21}}{2}$, 즉 $x=\dfrac{-3\pm\sqrt{21}}{2}$
① $A=\left(\dfrac{3}{2}\right)^2=\dfrac{9}{4}$　　③ $C=\dfrac{21}{4}$
④ $A+B+C=\dfrac{9}{4}+\dfrac{3}{2}+\dfrac{21}{4}=\dfrac{9+6+21}{4}=9$

12 $x^2-k=6x$에서 $x^2-6x=k$
$x^2-6x+\left(\dfrac{-6}{2}\right)^2=k+\left(\dfrac{-6}{2}\right)^2$
$(x-3)^2=k+9$, $x-3=\pm\sqrt{k+9}$
즉, $x=3\pm\sqrt{k+9}$　　　……❶
이것이 $x=3\pm2\sqrt{3}$과 같으므로
$\sqrt{k+9}=2\sqrt{3}$　　　……❷
양변을 제곱하면 $k+9=12$
따라서 $k=3$　　　……❸

채점 기준	비율
❶ 주어진 이차방정식의 해를 완전제곱식을 이용하여 구하기	40 %
❷ $\sqrt{k+9}=2\sqrt{3}$임을 알기	30 %
❸ k의 값 구하기	30 %

유형 16 이차방정식의 근의 공식 | 96쪽 |

> 13 17　　　14 ④　　　15 ④

13 $2x^2-x-2=0$에서
$x=\dfrac{-(-1)\pm\sqrt{(-1)^2-4\times2\times(-2)}}{2\times2}=\dfrac{1\pm\sqrt{17}}{4}$
따라서 $A=17$

14 $3x^2-2x-4=0$에서
$x=\dfrac{-(-1)\pm\sqrt{(-1)^2-3\times(-4)}}{3}=\dfrac{1\pm\sqrt{13}}{3}$
따라서 $A=1$, $B=13$이므로
$B-A=13-1=12$

15 $x^2-4x-1=0$에서
$x=\dfrac{-(-2)\pm\sqrt{(-2)^2-1\times(-1)}}{1}=2\pm\sqrt{5}$
즉, $\alpha=2-\sqrt{5}$
$x^2-2x-19=0$에서
$x=\dfrac{-(-1)\pm\sqrt{(-1)^2-1\times(-19)}}{1}$
$=1\pm\sqrt{20}=1\pm2\sqrt{5}$
즉, $\beta=1+2\sqrt{5}$
따라서 $2\alpha+\beta=2(2-\sqrt{5})+(1+2\sqrt{5})=5$

유형 17 근의 공식을 이용하여 이차방정식의 미지수의 값 구하기

| 96쪽 |

16 ③   17 ②   18 25

16 $2x^2-2x+1-k=0$에서

$$x=\frac{-(-1)\pm\sqrt{(-1)^2-2\times(1-k)}}{2}=\frac{1\pm\sqrt{2k-1}}{2}$$

즉, $2k-1=5$이므로 $2k=6$

따라서 $k=3$

17 $x^2+2ax+1=0$에서

$$x=\frac{-a\pm\sqrt{a^2-1\times1}}{1}=-a\pm\sqrt{a^2-1}$$

즉, $a=3$, $a^2-1=2b$이므로 $a=3$, $b=4$

따라서 $a+b=3+4=7$

18 $Ax^2-5x+1=0$에서

$$x=\frac{-(-5)\pm\sqrt{(-5)^2-4\times A\times1}}{2A}$$

$$=\frac{5\pm\sqrt{25-4A}}{2A}=\frac{5}{2A}\pm\frac{\sqrt{25-4A}}{2A} \quad\cdots\cdots ❶$$

즉, $\dfrac{5}{2A}=5$, $\dfrac{\sqrt{25-4A}}{2A}=\sqrt{B}$

$\dfrac{5}{2A}=5$에서 $A=\dfrac{1}{2}$

$\dfrac{\sqrt{25-4A}}{2A}=\sqrt{B}$, 즉 $\sqrt{23}=\sqrt{B}$

에서 $B=23$ $\quad\cdots\cdots ❷$

따라서 $4A+B=4\times\dfrac{1}{2}+23=25$ $\quad\cdots\cdots ❸$

채점 기준	비율
❶ 주어진 이차방정식의 해 구하기	40 %
❷ A, B의 값 구하기	40 %
❸ $4A+B$의 값 구하기	20 %

유형 18 여러 가지 이차방정식의 풀이

| 97쪽 |

19 ②   20 ⑤   21 $x=-1$

19 $(x+4)^2=4(x+7)$에서

$x^2+8x+16=4x+28$, $x^2+4x-12=0$

$(x+6)(x-2)=0$

따라서 $x=-6$ 또는 $x=2$

20 $\dfrac{x(x-2)}{5}=0.2(4-x)$의 양변에 5를 곱하면

$x(x-2)=4-x$, $x^2-2x=4-x$

$x^2-x-4=0$

즉, $x=\dfrac{-(-1)\pm\sqrt{(-1)^2-4\times1\times(-4)}}{2\times1}=\dfrac{1\pm\sqrt{17}}{2}$

따라서 $a=1$, $b=17$이므로

$a+b=1+17=18$

21 $\dfrac{1}{3}x^2+\dfrac{1}{2}x=-\dfrac{1}{6}$의 양변에 6을 곱하면

$2x^2+3x=-1$, $2x^2+3x+1=0$

$(x+1)(2x+1)=0$

즉, $x=-1$ 또는 $x=-\dfrac{1}{2}$ $\quad\cdots\cdots ❶$

$0.2x^2=0.3x+0.5$의 양변에 10을 곱하면

$2x^2=3x+5$, $2x^2-3x-5=0$

$(x+1)(2x-5)=0$

즉, $x=-1$ 또는 $x=\dfrac{5}{2}$ $\quad\cdots\cdots ❷$

따라서 주어진 두 이차방정식의 공통인 근은

$x=-1$ $\quad\cdots\cdots ❸$

채점 기준	비율
❶ 이차방정식 $\dfrac{1}{3}x^2+\dfrac{1}{2}x=-\dfrac{1}{6}$의 해 구하기	40 %
❷ 이차방정식 $0.2x^2=0.3x+0.5$의 해 구하기	40 %
❸ 주어진 두 이차방정식의 공통인 근 구하기	20 %

유형 19 공통부분이 있는 이차방정식의 풀이

| 97쪽 |

22 ②   23 ③   24 ⑤

22 $x+3=A$로 놓으면

$2A^2+3A-9=0$, $(A+3)(2A-3)=0$

즉, $A=-3$ 또는 $A=\dfrac{3}{2}$이므로

$x+3=-3$ 또는 $x+3=\dfrac{3}{2}$

따라서 $x=-6$ 또는 $x=-\dfrac{3}{2}$이므로 정수인 근은 $x=-6$

23 $2x-1=A$로 놓으면

$A^2-3A=18$, $A^2-3A-18=0$, $(A+3)(A-6)=0$

$A=-3$ 또는 $A=6$

즉, $2x-1=-3$ 또는 $2x-1=6$이므로

$x=-1$ 또는 $x=\dfrac{7}{2}$

따라서 $\alpha=-1$, $\beta=\dfrac{7}{2}$이므로

$\alpha+2\beta=-1+2\times\dfrac{7}{2}=6$

24 $x-y=A$로 놓으면 $A(A-6)=7$

$A^2-6A-7=0$, $(A+1)(A-7)=0$

즉, $A=-1$ 또는 $A=7$

이때 $x>y$에서 $A=x-y>0$이므로

$A=7$

따라서 $x-y=7$

즉, ① $A(A-6)$ ② A^2-6A-7 ③ 7 ④ $>$ ⑤ 7

03. 이차방정식의 활용 | 98 ~ 99쪽 |

이차방정식의 근의 개수

1 2 2 0 3 1 4 2 5 $k\leq\dfrac{25}{4}$

6 $k\geq0$ 7 $k\leq\dfrac{13}{24}$

5 $(-5)^2-4\times1\times k\geq0$이어야 하므로

$25-4k\geq0,\ 4k\leq25$

따라서 $k\leq\dfrac{25}{4}$

6 $2^2-4\times1\times(-k+1)\geq0$이어야 하므로

$4k\geq0$, 즉 $k\geq0$

7 $(-1)^2-4\times3\times(2k-1)\geq0$이어야 하므로

$13-24k\geq0,\ 24k\leq13$

따라서 $k\leq\dfrac{13}{24}$

이차방정식 구하기

8 $2x^2+2x-12=0$ 9 $12x^2+x-1=0$

10 $4x^2+4x+1=0$

8 $2(x+3)(x-2)=0$이므로 $2x^2+2x-12=0$

9 $12\left(x+\dfrac{1}{3}\right)\left(x-\dfrac{1}{4}\right)=0$이므로 $12x^2+x-1=0$

10 $4\left(x+\dfrac{1}{2}\right)^2=0$이므로 $4x^2+4x+1=0$

이차방정식의 활용

11 (1) $x+1$ (2) $x(x+1)=240$ (3) $x=-16$ 또는 $x=15$
(4) 15, 16

12 (1) 가로: $(x+6)$ cm, 세로: $(x-4)$ cm
(2) $(x+6)(x-4)=56$ (3) $x=-10$ 또는 $x=8$ (4) 8 cm

13 (1) $(x+8)$살 (2) $x(x+8)=128$ (3) $x=-16$ 또는 $x=8$
(4) 8살

14 (1) $35x-5x^2=50$ (2) $x=2$ 또는 $x=5$ (3) 5초 후

11 (3) $x(x+1)=240$에서 $x^2+x=240$

$x^2+x-240=0,\ (x+16)(x-15)=0$

따라서 $x=-16$ 또는 $x=15$

(4) x는 자연수이므로 $x=15$

따라서 구하는 두 자연수는 15, 16이다.

12 (3) $(x+6)(x-4)=56$에서 $x^2+2x-24=56$

$x^2+2x-80=0,\ (x+10)(x-8)=0$

따라서 $x=-10$ 또는 $x=8$

(4) $x>0$이므로 $x=8$

따라서 처음 정사각형의 한 변의 길이는 8 cm이다.

13 (3) $x(x+8)=128$에서 $x^2+8x=128$

$x^2+8x-128=0,\ (x+16)(x-8)=0$

따라서 $x=-16$ 또는 $x=8$

(4) x는 자연수이므로 $x=8$

따라서 동생의 나이는 8살이다.

14 (2) $35x-5x^2=50$에서 $5x^2-35x+50=0$

$x^2-7x+10=0,\ (x-2)(x-5)=0$

따라서 $x=2$ 또는 $x=5$

(4) 물체의 지면으로부터의 높이가 50 m가 되는 것은 물체를 쏘아 올린 지 2초 후 또는 5초 후이므로 두 번째로 50 m가 되는 것은 5초 후이다.

소단원 유형 익히기

유형 20 이차방정식의 근의 개수 | 100쪽 |

1 ④ 2 3

1 ① $(-3)^2-4\times1\times2=1>0$이므로 근의 개수는 2

② $(-1)^2-4\times2\times(-3)=25>0$이므로 근의 개수는 2

③ $(-4)^2-4\times1\times2=8>0$이므로 근의 개수는 2

④ $(-2)^2-4\times3\times2=-20<0$이므로 근의 개수는 0

⑤ $(-6)^2-4\times2\times3=12>0$이므로 근의 개수는 2

2 $4x^2-2x-1=0$에서

$(-2)^2-4\times4\times(-1)=20>0$이므로 근의 개수는 2

즉, $a=2$

$\dfrac{1}{3}x^2-2x+3=0$에서

$(-2)^2-4\times\dfrac{1}{3}\times3=0$이므로 근의 개수는 1

즉, $b=1$

따라서 $a+b=2+1=3$

유형 21 이차방정식이 중근을 가질 조건 | 100쪽 |

3 ③　　　　4 6　　　　5 ②

3 $x^2-a(4x+1)+3=0$에서 $x^2-4ax-a+3=0$
이 이차방정식이 중근을 가지므로
$(-4a)^2-4\times1\times(-a+3)=0$, $16a^2+4a-12=0$
$4a^2+a-3=0$, $(a+1)(4a-3)=0$
따라서 $a=-1$ 또는 $a=\dfrac{3}{4}$
이때 $a>0$이므로 $a=\dfrac{3}{4}$

4 $x^2+6x+a=0$이 중근을 가지므로
$6^2-4\times1\times a=0$, $36-4a=0$
즉, $a=9$ ...... ❶
$3x^2-2bx=2b+3$, 즉 $3x^2-2bx-2b-3=0$이 중근을 가지므로
$(-2b)^2-4\times3\times(-2b-3)=0$, $4b^2+24b+36=0$
$b^2+6b+9=0$, $(b+3)^2=0$
즉, $b=-3$ ...... ❷
따라서 $a+b=9+(-3)=6$ ...... ❸

채점 기준	비율
❶ a의 값 구하기	40 %
❷ b의 값 구하기	40 %
❸ $a+b$의 값 구하기	20 %

5 이차방정식 $3x^2-2(2k-3)x+k=0$이 중근을 가지므로
$\{-2(2k-3)\}^2-4\times3\times k=0$, $4(2k-3)^2-12k=0$
$(2k-3)^2-3k=0$, $4k^2-15k+9=0$
$(4k-3)(k-3)=0$, 즉 $k=\dfrac{3}{4}$ 또는 $k=3$
이 중 3이 이차방정식 $x^2+mx-m+3=0$의 한 근이므로
$3^2+3m-m+3=0$, $2m+12=0$
따라서 $m=-6$

유형 22 근의 개수에 따른 미지수의 값의 범위 | 100~101쪽 |

6 ⑤　　　　7 ②　　　　8 −2

6 $(-3)^2-4\times1\times(k-2)>0$이므로
$17-4k>0$, $4k<17$
즉, $k<\dfrac{17}{4}$이므로 k의 값이 될 수 없는 것은 ⑤이다.

7 $(-4)^2-4\times2\times(k-3)\geq0$이어야 하므로
$40-8k\geq0$, $8k\leq40$
따라서 $k\leq5$

8 이차방정식 $x^2+4x+a-1=0$이 서로 다른 두 근을 가지므로
$4^2-4\times1\times(a-1)>0$, $20-4a>0$
$4a<20$, 즉 $a<5$ ...... ㉠
이차방정식 $4x^2-(a-2)x+1=0$이 중근을 가지므로
$\{-(a-2)\}^2-4\times4\times1=0$, $a^2-4a-12=0$
$(a+2)(a-6)=0$, 즉 $a=-2$ 또는 $a=6$ ...... ㉡
㉠, ㉡에 의하여 $a=-2$

유형 23 이차방정식 구하기 | 101쪽 |

9 $2x^2-4x-6=0$　　　10 ①　　　11 ⑤

9 두 근이 -1, 3이고 x^2의 계수가 2인 이차방정식은
$2(x+1)(x-3)=0$, $2(x^2-2x-3)=0$
따라서 $2x^2-4x-6=0$

10 x^2의 계수가 9이고 중근 $x=-\dfrac{1}{3}$을 갖는 이차방정식은
$9\left(x+\dfrac{1}{3}\right)^2=0$, $3^2\left(x+\dfrac{1}{3}\right)^2=0$
$(3x+1)^2=0$, 즉 $9x^2+6x+1=0$
따라서 $a=-6$, $b=1$이므로
$a+b=-6+1=-5$

11 두 근이 -2, $\dfrac{1}{2}$이고 x^2의 계수가 4인 이차방정식은
$4(x+2)\left(x-\dfrac{1}{2}\right)=0$, $(2x+4)(2x-1)=0$
즉, $4x^2+6x-4=0$이므로 $a=6$, $b=-4$
따라서 $a-b=6-(-4)=10$

유형 24 잘못 보고 푼 이차방정식 | 101쪽 |

12 ③　　　　13 $x=-1$ 또는 $x=\dfrac{3}{2}$

12 두 근이 -2, 1이고 x^2의 계수가 1인 이차방정식은
$(x+2)(x-1)=0$
이므로 상민이가 푼 이차방정식은 $x^2+x-2=0$
이때 상민이는 x의 계수는 바르게 보았으므로 $a=1$
두 근이 -6, 2이고 x^2의 계수가 1인 이차방정식은
$(x+6)(x-2)=0$
이므로 경미가 푼 이차방정식은 $x^2+4x-12=0$
이때 경미는 상수항은 바르게 보았으므로 $b=-12$
따라서 $a-b=1-(-12)=13$

13 두 근이 -3, $\dfrac{1}{2}$이고 x^2의 계수가 2인 이차방정식은

$$2(x+3)\left(x-\dfrac{1}{2}\right)=0,\ (x+3)(2x-1)=0$$

이므로 영현이가 푼 이차방정식은 $2x^2+5x-3=0$

이때 영현이는 상수항은 바르게 보았으므로 처음 이차방정식의

상수항은 -3이다. ...... ❶

두 근이 $-\dfrac{3}{2}$, 2이고 x^2의 계수가 2인 이차방정식은

$$2\left(x+\dfrac{3}{2}\right)(x-2)=0,\ (2x+3)(x-2)=0$$

이므로 유미가 푼 이차방정식은 $2x^2-x-6=0$

이때 유미는 x의 계수는 바르게 보았으므로 처음 이차방정식의

x의 계수는 -1이다. ...... ❷

따라서 처음 이차방정식은 $2x^2-x-3=0$이므로

$$(x+1)(2x-3)=0$$

즉, $x=-1$ 또는 $x=\dfrac{3}{2}$ ...... ❸

채점 기준	비율
❶ 처음 이차방정식의 상수항 구하기	30 %
❷ 처음 이차방정식의 x의 계수 구하기	30 %
❸ 처음 이차방정식의 올바른 해 구하기	40 %

유형 25 **이차방정식의 활용 ; 식이 주어진 경우** | 102쪽 |

14 ③ **15** 10단계 **16** ③

---

14 구하는 다각형을 n각형이라 하면

$$\dfrac{n(n-3)}{2}=27,\ n(n-3)=54,\ n^2-3n-54=0$$

$(n+6)(n-9)=0$, 즉 $n=-6$ 또는 $n=9$

이때 n은 3보다 큰 자연수이므로 $n=9$

따라서 구하는 다각형은 구각형이다.

15 구하는 단계를 n단계라 하면

$$\dfrac{n(n+1)}{2}=55,\ n(n+1)=110,\ n^2+n-110=0$$

$(n+11)(n-10)=0$, 즉 $n=-11$ 또는 $n=10$

이때 n은 자연수이므로 $n=10$

따라서 구하는 단계는 10단계이다.

16 참석한 학생 수를 n이라 하면

$$\dfrac{n(n-1)}{2}=66,\ n(n-1)=132,\ n^2-n-132=0$$

$(n+11)(n-12)=0$, 즉 $n=-11$ 또는 $n=12$

이때 n은 자연수이므로 $n=12$

따라서 구하는 학생 수는 12이다.

유형 26 **이차방정식의 활용 ; 수와 연산에 대한 문제** | 102쪽 |

17 ⑤ **18** ②, ③
19 (1) $x(11-x)=10x+(11-x)-35$ (2) 65

---

17 차가 5인 두 자연수를 x, $x+5$라 하면

$$x(x+5)=84,\ x^2+5x-84=0$$

$(x+12)(x-7)=0$, 즉 $x=-12$ 또는 $x=7$

이때 x는 자연수이므로 $x=7$

따라서 두 자연수는 7, 12이므로 두 자연수의 합은

$$7+12=19$$

18 어떤 수를 x라 하면

$$(x-3)^2=2(x-3),\ x^2-6x+9=2x-6$$

$$x^2-8x+15=0,\ (x-3)(x-5)=0$$

따라서 $x=3$ 또는 $x=5$

19 (1) 십의 자리의 숫자가 x이므로 조건 (가)에 의하여 일의 자리의

숫자는 $11-x$이다. ...... ❶

원래의 자연수는 $10x+(11-x)$이므로 조건 (나)에 의하여

$$x(11-x)=10x+(11-x)-35$$ ...... ❷

(2) $x(11-x)=10x+(11-x)-35$에서

$$11x-x^2=9x-24,\ x^2-2x-24=0$$

$$(x+4)(x-6)=0$$

즉, $x=-4$ 또는 $x=6$ ...... ❸

이때 x는 자연수이므로 $x=6$

따라서 원래의 두 자리 자연수는 65이다. ...... ❹

채점 기준	비율
❶ 일의 자리의 숫자를 x에 대한 식으로 나타내기	20 %
❷ x에 대한 이차방정식 세우기	30 %
❸ ❷의 이차방정식의 해 구하기	30 %
❹ 두 자리 자연수 구하기	20 %

유형 27 **이차방정식의 활용 ; 연속하는 수에 대한 문제** | 103쪽 |

20 ③ **21** ② **22** 13

---

20 연속하는 두 짝수를 x, $x+2$라 하면

$$x^2+(x+2)^2=100,\ 2x^2+4x-96=0,\ x^2+2x-48=0$$

$(x+8)(x-6)=0$, 즉 $x=-8$ 또는 $x=6$

이때 x는 짝수이므로 $x=6$

따라서 연속하는 두 짝수는 6, 8이므로 두 짝수의 합은

$$6+8=14$$

21 연속하는 세 자연수를 $x-1$, x, $x+1$이라 하면

$$(x+1)^2=(x-1)^2+x^2-45$$

$$x^2+2x+1=2x^2-2x-44,\ x^2-4x-45=0$$

$(x+5)(x-9)=0$, 즉 $x=-5$ 또는 $x=9$

이때 x는 1보다 큰 자연수이므로 $x=9$

따라서 연속하는 세 자연수는 8, 9, 10이므로 세 자연수의 합은

$8+9+10=27$

22 연속하는 세 홀수를 $x-2$, x, $x+2$라 하면

$x^2=(x+2)^2-(x-2)^2+65$ ······ ❶

$x^2=8x+65$, $x^2-8x-65=0$, $(x+5)(x-13)=0$

즉, $x=-5$ 또는 $x=13$ ······ ❷

이때 x는 2보다 큰 홀수이므로 $x=13$

따라서 가운데 홀수는 13이다. ······ ❸

채점 기준	비율
❶ 가운데 홀수를 x라 할 때, x에 대한 이차방정식 세우기	40 %
❷ ❶의 이차방정식의 해 구하기	40 %
❸ 가운데 홀수 구하기	20 %

유형 28 이차방정식의 활용 ; 실생활 | 103쪽 |

23 13살   **24** ③

25 (1) $x^2=2\{(x+7)+(x+14)\}+18$ (2) 10일, 17일, 24일

(3) 수요일

23 동미의 나이를 x살이라 하면 동생의 나이는 $(x-3)$살이므로

$(x-3)^2=8x-4$, $x^2-6x+9=8x-4$, $x^2-14x+13=0$

$(x-1)(x-13)=0$, 즉 $x=1$ 또는 $x=13$

이때 x는 3보다 큰 자연수이므로 $x=13$

따라서 동미의 나이는 13살이다.

24 음악 감상회에 참석한 학생 수를 x라 하면 한 학생이 받는 그림 엽서의 수는 $x-10$이므로

$x(x-10)=200$, $x^2-10x-200=0$

$(x+10)(x-20)=0$, 즉 $x=-10$ 또는 $x=20$

이때 x는 10보다 큰 자연수이므로 $x=20$

따라서 음악 감상회에 참석한 학생 수는 20이다.

25 (1) 봉사활동을 나가는 두 번째, 세 번째 날짜는 각각 $(x+7)$일, $(x+14)$일이므로

$x^2=2\{(x+7)+(x+14)\}+18$

(2) $x^2=2\{(x+7)+(x+14)\}+18$에서

$x^2=2(2x+21)+18$, $x^2=4x+60$, $x^2-4x-60=0$

$(x+6)(x-10)=0$

즉, $x=-6$ 또는 $x=10$

이때 x는 자연수이므로 $x=10$

따라서 영수가 봉사활동을 나가는 날짜는 10일, 17일, 24일이다.

(3) 10일, 17일, 24일은 모두 수요일이므로 영수가 봉사활동을 나가는 요일은 수요일이다.

유형 29 이차방정식의 활용 ; 쏘아 올린 물체에 대한 문제 | 104쪽 |

26 ②   **27** ④

28 (1) $15+60t-5t^2=150$ (2) $t=3$ 또는 $t=9$ (3) 3초 후

26 $50x-5x^2=125$에서 $5x^2-50x+125=0$

$x^2-10x+25=0$, $(x-5)^2=0$, 즉 $x=5$

따라서 폭죽을 지면으로부터의 높이가 125 m인 지점에서 터지게 하려면 쏘아 올린 지 5초 후에 터뜨려야 한다.

27 농구공이 지면에 떨어지는 것은 높이가 0 m일 때이므로

$2+9x-5x^2=0$에서 $5x^2-9x-2=0$, $(5x+1)(x-2)=0$

즉, $x=-\dfrac{1}{5}$ 또는 $x=2$

이때 $x>0$이므로 $x=2$

따라서 농구공이 지면에 떨어지는 것은 던지고 나서 2초 후이다.

28 (1) $15+60t-5t^2=150$ ······ ❶

(2) $15+60t-5t^2=150$에서

$5t^2-60t+135=0$, $t^2-12t+27=0$

$(t-3)(t-9)=0$, 즉 $t=3$ 또는 $t=9$ ······ ❷

(3) 물체의 지면으로부터의 높이가 처음으로 150 m가 되는 것은 물체를 던져 올린 지 3초 후이다. ······ ❸

채점 기준	비율
❶ t에 대한 이차방정식 세우기	30 %
❷ ❶의 이차방정식의 해 구하기	40 %
❸ 물체의 지면으로부터의 높이가 처음으로 150 m가 되는 것은 물체를 던져 올린 지 몇 초 후인지 구하기	30 %

유형 30 이차방정식의 활용 ; 도형의 넓이에 대한 문제 | 104~105쪽 |

29 ②   **30** ④   **31** 2 m   **32** ③

29 높이를 x cm라 하면 아랫변의 길이도 x cm이므로

$\dfrac{1}{2}\times(4+x)\times x=30$, $x(x+4)=60$, $x^2+4x-60=0$

$(x+10)(x-6)=0$, 즉 $x=-10$ 또는 $x=6$

이때 $x>0$이므로 $x=6$

따라서 높이는 6 cm이다.

30 가로의 길이를 x cm라 하면 세로의 길이는 $(15-x)$ cm이므로

$x(15-x)=54$, $x^2-15x+54=0$

$(x-6)(x-9)=0$, 즉 $x=6$ 또는 $x=9$
이때 가로의 길이가 세로의 길이보다 길므로
$x>15-x$, $2x>15$, 즉 $x>\dfrac{15}{2}$이므로 $x=9$
따라서 가로의 길이는 9 cm이다.

31 지압로의 폭을 x m라 하면
$\pi(x+3)^2-\pi\times3^2=16\pi$, $(x+3)^2-9=16$
$x^2+6x-16=0$, $(x+8)(x-2)=0$
즉, $x=-8$ 또는 $x=2$
이때 $x>0$이므로 $x=2$
따라서 지압로의 폭은 2 m이다.

32 가장 작은 반원의 반지름의 길이를 x cm라 하면 두 번째로 작은 반원의 반지름의 길이는 $(10-x)$ cm이므로
$\dfrac{1}{2}\times\pi\times10^2-\dfrac{1}{2}\times\pi\times x^2-\dfrac{1}{2}\times\pi\times(10-x)^2=24\pi$
$10^2-x^2-(10-x)^2=48$, $x^2-10x+24=0$
$(x-4)(x-6)=0$, 즉 $x=4$ 또는 $x=6$
이때 $x>0$, $10-x>0$, $10-x>x$에서 $0<x<5$이므로 $x=4$
따라서 가장 작은 반원의 반지름의 길이는 4 cm이다.

유형 31 **이차방정식의 활용; 붙어 있는 도형에 대한 문제**
| 105쪽 |

33 ③　　　34 (1) $x^2+(6-x)^2=20$　(2) 2 cm

33 큰 정사각형의 한 변의 길이를 x cm라 하면 작은 정사각형의 한 변의 길이는 $(15-x)$ cm이므로
$x^2+(15-x)^2=125$, $2x^2-30x+100=0$, $x^2-15x+50=0$
$(x-5)(x-10)=0$, 즉 $x=5$ 또는 $x=10$
이때 $x>15-x$에서 $x>\dfrac{15}{2}$이므로 $x=10$
따라서 큰 정사각형의 한 변의 길이는 10 cm이다.

34 (1) 큰 정사각형의 한 변의 길이가 $(6-x)$ cm이므로
$x^2+(6-x)^2=20$ …… ❶
(2) $x^2+(6-x)^2=20$에서 $2x^2-12x+16=0$, $x^2-6x+8=0$
$(x-2)(x-4)=0$, 즉 $x=2$ 또는 $x=4$ …… ❷
이때 $x>0$, $6-x>0$, $x<6-x$에서 $0<x<3$이므로 $x=2$
따라서 작은 정사각형의 한 변의 길이는 2 cm이다. …… ❸

채점 기준	비율
❶ x에 대한 이차방정식 세우기	40 %
❷ ❶의 이차방정식의 해 구하기	40 %
❸ 작은 정사각형의 한 변의 길이 구하기	20 %

유형 32 **이차방정식의 활용; 피타고라스 정리에 대한 문제**
| 105쪽 |

35 ④　　　36 ③　　　37 10

35 $(2x)^2+(x+2)^2=(3x-2)^2$이므로
$5x^2+4x+4=9x^2-12x+4$, $4x^2-16x=0$
$4x(x-4)=0$, 즉 $x=0$ 또는 $x=4$
이때 $3x-2>0$, $x+2>0$, $2x>0$에서 $x>\dfrac{2}{3}$이므로 $x=4$

36 가로의 길이를 $4x$ cm라 하면 세로의 길이는 $3x$ cm이므로
$(4x)^2+(3x)^2=15^2$, $25x^2=225$, $x^2=9$, 즉 $x=\pm3$
이때 $x>0$이므로 $x=3$
따라서 가로의 길이는 $4\times3=12$ (cm)

37 $(2x+4)^2+x^2=26^2$이므로
$5x^2+16x-660=0$, $(5x+66)(x-10)=0$
즉, $x=-\dfrac{66}{5}$ 또는 $x=10$
이때 $x>0$이므로 $x=10$

유형 33 **이차방정식의 활용; 폭이 일정한 길에 대한 문제**
| 106쪽 |

38 ④　　　39 1 m　　　40 ③

38 길의 폭을 x m라 하면
$(30-x)(20-x)=504$, $x^2-50x+96=0$
$(x-2)(x-48)=0$, 즉 $x=2$ 또는 $x=48$
이때 $0<x<20$이므로 $x=2$
따라서 길의 폭은 2 m이다.

39 길의 폭을 x m라 하면
$(12-x)(9-x)=88$, $x^2-21x+20=0$
$(x-1)(x-20)=0$, 즉 $x=1$ 또는 $x=20$
이때 $0<x<9$이므로 $x=1$
따라서 길의 폭은 1 m이다.

40 통로의 폭을 x m라 하면
$(32-x)(24-x)=560$, $x^2-56x+208=0$
$(x-4)(x-52)=0$, 즉 $x=4$ 또는 $x=52$
이때 $0<x<24$이므로 $x=4$
따라서 통로의 폭은 4 m이다.

유형 34 **이차방정식의 활용; 상자 만들기에 대한 문제** | 106쪽 |

41 ③　　　42 (1) $(x-10)^2\times5=500$　(2) 20 cm

41 잘라 낸 정사각형의 한 변의 길이를 x cm라 하면 상자의 밑면의 가로의 길이는 $(30-2x)$ cm, 세로의 길이는 $(20-2x)$ cm이므로

$(30-2x)(20-2x)=336$, $4x^2-100x+264=0$

$x^2-25x+66=0$, $(x-3)(x-22)=0$

즉, $x=3$ 또는 $x=22$

이때 $x>0$, $30-2x>0$, $20-2x>0$에서 $0<x<10$이므로

$x=3$

따라서 잘라 낸 정사각형의 한 변의 길이는 3 cm이다.

42 (1) 상자의 밑면은 한 변의 길이가 $(x-10)$ cm인 정사각형이므로

$(x-10)^2 \times 5=500$ ...... ❶

(2) $(x-10)^2 \times 5=500$에서

$(x-10)^2=100$, $x^2-20x=0$

$x(x-20)=0$, 즉 $x=0$ 또는 $x=20$ ...... ❷

이때 $x>0$, $x-10>0$에서 $x>10$이므로 $x=20$

따라서 처음 정사각형 모양의 종이의 한 변의 길이는 20 cm이다. ...... ❸

채점 기준	비율
❶ x에 대한 이차방정식 세우기	40 %
❷ ❶의 이차방정식의 해 구하기	40 %
❸ 처음 정사각형 모양의 종이의 한 변의 길이 구하기	20 %

중단원 핵심유형 테스트

| 107 ~ 109쪽 |

1 ②   **2** ⑤   **3** ①, ④   **4** ③   **5** ④

6 $8x^2-2x-3=0$ **7** ①   **8** 1

9 $a=7$, $b=-6$ **10** ②   **11** ④   **12** ④

13 6   **14** ③   **15** $x=-2$ 또는 $x=1$ **16** ①

17 ⑤   **18** ②   **19** ②   **20** 4 cm   **21** ④

22 ③

23 (1) $-2t+18$ (2) $Q(t, 0)$, $R(0, -2t+18)$

(3) $t(-2t+18)=36$ (4) $P(3, 12)$ 또는 $P(6, 6)$

1 ㄱ. $2x^2=(x+1)^2$에서 $2x^2=x^2+2x+1$

즉, $x^2-2x-1=0$이므로 이차방정식이다.

ㄴ. $x(x-2)=x^2+3$에서 $x^2-2x=x^2+3$

즉, $-2x-3=0$이므로 이차방정식이 아니다.

ㄷ. $(3x+1)(x-2)=2x^2+1$에서 $3x^2-5x-2=2x^2+1$

즉, $x^2-5x-3=0$이므로 이차방정식이다.

ㄹ. $x^2-2x=(x+2)(x-3)$에서 $x^2-2x=x^2-x-6$

즉, $-x+6=0$이므로 이차방정식이 아니다.

따라서 x에 대한 이차방정식인 것은 ㄱ, ㄷ이다.

2 ① $(-2)^2-2 \times (-2)=8 \neq 0$

즉, $x=-2$는 주어진 이차방정식의 해가 아니다.

② $8^2=64 \neq 16$

즉, $x=8$은 주어진 이차방정식의 해가 아니다.

③ $3^2+3-6=6 \neq 0$

즉, $x=3$은 주어진 이차방정식의 해가 아니다.

④ $1 \times (1+2) \neq 2 \times 1^2$

즉, $x=1$은 주어진 이차방정식의 해가 아니다.

⑤ $(-4+4)(-4-1)=0$

즉, $x=-4$는 주어진 이차방정식의 해이다.

3 각 이차방정식에 $x=2$를 대입하면

① $2^2=4$, 즉 $x=2$는 주어진 이차방정식의 해이다.

② $2(2+2)=8 \neq 0$

즉, $x=2$는 주어진 이차방정식의 해가 아니다.

③ $2^2+4 \times 2=12 \neq 4$

즉, $x=2$는 주어진 이차방정식의 해가 아니다.

④ $2^2+2 \times 2-8=0$

즉, $x=2$는 주어진 이차방정식의 해이다.

⑤ $(2+2)(2-5)=-12 \neq 0$

즉, $x=2$는 주어진 이차방정식의 해가 아니다.

4 ① $x^2-4=5$에서 $x^2=9$, 즉 $x=\pm 3$

② $x^2=36$에서 $x=\pm 6$

③ $16x^2=8x-1$에서 $16x^2-8x+1=0$

$(4x-1)^2=0$, 즉 $x=\dfrac{1}{4}$ (중근)

④ $x^2+8x=x-6$에서 $x^2+7x+6=0$

$(x+6)(x+1)=0$, 즉 $x=-6$ 또는 $x=-1$

⑤ $(x-5)(x+1)=7$에서 $x^2-4x-12=0$

$(x+2)(x-6)=0$, 즉 $x=-2$ 또는 $x=6$

5 $3x^2-24x-3=0$의 양변을 3으로 나누면

$x^2-8x-1=0$, $x^2-8x=1$

$x^2-8x+\left(\dfrac{-8}{2}\right)^2=1+\left(\dfrac{-8}{2}\right)^2$, $(x-4)^2=17$

$x-4=\pm \sqrt{17}$

따라서 $x=4\pm \sqrt{17}$

즉, $A=3$, $B=1$, $C=16$, $D=4$, $E=17$

6 구하는 이차방정식은 $8\left(x+\dfrac{1}{2}\right)\left(x-\dfrac{3}{4}\right)=0$이므로

$(2x+1)(4x-3)=0$, 즉 $8x^2-2x-3=0$

7 $3a-1 \geq 0$이어야 하므로 $3a \geq 1$, 즉 $a \geq \dfrac{1}{3}$

따라서 상수 a의 값이 될 수 없는 것은 ①이다.

8 $x=-1$이 이차방정식 $x^2+2ax-5=0$의 근이므로
$(-1)^2+2a\times(-1)-5=0$, $-2a-4=0$, 즉 $a=-2$
$x=-1$이 이차방정식 $3x^2-4x+b-4=0$의 근이므로
$3\times(-1)^2-4\times(-1)+b-4=0$, $3+b=0$, 즉 $b=-3$
따라서 $a-b=-2-(-3)=1$

9 이차방정식 $x^2+2(a-1)x+36=0$이 중근을 가지므로
$\{2(a-1)\}^2-4\times1\times36=0$　　　　……❶
$4(a-1)^2=4\times36$, $(a-1)^2=36$
$a-1=\pm6$
즉, $a-1=-6$ 또는 $a-1=6$이므로
$a=-5$ 또는 $a=7$
이때 a는 양수이므로 $a=7$　　　　……❷
따라서 주어진 이차방정식은 $x^2+12x+36=0$이므로
$(x+6)^2=0$, $x=-6$
즉, $b=-6$　　　　……❸

채점 기준	비율
❶ 주어진 이차방정식이 중근을 가질 조건 구하기	40 %
❷ a의 값 구하기	30 %
❸ b의 값 구하기	30 %

10 이차방정식 $3x^2-2x+a=0$의 한 근이 -1이므로
$3\times(-1)^2-2\times(-1)+a=0$, 즉 $a=-5$
주어진 이차방정식은 $3x^2-2x-5=0$이므로
$(x+1)(3x-5)=0$, 즉 $x=-1$ 또는 $x=\dfrac{5}{3}$
따라서 다른 한 근은 $\dfrac{5}{3}$이다.

11 $3(x-5)^2=16$에서 $(x-5)^2=\dfrac{16}{3}$
$x-5=\pm\sqrt{\dfrac{16}{3}}=\pm\dfrac{4}{3}\sqrt{3}$
즉, $x=5\pm\dfrac{4}{3}\sqrt{3}$이므로 $A=5$, $B=\dfrac{4}{3}$
따라서 $A+3B=5+3\times\dfrac{4}{3}=9$

12 $(x-2)(x-4)=6$에서
$x^2-6x+8=6$, $x^2-6x=-2$
$x^2-6x+\left(\dfrac{-6}{2}\right)^2=-2+\left(\dfrac{-6}{2}\right)^2$, $(x-3)^2=7$
따라서 $p=-3$, $q=7$이므로
$p+q=-3+7=4$

13 $x^2=2x+5$에서 $x^2-2x-5=0$
즉, $x=\dfrac{-(-1)\pm\sqrt{(-1)^2-1\times(-5)}}{1}=1\pm\sqrt{6}$
따라서 $a=1+\sqrt{6}$이므로
$(a-1)^2=(1+\sqrt{6}-1)^2=6$

14 $\dfrac{3x^2-7}{4}=x$의 양변에 4를 곱하면
$3x^2-7=4x$, $3x^2-4x-7=0$
$(x+1)(3x-7)=0$, 즉 $x=-1$ 또는 $x=\dfrac{7}{3}$
따라서 $a=\dfrac{7}{3}$, $\beta=-1$이므로
$3a-\beta=3\times\dfrac{7}{3}-(-1)=8$

15 이차방정식 $x^2+(2k-3)x-k=0$의 일차항의 계수와 상수항을
서로 바꾸면
$x^2-kx+(2k-3)=0$　　　　……❶
이 이차방정식의 한 근이 $x=1$이므로
$1^2-k\times1+(2k-3)=0$, 즉 $k=2$　　　　……❷
따라서 처음 이차방정식은 $x^2+x-2=0$이므로
$(x+2)(x-1)=0$
즉, $x=-2$ 또는 $x=1$　　　　……❸

채점 기준	비율
❶ 처음 이차방정식에서 일차항의 계수와 상수항을 서로 바꾼 이차방정식 구하기	30 %
❷ k의 값 구하기	30 %
❸ 처음 이차방정식의 해 구하기	40 %

16 $(-2)^2-4\times1\times(-2k+1)\geq0$이어야 하므로
$8k\geq0$, 즉 $k\geq0$
따라서 주어진 이차방정식이 근을 갖도록 하는 상수 k의 값이 아
닌 것은 ①이다.

17 $x-y=A$로 놓으면
$A(A-4)=21$, $A^2-4A-21=0$, $(A+3)(A-7)=0$
즉, $A=-3$ 또는 $A=7$
이때 $x>y$이므로 $A=x-y>0$
따라서 $A=7$이므로 $x-y=7$

18 두 근이 -4, 3이고 x^2의 계수가 1인 이차방정식은
$(x+4)(x-3)=0$
즉, 수현이가 푼 이차방정식은
$x^2+x-12=0$
이때 수현이는 상수항은 바르게 보았으므로
$b=-12$
두 근이 -3, -1이고 x^2의 계수가 1인 이차방정식은
$(x+3)(x+1)=0$
즉, 병우가 푼 이차방정식은
$x^2+4x+3=0$
이때 병우는 일차항의 계수는 바르게 보았으므로
$a=4$
따라서 처음의 이차방정식은 $x^2+4x-12=0$이므로
$(x+6)(x-2)=0$, 즉 $x=-6$ 또는 $x=2$

19 연속하는 두 홀수를 x, $x+2$라 하면
$x^2+(x+2)^2=130$, $2x^2+4x-126=0$
$x^2+2x-63=0$, $(x+9)(x-7)=0$
즉, $x=-9$ 또는 $x=7$
이때 x는 홀수이므로 $x=7$
따라서 두 홀수 중 작은 수는 7이다.

20 처음 정사각형의 한 변의 길이를 x cm라 하면 새로 만든 직사각형의 가로의 길이는 $(x+4)$ cm, 세로의 길이는 $(x+2)$ cm이므로
$(x+4)(x+2)=3x^2$, $x^2+6x+8=3x^2$
$2x^2-6x-8=0$, $x^2-3x-4=0$
$(x+1)(x-4)=0$, 즉 $x=-1$ 또는 $x=4$
이때 $x>0$이므로 $x=4$
따라서 처음 정사각형의 한 변의 길이는 4 cm이다.

21 $1+30t-5t^2=26$에서 $5t^2-30t+25=0$, $t^2-6t+5=0$
$(t-1)(t-5)=0$, 즉 $t=1$ 또는 $t=5$
따라서 야구공이 처음으로 지면으로부터 26 m인 지점을 지나는 것은 야구공을 친 지 1초 후이다.

22 아버지의 나이의 3배와 딸의 나이의 제곱이 같아지는 것이 x년 후라 하자.
x년 후의 아버지의 나이는 $(x+40)$살, 딸의 나이는 $(x+4)$살이므로
$3(x+40)=(x+4)^2$, $3x+120=x^2+8x+16$
$x^2+5x-104=0$, $(x+13)(x-8)=0$
즉, $x=-13$ 또는 $x=8$
이때 x는 자연수이므로 $x=8$
따라서 아버지의 나이의 3배와 딸의 나이의 제곱이 같아지는 것은 8년 후이다.

23 (1) 점 P가 일차함수 $y=-2x+18$의 그래프 위의 점이므로 점 P의 y좌표는
$-2t+18$
(4) $t(-2t+18)=36$에서
$-2t^2+18t=36$, $t^2-9t+18=0$
$(t-3)(t-6)=0$, 즉 $t=3$ 또는 $t=6$
따라서 P(3, 12) 또는 P(6, 6)

6. 이차함수와 그 그래프

01. 이차함수 $y=ax^2$의 그래프 | 112 ~ 113쪽 |

이차함수의 뜻

1 ×	2 ○	3 ×	4 ○	5 ×

6 $y=\dfrac{x}{4}$, × 　7 $y=3x^2+9x$, ○ 　8 $y=x^2+7x+10$, ○

7 (거리)=(속력)×(시간)이므로
$y=3x(x+3)=3x^2+9x$

8 (직사각형의 넓이)=(가로의 길이)×(세로의 길이)이므로
$y=(x+5)(x+2)=x^2+7x+10$

이차함수 $y=x^2$의 그래프와 포물선

9 아래	10 0	11 <	12 >	13 x
14 볼록	15 0	16 감소	17 증가	18 원점
19 x^2				

이차함수 $y=ax^2$의 그래프

20 0, 0	21 0	22 a	23 >, <	24 클
25 ×	26 ×	27 ○	28 ×	29 ○

24 오른쪽 그림과 같이 $y=ax^2$의 그래프에서 a의 절댓값이 클수록 그래프의 폭이 좁아진다.

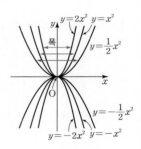

소단원 유형 익히기

| 유형 **1** | 이차함수의 뜻 | 114쪽 |

1 ② 　　2 ⑤ 　　3 ④

1 ①, ⑤ 분모에 문자가 있으므로 y가 x에 대한 이차함수가 아니다.
② $y=(x-1)(x+1)=x^2-1$ ➡ y가 x에 대한 이차함수이다.

③ y가 x에 대한 일차함수이다.

④ $y=(x+3)^2-x^2=6x+9$ ➡ y가 x에 대한 일차함수이다.

2 y를 x에 대한 식으로 나타내면

① $y=3x$ ➡ y가 x에 대한 일차함수이다.

② $y=\dfrac{4}{3}\pi x^3$ ➡ y가 x에 대한 이차함수가 아니다.

③ $y=\dfrac{x}{5}$ ➡ y가 x에 대한 일차함수이다.

④ $y=4x$ ➡ y가 x에 대한 일차함수이다.

⑤ $y=\dfrac{1}{2}x(x+4)=\dfrac{1}{2}x^2+2x$

    ➡ y가 x에 대한 이차함수이다.

3 $y=(k-1)x^2+3x(1-x)-5$

    $=(k-1)x^2+3x-3x^2-5$

    $=(k-4)x^2+3x-5$

이것이 이차함수가 되려면 $k-4\neq0$이어야 하므로 $k\neq4$

유형 2 이차함수의 함숫값 | 114 쪽 |

4 ④	5 ③	6 2

4 이차함수 $y=-x^2+4x-7$에서

$f(1)=-1^2+4\times1-7=-4$

$f(-1)=-(-1)^2+4\times(-1)-7=-12$

따라서 $f(1)-f(-1)=-4-(-12)=8$

5 이차함수 $f(x)=3x^2-5x$에서 $f(a)=2$이므로

$3a^2-5a=2$, $3a^2-5a-2=0$, $(3a+1)(a-2)=0$

따라서 $a=-\dfrac{1}{3}$ 또는 $a=2$이므로 이 중 정수 a의 값은 2이다.

6 이차함수 $f(x)=-2x^2+ax+5$에 대하여

$f(-1)=2$이므로

$f(-1)=-2\times(-1)^2+a\times(-1)+5=2$에서 $a=1$ ⋯⋯ ❶

$f(x)=-2x^2+x+5$이고 $f(2)=b$이므로

$b=-2\times2^2+2+5=-1$ ⋯⋯ ❷

따라서 $a-b=1-(-1)=2$ ⋯⋯ ❸

채점 기준	비율
❶ a의 값 구하기	40 %
❷ b의 값 구하기	40 %
❸ $a-b$의 값 구하기	20 %

유형 3 이차함수 $y=ax^2$의 그래프 | 115쪽 |

7 ㄱ, ㄹ	8 ③	9 ②, ④	10 풀이 참조

7 ㄴ. $a<0$일 때, 위로 볼록한 포물선이다.

ㄷ. y축을 축으로 하여 축의 방정식은 $x=0$이다.

따라서 옳은 것은 ㄱ, ㄹ이다.

8 ③ $x<0$일 때, x의 값이 증가하면 y의 값도 증가한다.

    $x>0$일 때, x의 값이 증가하면 y의 값은 감소한다.

9 ① y축에 대칭이다.

③ 제3, 4사분면을 지나지 않는다.

⑤ 이차함수 $y=-\dfrac{1}{5}x^2$의 그래프와 x축에 서로 대칭이다.

10 한 고개에서 구하는 이차함수의 그래프는 $y=ax^2$의 그래프이다. 두 고개에서 구하는 이차함수의 그래프는 $y=3x^2$의 그래프이다. 세 고개에 따라 이차함수 $y=3x^2$의 그래프를 이차함수 $y=x^2$의 그래프의 각 점에 대하여 y좌표를 3배로 하는 점을 연결하여 그리면 다음 그림과 같다.

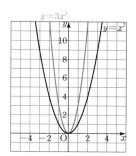

유형 4 이차함수 $y=ax^2$의 그래프 위의 점 | 115 ~ 116쪽 |

11 -2	12 ①	13 ②	14 ①	15 -10

11 $y=ax^2$에 $x=2$, $y=-8$을 대입하면

$-8=a\times2^2$, $-8=4a$

따라서 $a=-2$

12 ① $y=-x^2$에 $x=-3$, $y=9$를 대입하면

$9\neq-(-3)^2$

따라서 점 $(-3, 9)$는 이차함수 $y=-x^2$의 그래프 위의 점이 아니다.

13 $y=-\dfrac{1}{2}x^2$에 $x=a$, $y=a$를 대입하면

$a=-\dfrac{1}{2}a^2$, $a^2+2a=0$, $a(a+2)=0$

즉, $a=0$ 또는 $a=-2$

이때 $a\neq0$이므로 $a=-2$

14 $y=\dfrac{1}{5}x^2$에 $x=k$, $y=5$를 대입하면

$5=\dfrac{1}{5}k^2$, $k^2-25=0$, $(k+5)(k-5)=0$

따라서 $k=-5$ 또는 $k=5$이므로 k의 모든 값들의 합은

$-5+5=0$

15 $y=ax^2$의 그래프가 점 $(-3, -18)$을 지나므로
$-18=9a$, $a=-2$ ...... ❶
$y=-2x^2$의 그래프가 점 $(2, b)$를 지나므로
$b=-8$ ...... ❷
따라서 $a+b=-2+(-8)=-10$ ...... ❸

채점 기준	비율
❶ a의 값 구하기	40 %
❷ b의 값 구하기	40 %
❸ $a+b$의 값 구하기	20 %

유형 5 **이차함수 $y=ax^2$의 그래프의 모양** | 116쪽 |

16 ②, ④   17 ①   18 $y=2x^2$

16 이차함수 $y=ax^2$의 그래프가 위로 볼록하려면 $a<0$이어야 하므로 ②, ④의 그래프가 위로 볼록하다.

17 이차함수 $y=ax^2$의 그래프가 아래로 볼록하려면 $a>0$이어야 한다. ➡ ①, ③, ⑤
이 중 그래프의 폭이 가장 넓으려면 a의 절댓값이 가장 작아야 하므로 $|0.5|<\left|\dfrac{5}{7}\right|<|1|$에서 폭이 가장 넓은 것은 ①이다.

18 $y=ax^2$의 그래프가 아래로 볼록하려면 $a>0$
$y=ax^2$의 그래프의 폭은 $y=\dfrac{1}{4}x^2$의 그래프의 폭보다 좁고 $y=4x^2$의 그래프의 폭보다 넓어야 하므로 $\dfrac{1}{4}<a<4$
따라서 현우가 그릴 수 있는 그래프는 이차함수 $y=2x^2$의 그래프이다.

유형 6 **이차함수 $y=ax^2$과 $y=-ax^2$의 그래프** | 117쪽 |

19 ②   20 ②, ③   21 -3

19 이차함수 $y=-1.5x^2$의 그래프와 x축에 서로 대칭인 것은 이차함수 $y=\dfrac{3}{2}x^2$의 그래프이다.

20 두 이차함수 $y=ax^2$과 $y=-ax^2$의 그래프는 x축에 서로 대칭이다.
따라서 그 그래프가 x축에 서로 대칭인 것은 ㄱ과 ㅁ, ㄴ과 ㄹ이다.

21 이차함수 $y=\dfrac{3}{5}x^2$의 그래프와 x축에 서로 대칭인 그래프를 나타내는 이차함수의 식은 $y=-\dfrac{3}{5}x^2$이므로 $a=-\dfrac{3}{5}$ ...... ❶
이차함수 $y=-5x^2$의 그래프와 x축에 서로 대칭인 그래프를 나타내는 이차함수의 식은 $y=5x^2$이므로 $b=5$ ...... ❷

따라서 $ab=\left(-\dfrac{3}{5}\right)\times5=-3$ ...... ❸

채점 기준	비율
❶ a의 값 구하기	40 %
❷ b의 값 구하기	40 %
❸ ab의 값 구하기	20 %

유형 7 **이차함수 $y=ax^2$의 그래프의 활용** | 117쪽 |

22 ④   23 -12 24 $\dfrac{1}{4}$

22 이차함수의 식을 $y=ax^2$이라 하면 이 그래프가 점 $(2, 3)$을 지나므로
$3=4a$, $a=\dfrac{3}{4}$
따라서 구하는 이차함수의 식은 $y=\dfrac{3}{4}x^2$

23 $f(x)=ax^2$이라 하면 $y=f(x)$의 그래프가 점 $(-1, -3)$을 지나므로
$-3=a\times(-1)^2$, $a=-3$
따라서 $f(x)=-3x^2$이므로
$f(2)=-3\times2^2=-12$

24 $y=x^2$의 그래프가 점 B를 지나고 점 B의 y좌표가 4이므로
$y=x^2$에 $y=4$를 대입하면
$4=x^2$에서 $x=-2$ 또는 $x=2$
이때 $x>0$이므로 $x=2$
따라서 B$(2, 4)$
$\overline{AB}=\overline{BC}$이므로 점 C의 x좌표는 4이다.
이때 $y=ax^2$의 그래프가 점 C$(4, 4)$를 지나므로
$4=a\times4^2$, $16a=4$
따라서 $a=\dfrac{1}{4}$

---

02. 이차함수 $y=a(x-p)^2+q$의 그래프 | 118 ~ 119쪽 |

이차함수 $y=ax^2+q$의 그래프

1 $y=7x^2+2$ 2 $y=-2x^2-4$

3 $y=-\dfrac{1}{3}x^2+5$ 4 $-\dfrac{1}{5}$ 5 11   6 -3

7 $x=0$, 0, -6 8 $x=0$, 0, 4.5

이차함수 $y=a(x-p)^2$의 그래프

9 $y=-9(x+2)^2$ 　　　10 $y=\dfrac{5}{7}(x-7)^2$

11 $y=-3.5\left(x-\dfrac{1}{5}\right)^2$ 　　12 -3 　　13 1 　　14 -0.5

15 $x=\dfrac{1}{2},\ \dfrac{1}{2},\ 0$ 　　　16 $x=-4,\ -4,\ 0$

이차함수 $y=a(x-p)^2+q$의 그래프

17 $y=(x+2)^2+3$ 　　　18 $y=-8(x-1)^2+\dfrac{1}{2}$

19 $y=\dfrac{3}{4}(x+4)^2-6$ 　　20 $-1,\ -13$ 　　21 $0.5,\ 9$

22 $\dfrac{2}{5},\ 0.2$ 　23 $x=2,\ 2,\ -7$ 　　　24 $x=-9,\ -9,\ 0.4$

소단원 유형 익히기

유형 8 **이차함수 $y=ax^2+q$의 그래프 그리기** | 120쪽 |

1 $y,\ 3$ 　　　　2 풀이 참조

2 이차함수 $y=-2x^2+2$의 그래프는 이차함수 $y=-2x^2$의 그래프를 y축의 방향으로 2만큼 평행이동한 것이므로 $y=-2x^2$의 그래프를 이용하여 그리면 다음 그림과 같다.

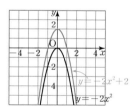

유형 9 **이차함수 $y=ax^2+q$의 그래프** | 120~121쪽 |

3 ③ 　　4 $-\dfrac{1}{2}$ 　　5 ㄱ, ㄹ 　　6 ④ 　　7 ③

8 4 　　9 $a=6,\ q=2$

3 이차함수 $y=\dfrac{1}{3}x^2+1$의 그래프는 이차함수 $y=\dfrac{1}{3}x^2$의 그래프를 y축의 방향으로 1만큼 평행이동한 것이므로 ③이다.

4 이차함수 $y=-3x^2$의 그래프를 y축의 방향으로 $-\dfrac{1}{2}$만큼 평행이동한 그래프를 나타내는 이차함수의 식은

$$y=-3x^2-\dfrac{1}{2}$$ 　　　　　　　　……❶

이 그래프의 꼭짓점의 좌표는 $\left(0,\ -\dfrac{1}{2}\right)$이므로

$a=0,\ b=-\dfrac{1}{2}$ 　　　　　　　　……❷

따라서 $a+b=0+\left(-\dfrac{1}{2}\right)=-\dfrac{1}{2}$ 　　……❸

채점 기준	비율
❶ 평행이동한 그래프를 나타내는 이차함수의 식 구하기	40 %
❷ a, b의 값 구하기	40 %
❸ $a+b$의 값 구하기	20 %

5 ㄴ. 축의 방정식은 $x=0$이다.
　ㄷ. 제1, 2, 3, 4사분면을 모두 지난다.
　따라서 옳은 것은 ㄱ, ㄹ이다.

6 ④ $x<0$일 때 x의 값이 증가하면 y의 값도 증가한다.

7 이차함수 $y=\dfrac{1}{5}x^2$의 그래프를 y축의 방향으로 -2만큼 평행이동한 그래프를 나타내는 이차함수의 식은 $y=\dfrac{1}{5}x^2-2$

이 그래프가 점 $(-1,\ k)$를 지나므로

$k=\dfrac{1}{5}\times(-1)^2-2=-\dfrac{9}{5}$

8 이차함수 $y=ax^2+q$의 그래프의 꼭짓점의 좌표가 $(0,\ 1)$이므로

$q=1$ 　　　　　　　　　　　……❶

즉, $y=ax^2+1$의 그래프가 점 $(2,\ 13)$을 지나므로

$13=4a+1,\ a=3$ 　　　　　　……❷

따라서 $a+q=3+1=4$ 　　　　　……❸

채점 기준	비율
❶ q의 값 구하기	40 %
❷ a의 값 구하기	40 %
❸ $a+q$의 값 구하기	20 %

9 이차함수 $y=ax^2$의 그래프를 y축의 방향으로 q만큼 평행이동한 그래프를 y축의 방향으로 -5만큼 다시 평행이동한 것은 이차함수 $y=ax^2$의 그래프를 y축의 방향으로 $q-5$만큼 평행이동한 것과 같다.

이 그래프가 이차함수 $y=6x^2-3$의 그래프와 일치하므로

$a=6,\ q-5=-3$

따라서 $a=6,\ q=2$

유형 10 **이차함수 $y=a(x-p)^2$의 그래프 그리기** | 121쪽 |

10 $x,\ -2$ 　　　　11 풀이 참조

11 이차함수 $y=\dfrac{1}{2}(x+1)^2$의 그래프는 이차함수 $y=\dfrac{1}{2}x^2$의 그래프를 x축의 방향으로 -1만큼 평행이동한 것이므로 $y=\dfrac{1}{2}x^2$의 그래프를 이용하여 그리면 다음 그림과 같다.

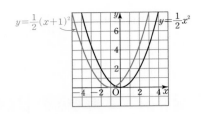

| 122쪽 |

유형 11 이차함수 $y=a(x-p)^2$의 그래프

12 $(-7, 0)$ **13** ㄱ **14** ② **15** ㄷ, ㄹ **16** ②
17 $x>-1$ **18** $y=\dfrac{1}{3}(x+3)^2$

12 이차함수 $y=-\dfrac{1}{7}x^2$의 그래프를 x축의 방향으로 -7만큼 평행이동한 그래프를 나타내는 이차함수의 식은
$$y=-\dfrac{1}{7}(x+7)^2$$
따라서 이 그래프의 꼭짓점의 좌표는 $(-7, 0)$

13 이차함수 $y=\dfrac{1}{3}(x-2)^2$의 그래프는 이차함수 $y=\dfrac{1}{3}x^2$의 그래프를 x축의 방향으로 2만큼 평행이동한 것이므로 ㄱ이다.

14 이차함수 $y=3(x-2)^2$의 그래프에서 꼭짓점의 좌표는 $(2, 0)$이므로 $p=2$, $q=0$
또, 축의 방정식은 $x=2$이므로 $r=2$
따라서 $pq+r=2\times 0+2=2$

15 ㄷ, ㄹ. 이차함수 $y=-5(x-0.5)^2$의 그래프는 이차함수 $y=-5x^2$의 그래프를 x축의 방향으로 0.5만큼 평행이동한 것이므로 제3, 4사분면을 지난다.
따라서 옳지 않은 것은 ㄷ, ㄹ이다.

16 이차함수 $y=-\dfrac{1}{2}x^2$의 그래프를 x축의 방향으로 2만큼 평행이동한 그래프를 나타내는 이차함수의 식은 $y=-\dfrac{1}{2}(x-2)^2$
이 그래프가 점 $(4, k)$를 지나므로
$$k=-\dfrac{1}{2}\times(4-2)^2=-2$$

17 이차함수 $y=2x^2$의 그래프를 x축의 방향으로 -1만큼 평행이동한 그래프를 나타내는 이차함수의 식은
$$y=2(x+1)^2 \qquad\qquad \cdots\cdots ❶$$
이 그래프에서 x의 값이 증가할 때 y의 값도 증가하는 x의 값의 범위는 축의 오른쪽 부분이고, 축의 방정식이 $x=-1$이므로 구하는 x의 값의 범위는
$$x>-1 \qquad\qquad \cdots\cdots ❷$$

채점 기준	비율
❶ 평행이동한 그래프를 나타내는 이차함수의 식 구하기	50 %
❷ x의 값의 범위 구하기	50 %

18 건우가 그린 이차함수의 그래프는 꼭짓점이 $(-3, 0)$인 포물선이므로 $y=a(x+3)^2$ 꼴이다.
이 그래프가 점 $(0, 3)$을 지나므로
$$3=a\times(0+3)^2,\ 3=9a,\ \ \text{즉}\ \ a=\dfrac{1}{3}$$
따라서 구하는 이차함수의 식은
$$y=\dfrac{1}{3}(x+3)^2$$

| 123쪽 |

유형 12 이차함수 $y=a(x-p)^2+q$의 그래프 그리기

19 $-2, 1$ **20** 풀이 참조

20 이차함수 $y=4(x-3)^2-1$의 그래프는 이차함수 $y=4x^2$의 그래프를 x축의 방향으로 3만큼, y축의 방향으로 -1만큼 평행이동한 것이므로 $y=4x^2$의 그래프를 이용하여 그리면 다음 그림과 같다.

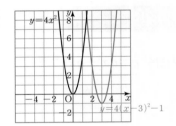

| 123 ~ 124쪽 |

유형 13 이차함수 $y=a(x-p)^2+q$의 그래프

21 꼭짓점의 좌표: $(1, -4)$, 축의 방정식: $x=1$ **22** ③, ⑤
23 -9 **24** ㄹ **25** $a=-\dfrac{1}{2}$, $p=-2$, $q=2$
26 ① **27** 4

22 ① 축의 방정식이 $x=-2$이므로 직선 $x=-2$에 대칭이다.
② 꼭짓점의 좌표는 $(-2, 1)$이다.
④ x축과 만나지 않는다.

23 이차함수 $y=6x^2$의 그래프를 x축의 방향으로 -3만큼, y축의 방향으로 -9만큼 평행이동한 그래프를 나타내는 이차함수의 식은
$$y=6(x+3)^2-9 \qquad\qquad \cdots\cdots ❶$$
이 그래프의 꼭짓점의 좌표는 $(-3, -9)$이므로
$$p=-3,\ q=-9$$
또, 축의 방정식이 $x=-3$이므로 $k=-3$ $\qquad \cdots\cdots ❷$
따라서 $p+q-k=-3+(-9)-(-3)=-9$ $\quad \cdots\cdots ❸$

채점 기준	비율
❶ 평행이동한 그래프를 나타내는 이차함수의 식 구하기	40 %
❷ p, q, k의 값 구하기	40 %
❸ $p+q-k$의 값 구하기	20 %

24 ㄹ. 이차함수 $y=-\dfrac{1}{4}x^2$의 그래프를 평행이동하여 완전히 포갤
수 있다.
따라서 옳지 않은 것은 ㄹ뿐이다.

25 이차함수 $y=a(x-p)^2+q$의 그래프의 꼭짓점의 좌표가
$(-2, 2)$이므로 $p=-2$, $q=2$
$y=a(x+2)^2+2$의 그래프가 원점을 지나므로
$0=4a+2$
따라서 $a=-\dfrac{1}{2}$

26 이차함수 $y=a(x-p)^2+q$의 그래프의 꼭짓점의 좌표가
$(-5, 2)$이므로 $p=-5$, $q=2$
$y=a(x+5)^2+2$의 그래프가 점 $(-4, 5)$를 지나므로
$5=a+2$, $a=3$
따라서 $a+p+q=3+(-5)+2=0$

27 이차함수 $y=\dfrac{1}{2}(x-p)^2-3p$의 그래프의 꼭짓점의 좌표는
$(p, -3p)$ ⋯⋯ ❶
따라서 꼭짓점 $(p, -3p)$가 직선 $y=-2x-4$ 위에 있으므로
$-3p=-2p-4$, $p=4$ ⋯⋯ ❷

채점 기준	비율
❶ 꼭짓점의 좌표 구하기	50 %
❷ p의 값 구하기	50 %

유형 14 이차함수 $y=a(x-p)^2+q$의 그래프의 활용 | 124쪽 |

28 ㄴ과 ㅁ	**29** 풀이 참조	**30** ④

28 평행이동하여 완전히 포갤 수 있는 그래프는 x^2의 계수가 같은
ㄴ과 ㅁ이다.

29 ㉠ $y=9x^2$의 그래프를 y축의 방향으로 1만큼 평행이동하면
$y=9x^2+1$의 그래프와 겹쳐진다.
㉡ $y=9x^2$의 그래프를 x축의 방향으로 5만큼 평행이동하면
$y=9(x-5)^2$의 그래프와 겹쳐진다.
㉢ $y=9x^2$의 그래프를 x축의 방향으로 5만큼, y축의 방향으로 1
만큼 평행이동하면 $y=9(x-5)^2+1$의 그래프와 겹쳐진다.

30 오른쪽 그림과 같이 빗금 친 두 부
분의 넓이가 같으므로 색칠한 부
분의 넓이는 정사각형 AOCB의
넓이와 같다.
따라서 색칠한 부분의 넓이는
$3\times3=9$

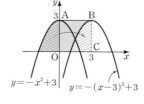

03. 이차함수 $y=a(x-p)^2+q$의 그래프의 성질
| 125~126쪽 |

이차함수 $y=a(x-p)^2+q$의 그래프에서 a, p, q의 부호

1 >, <	**2** <, <	**3** >, >	**4** <, <
5 >, <, >	**6** <, >, >		

이차함수 $y=a(x-p)^2+q$의 그래프의 평행이동

7 3, 1, 3	**8** 2, −1, 1	**9** 3, −1, 3, 1
10 $y=-\dfrac{1}{3}(x+5)^2-5$	**11** $y=-\dfrac{1}{3}(x+3)^2-1$	

12 $y=-\dfrac{1}{3}(x+5)^2-1$

10 꼭짓점의 좌표: $(-3-2, -5)$, 즉 $(-5, -5)$
따라서 구하는 이차함수의 식은
$y=-\dfrac{1}{3}(x+5)^2-5$

11 꼭짓점의 좌표: $(-3, -5+4)$, 즉 $(-3, -1)$
따라서 구하는 이차함수의 식은
$y=-\dfrac{1}{3}(x+3)^2-1$

12 꼭짓점의 좌표: $(-3-2, -5+4)$, 즉 $(-5, -1)$
따라서 구하는 이차함수의 식은
$y=-\dfrac{1}{3}(x+5)^2-1$

이차함수 $y=a(x-p)^2+q$의 그래프의 대칭이동

13 7, −6, 2, 6	**14** −7, 6, 7	**15** −0.5, 7
16 1	**17** $y=\dfrac{4}{5}(x+3)^2+2$	

18 $y=-\dfrac{4}{5}(x-3)^2-2$

17 x축에 대칭이동하면 볼록한 모양과 꼭짓점의 y좌표의 부호가 바
뀐다.
따라서 꼭짓점의 좌표가 $(-3, 2)$이므로 구하는 이차함수의 식은
$y=\dfrac{4}{5}(x+3)^2+2$

18 y축에 대칭이동하면 꼭짓점의 x좌표의 부호가 바뀐다.
따라서 꼭짓점의 좌표가 $(3, -2)$이므로 구하는 이차함수의 식은
$y=-\dfrac{4}{5}(x-3)^2-2$

정답과 풀이

소단원 유형 익히기

유형 15 이차함수 $y=a(x-p)^2+q$의 그래프에서 a, p, q 의 부호 | 127쪽 |

| 1 ② | 2 $a>0$, $p>0$, $q<0$ | 3 ③ | 4 ⑤ |
| 5 ② | 6 ㄱ, ㄷ, ㅁ | 7 민우 | |

1 그래프의 모양이 위로 볼록하므로 $a<0$
꼭짓점 $(0, q)$가 x축보다 위쪽에 있으므로 $q>0$

2 그래프의 모양이 아래로 볼록하므로 $a>0$
꼭짓점 (p, q)가 제4사분면 위에 있으므로 $p>0$, $q<0$

3 ① 그래프의 모양이 아래로 볼록하므로 $a>0$
② 꼭짓점 $(p, 0)$이 y축보다 왼쪽에 있으므로 $p<0$
③ $ap<0$ ④ $p-a<0$ ⑤ $a-p>0$

4 $a<0$이므로 위로 볼록하다.
$p<0$, $q>0$이므로 꼭짓점이 제2사분면 위에 있다.
따라서 알맞은 그래프는 ⑤이다.

5 ① 그래프의 모양이 아래로 볼록하므로 $a>0$
②, ③ 꼭짓점이 제4사분면 위에 있으므로 $p>0$, $q<0$
④ $a+p>0$ ⑤ $aq<0$

6 그래프의 모양이 위로 볼록하므로 $a<0$
꼭짓점이 제3사분면 위에 있으므로 $p<0$, $q<0$
ㄴ. $p+q<0$ ㄹ. $a+p+q<0$
따라서 옳은 것은 ㄱ, ㄷ, ㅁ이다.

7 이차함수 $y=a(x-p)^2+q$의 그래프에서
그래프의 모양이 위로 볼록하므로 $a<0$
꼭짓점이 제2사분면 위에 있으므로 $p<0$, $q>0$
따라서 이차함수 $y=p(x-q)^2+a$의 그래프는 위로 볼록하고
꼭짓점 (q, a)가 제4사분면 위에 있다.
따라서 그래프를 알맞게 그린 사람은 민우이다.

유형 16 이차함수 $y=a(x-p)^2+q$의 그래프의 성질 | 128쪽 |

| 8 ① | 9 ②, ⑤ | 10 ㄹ, ㅁ | 11 ③ |
| 12 $y=-8\left(x-\dfrac{1}{2}\right)^2+2$ | | | |

8 이차함수 $y=-2(x+2)^2+2$의 그래프는 위로 볼록하고, 꼭짓점 $(-2, 2)$가 제2사분면 위에 있다. 또, y축과 만나는 점의 좌표는 $(0, -6)$이다.
따라서 이 그래프는 제2, 3, 4사분면을 지나므로 제1사분면은 지나지 않는다.

9 ① 꼭짓점의 좌표는 $(2, 1)$이다.
③ y축과 만나는 점의 좌표가 $(0, 7)$이다.
④ 축의 방정식은 $x=2$이다.

10 이차함수 $y=-3(x+1)^2-5$의 그래프는 위로 볼록하고, 꼭짓점 $(-1, -5)$가 제3사분면 위에 있다.
또, y축과 만나는 점의 좌표는 $(0, -8)$이다.
ㄹ. 제3, 4사분면을 지난다.
ㅁ. $x>-1$일 때, x의 값이 증가하면 y의 값은 감소한다.
따라서 옳지 않은 것은 ㄹ, ㅁ이다.

11 꼭짓점 (p, q)의 좌표가 $(-2, -1)$이므로 $p=-2$, $q=-1$
이차함수 $y=a(x+2)^2-1$의 그래프가 원점을 지나므로
$0=4a-1$, $a=\dfrac{1}{4}$

12 꼭짓점의 좌표가 $\left(\dfrac{1}{2}, 2\right)$이므로 $p=\dfrac{1}{2}$, $q=2$ ······ ❶

이차함수 $y=a\left(x-\dfrac{1}{2}\right)^2+2$의 그래프가 원점을 지나므로

$0=\dfrac{1}{4}a+2$, $a=-8$ ······ ❷

따라서 구하는 이차함수의 식은

$y=-8\left(x-\dfrac{1}{2}\right)^2+2$ ······ ❸

채점 기준	비율
❶ p, q의 값 구하기	40 %
❷ a의 값 구하기	40 %
❸ 이차함수의 식 구하기	20 %

유형 17 이차함수 $y=a(x-p)^2+q$의 그래프의 평행이동 | 128~129쪽 |

| 13 $(3, 4)$ | 14 ④ | 15 ① | 16 15 | 17 $\dfrac{1}{7}$ |

13 이차함수 $y=2(x-1)^2+3$의 그래프의 꼭짓점의 좌표는 $(1, 3)$이다.
따라서 이 그래프를 x축의 방향으로 2만큼, y축의 방향으로 1만큼 평행이동한 그래프의 꼭짓점의 좌표는
$(1+2, 3+1)$, 즉 $(3, 4)$

14 이차함수 $y=-(x+1)^2-5$의 그래프의 축의 방정식은
$x=-1$
따라서 이 그래프를 x축의 방향으로 2만큼 평행이동한 그래프의 축의 방정식은
$x=-1+2$, 즉 $x=1$

15 이차함수 $y=\frac{1}{3}(x-2)^2+1$의 그래프의 꼭짓점의 좌표는

$(2, 1)$

이 그래프를 y축의 방향으로 -3만큼 평행이동한 그래프의 꼭짓점의 좌표는 $(2, 1-3)$, 즉 $(2, -2)$

따라서 $p=2$, $q=-2$이므로 $p+q=2+(-2)=0$

16 이차함수 $y=-4(x+3)^2-5$의 그래프의 꼭짓점의 좌표가
$(-3, -5)$이므로 이 그래프를 x축의 방향으로 p만큼, y축의
방향으로 q만큼 평행이동한 그래프의 꼭짓점의 좌표는

$(-3+p, -5+q)$ ...... ❶

평행이동한 그래프가 $y=-4x^2$의 그래프와 일치하므로 꼭짓점
의 좌표는 $(0, 0)$이다.

즉, $-3+p=0$, $-5+q=0$에서 $p=3$, $q=5$ ...... ❷

따라서 $pq=3\times5=15$ ...... ❸

채점 기준	비율
❶ 평행이동한 그래프의 꼭짓점의 좌표를 p, q에 대하여 나타내기	40 %
❷ p, q의 값 구하기	40 %
❸ pq의 값 구하기	20 %

17 이차함수 $y=a(x-6)^2+9$의 그래프를 x축의 방향으로 1만큼,
y축의 방향으로 -7만큼 평행이동한 그래프를 나타내는 이차함
수의 식은

$y=a(x-1-6)^2+9-7$, 즉 $y=a(x-7)^2+2$

이 그래프가 점 $(0, 9)$를 지나므로

$9=49a+2$, $49a=7$, 즉 $a=\frac{1}{7}$

유형 18 **이차함수 $y=a(x-p)^2+q$의 그래프의 대칭이동**

| 129쪽 |

18 ⑤

19 x축에 대칭: $y=\frac{1}{2}(x-3)^2-1$,

y축에 대칭: $y=-\frac{1}{2}(x+3)^2+1$

20 풀이 참조

18 이차함수 $y=3(x+2)^2-1$의 그래프를 y축에 대칭이동한 그래
프를 나타내는 이차함수의 식은 $y=3(x-2)^2-1$이므로 이 그
래프의 축의 방정식은 $x=2$

20 이차함수 $y=\frac{1}{4}(x-2)^2-8$의 그래프를 x축에 대칭이동한 그래
프를 나타내는 이차함수의 식은 $y=-\frac{1}{4}(x-2)^2+8$이므로 위
로 볼록하고 꼭짓점의 좌표는 $(2, 8)$이다.

대칭이동한 그래프는 위로 볼록하고 꼭짓점의 좌표가
$(-2, 8)$ ~~$(2, 8)$~~이므로 이 그래프를 나타내는 이차함수의 식은

$y=$ ~~$\frac{1}{4}(x+2)^2+8$~~이다.

$y=-\frac{1}{4}(x-2)^2+8$

04. 이차함수 $y=ax^2+bx+c$의 그래프 | 130~132쪽 |

이차함수 $y=ax^2+bx+c$의 그래프

1 4, 4, 4, 4, 2, 6, 2, 2, 6
2 1, 1, 1, 3, 1, 7, -1, -1, -7
3 4, 4, 4, 1, 2, 2, 2, 2, -2
4 $y=(x+2)^2+2$ (1) $(-2, 2)$ (2) $x=-2$ (3) $(0, 6)$
5 $y=-(x+4)^2-2$ (1) $(-4, -2)$ (2) $x=-4$ (3) $(0, -18)$
6 $y=-\frac{1}{5}(x-5)^2$ (1) $(5, 0)$ (2) $x=5$ (3) $(0, -5)$
7 $y=-2(x-1)^2+1$ (1) $(1, 1)$ (2) $x=1$ (3) $(0, -1)$
8 $y=-\frac{2}{3}\left(x+\frac{3}{2}\right)^2+\frac{7}{2}$ (1) $\left(-\frac{3}{2}, \frac{7}{2}\right)$ (2) $x=-\frac{3}{2}$ (3) $(0, 2)$

4 $y=x^2+4x+6=(x^2+4x)+6=(x^2+4x+4-4)+6$
$=(x^2+4x+4)-4+6=(x+2)^2+2$

5 $y=-x^2-8x-18=-(x^2+8x)-18$
$=-(x^2+8x+16-16)-18$
$=-(x^2+8x+16)+16-18$
$=-(x+4)^2-2$

6 $y=-\frac{1}{5}x^2+2x-5=-\frac{1}{5}(x^2-10x)-5$
$=-\frac{1}{5}(x^2-10x+25-25)-5$
$=-\frac{1}{5}(x^2-10x+25)+5-5$
$=-\frac{1}{5}(x-5)^2$

7 $y=-2x^2+4x-1=-2(x^2-2x)-1$
$=-2(x^2-2x+1-1)-1=-2(x^2-2x+1)+2-1$
$=-2(x-1)^2+1$

8 $y=-\frac{2}{3}x^2-2x+2=-\frac{2}{3}(x^2+3x)+2$
$=-\frac{2}{3}\left(x^2+3x+\frac{9}{4}-\frac{9}{4}\right)+2$
$=-\frac{2}{3}\left(x^2+3x+\frac{9}{4}\right)+\frac{3}{2}+2$
$=-\frac{2}{3}\left(x+\frac{3}{2}\right)^2+\frac{7}{2}$

이차함수 $y=ax^2+bx+c$의 그래프에서 a, b, c의 부호

9 <, <, < **10** >, <, < **11** >, <, > **12** <, >, <

9 그래프가 위로 볼록하므로 $a<0$
축이 y축의 왼쪽에 있으므로 a, b는 서로 같은 부호이다.
➡ $b<0$
y축과의 교점이 x축보다 아래쪽에 있으므로 $c<0$

10 그래프가 아래로 볼록하므로 $a>0$
축이 y축의 오른쪽에 있으므로 a, b는 서로 다른 부호이다.
➡ $b<0$
y축과의 교점이 x축보다 아래쪽에 있으므로 $c<0$

11 그래프가 아래로 볼록하므로 $a>0$
축이 y축의 오른쪽에 있으므로 a, b는 서로 다른 부호이다.
➡ $b<0$
y축과의 교점이 x축보다 위쪽에 있으므로 $c>0$

12 그래프가 위로 볼록하므로 $a<0$
축이 y축의 오른쪽에 있으므로 a, b는 서로 다른 부호이다.
➡ $b>0$
y축과의 교점이 x축보다 아래쪽에 있으므로 $c<0$

이차함수의 식 구하기

13 $y=3(x-1)^2+2$ ($\varnothing$ 5, 3, $3(x-1)^2+2$)
14 $y=(x-1)^2-4$　　　**15** $y=-(x-3)^2+3$
16 $y=2(x+5)^2-3$ ($\varnothing$ 4, 2, -3, $2(x+5)^2-3$)
17 $y=-4(x-2)^2-1$
18 $y=3x^2+x+2$ ($\varnothing$ 2, 2, 2, 2, 3, 1, $3x^2+x+2$)
19 $y=x^2-4x+4$　　　**20** $y=2x^2+3x-5$
21 $y=-x^2-2x+8$ ($\varnothing$ 2, -9, -1, $-x^2-2x+8$)
22 $y=2x^2-16x+24$

14 꼭짓점의 좌표가 $(1, -4)$이므로 이차함수의 식을
$y=a(x-1)^2-4$로 놓을 수 있다.
이 그래프가 점 $(0, -3)$을 지나므로
$-3=a-4$, $a=1$
따라서 구하는 이차함수의 식은 $y=(x-1)^2-4$

15 꼭짓점의 좌표가 $(3, 3)$이므로 이차함수의 식을
$y=a(x-3)^2+3$으로 놓을 수 있다.
이 그래프가 점 $(2, 2)$를 지나므로
$2=a+3$, $a=-1$
따라서 구하는 이차함수의 식은 $y=-(x-3)^2+3$

17 축의 방정식이 $x=2$이므로 이차함수의 식을 $y=a(x-2)^2+q$
로 놓을 수 있다.
이 그래프가 두 점 $(0, -17)$, $(1, -5)$를 지나므로
$-17=4a+q$, $-5=a+q$
위의 두 식을 연립하여 풀면 $a=-4$, $q=-1$
따라서 구하는 이차함수의 식은 $y=-4(x-2)^2-1$

19 이차함수의 식을 $y=ax^2+bx+c$로 놓으면
이 그래프가 점 $(0, 4)$를 지나므로 $c=4$
$y=ax^2+bx+4$의 그래프가 두 점 $(-1, 9)$, $(1, 1)$을 지나므로
$9=a-b+4$, $1=a+b+4$
위의 두 식을 연립하여 풀면 $a=1$, $b=-4$
따라서 구하는 이차함수의 식은 $y=x^2-4x+4$

20 이차함수의 식을 $y=ax^2+bx+c$로 놓으면
이 그래프가 점 $(0, -5)$를 지나므로 $c=-5$
$y=ax^2+bx-5$의 그래프가 두 점 $(-1, -6)$, $(1, 0)$을 지나므로
$-6=a-b-5$, $0=a+b-5$
위의 두 식을 연립하여 풀면 $a=2$, $b=3$
따라서 구하는 이차함수의 식은 $y=2x^2+3x-5$

22 x축과 두 점 $(2, 0)$, $(6, 0)$에서 만나므로 이차함수의 식을
$y=a(x-2)(x-6)$으로 놓을 수 있다.
이 그래프가 점 $(4, -8)$을 지나므로
$-8=-4a$, $a=2$
따라서 구하는 이차함수의 식은
$y=2(x-2)(x-6)=2x^2-16x+24$

소단원 유형 익히기

유형 **19** 이차함수 $y=ax^2+bx+c$를 $y=a(x-p)^2+q$ 꼴로 고치기
　　　　　　　　　　　　　　| 133쪽 |

1 ②　　　**2** 15　　　**3** ②

1
$$y=-\frac{1}{2}x^2-4x-7=-\frac{1}{2}(x^2+8x)-7$$
$$=-\frac{1}{2}(x^2+8x+16-16)-7$$
$$=-\frac{1}{2}(x^2+8x+16)+8-7$$
$$=-\frac{1}{2}(x+4)^2+1$$

2 $y=-3x^2+6x-8$
$\quad =-3(x-1)^2-5$
따라서 $a=-3$, $p=1$, $q=-5$이므로
$apq=(-3)\times1\times(-5)=15$

3 ② $y=-\dfrac{1}{3}x^2+2x-1$
$\quad =-\dfrac{1}{3}(x-3)^2+2$

유형 20 **이차함수 $y=ax^2+bx+c$의 그래프의 꼭짓점의 좌표와 축의 방정식** | 133쪽 |

| 4 ③ | 5 ② | 6 3 |

4 $y=3x^2-18x+15$
$\quad =3(x-3)^2-12$
따라서 그래프의 꼭짓점의 좌표는 $(3,\ -12)$, 축의 방정식은
$x=3$이므로
$a=3$, $b=-12$, $c=3$
따라서 $a+b+c=3+(-12)+3=-6$

5 ① $y=x^2+2x+4=(x+1)^2+3$
$\quad$ ➡ 꼭짓점의 좌표: $(-1,\ 3)$ ➡ 제2사분면
② $y=-x^2+2x=-(x-1)^2+1$
$\quad$ ➡ 꼭짓점의 좌표: $(1,\ 1)$ ➡ 제1사분면
③ $y=-x^2-2x-6=-(x+1)^2-5$
$\quad$ ➡ 꼭짓점의 좌표: $(-1,\ -5)$ ➡ 제3사분면
④ $y=x^2+x-\dfrac{3}{4}=\left(x+\dfrac{1}{2}\right)^2-1$

$\quad$ ➡ 꼭짓점의 좌표: $\left(-\dfrac{1}{2},\ -1\right)$ ➡ 제3사분면
⑤ $y=-2x^2-2x-\dfrac{3}{2}=-2\left(x+\dfrac{1}{2}\right)^2-1$

$\quad$ ➡ 꼭짓점의 좌표: $\left(-\dfrac{1}{2},\ -1\right)$ ➡ 제3사분면

6 $y=x^2+2kx-2$
$\quad =(x+k)^2-k^2-2$ $\quad\quad\quad$ …… ❶
따라서 이 그래프의 축의 방정식은 $x=-k$이므로
$-k=-3$, 즉 $k=3$ $\quad\quad\quad\quad\quad\quad$ …… ❷

채점 기준	비율
❶ $y=a(x-p)^2+q$ 꼴로 고치기	50 %
❷ k의 값 구하기	50 %

유형 21 **이차함수 $y=ax^2+bx+c$의 그래프 그리기** | 134쪽 |

| 7 ② | 8 ㄹ | 9 $p=2$, $q=3$ |

---

7 이차함수 $y=-2x^2+4x+1=-2(x-1)^2+3$의 그래프는 위로 볼록하고 꼭짓점의 좌표가 $(1,\ 3)$이며 y축과의 교점의 좌표가 $(0,\ 1)$이므로 ②이다.

8 $y=\dfrac{1}{3}x^2+2x+1=\dfrac{1}{3}(x+3)^2-2$
이므로 이 그래프는 아래로 볼록하고 꼭짓점의 좌표가
$(-3,\ -2)$이며 y축과의 교점의 좌표가 $(0,\ 1)$이다.
따라서 $y=\dfrac{1}{3}x^2+2x+1$의 그래프는
오른쪽 그림과 같으므로 ㄹ. 제4사분면
을 지나지 않는다.

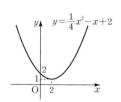

9 $y=3x^2-12x+13=3(x-2)^2+1$
이므로 이 그래프의 꼭짓점의 좌표는
$(2,\ 1)$
$y=-x^2+2px-q=-(x-p)^2+p^2-q$
이므로 이 그래프의 꼭짓점의 좌표는
$(p,\ p^2-q)$
두 그래프의 꼭짓점의 좌표가 같으므로
$p=2$, $p^2-q=1$
따라서 $p=2$, $q=3$

유형 22 **이차함수 $y=ax^2+bx+c$의 그래프의 증가·감소** | 134쪽 |

| 10 ⑤ | 11 ③ | 12 $x<-2$ |

10 $y=\dfrac{1}{4}x^2-x+2=\dfrac{1}{4}(x-2)^2+1$
이므로 그래프는 오른쪽 그림과 같다.
따라서 x의 값이 증가할 때 y의 값도
증가하는 x의 값의 범위는
$x>2$

11 ① $y=x^2+4x+3=(x+2)^2-1$ ➡ 축의 방정식: $x=-2$
② $y=-x^2+2x-6=-(x-1)^2-5$ ➡ 축의 방정식: $x=1$
③ $y=\dfrac{1}{2}x^2+x-\dfrac{5}{2}=\dfrac{1}{2}(x+1)^2-3$ ➡ 축의 방정식: $x=-1$
④ $y=2x^2-4x+1=2(x-1)^2-1$ ➡ 축의 방정식: $x=1$
⑤ $y=-3x^2+18x-13=-3(x-3)^2+14$
$\quad$ ➡ 축의 방정식: $x=3$
이차함수의 그래프에서 함수의 증가·감소는 축을 기준으로 바뀌므로 주어진 이차함수의 그래프 중 $x=-1$을 기준으로 함수의 증가·감소가 바뀌는 것은 ③이다.

12 이차함수 $y=x^2+4kx-3$의 그래프가 점 $(1, 2)$를 지나므로

$2=1+4k-3$, $-4k=-4$, $k=1$ ...... ❶

$y=x^2+4x-3=(x+2)^2-7$이므로 그

래프는 오른쪽 그림과 같다. ...... ❷

따라서 x의 값이 증가할 때 y의 값은 감

소하는 x의 값의 범위는

$x<-2$ ...... ❸

채점 기준	비율
❶ k의 값 구하기	30 %
❷ 이차함수의 그래프 그리기	40 %
❸ x의 값의 범위 구하기	30 %

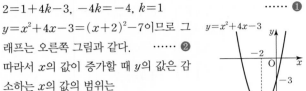

유형 23 이차함수 $y=ax^2+bx+c$의 그래프와 x축, y축과의 교점 | 135쪽 |

13 7	14 ④	15 $(-3, 0)$

13 $y=-x^2+x+6$에 $y=0$을 대입하면

$-x^2+x+6=0$, $x^2-x-6=0$, $(x+2)(x-3)=0$

즉, $x=-2$ 또는 $x=3$이므로

$p=-2$, $q=3$ 또는 $p=3$, $q=-2$

$y=-x^2+x+6$에 $x=0$을 대입하면 $y=6$이므로

$r=6$

따라서 $p+q+r=7$

14 이차함수 $y=2x^2-7x+k$의 그래프가 점 $(1, -2)$를 지나므로

$-2=2\times1^2-7\times1+k$, $-2=-5+k$, $k=3$

$y=2x^2-7x+3$에 $x=0$을 대입하면 $y=3$

따라서 그래프가 y축과 만나는 점의 y좌표는 3이다.

15 이차함수 $y=x^2+2x+k$의 그래프가 점 $(0, -3)$을 지나므로

$k=-3$ ...... ❶

$y=x^2+2x-3$에 $y=0$을 대입하면

$x^2+2x-3=0$, $(x+3)(x-1)=0$

즉, $x=-3$ 또는 $x=1$ ...... ❷

따라서 점 A의 좌표는 $(-3, 0)$ ...... ❸

채점 기준	비율
❶ k의 값 구하기	30 %
❷ x축과 만나는 점의 x좌표 구하기	50 %
❸ 점 A의 좌표 구하기	20 %

유형 24 이차함수 $y=ax^2+bx+c$의 그래프의 성질 | 135쪽 |

16 ④	17 ㄴ, ㄷ	18 은영

16 $y=x^2+8x+20=(x+4)^2+4$

이므로 그래프는 오른쪽 그림과 같다.

④ x축과 만나지 않는다.

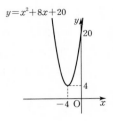

17 $y=-2x^2+4x-1$

$=-2(x-1)^2+1$

이므로 그래프는 오른쪽 그림과 같다.

ㄱ. 제2사분면을 지나지 않는다.

따라서 옳은 것은 ㄴ, ㄷ이다.

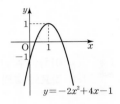

18 $y=3x^2-12x+8=3(x-2)^2-4$

이므로 그래프는 오른쪽 그림과 같다.

따라서 그래프의 꼭짓점 $(2, -4)$는

제4사분면 위에 있고, y축과의 교점

의 좌표는 $(0, 8)$이다.

은영: $x>2$일 때, x의 값이 증가하면

y의 값도 증가한다.

따라서 잘못 설명한 친구는 은영이다.

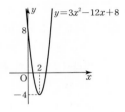

유형 25 이차함수 $y=ax^2+bx+c$의 그래프의 평행이동 | 136쪽 |

19 ③	20 ④	21 9

19 $y=-\dfrac{1}{2}x^2+2x-3=-\dfrac{1}{2}(x-2)^2-1$이므로 이 그래프는

$y=-\dfrac{1}{2}x^2$의 그래프를 x축의 방향으로 2만큼, y축의 방향으로

-1만큼 평행이동한 것이다.

따라서 $a=-\dfrac{1}{2}$, $m=2$, $n=-1$이므로

$a+m+n=-\dfrac{1}{2}+2+(-1)=\dfrac{1}{2}$

20 $y=-\dfrac{1}{4}x^2+x-4=-\dfrac{1}{4}(x-2)^2-3$이므로 평행이동한 그래

프를 나타내는 이차함수의 식은

$y=-\dfrac{1}{4}(x-2-2)^2-3=-\dfrac{1}{4}(x-4)^2-3$

따라서 평행이동한 그래프의 꼭짓점의 좌표는 $(4, -3)$

21 $y=3x^2+6x+4=3(x+1)^2+1$ ...... ❶

이므로 평행이동한 그래프를 나타내는 이차함수의 식은

$y=3(x-3+1)^2+1+5=3(x-2)^2+6$ ...... ❷

따라서 평행이동한 그래프가 점 $(3, a)$를 지나므로

$a=3\times(3-2)^2+6=9$ ...... ❸

채점 기준	비율
❶ 이차함수의 꼴 고치기	40 %
❷ 평행이동한 그래프를 나타내는 이차함수의 식 구하기	40 %
❸ a의 값 구하기	20 %

유형 26 이차함수 $y=ax^2+bx+c$의 그래프에서 a, b, c의 부호
| 136 ~ 137쪽 |

22 ⑤	23 ②	24 ③	25 ④	26 ①

22 그래프가 위로 볼록하므로 $a<0$
축이 y축의 왼쪽에 있으므로 $ab>0$에서 $b<0$
y축과의 교점이 x축보다 아래쪽에 있으므로 $c<0$

23 $a>0$이므로 아래로 볼록한 모양이다.
$a>0$, $b<0$에서 $ab<0$이므로 축이 y축의 오른쪽에 있다.
$c>0$이므로 y축과의 교점이 x축보다 위쪽에 있다.
따라서 알맞은 그래프는 ②이다.

24 일차함수 $y=ax+b$의 그래프에서 $a<0$, $b<0$
따라서 이차함수 $y=ax^2+bx-2$의 그래프는 $a<0$이므로 위로 볼록하고, $ab>0$이므로 축은 y축의 왼쪽에 있다.
또, $-2<0$이므로 y축과의 교점이 x축보다 아래쪽에 있다.
따라서 그래프로 알맞은 것은 ③이다.

25 $a>0$이므로 아래로 볼록한 모양이다.
$a>0$, $b>0$에서 $ab>0$이므로 축이 y축의 왼쪽에 있다.
$c<0$이므로 y축과의 교점이 x축보다 아래쪽에 있다.
따라서 그래프를 그려 보면 오른쪽 그림과 같으므로 꼭짓점은 제3사분면 위에 있다.

26 주어진 그래프는 아래로 볼록하므로 $a>0$
축이 y축의 왼쪽에 있으므로 $ab>0$에서 $b>0$
원점을 지나므로 $c=0$
이차함수 $y=bx^2+cx+a$, 즉 $y=bx^2+a$의 그래프는 $b>0$이므로 아래로 볼록하고 $a>0$이므로 y축과의 교점이 x축보다 위쪽에 있다. 따라서 그래프를 그려 보면 오른쪽 그림과 같으므로 제1, 2사분면을 지난다.

유형 27 이차함수 $y=ax^2+bx+c$의 그래프의 활용 | 137쪽 |

27 $2\sqrt{2}$	28 ②	29 15

27 $y=\dfrac{1}{2}x^2-2x+5=\dfrac{1}{2}(x-2)^2+3$
이므로 꼭짓점 A의 좌표는 $(2, 3)$
$y=\dfrac{1}{2}x^2-2x+5$에 $x=0$을 대입하면
$y=5$이므로 y축과의 교점 B의 좌표는 $(0, 5)$
오른쪽 그림에서 피타고라스 정리에 의하여
$\overline{AB}=\sqrt{2^2+2^2}=\sqrt{8}=2\sqrt{2}$

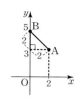

28 $y=-x^2-6x=-(x+3)^2+9$이므로 꼭짓점 A의 좌표는
$(-3, 9)$
$y=-x^2-6x$에 $y=0$을 대입하면
$-x^2-6x=0$, $-x(x+6)=0$
즉, $x=-6$ 또는 $x=0$
이므로 B$(-6, 0)$, C$(0, 0)$
따라서 $\triangle ABC=\dfrac{1}{2}\times6\times9=27$

29 $y=x^2-4x-5$에 $y=0$을 대입하면 $x^2-4x-5=0$
$(x+1)(x-5)=0$, 즉 $x=-1$ 또는 $x=5$
이므로 A$(-1, 0)$, B$(5, 0)$ ...... ❶
$y=x^2-4x-5$에 $x=0$을 대입하면 $y=-5$이므로 y축과의 교점 C의 좌표는 $(0, -5)$ ...... ❷
따라서 $\triangle ABC=\dfrac{1}{2}\times\overline{AB}\times\overline{OC}=\dfrac{1}{2}\times6\times5=15$ ...... ❸

채점 기준	비율
❶ 두 점 A, B의 좌표 구하기	40 %
❷ 점 C의 좌표 구하기	30 %
❸ $\triangle ABC$의 넓이 구하기	30 %

유형 28 이차함수의 식 구하기; 꼭짓점의 좌표와 다른 한 점의 좌표를 알 때
| 138쪽 |

30 ④	31 -1	32 ④

30 꼭짓점의 좌표가 $(2, -3)$이므로 이차함수의 식을
$y=a(x-2)^2-3$으로 놓을 수 있다.
이 그래프가 점 $(-2, -11)$을 지나므로
$-11=16a-3$, $a=-\dfrac{1}{2}$
따라서 구하는 이차함수의 식은
$y=-\dfrac{1}{2}(x-2)^2-3=-\dfrac{1}{2}x^2+2x-5$

31 꼭짓점의 좌표가 $(-2, 0)$이므로 이차함수의 식을
$y=a(x+2)^2$으로 놓으면 $p=-2$, $q=0$ ...... ❶
이 그래프가 점 $(-1, 1)$을 지나므로
$1=a$ ...... ❷
따라서 $a+p+q=1+(-2)+0=-1$ ...... ❸

정답과 풀이

채점 기준	비율
❶ p, q의 값 구하기	50 %
❷ a의 값 구하기	40 %
❸ $a+p+q$의 값 구하기	10 %

32 꼭짓점의 좌표가 $(1, 4)$이므로 이차함수의 식을 $y=a(x-1)^2+4$로 놓을 수 있다.

이 그래프가 점 $(3, 0)$을 지나므로

$0=4a+4$, $a=-1$

따라서 구하는 이차함수의 식은

$y=-(x-1)^2+4=-x^2+2x+3$

위 식에 $x=0$을 대입하면 $y=3$

따라서 그래프가 y축과 만나는 점의 y좌표는 3이다.

유형 29 이차함수의 식 구하기; 축의 방정식과 두 점의 좌표를 알 때 | 138쪽 |

33 ② **34** ③ **35** ⑤

33 축의 방정식이 $x=1$이므로 이차함수의 식을 $y=a(x-1)^2+q$로 놓을 수 있다.

이 그래프가 두 점 $(-1, 8)$, $(2, -1)$을 지나므로

$8=4a+q$, $-1=a+q$

위의 두 식을 연립하여 풀면 $a=3$, $q=-4$

이므로 구하는 이차함수의 식은

$y=3(x-1)^2-4=3x^2-6x-1$

따라서 $a=3$, $b=-6$, $c=-1$이므로

$a+b+c=3+(-6)+(-1)=-4$

34 축의 방정식이 $x=2$이므로 이차함수의 식을 $y=a(x-2)^2+q$로 놓을 수 있다.

이 그래프가 두 점 $(0, 5)$, $(5, 0)$을 지나므로

$5=4a+q$, $0=9a+q$

위의 두 식을 연립하여 풀면 $a=-1$, $q=9$

따라서 구하는 이차함수의 식은

$y=-(x-2)^2+9=-x^2+4x+5$

35 축의 방정식이 $x=-3$이므로 이차함수의 식을 $y=a(x+3)^2+q$로 놓을 수 있다.

이 그래프가 두 점 $\left(-2, \dfrac{4}{3}\right)$, $(0, 4)$를 지나므로

$\dfrac{4}{3}=a+q$, $4=9a+q$

위의 두 식을 연립하여 풀면 $a=\dfrac{1}{3}$, $q=1$

따라서 이차함수 $y=\dfrac{1}{3}(x+3)^2+1$의 그래프가 점 $(3, k)$를 지나므로

$k=\dfrac{1}{3}\times(3+3)^2+1=13$

유형 30 이차함수의 식 구하기; 서로 다른 세 점의 좌표를 알 때 | 139쪽 |

36 ④ **37** ④ **38** $\dfrac{3}{2}$

36 이차함수의 식을 $y=ax^2+bx+c$로 놓으면 이 그래프가 점 $(0, 10)$을 지나므로 $c=10$

즉, $y=ax^2+bx+10$의 그래프가 두 점 $(-2, -14)$, $(-1, 0)$을 지나므로

$-14=4a-2b+10$, $0=a-b+10$

위의 두 식을 연립하여 풀면 $a=-2$, $b=8$

따라서 구하는 이차함수의 식은

$y=-2x^2+8x+10$

37 $y=ax^2+bx+c$의 그래프가 점 $(0, -1)$을 지나므로 $c=-1$

즉, $y=ax^2+bx-1$의 그래프가 두 점 $(3, 2)$, $(5, -6)$을 지나므로

$2=9a+3b-1$, $-6=25a+5b-1$

위의 두 식을 연립하여 풀면 $a=-1$, $b=4$

따라서 $a+b+c=-1+4+(-1)=2$

38 $y=ax^2+bx+c$의 그래프가 점 $(0, 2)$를 지나므로 $c=2$

즉, $y=ax^2+bx+2$의 그래프가 두 점 $\left(-3, \dfrac{7}{2}\right)$, $(2, 6)$을 지나므로

$\dfrac{7}{2}=9a-3b+2$, $6=4a+2b+2$

위의 두 식을 연립하여 풀면

$a=\dfrac{1}{2}$, $b=1$ ······ ❶

따라서 이차함수 $y=\dfrac{1}{2}x^2+x+2$의 그래프가 점 $(-1, k)$를 지나므로

$k=\dfrac{1}{2}-1+2=\dfrac{3}{2}$ ······ ❷

채점 기준	비율
❶ a, b, c의 값 구하기	60 %
❷ k의 값 구하기	40 %

유형 31 이차함수의 식 구하기; x축과의 두 교점과 다른 한 점의 좌표를 알 때 | 139쪽 |

39 ① **40** $a=-\dfrac{2}{3}$, $b=\dfrac{10}{3}$, $c=-4$ **41** ③

39 x축과 두 점 $(-2, 0)$, $(1, 0)$에서 만나므로 이차함수의 식을 $y=a(x+2)(x-1)$로 놓을 수 있다.

이 그래프가 점 $(-1, -4)$를 지나므로 $-4=-2a$, $a=2$

따라서 구하는 이차함수의 식은
$$y=2(x+2)(x-1)=2x^2+2x-4$$
따라서 $a=2$, $b=2$, $c=-4$이므로
$$abc=2\times2\times(-4)=-16$$

40 x축과의 교점이 $(2,\,0)$, $(3,\,0)$이므로 이차함수의 식을
$y=a(x-2)(x-3)$으로 놓을 수 있다.
이 그래프가 점 $(0,\,-4)$를 지나므로 $-4=6a$, $a=-\dfrac{2}{3}$
따라서 구하는 이차함수의 식은
$$y=-\dfrac{2}{3}(x-2)(x-3)=-\dfrac{2}{3}x^2+\dfrac{10}{3}x-4$$이므로
$a=-\dfrac{2}{3}$, $b=\dfrac{10}{3}$, $c=-4$

41 이차함수 $y=x^2+ax+b$의 그래프는 y축을 축으로 하고, x축과
만나는 두 점 사이의 거리가 6이므로 x축과 두 점 $(-3,\,0)$,
$(3,\,0)$에서 만난다.
따라서 구하는 이차함수의 식은
$$y=(x+3)(x-3)=x^2-9$$
따라서 $a=0$, $b=-9$이므로
$$a-b=0-(-9)=9$$

중단원 핵심유형 테스트
| 140~142쪽 |

1 ⑤	**2** ①	**3** ③	**4** ④	**5** ③
6 ②	**7** ⑤	**8** −9	**9** ④	**10** ⑤
11 ④	**12** ②	**13** ④	**14** ㄷ	**15** ②
16 ②	**17** ④	**18** −2	**19** ②	**20** ①
21 3, 2, 3, 2		**22** $\dfrac{22}{3}$		

1 ①, ④ 분모에 문자가 있으므로 y가 x에 대한 이차함수가 아니다.
② $y=x^2-(2-x)^2=4x-4$ ➡ y가 x에 대한 일차함수이다.
③ $3x^2+2x+1$ ➡ 이차식이다.
⑤ $y=x(3-2x)=-2x^2+3x$ ➡ y가 x에 대한 이차함수이다.

2 $f(0)=-0^2+4\times0-2=-2$
$f(-2)=-(-2)^2+4\times(-2)-2=-4-8-2=-14$

3 이차함수 $y=3x^2$의 그래프를 y축의 방향으로 4만큼 평행이동한
그래프를 나타내는 이차함수의 식은
$$y=3x^2+4$$

이 그래프가 점 $(1,\,k)$를 지나므로
$$k=3\times1^2+4=7$$

4 이차함수 $y=-2(x+1)^2$의 그래프는 위로 볼록하고 $x=-1$을
축의 방정식으로 하는 포물선이다.
따라서 $x<-1$일 때, x의 값이 증가하면 y의 값도 증가한다.

5 각 그래프의 꼭짓점의 좌표는
① $(0,\,3)$　　　② $(2,\,3)$　　　③ $(-2,\,3)$
④ $(-2,\,-3)$　　　⑤ $(2,\,-3)$

6 이차함수 $y=a(x-p)^2+q$의 그래프에서 x^2의 계수 a의 값이
같으면 평행이동하여 완전히 포갤 수 있다.
따라서 평행이동하여 완전히 포갤 수 있는 것은 ㄴ과 ㄷ이다.

7 $y=ax^2$의 그래프는 $y=\dfrac{1}{4}x^2$의 그래프보다 폭이 좁고 $y=2x^2$의
그래프보다 폭이 넓으므로
$$\dfrac{1}{4}<a<2$$
따라서 a의 값이 될 수 없는 것은 ⑤이다.

8 이차함수 $y=-3x^2$의 그래프가 점 $(2,\,a)$를 지나므로
$$a=-3\times2^2=-12 \qquad\qquad\cdots\cdots\ ❶$$
이차함수 $y=-3x^2$의 그래프는 $y=bx^2$의 그래프와 x축에서 서로
대칭이므로 $b=3$ $\qquad\qquad\cdots\cdots\ ❷$
따라서 $a+b=-12+3=-9$ $\qquad\cdots\cdots\ ❸$

채점 기준	비율
❶ a의 값 구하기	40 %
❷ b의 값 구하기	40 %
❸ $a+b$의 값 구하기	20 %

9 이차함수 $y=x^2+4$의 그래프는 이차함수 $y=x^2$의 그래프를 y축
의 방향으로 4만큼 평행이동한 것이므로 선분 PQ의 길이는 4이다.

10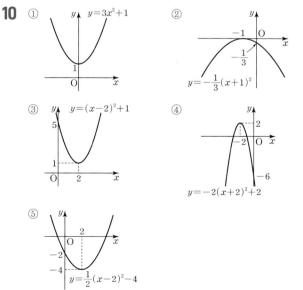

따라서 모든 사분면을 지나는 이차함수의 그래프는 ⑤이다.

11 ④ $y=-2(x+3)^2-5$에 $x=0$을 대입하면 $y=-23$
따라서 y축과 만나는 점의 좌표는 $(0, -23)$이다.

12 $y=\dfrac{1}{2}x^2+x+2=\dfrac{1}{2}(x+1)^2+\dfrac{3}{2}$

이므로 이 그래프는 이차함수 $y=\dfrac{1}{2}x^2$의 그래프를 x축의 방향으로 -1만큼, y축의 방향으로 $\dfrac{3}{2}$만큼 평행이동한 것이다.

따라서 $m=-1$, $n=\dfrac{3}{2}$이므로

$mn=(-1)\times\dfrac{3}{2}=-\dfrac{3}{2}$

13 이차함수 $y=2x^2-ax+5$의 그래프가 점 $(1, -1)$을 지나므로
$-1=2\times1^2-a\times1+5$, $-1=7-a$, $a=8$
따라서 $y=2x^2-8x+5=2(x-2)^2-3$이므로 이 그래프의 축의 방정식은 $x=2$

14 $y=-x^2-2x-2=-(x+1)^2-1$
이므로 그래프를 그리면 오른쪽 그림과 같다.
ㄷ. 제3, 4사분면을 지난다.
따라서 옳지 않은 것은 ㄷ뿐이다.

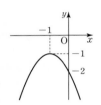

15 그래프가 아래로 볼록하므로 $a>0$
축이 y축보다 오른쪽에 있으므로
$a\times(-b)<0$에서 $ab>0$, 즉 $b>0$
y축과의 교점이 x축보다 위쪽에 있으므로
$-c>0$에서 $c<0$

16 꼭짓점의 좌표가 $(-2, 3)$이므로 이차함수의 식을
$y=a(x+2)^2+3$으로 놓을 수 있다.
이 그래프가 점 $(0, 1)$을 지나므로
$1=4a+3$, $a=-\dfrac{1}{2}$
따라서 이차함수의 식은
$y=-\dfrac{1}{2}(x+2)^2+3=-\dfrac{1}{2}x^2-2x+1$
따라서 $a=-\dfrac{1}{2}$, $b=-2$, $c=1$이므로
$ab+c=\left(-\dfrac{1}{2}\right)\times(-2)+1=2$

17 축의 방정식이 $x=4$이므로 이차함수의 식을 $y=a(x-4)^2+q$로 놓을 수 있다.
이 그래프가 두 점 $(0, 1)$, $(2, -2)$를 지나므로
$1=16a+q$, $-2=4a+q$
위의 두 식을 연립하여 풀면 $a=\dfrac{1}{4}$, $q=-3$
따라서 구하는 이차함수의 식은
$y=\dfrac{1}{4}(x-4)^2-3=\dfrac{1}{4}x^2-2x+1$

18 $y=-x^2-4x+a=-(x+2)^2+4+a$
이므로 그래프의 꼭짓점의 좌표는 $(-2, 4+a)$ ·······❶
$y=2x^2+8x-5a=2(x+2)^2-8-5a$
이므로 그래프의 꼭짓점의 좌표는 $(-2, -8-5a)$ ·······❷
이때 두 그래프의 꼭짓점이 일치하므로
$4+a=-8-5a$에서 $a=-2$ ·······❸

채점 기준	비율
❶ $y=-x^2-4x+a$의 그래프의 꼭짓점의 좌표 구하기	40 %
❷ $y=2x^2+8x-5a$의 그래프의 꼭짓점의 좌표 구하기	40 %
❸ a의 값 구하기	20 %

19 이차함수 $y=a(x-1)^2+7$의 그래프를 x축에 대칭이동한 그래프를 나타내는 이차함수의 식은
$y=-a(x-1)^2-7$
이 그래프가 점 $(-1, 5)$를 지나므로
$5=-4a-7$, $4a=-12$
따라서 $a=-3$

20 $y=-(x-1)^2+4=-x^2+2x+3$
이 식에 $x=0$을 대입하면 $y=3$이므로 y축과의 교점의 좌표는 $A(0, 3)$이다.
또, $y=0$을 대입하면
$0=-x^2+2x+3$, $x^2-2x-3=0$
$(x+1)(x-3)=0$, 즉 $x=-1$ 또는 $x=3$
따라서 $B(-1, 0)$, $C(3, 0)$이므로
$\triangle ABC=\dfrac{1}{2}\times4\times3=6$

21 $y=x^2+6x+10=(x+3)^2+1$이므로 이 그래프를 x축의 방향으로 a만큼, y축의 방향으로 b만큼 평행이동한 그래프를 나타내는 이차함수의 식은
$y=(x-a+3)^2+1+b=\{x-(a-3)\}^2+1+b$
이 그래프가 $y=x^2+3$의 그래프와 일치하므로
$a-3=0$, $1+b=3$, 즉 $a=3$, $b=2$
따라서 현진이의 핸드폰 비밀번호는 3232이다.

22 y축과의 교점의 y좌표가 8이므로 이차함수의 식을
$y=ax^2+bx+8$로 놓을 수 있다.
이 그래프가 두 점 $(-1, 3)$, $(2, 0)$을 지나므로
$3=a-b+8$, $0=4a+2b+8$
위의 두 식을 연립하여 풀면
$a=-3$, $b=2$
따라서 구하는 이차함수의 식은
$y=-3x^2+2x+8=-3\left(x-\dfrac{1}{3}\right)^2+\dfrac{25}{3}$
따라서 $a=-3$, $p=\dfrac{1}{3}$, $q=\dfrac{25}{3}$이므로
$ap+q=(-3)\times\dfrac{1}{3}+\dfrac{25}{3}=\dfrac{22}{3}$